경제·경영 종합 자격시험

TESAT

경제이해력 검증시험

핵심요약+적중문제

김대수

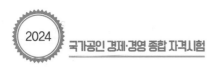

2024 국가공인 경제·경영 종합 자격시험

TESAT 경제이해력 검증시험
핵심요약+적중문제

인쇄일 2024년 1월 5일 4판 1쇄 인쇄
발행일 2024년 1월 10일 4판 1쇄 발행
등 록 제17-269호
판 권 시스컴 2024

발행처 시스컴 출판사
발행인 송인식
지은이 김대수

ISBN 979-11-6941-304-6 13320
정 가 24,000원

주소 서울시 금천구 가산디지털1로 225, 514호(가산포휴) | **홈페이지** www.nadoogong.com
E-mail siscombooks@naver.com | **전화** 02)866-9311 | **Fax** 02)866-9312

발간 이후 발견된 정오 사항은 나두공(시스컴) 홈페이지 도서 정오표에서 알려드립니다(홈페이지→자격증→도서 정오표).

오늘날 세계무역자유화의 끊임없는 진화(추진)로 인해 경제활동은 개인 간, 경제주체 간, 국가 간의 상호의존성이 매우 크다. 뿐만 아니라 개인의 경제활동도 사회적 분위기와 환경의 변화에 따라 요동치게 되었다. 그러므로 누구나 경제에 대한 지식과 상식은 중요하고 필요하다. 우리 생활에서 그 어느 분야보다도 경제생활의 비중이 높아지고 있는 추세이다.

한국은행은 물론 경제연구소들은 매년 경제전망을 발표한다. 이는 대기업은 물론이거니와 중소기업과 개인에게까지 미래의 경제 상황을 내다볼 수 있도록 하는 중요한 자료가 된다. 미리 국민들이 경제적으로 대비할 수 있는 시간을 주고, 또한 대처방안을 찾아 이득이 될 수 있도록 하고 있다. 그러나 각자가 기본적 경제지식을 쌓아 놓지 않은 상황에서는 아무리 좋은 자료라 할지라도 이에 대해 판단과 분석이 되지 않는다면 아무런 의미가 없게 된다.

그러므로 은행, 보험, 증권 등의 금융기관 종사자뿐만 아니라 공무원, 기업체 임직원부터 다른 직업의 종사자들까지 좀 더 경제문제에 관심을 가지고 경제 지식을 쌓지 않을 수 없게 된 현실이다. 그러한 시대적 추세를 반영하여 경제이해력 검증시험(TESAT)이 시행되고 있으며 단순히 검증 차원이 아니라 일부 금융기관이나 기업 등에서는 승진평가에 참고로 삼기도 하여 관심이 매우 고조되고 있다. 점차 복잡해지는 경제이론이나 현상을 반영하여, 본서는 현상이해나 사고력 진작을 돕기 위해 많은 문제를 엄선하여 제시하였으며, 단순한 이론적 설명이 아니라 종합적으로 판단하고 상황을 이해할 수 있도록 내용을 구성하였다.

매회 시험이 진행됨에 따라 출제영역이 확대되고 있는바 최대한 신속하게 추가적으로 반영하여 TESAT을 준비하는 수험생 여러분의 도우미가 되고자 한다.

편저자 김대수

자격시험

1. TESAT이란?

　　TESAT은 시장경제에 대한 지식과 이해도를 측정하는 경제 지력·사고력 테스트로서, 단편적인 경제 지식을 묻는 퀴즈식 시험이 아니라 복잡한 경제 현상을 얼마나 잘 이해하고 있는가를 객관적으로 평가하는 종합경제시험이다. 국내 경제문 신문인 '한국경제신문'이 처음으로 개발하여 정부로부터 국가공인 민간자격시험으로 인정받았으며, 거의 매월 정기적으로 시험을 치른다.

　　TESAT은 시험을 치르는 수험생들에게 시장 경제의 원리를 이해하고 경제 마인드를 향상할 수 있는 기회를 제공하다 문제를 풀면서 경제학 기초지식과 시사·경제·경영 상식이 늘도록 출제돼 교육적으로도 활용 가치가 뛰어나다. 또한 리력과 사고력을 요구하는 문제들이 많이 나와 경제학 전공자들에게만 유리한 시험이 아니다. 복잡하고 딱딱한 경제 현을 적절하고 알기 쉬운 예시문을 통해 설정한 것은 문제의 흥미도를 높이고 있다. 국내 대학의 경제·경영학과 교수와 국경제신문 논설위원들이 출제에 참여해 문제의 완성도를 제고했다.

2. 시험 안내

1. 시험 시간

　시험시간은 오전 10시부터 오전 11시 40분까지 100분이며, 시험시작 30분 전까지 입실 완료해야 한다.

2. 응시 자격

　제한 없음

3. 문제 형식

　객관식 5지 선다형

4. 시험 고사장

　서울, 부산, 대구, 대전, 광주, 인천, 수원, 전주, 창원(2월, 5월, 8월, 11월), 제주(2월, 8월), 강원(5월, 11월)

5. 접수 방법

　회원가입로그인　▶　접수신청　▶　결제하기　▶　접수기간 종료　▶　수험표 출력

3. TESAT 출제 영역

1. 경제이론

- 경제 정보를 이해하는 데 필요한 주요 경제 이론 지식을 테스트한다.
- 경제기초, 미시, 거시, 금융, 국제 등 경제학 전 분야에서 골고루 출제된다.
- 개략적으로 미시(경제기초를 포함)와 거시(화폐금융, 국제경제 포함)가 절반정도씩 출제된다.
- 기초 3점(20문제), 응용 4점(10문제) 총 100점이다.

2. 시사경제(경영)

- 경제 · 경영과 관련된 뉴스를 이해하는 데 필요한 배경 지식을 테스트한다.
- 새로운 경제 정책과 산업 · 기업 관련 뉴스 이해에 필요한 경제 · 경영 · 상식을 검증한다.
- 주요한 경제 이슈는 신문에 톱기사로 게재될 정도의 주요한 경제 현상이나 정책을 말한다.
- 경제정보를 이해하는 데 필요한 배경지식은 교과서에는 나오지 않지만 경제 관련 정보 이해에 필요한 용어(기준금리, BIS, PER 등)와 상식을 말한다.
- 상식에는 경영학의 회계, 재무, 회사법의 기초적인 내용이 포함되며 주로 자본시장 관련 정보 이해에 필요한 이론 지식들이 출제된다.
- 기초 3점(20문제), 응용 4점(10문제) 총 100점으로 30문항 중 경영학 문제는 10문항 정도 출제된다.

3. 응용복합(상황판단)

- 상황판단은 고난이도의 경제이론이나, 두개 이상의 경제 개념이 들어간 응용복합 문항으로 추론 분석 종합 평가력을 검증하는 영역이다.
- 상황판단은 교과서측면의 영역이라기보다 난이도에 따른 분류라고 볼 수 있는데, 이처럼 상황판단을 별도로 분류한 것은 한자, 영어 시험과 달리 경제이해력 검증시험은 여러 가지 경제 변수를 종합적으로 고려해야 상황을 제대로 판단할 수 있는 특성이 있기 때문이다.
- 상황판단 분야의 문항은 신문기사나 통계 등을 제시하고 상황을 분석 · 추론 · 종합하는 능력을 보는 자료해석형, 찬반 논란이 있는 사회 이슈를 제시하고 찬반 양측의 입장을 분석 · 추론하는 이슈분석형, 특별주문 아웃소싱 등 여러 가지 선택 가능 대안이 있는 상황에서 기회비용, 매몰비용 등의 개념을 활용해 대안을 선택하는 의사결정형 등으로 크게 분류할 수 있다.

자격시험

- 경제 · 경영 · 시사 상식을 결합한 심화 영역으로 경제 상황을 분석 · 추론 · 판단할 수 있는 종합 사고력을 테스트한다.
- 자료(통계)해석형, 이슈분석형, 의사결정형의 문항으로 출제된다.
- TESAT 영역별 문항수 및 배점

4. TESAT 영역별 문항수 및 배점

영역 \ 기능		지식이해	적용	분석 추론 종합 판단	문항수 및 배점
경제이론	기초일반 미시 거시 금융 국제	20	10	–	20문항×3점 10문항×4점 ＝100점
시사경제	정책(통계) 상식(용어) 경영 (회사법, 회계, 재무)	20	10	–	20문항×3점 10문항×4점 ＝100점
응용복합 (추론판단)	자료해석 이슈분석 의사결정 (비용편익분석)	–	–	20	20문항×5점 ＝100점
합계		3점 40문항	4점 20문항	5점 20문항	80문항 300점

5. TESAT 등급

총점을 기준으로 경제이해력정도를 나타내는 S, 1~5의 등급이 부여되며, 백분율 석차도 함께 표시된다.

등급	점수	평가	경제 이해도 수준
S급	270~300점	복잡한 경제정보를 정확하게 이해할 수 있으며 이를 근거로 주어진 경제 상황에서 독자적으로 의사결정을 내릴 수 있고, 찬반 논쟁이 있는 경제 이슈에 대해 자신의 의견을 설득력 있게 제시할 수 있음.	탁월
1급	240점~269점	복잡한 경제정보를 대부분 이해할 수 있으며 이를 근거로 주어진 경제 상황에서 독자적으로 의사결정을 내릴 수 있고, 찬반 논쟁이 있는 경제 이슈에 대해 자신의 의견을 소신 있게 제시할 수 있음.	매우 우수
2급	210점~269점	일반적인 경제정보를 정확하게 이해할 수 있으며 이를 근거로 주어진 경제 상황에서 독자적으로 의사결정을 내릴 수 있고, 찬반 논쟁이 있는 경제 이슈에 대해 자신의 의견을 제시할 수 있음.	우수
3급	180점~209점	일반적인 경제정보를 대부분 이해할 수 있으며 이를 근거로 약간의 도움을 받는다면 주어진 경제 상황에서 의사결정을 내릴 수 있고, 찬반 논쟁이 있는 경제 이슈에 대해 자신의 의견을 제시할 수 있음.	보통
4급	150점~179점	주위의 도움을 받아 일반적인 경제정보를 이해할 수 있으며 이를 근거로 주어진 경제 상황에서 상사의 지도 감독 아래 간단한 의사결정을 내릴 수 있음.	약간 미흡
5급	120점~149점	주위의 조언을 상당히 받아 일반적인 경제정보를 이해할 수 있으며 이를 근거로 주어진 경제상황에서 상사의 지속적인 지도 감독 아래 간단한 의사 결정을 내릴 수 있음.	미흡

※ 120점 미만은 등급 외로 분류된다.

※ T-MAI(Tesat - Market Attitude Index) 지수

• 시장친화도지수로서, 시장경제의 기본원리에 대한 이해도로 20개 관련 문항의 점수를 응시자 전체 평균과 비교해 보통이 100이 되도록 만든 지수이다.

• T-MAI=100+본인의 시장경제 문항점수(100점 만점)-수험생 전체의 시장경제 문항 점수(100점 만점)

활용 및 특전

1. TESAT의 활용

TESAT은 일반기업, 금융회사, 공공기관이 경제적 마인드를 갖춘 인력을 뽑는 데 유용하게 활용될 것으로 기대된다. 또 기존 사원들의 경제 지식과 사고력을 측정하고, 업무 배치 또는 승진 등 평가 지표로 활용될 것으로 예상된다. 미국의 경우 TUCE(Test of Understanding College Economics, 경제이해력테스트)와 같은 국가공인 경제이해력시험이 이미 시행되고 있어 대학생들이 사회 진출 때 경제 적응력을 키우는 데 큰 효과를 거두고 있으며, 일본에서는 경제지 닛케이신문이 만든 닛케이테스트가 기업들의 인력 채용과 직원들의 승진 지표 등으로 활용될 전망이다. TESAT 역시 닛케이테스트와 유사한 형태로 국내 대기업, 금융기관, 공기업 등에서 인재 채용의 새로운 도구로 많은 관심을 끌고 있다.

2. TESAT의 특전

TESAT 성적은 기업체 입사 또는 승진에 활용할 수 있다. 은행·증권 등 금융기관들은 거의 대부분 TESAT 성적 우수자에 가점을 주는 등 인사에 활용하고 있으며 실제 현대자동차, 한국관광공사, KT 등 대기업·공기업들도 TESAT을 사원 채용이나 임직원 인사 교육 자료 등으로 활용하고 있다. 2010년 TESAT이 국가공인시험으로 승격된 후 전경련과 한국경제신문은 기업 임직원 경제교육에 대한 협약을 체결하였다. 이 협약에 따라 전경련은 회원사에 TESAT을 채용·승진 인사에 활용하라는 공문을 보냈으며 이후 TESAT을 채용은 물론 승진 인사로 활용하는 기업들도 크게 늘어나고 있다. 기업들의 이런 움직임에 따라 강원대, 한림대, 창원대 등 일부 대학은 경제학과 또는 경영학과 졸업시험으로 TESAT을 채택하고 있다.

3. TESAT의 활용기업

1. 테샛을 대졸 사원채용시 활용하는 기업 · 단체

삼성그룹(증권포함), 현대차, 현대제철, 현대카드, 현대다이모스, SK(증권포함), GS리테일, 대림, S-oil, 코오롱, BGF리테일, CJ그룹, 모두투어, 아모레퍼시픽, 대우건설, 한라, 넥센타이어, 한국타이어, LF, OCI, 신세계, 오뚜기, KT&G, 세아상역, 굿네이버스, 한국거래소, KB국민카드, 애경, 신영증권, IBK기업은행, 대신증권, 현대오일뱅크, 대우증권, 동양그룹, 동양종금증권, 하이닉스, 현대엔지니어링, 키움증권, 보광훼미리마트, 한국관광공사, 한국남동발전, 한국산업단지공단, 한화, SPC그룹, KT, 동원그룹, 글로비스, 한국경영자총회, 동국제강, 전국경제인연합회

2. 신입사원, 인턴사원 채용시 테샛시험을 친 기업 · 단체

전국경제인연합회, 글로비스, 중소기업중앙회

3. 테샛 석정 우수자를 추천 받아 채용한 단체

한국상장회사협의회

4. 테샛을 임직원 승진 인사에 활용하는 기업 · 단체

퍼시스, 한국투자증권, 전국경제인연합, SK네트웍스, 동부그룹

5. 임직원들이 단체로 테샛에 응시한 기업 · 기관단체

교보증권, 국회, 굿모닝신한증권, 기업은행, IBK투자증권, 대우증권, 대한전선, 동부증권, 동양종금증권, 현대오일뱅크, 메리츠증권, 삼성선물, 삼성투신운용, 삼양사, STX, 우리투자증권, 키움증권, 포스코, 하나대투증권, 외환은행, 하나은행, 한국증권금융, 한국투자증권, 현대해상, SK네트웍스, 퍼시스

6. 테샛을 졸업시험으로 채택한 대학

강원대 경제학과, 한국방송통신대학 경제학과, 한국외국어대학교 경제학과, 창원대학교 경제학과/경영학과, 경기대학교 경제학과, 동국대학교 경제학과

구성과 특징

01장 미시경제
● 1편 ● 미시경제와 거시경제

Test of Economic Sense And Thinking

01 | 경제활동의 흐름과 경제주체 및 경제객체

① 경제주체와 경제객체

(1) 경제주체 : 경제주체는 민간부문(가계, 기업), 정부부문, 해외부문을 말한다.
  ① **가계** : 소비의 주체로서 효용의 극대화를 추구하며, 생산요소를 기업에 제공하여 소득을 얻는다.
  ② **기업** : 생산의 주체로서 이윤의 극대화를 추구하며, 가계로부터 제공받은 생산요소를 활용하여 생산물을 가계에 공급함으로써 이윤을 창출한다.

핵심요약

TESAT의 고득점을 위해 반드
숙지하고 암기해야 할 핵심내용
만 체계적으로 정리하여 학습
효율성을 높였습니다.

(2) 경제객체 : 경제주체 간에 거래되는 대상으로 재화와 용역으로 구분된다.
  ① **재화** : 재화는 눈에 보이는 상품을 의미하며, 주로 희소성이 있는 경제재를 말한다.

경제재와 자유재
 • 경제재 : 존재량이 유한하여 적용되는 대가를 지불하여야 획득할 수 있는 재화로서 산출재와 투입재로 구분된다.
 • 자유재 : 공기와 햇빛처럼 존재량이 무한하여 대가 없이도 획득할 수 있는 재화로서 희소성의 법칙이 적용되지 않아 경제행위의 대상이 아니다.

  ② **용역** : 의사의 진료, 가수의 노래, 노동자의 노동, 운동선수의 경기, 상인의 판매 · 교통 · 물류유통 등의 활동이다. 재화의 생산 · 교환 · 분배 · 소비와 관련된 사람의 유용한 희소성의 법칙이 적용되어 경제행위의 대상이 된다.

용역의 구분
 • 직접용역 : 특정한 재화의 개입이 없이도 이루어지는 용역으로 의사의 진료, 음악가의 연주, 변호사의 변론 등이 해당된다.
 • 간접용역 : 특정한 재화가 개입되어야만 이루어지는 용역으로 상업, 운수업, 보관업, 금융업 등이 해당된다.

Tip

내용을 파악하고 이해하는데 알
두면 좋을 사항이나 중요한 내
을 시각적으로 표시하고 정리하
학습효과를 높이고자 하였습니다

01 경제기초영역

01 경제생활이란 대가를 지불해야만 하는 것이라는 관점에서 볼 때 경제생활의 출발점은?

① 형평성   ② 효율성   ③ 희소성
④ 유용성   ⑤ 기회비용

우리의 사회생활 중 대가를 치르는 일과 연결된 활동을 경제활동이라 하는데, 경제활동은 자원의 희소성으로 말미암아 항상 선택의 문제에 직면하고 이로써 경제의 기본문제가 발생한다. 재화와 용역에 대한 욕구에 비해 이를 충족시킬 수단(자원)이 부족하기 때문에 경제문제가 발생하는 것이다. 또한 경제적 가치는 희소성에서 비롯된다. 충족시켜야 할 욕구는 많은데 그 수단이 부족하다는 사실은 우리로 하여금 무엇인가를 선택하게 한다. 이러한 선택은 욕구를 만족시키고자 한정된 자원을 어떻게 활용할 것인지에 대한 의사결정을 요구한다. 모든 경제주체가 경제활동에서 결정해야 할 문제는 크게 세 가지로 나눌 수 있다.

• 무엇을 얼마나 생산할 것인가?

01 경제기초영역

03 희소성의 법칙이란?

① 모든 재화의 수량이 어떤 절대적 기준에 미달한다는 원칙
② 몇몇 중요한 재화의 수량이 어떤 절대적 기준에 미달한다는 법칙
③ 인간의 욕망에 비해 재화의 수량이 부족하다는 법칙
④ 인간의 생존에 필요한 재화가 부족하다는 법칙
⑤ 사용가치와 교환가치가 다르다는 법칙

인간의 욕망은 무한한 데 비하여 이를 충족시킬 경제적 자원은 제한되어 있어서 경제문제가 발생하는 것을 희소성의 법칙이라고 한다. 재화가 무한히 많으면 희소성의 법칙이 성립하지 않아 경제문제가 발생하지 않는다.

희소성의 법칙
사회구성원들의 욕망에 비하여 그 욕망을 충족시킬 수단인 자원이 상대적으로 부족한 현상을 말한다.

적중문제

최신 출제경향을 면밀히 분석하고 반영한 다양한 문제를 수록하여 시험에 철저하게 대비하도록 구성하였습니다.

해설

문제를 이해하고 관련 내용 정리를 돕기 위해 자세한 해설을 덧붙였습니다.

목차

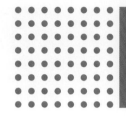

PART III

세법·보험·증권·금융·파생상품·연금·부동산·채권 등

PART IV

경제이해력 적중문제

문제 유형

1 경제기초영역

다음 중 '보이지 않는 손'에 대한 정의 중 맞는 것은?

① 각자 자신의 이익만을 추구하다 보면 전체적으로 균형이 달성되지 않는다는 뜻이다.

② 행동을 할 때는 다른 사람의 기분도 충분히 고려해야 한다는 뜻이다.

③ 각자 이기적 목표만을 추구하더라도 조화와 효율성을 달성할 수 있다는 뜻이다.

④ 보이지 않는 곳에서 이익을 추구하는 것은 도덕적으로 정당화될 수 없다는 뜻이다.

⑤ 협동조합의 운영이 바로 보이지 않는 손의 원리에 의한 것이다.

| 정답 ③ | **난이도** : 3등

해제 '보이지 않는 손'은 애덤스미스의 국부론에 등장한 표현으로 시장경제 원리를 가장 잘 설명한 유명한 문장이다. 철학 분야에서 '이성 간지(奸知)'라는 표현으로 설명되는 자연 조화적 해설의 경제적 표현이기도 하다. 인위적 혹은 조작적으로 세계를 설계하지 않더라 시장기능에 의해 전체의 조화와 효율이 달성된다는 원리를 극적으로 표현한 말이다. 난이도는 낮지만 시장경제 원리를 이해하는데 어서는 결코 간과할 수 없는 문제이다. TESAT이 지향하는 전형적인 문제이다.

2 시사기초영역

보험회사에서 판매하던 보험을 이제 은행에서도 판매할 수 있게 됐다. 이처럼 은행에서 보험을 판매하는 것을 엇이라 하는가?

① 어슈어 뱅크　　　　　② 방카슈랑스

③ 이디펜던스　　　　　④ 인슈어런스

⑤ 매칭 펀드

| 정답 ② | **난이도** : 3등

해제 방카슈랑스에 대한 질문이다. 금융의 겸업화 현상에 대한 문항으로 발전해 갈 수 있는 문제 유형이다. 금융산업간 장벽이 무너지 는 것에 대한 효과를 묻는 질문으로 넘어가면 문제의 난이도가 높아질 수 있다.

3 경제응용영역

법인세에 대한 다음 설명 중 맞는 것은?

① 재정적자에 직면한 각국 정부들은 경쟁적으로 법인세를 올리는 추세이다.

② 최저한 세율은 각종 감면조치에 상관없이 무조건 내야하는 최소한의 세율이다.

③ 법인세는 주주배당을 실시한 뒤 잔여이익에서 내는 세금이다.

④ 법인세는 각 지방 자치단체에 낸다.

⑤ 법인세는 이익과 상관없이 매출에 대한 일정비율을 부과한다.

| 정답 ② | **난이도** : 2등급

해제 법인세에 대한 이해도를 높이기 위한 문제이다. 원래 이런 유형의 문제는 맞는 것을 고르라는 형식이 좋다. 문제를 풀면서 개념을 숙지하도록 한다는 면에서라면 부정형 질문이 맞다. 그러나 깊이 생각을 유도한다는 면에서 긍정형 질문(맞는 것을 고르시오)으로 구성했다. 긍정형(포지티브) 질문은 개별 문항을 모두 읽어야 하는 부담이 있다. 그러나 바로 이 때문에 학습효과가 있는 것이다.

4 시사응용영역

최근 유통 현장에서 다음과 같은 현상을 보인다면 당신이 신문기자라고 가정할 경우 어떤 주제로 기사를 쓸 수 있을 것인가. 가장 적당한 것을 고르시오.

> 은행에서 주식 펀드를 가입하라고 권유한다.
>
> 소화제를 사러 몇몇 약국에 들렀더니 약국마다 약값이 달랐다.
>
> TV 프로그램 중간에 갑자기 광고가 나왔다.

① 도시생활의 편리화　　　　　　② 기업들의 사업다각화

③ 고객만족의 기업전략　　　　　④ 규제 완화의 진척

⑤ 서비스산업의 활성화

| 정답 ④ | **난이도** : 1등급

문제 유형

규제 완화의 효과에 대해 이해하고 있는지를 묻는 문제다. 오답률은 낮을 수 있지만 난이도는 높다. 규제 완화라는 것이 왜 필요한지 그것의 실생활에서 어떻게 나타나는지를 묻는 문제이다. 문제는 간단하지만 경제 현상에 대한 깊이 있는 관찰이 필요한 질문으로 시사 응용력을 알고자 하문항이다.

5 응용복합(상황판단)영역

세계적 유통 체인인 월마트가 한국 내 영업에서 매출부진에 시달린 끝에 결국 철수하고 말았다. 이 회사가 한국서 철수한 이유를 추정한 다음의 주장 중 적절치 않은 것은?

① 아마도 한국 소비자들의 쇼핑 패턴 분석에 실패했을 것이다.

② 미국 신선 농산물 판매를 고집하면서 다양한 상품을 판매하는데 실패했을 것이다.

③ 한국 내 부동산 가격이 높아 신규 점포 확장에 실패했을 수 있다.

④ 미국식 할인점 경영을 고집하면서 매장 관리, 상품 전시 등에서 실패했을 것이다.

⑤ 경영진이 한국시장에서 현지화에 실패했다.

| 정답 ② | **난이도** : 3등

해제 이 문제는 종합적인 판단능력, 추론능력을 평가하는 문제다. 기본적인 축적된 경제상식이 필요하다. 예를 들어,
　－ 할인점에 대한 기본 지식이 있는지(할인점은 공산품이 주류다. 한국 할인점의 상품 전시, 판매 단위 등은 미국과는 매우 다르디
　　등의 사전 지식)
　－ 신선 농산품은 원거리 조달이 어렵다는 기본 지식이 있는지
　－ 경영진 현지화 문제 등은 경제 뉴스에 대한 친화력을 테스트할 수 있다.
　또 이들 지식이 종합적으로 응용되는지를 판단할 수 있는 문제이다. 그러나 기본 지식이 없어도 연역적 추론 방식으로 일부 문항을
　단할 수도 있다. ①번 문항과 ②번 문항은 해석을 거치면 동일한 문항이라는 것을 알 수 있다. ⑤번 문항도 현지화라는 관점에서 저
　될 수 있는 문항이다.

미시경제와
거시경제

01장

미시경제

T e s t   o f   E c o n o m i c   S e n s e   A n d   T h i n k i n g

01 | 경제활동의 흐름과 경제주체 및 경제객체

① 경제주체와 경제객체

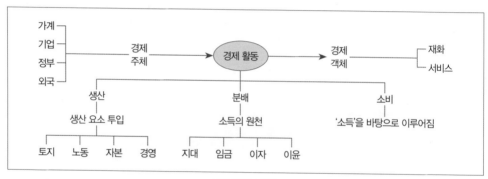

경제활동의 흐름

(1) 경제주체 : 경제에 대한 의사결정을 할 수 있는 민간(가계 · 기업), 정부, 해외부문을 말한다.

① **가계** : 소비의 주체로서 기초적인 생산과 소비를 담당하였고, 생산요소를 기업에 제공하여 소득을 얻어 소비 활동을 한다.

② **기업** : 생산의 주체로 가계로부터 제공받은 생산요소를 활용하여 사람들에게 필요한 재화와 서비스를 만들어내는 생산 활동을 하고, 이윤을 창출한다.

③ **정부부문** : 정부는 가계와 기업의 경제 활동이 원활할 수 있도록 지원하며, 민간에서 모은 조세를 바탕으로 공공재와 공공서비스(국방 · 치안 · 의료 · 교육)를 공급한다.

④ **해외부문** : 외국에서 경제활동을 하는 가계, 기업, 정부로, 한나라의 국민 경제는 외국과의 수 · 출입을 통해 교역한다. 개방경제체제에서 중요성이 점점 커지고 있다.

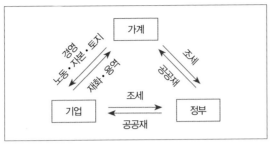

경제주체의 상호관계

(2) **경제객체** : 경제주체의 거래대상으로 재화와 서비스로 구분된다.

① 재화 : 눈에 보이는 우리 일상에서 접할 수 있는 상품으로, 주로 경제재를 말한다.

경제재와 자유재

• 경제재 : 희소성을 가지고 있는 자원으로 존재량이 유한하여 대가를 지불해야 획득할 수 있는 재화이다 (산출재와 투입재로 구분).

• 자유재 : 희소성이 없는 자원으로 존재량이 무한하여 대가 없이도 획득할 수 있는 재화로 경제행위의 대상에 포함되지 않는다(공기 · 햇빛 등).

• 상황에 따라 경제재는 자유재로 자유재는 경제재로 바뀌기도 한다(물 등).

② 서비스(용역) : 눈에 보이는 형태는 없지만 경제활동에 관련된 사람의 유용한 희소성의 법칙이 적용되어 경제행위의 대상이 된다(의사의 진료 · 가수의 노래 · 운동선수의 경기 등).

용역의 구분

• 직접용역 : 특정한 재화의 개입이 없어도 이루어지는 용역으로 의사의 진료, 음악가의 연주 등이 해당된다.

• 간접용역 : 특정한 재화가 개입되어 이루어지는 용역으로 상업, 운수업, 보관업, 금융업 등이 해당된다.

② 경제문제와 경제활동

(1) 희소성의 법칙

① 희소성의 법칙이란 인간의 욕망은 무한한데, 이를 충족시킬 수 있는 경제적 자원은 제한되어 있어서 경제문제가 발생하는 것을 말한다.

② 경제학에서 희소성이란 일반적으로 자원의 희소성을 의미한다. 자원은 자연자원, 물적 자원, 인적 자원으로 분류된다.

③ 어느 한 시점에서 제한된 자원으로 효과를 극대화하기 위한 선택의 필요성이 대두된다.

④ 한정된 자원을 '누구를 위해, 무엇을, 얼마나, 어떻게 생산할 것인가' 하는 문제는 선택으로 얻는 만족을 어떻게 최대화할 것인가 하는 합리적 경제활동과 직결된다.

(2) 경제문제(P. A. Samuelson)

① 무엇을 얼마나 생산할 것인가? (생산물의 종류와 수량 문제)

> 자원의 희소성으로 원하는 것을 무한정 생산할 수 없기 때문에 발생하는 문제로서, 효율성을 중시해야 함을 강조한다.

② 어떻게 생산할 것인가? (생산방법 문제)

> 어떤 자원을 활용하여 어떤 방법으로 물건을 만들것인가 하는 문제로서, 이 또한 효율성이 중시된다.

③ 누구를 위해 생산할 것인가? (소득분배 문제)

> 생산된 재화의 용역을 누가 사용할 것인가 또는 생산을 통해 발생한 소득을 누구에게 나누어줄 것인가 하는 문제로서, 효율성뿐만 아니라 공정성 또는 형평성도 함께 중시된다.

 TiP

4번째의 경제문제

오늘날에는 기존의 세 가지 경제문제 외에 또 한 가지 문제가 제시되고 있다. 언제 생산할 것인가 하는 문제이다. 이는 생산의 시기를 결정하는 문제로, 1970년대의 석유파동과 자원파동, 그리고 오늘날 천연자원이 고갈되어가는 상황에서 새로이 제기되는 문제이다.

(3) 경제활동의 내용

① **생산활동** : 가치를 증대시키는 활동으로서 제조, 운반, 보관, 판매 등을 포함한다.

② **분배활동** : 생산활동에 참여한 대가를 나누는 것으로서 노동, 토지, 자본, 경영 등의 생산요소에 각각 대응하는 임금, 지대, 이자, 이윤 등이 나누어지는 것을 말한다.

③ 지출활동 : 분배된 소득을 바탕으로 재화와 서비스를 구매하여 사용하는 소비와 미래 소비를 위해 남겨놓는 저축으로 구성된다.

(4) 경제활동의 상호의존관계

① 경제활동의 상호의존성 : 현대의 경제생활에서는 분업을 통해 생산이 이루어지므로 경제주체 간에 밀접한 상호의존관계가 성립한다.

② 분업과 협동 : 분업은 일이 개별단위로 구분될 수 있을 때 가능하며, 개별단위로 나누어질 수 없는 일에서는 여러 사람이 서로 도와가면서 하는 협업이 오히려 생산성을 증대시킬 수 있다.

③ 특화와 교환 : 특화란 비교우위가 있는 분야에만 집중하는 것을 말한다. 특화는 교환을 전제로 하여 이루어지는 것으로, 특화와 교환은 경제 내의 생산성과 효용수준을 높인다.

(5) 화폐의 발달

① 화폐의 발생 : 물물교환의 불편을 줄이고자 화폐를 사용하게 되었다.

② 화폐의 변천 : 물품화폐 → 금속화폐 → 주화 → 지폐 → 신용화폐(수표·어음)

③ 전자화폐 : 돈의 가치 기능을 전자정보로 전환하여 전자적으로만 교환되는 돈이나 증서로 현금 정보가 담긴 IC카드, 인터넷상에서만 쓰이는 사이버 머니 등이 있다.

(6) 경제제도

① 사회구성원들이 기본적 경제문제를 해결하는 데에서 보편적으로 받아들이는 공식적인 방법이나 절차를 경제제도라 한다.

② 경제제도는 사회의 생산성을 높이고 자원을 효율적으로 배분한다.

02 | 경제적 효율성과 기회비용

① 경제적 효율성과 공평성

(1) 경제적 효율성(경제원칙, 경제적 합리성)

① 최대효과의 원칙 : 주어진 자원(비용)으로 최대의 효과(산출량)를 얻는 것

② 최소비용의 원칙 : 일정한 효과(산출량)를 얻고자 최소의 자원(비용)을 사용하는 것

Tip

경제원칙

경제행위에서 가급적 가장 적은 비용 또는 동일한 비용으로 가장 큰 효과를 얻으려는 것으로, 일반적으로 ① 일정한 효과를 올리는 데 최소의 비용 또는 희생을 지불하려는 최소비용원칙, ② 일정한 비용으로 최대의 효과를 올리려는 최대효과원칙, ③ 비용·효과가 일정하지 않을 때, 그 차이를 최대로 하려는 최소비용 최대효과 원칙 등 세 가지를 들 수 있다. 그러나 이러한 원칙은 인간 행위의 경제적 측면에만 적용되는 고유의 원칙이 아니라, 인간 행위 전반에 걸친 기술적 합리성의 원칙이기도 하다.

(2) 공평성

① 희소자원으로 생산한 재화를 사회구성원에게 공정하게 분배하는 것을 의미한다. 공평성은 때로 효율성과 상충되기도 한다.

② 공평성에는 효율성과 같은 일반적인 원칙이 존재하지 않는다.

③ 경제적 효율성과 공평성은 경제체제의 평가기준으로 사용되기도 한다.

 유/사/기/출/문/제

희소자원으로 생산한 재화를 사회구성원에게 공정하게 분배하는 것을 공평성이라고 하며, 효율성은 제한된 희소자원을 통하여 최대의 효과를 얻는 것이다. 가끔 효율성과 공평성이 상충되기도 하는데 다음 중 상충된다고 볼 만한 사례는?

① 정부예산을 확보하여 실업자에게 실업수당을 지급한다.
② 정부가 각 기업에 균등하게 연구개발자금을 지원한다.
③ 중산층에 종합부동산세를 인하하는 혜택을 부여한다.
④ 금리가 올라가면 이자생활자의 생활이 호전된다.
⑤ 실업률이 낮아지면 대체로 물가는 올라간다.

| 해설 |

②의 균등한 연구개발자금 지급은 공평성은 있으나 효율성은 없다.

| 정답 | ②

② 기회비용

(1) 기회비용의 개념

① 어떤 것을 선택함으로써 다른 것을 포기한 것 중 가장 높은 가치를 기회비용이라 한다.

② 경제적인 문제에 대한 의사결정은 기회비용을 항상 고려해야 하며, 기회비용은 자원의 희소성 때문에 발생한다.

③ 자원의 희소성 때문에 선택의 문제가 발생하고 그 선택의 대가가 기회비용이므로, 기회비용이 발생하는 원인은 자원의 희소성이라 할 수 있다.

 유/사/기/출/문/제

한 가지를 선택했기 때문에 포기해야 하는 다른 선택의 가치를 무엇이라고 하는가?

① 희소성　　　　　　② 한계효용　　　　　　③ 규모의 경제
④ 기회비용　　　　　⑤ 한계비용

| 해설 |

일정한 생산요소를 가지고 어떤 생산물을 생산한다는 것은 그만큼 다른 생산물의 생산을 단념하는 것을 의미한다. 그 경우 생산의 기회를 잃은 다른 생산물을 생산했을 때의 이익을 실제로 생산된 생산물의 비용으로 간주할 수 있다. 이러한 비용을 기회비용이라 한다. 기업가의 경우 자기 기업에 투자함으로써 얻는 이윤은 기회비용인 이자보다 많아야 한다. 그렇지 않다면 기업소유자로서는 돈을 빌려주는 편이 유리하기 때문이다. 경제학에서는 언제나 회계비용(Accounting Cost)뿐만 아니라 기회비용을 고려하여 반영하여야 한다. 한정된 생산요소를 가지고 다양한 선택의 기회가 존재하므로, 기회비용의 사고방식은 경제이론의 분석도구 중에서도 중요한 것으로 채택되고 있다.

| 정답 | ④

(2) 매몰 비용

① 이미 지출되어 회수할 수 없는 비용(연구개발비 등)

② 합리적 선택을 하려면 매몰비용을 고려하지 않고, 선택으로 인해 발생하는 비용과 편익을 고려해야 한다.

 TIP

스미스의 가치 역설

가치의 역설은 애덤 스미스가 도입한 용어로서, 가격과 효용의 괴리 현상을 나타내는 말이다. 스미스의 역설(Smith's paradox)이라고도 한다. 어떤 재화가 희소성을 가지고 있을 때, 그 재화에는 알맞은 가격이 매겨진다. 그런데 어떤 재화의 가격은 시장을 통해 정해졌을 뿐 효용을 반영하고 있다고 할 수는 없다. 스미스는 다이아몬드와 물의 예를 들며, 전자는 희소하며 가격이 비싸지만 후자가 오히려 효용이 높다는 점이 역설적이라고 하였다. 그런데 이것은 총효용의 측면에서만 파악하였기 때문이다. 가격은 한계효용에 의해 결정되기 때문에, 총효용이 크다고 반드시 재화의 가격이 높은 것은 아니다.

03 경제학의 분류와 분석방법

① 경제학의 구분과 방법론상의 오류

(1) 실증경제학과 규범경제학

① 실증경제학 : 경제현상을 있는 그대로 분석하고 원인과 결과를 발견하여 경제현상의 변화를 예측하는 이론체계로, 가치판단이 개입되지 않는다.

② 규범경제학 : 가치판단에 의해 현재의 경제상태가 바람직한가를 평가하여 개선방안을 연구하는 이론이다.

(2) 경제학 방법론상의 오류

① 인과의 오류 : 경제현상 간의 인간관계를 규명할 때 먼저 현상이 관찰되었다는 이유로 다음 사건의 원인이라 판단하는 오류로서, 귀납법이 적용되는 과정에서 발생한다.

② 구성의 오류 : 부분에 맞는다고 해서 전체에도 맞는다고 생각하는 오류로서, 연역법이 적용되는 과정에서 발생한다.

 유/사/기/출/문/제

> **다음 글에서 설명하는 용어는?**
>
> 한 사람이 절약하고 저축하면 그 개인은 부자가 되겠지만 사회구성원 전체가 절약하고 저축하면 경제 전체의 소비는 위축된다. 이처럼 개별적으로는 합리적인 선택을 했다 하더라도 전체적으로는 나쁜 결과를 초래하는 상황을 뜻한다.
>
> ① 구성의 오류　　　② 시장의 오류　　　③ 독립의 오류
> ④ 공공의 오류　　　⑤ 저축의 오류
>
> | 해설 |
>
> 구성의 오류 (構成의 誤謬, The fallacy of composition)
> 부분적 성립을 전체적 성립으로 확대 추론함에 따라 발생하는 오류이다. 절약의 역설과 가수요가 이에 해당한다. 예를 들어, 어느 한 제품의 가격을 올리면 그 제품을 만드는 기업은 이익을 얻는다. 이에 따라 모든 제품의 가격을 올리면 모든 기업이 이익을 얻는다고 추론하게 된다. 그러나 모든 제품의 가격이 오르면 물가가 상승하여 오히려 악영향을 끼칠 수 있다.
>
> | 정답 | ①

② 분석방법

(1) 정태분석과 동태분석

① 정태분석 : 두 균형상태를 비교 · 연구하는 분석방법으로, 시간개념을 고려하지 않으며 한 균형상태에서 다른 균형상태로 이동하는 과정을 무시한다.

② 동태분석 : 시간개념을 도입하여 한 균형상태에서 다른 균형상태로 이동하는 과정을 분석하는 방법이다.

(2) 부분균형분석과 일반균형분석

① 부분균형분석 : 다른 조건이 일정하다는 가정하에 한 부분만을 분석하는 방법이다. 즉, 수요법칙은 다른 조건이 모두 일정하다는 가정하에 가격과 수요량만을 분석한 일종의 부분균형분석이다.

② 일반균형분석 : 모든 시장 간의 상호 연관관계를 명시적으로 고려하며 특정부문을 분석하는 방법으로, 정확한 결론에 도달할 수 있는 장점이 있으나 복잡하다는 단점이 있다.

04 합리적 선택과 합리적 결정

① 합리적 선택

(1) 합리적 선택의 의의

① 경제주체들은 주어진 여건하에서 가능한 한 기회비용을 최소화하고 만족을 극대화할 수 있는 선택을 하고자 하는데 이를 합리적 선택이라고 한다.

② 주변의 사용 가능한 정보를 기초로 하여 법의 테두리 내에서 자신의 이익을 최대로 높이려는 선택을 말한다.

(2) 합리적 선택을 위한 필요조건

① 합리적 선택을 하려면 모든 경제활동을 할 때 조직적이고 체계적으로 사고해야 한다.

② 자신이 선택해야 할 문제와 관련된 정보를 충분히 수집해야 하는데, 여기에는 경제활동의 목표, 목표달성을 위한 대안의 장단점, 소요비용, 국내경제 상황, 국제경제 동향 등이 모두 포함된다.

② 합리적 의사결정 과정

(1) 의사결정 단계

① **문제인식** : 당면한 문제가 무엇인지를 정확하게 정의하는 단계이다.

② **자료 및 정보 수집** : 관련된 자료나 정보를 여러 가지 경로를 통해 수집하는 단계이다.

③ **대안탐색** : 선택할 수 있는 여러 대안을 나열해보는 단계이다.

④ **대안 검토 및 평가** : 대안들의 실현 가능성을 따져보고 적정한 기준에 따라 결정을 평가하여 서열을 매기는 단계이다.

⑤ **대안선택** : 평가기준을 가장 잘 충족시키는 대안을 고르는 단계이다.

⑥ **결과 반성 및 평가** : 행동결과를 평가하여 부족한 면을 보충할 계획을 세우는 단계이다.

(2) 경제정보의 활용

① **경제정보의 필요성** : 합리적 의사결정의 자료로서, 경제 전체의 흐름을 파악할 필요가 있다.

② **경제정보의 유용성** : 경제현상을 계량화한 자료를 통해 미래의 경제상황을 예측함으로써 합리적인 경제적 의사결정을 할 수 있다.

③ **경제정보의 형태** : 비율과 변화율로 표시한다.

비율	두 변수의 상대적 크기만을 비교할 뿐 두 변수의 절대적 규모에 대해서는 알려주지 않음
변화율	비교하고자 하는 변수의 상대적 변화를 나타냄

④ **경제정보의 조사방법** : 전수조사와 표본조사가 있다.

전수조사	대상 모두를 조사하는 것으로, 시간이나 비용이 많이 소요됨
표본조사	조사대상의 일부를 골라 조사하는 것으로, 적은 비용으로 조사대상의 특성 파악이 가능

⑤ **미래예측** : 미래를 예측하려면 경제 전체 또는 개인의 경제활동에서 규칙적인 경향 및 행동양식을 찾아내야 하며 논리적 사고가 필요하다. 그리고 이것을 계량화하는 데에도 객관적인 경제자료가 뒷받침되어야 한다.

⑥ **컴퓨터의 활용** : 정보화시대에는 경제주체가 활용할 수 있는 통계와 정보가 생산·축적되는 양이 폭발적으로 증가하고 있다. 대량의 정보를 체계적으로 필요에 따라 찾아 쓰며, 복잡한 자료처리와 계산과정을 신속히 처리하는 데 컴퓨터가 활용된다.

05 경제체제의 이해

1 경제체제

(1) 경제체제의 의의

① 인간의 경제적 요구 충족을 위해 자원을 어떻게 사용할지를 결정하는 방식(제도)을 말한다.

② 경제제도는 그 나라의 역사적 배경 또는 정치 성향에 따라 차이가 난다.

(2) 경제체제의 유형

① 시장경제체제 : 사유재산을 인정하며 시장의 가격기구(애덤 스미스의 보이지 않는 손)를 통하여 경제문제를 해결한다. 국가가 간섭하지 않고 개개인이 자유롭게 경제활동을 할 수 있는 법이 마련되어야 한다.

② 계획경제체제 : 사유재산이 인정되지 않고, 모든 생산수단을 국유화하여 정부의 계획과 통제에 의해 자원배분을 한다.

③ 혼합경제체제 : 시장경제체제에 계획경제체제를 보완한 경제체제로, 거의 모든 국가에서 채택하고 있다.

구분	시장경제체제	계획경제체제
생산 수단 소유	개인	국가 및 공공단체
경제 문제 해결	시장의 기구	국가의 계획
경제 활동 동기	개인의 이익	사회 전체의 공익

(3) 경제체제와 경제문제의 해결

① 봉건사회 : 전통과 관습에 의해 경제문제 해결

② 사회주의 : 국가의 계획과 명령에 의해 경제문제 해결(계획경제)

③ 자본주의 : 시장(가격기구)을 통해 경제문제가 자연스럽게 해결(시장경제)

④ 현대(수정자본주의) : 가격기구와 정부의 개입에 의해 경제문제 해결(혼합경제)

(4) 자본주의의 발전단계

발전단계	주요 내용
상업자본주의 (16세기~산업혁명)	• 중상주의, 경찰국가 • 상업자본(상인자본) • 시장 확대와 자본의 본원적 축적 • 보호무역과 국부 증강 • 종획운동과 공장제 수공업
산업자본주의 (산업혁명~1870년 이전)	• 자유방임시대, 야경국가 • 산업자본 • 공장제 기계공업과 대량생산 • 자유시장 경제질서 확립 • 가격의 자동조절 기능 • 노사계급의 대립
독점자본주의 (1870년대~세계대공황)	• 제국주의 시대 • 금융자본(독점자본) • 기업집중 · 결합으로 독점기업 출현 • 금융자본과 독점기업의 제휴 • 식민지 획득을 위한 열강의 대립 • 경쟁의 격화에 따른 만성적 공황의 발생
수정자본주의 (세계대공황 ~)	• 현대복지국가 • 문제점에 대한 국가의 규제와 통제 • 혼합경제, 이중경제 • 분배의 형평을 강조

② 경제체제 관련 주요 사상

(1) 자유방임주의(A. Smith)

① 시장경제체제의 사상적 기초를 정립한 애덤 스미스는 각 개인이 자신의 이익을 추구할 때 시장가격이 보이지 않는 손과 같은 역할을 수행함으로써 모든 경제문제가 자연스럽게 해결된다고 보았다.

② 애덤 스미스는 국가는 자유경쟁에 간섭하지 말고 그 질서의 유지를 담당해야 한다고 말하였다. 국가의 목적이 치안유지에 제한되는 주장으로 오늘날 복지국가와 정면 배치한다.

(2) 수정자본주의(J. M. Keynes)

① 자본주의 자체의 본질적인 변혁을 거치지 않고 일부를 수정 또는 개량하여 자본주의

발전에 따른 모순을 해결하고자 하는 이론이다.

② 케인즈는 각 경제주체가 합리적으로 행동한다 하더라도 전체로서는 반드시 바람직한 결과를 가져올 수 없다는 시장기구의 자동조절장치의 한계를 주장하며 정부의 적극적 개입을 강조하여 공황을 극복하고자 채택된 뉴딜 정책의 사상적 받침이 되었다.

(3) 신자유주의(Hayek, Friedman)

① 하이에크는 신자유주의 사상의 창시자로, 국가가 개입하는 계획경제를 비판하고, 시장경제 체제를 옹호하였으며, 중립적 화폐론은 주장하였다.

② 프리드먼은 자유주의 시장경제 옹호론자로 시장의 장점과 정부개입의 단점을 주장하였고, 19세기 유럽에 풍미했던 자유주의를 주장하여 여러 나라에 영향을 미쳤다.

레이거노믹스

레이거노믹스(Reaganomics)는 미국 대통령 로널드 레이건이 1981년부터 1989년까지 임기 동안 수행한 시장 중심 경제정책 혹은 이와 유사한 정책을 가리킨다. 라디오 방송인 폴 하비가 레이건(Reagan)과 이코노믹스(economics)를 합쳐서 만든 말로, 세금을 낮추고 국내 지출을 줄였다는 점에서 레이건의 경제정책은 전임자들과 큰 차이를 보였다. 레이거노믹스의 중심 내용은 ① 정부 지출의 축소, ② 노동과 자본에 대한 소득세 한계세율 인하, ③ 규제 철폐, ④ 인플레이션을 줄이기 위한 화폐 공급량의 조절 등이다.

06 | 가계와 경제활동

① 가계의 소비활동

(1) 가계와 경제활동

① 소비활동이란 사람들이 욕구를 충족시키고자 이루어지는 경제활동이다.

② 욕구는 의식주 문제와 관련된 가장 기본적인 생존을 위한 욕구로부터 교육, 오락, 여행 등 문화생활에 대한 욕구까지 매우 다양하다.

③ 대부분의 욕구는 재화와 용역의 소비활동으로 충족된다.

④ 가계가 제공하는 노동, 자본, 토지, 경영 등 생산요소에 대하여 지불되는 대가인 임금, 이자, 지대, 이윤 등이 가계소득이 되어 소비지출의 원천을 이룬다.

(2) 합리적 소비

① 합리적 소비를 위한 선택 : 사람의 욕구는 다양한 데 반하여 가계의 소득은 한정되어 있기 때문에 희소성의 문제가 생긴다. 따라서 일정하게 주어진 소득으로 가계가 얻는 만족을 가장 크게 할 수 있는 배분방법을 선택해야 하는 문제에 직면한다.

② 소비자는 구매하고자 하는 상품의 가격과 품질 등을 고려하여 그 상품을 소비할 때 얻는 만족감과 그 상품의 소비에 따르는 기회비용을 따져 가장 합리적인 소비방법을 선택해야 한다.

③ 소득범위 내에서 한 시점에서뿐만 아니라 먼 장래까지 감안하여 가계의 만족을 극대화하는 소비행위, 즉 '한계효용균등의 법칙'에 따른 소비행위를 합리적 소비라고 한다.

총효용과 한계효용의 관계

• 한 재화의 소비량을 증가시키면 총효용은 증가하지만 한계효용은 감소한다. 총효용이 극대에 이르면 한계효용은 0이 되고, 총효용이 감소하면 한계효용은 마이너스가 된다.

• 총효용은 한계효용의 합계와 같다.

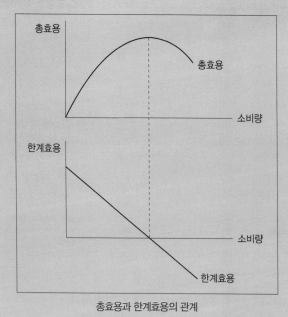

총효용과 한계효용의 관계

한계효용균등의 법칙

각 상품 마지막 단위와 소비에 지출하는 화폐 1단위의 한계효용이 서로 같도록 각 상품의 소비량을 정할 때 소비자는 가장 큰 총효용을 얻게 되어 합리적 소비를 하게 된다는 것이다. 소비자가 x, y 두 재화를 소비하는 경우 다음의 조건에 맞도록 x, y 두 재화의 소비량을 정하면 합리적 소비가 이루어진다.

> x재의 한계효용 / x재의 가격 = y재의 한계효용 / y재의 가격

② 소비와 국민경제

(1) 소비와 저축

① 소비 : 가계는 생산요소인 노동력과 자본 등을 기업에 제공하고 그 대가인 임금 · 이자 · 배당 등의 형태로 소득을 얻으며, 그 대부분을 재화와 용역의 소비에 지출하고 나머지는 미래의 지출을 위해 저축한다. 소비는 일반적으로 소득의 크기에 비례하여 증가한다.

② 저축 : 저축은 소득 중 소비로 지출되지 않는 부분으로 미래의 소비를 위해 현재의 소비를 줄이는 것이다.

(2) 소비와 국민경제

① 건전한 소비 : 더 나은 생활을 추구하기 위해 필요하며, 미래의 소비를 위해 오늘의 소비를 줄여서 저축하면 내일의 가계생활뿐만 아니라 국민경제활동을 위한 투자재원을 마련할 수 있다.

② 과소비의 문제점 : 인플레이션을 발생시키고, 경제발전의 둔화를 초래한다.

(3) 엥겔의 법칙

① 독일의 엥겔이 노동자들의 가계지출을 조사한 결과로 수입이 적은 가계일수록 지출 총액 중 차지하는 식료품비의 지출 비율인 엥겔 계수(Engel's coefficient)가 높고, 수입이 많은 가계는 그 반대로 나타나는 법칙성을 발견하였다.

② 엥겔은 가계의 소비지출을 음식비, 피복비, 주거비, 광열비, 문화비 5개의 항목으로 구분하였으며, 엥겔 계수에 따라 생활 정도를 나누었다.

③ 엥겔계수 = (음식비 / 총생계비) × 100(%)

엥겔계수	생활 정도
25% 이하	고도의 문화생활
25% ~ 30%	문화생활
30% ~ 50%	건강생활
50% ~ 70%	최저생활
70% 이상	극빈생활

슈바베의 법칙(S. Schwabe)

소득수준이 높으면 높을수록 집세에 지출되는 금액은 커지지만 전체 생계비에 대한 주거비의 비율은 낮고, 소득이 낮을수록 전체 생계비에 대한 비율은 높아지는 현상을 말한다. 이 경우 주거비의 절대액은 증가한다.

07 기업과 경제활동

① 기업의 생산활동

(1) 생산

① 사람들에게 유용한 재화와 용역을 만들어내는 모든 경제활동을 생산이라고 한다. 즉, 생산에는 재화를 보관 · 저장 · 운반 · 판매하는 간접적인 활동까지 포함된다.
② 생산하는 사람을 생산자라 하고, 생산하는 조직체를 기업이라 한다.

(2) 기업

① 기업의 근본적인 목적은 이윤추구이므로, 한정된 자원으로 최대한 많이 생산하여 이윤을 가장 크게 하고자 한다.
② 기업은 어떤 제품을 어떠한 방법으로 얼마나 생산하고 어떤 가격으로 판매할 것인가를 결정한다.

(3) 생산요소

① 토지 : 토지는 좁은 의미의 토지인 땅뿐만 아니라 모든 자연자원을 포함하는 넓은 의미로 사용된다.

② 노동 : 생산을 위한 인간의 모든 정신적·육체적 노력을 노동이라고 한다. 노동은 생산요소 중에서도 가장 기본적인 것으로, 노동의 질은 노동자의 건강·기능·훈련 정도·교육수준 등에 의존한다.

③ 자본 : 기계나 도구처럼 인간이 만들어낸 생산요소로서 노동의 생산성을 향상시킨다.

④ 경영 : 생산요소의 효율적인 결합을 위해 기업가가 하는 일이며, 기업가의 경영능력도 하나의 생산요소라고 할 수 있다.

② 기업의 형태

(1) 민간기업과 정부기업

① 민간기업 : 민간이 소유 또는 운영하는 기업으로서 일반적으로 이윤추구를 목적으로 한다.

② 정부기업 : 정부가 소유 또는 운영하는 기업으로서 경제활동의 공익성에 따라 재화와 서비스를 생산한다. 우리나라의 경우 철도, 전화, 상하수도 사업 등이 정부기업의 대표적인 예이다.

(2) 개인기업과 회사기업

① 개인기업 : 자본전액을 개인이 출자하고 위험부담도 모두 개인이 지는 기업형태이다(소유와 경영의 일치).

② 회사기업 : 많은 사람이 자본을 출자하고 선정된 전문가에게 경영을 맡기는 기업형태이다(소유와 경영의 분리).

(3) 상법상 회사의 형태

합명회사	• 무한책임사원 2인 이상으로 구성 • 업무집행은 사원 전원이 함 • 전 사원의 공동출자 • 지위 양도 시에는 전 사원의 동의가 필요함 • 인적 회사이며 소규모

합자회사	• 무한 · 유한책임사원으로 구성 • 업무집행은 무한책임사원이 함 • 전 사원의 공동출자 • 지위 양도 시 무한책임사원 전원의 동의가 필요함 • 인적 회사이며 소규모
유한회사	• 유한책임사원 2~50명 • 업무집행은 이사가 함 • 전 사원의 공동출자 • 지위 양도 시 사원총회의 동의가 필요함 • 중소기업에 적합
주식회사	• 상법에 따라 형성되고 출자액에 대해서만 법적 책임을 지는 대표적인 회사기업으로, 오늘날 경제활동에서 가장 큰 비중을 차지하는 기업형태 • 유한책임사원만으로 구성 • 업무집행은 이사회, 대표이사가 함 • 자본형성은 주식으로 공모 • 주식 양도의 자유 • 물적 회사이고 대기업에 적합

③ 한계생산과 한계비용

(1) 생산요소의 생산성

① 생산성이란 여러 가지 생산요소가 결합되어 생산이 이루어질 때 그중 어느 한 생산요소의 생산에 대한 기여도를 말한다(생산성 = 산출량/투입량).

② **노동의 평균생산성** : 노동 1단위의 생산량, 즉 노동 1단위의 생산에 대한 기여도를 말한다. 국민의 후생수준과 밀접한 관계가 있다(노동의 평균생산성 = 총생산량/노동투입량).

③ **노동의 한계생산성** : 노동 1단위를 더 투입함으로써 얻는 생산량, 즉 총생산량의 증가분을 노동의 한계생산성이라고 한다. 자원배분의 효율성과 밀접한 관련이 있다(노동의 한계생산성 = 총생산량의 증가분/노동투입량의 증가분).

(2) 한계생산체감의 법칙

① 자본의 투입량을 고정하고 노동의 투입량을 증가시키는 경우 노동의 투입량이 어느 수준 이상으로 증가하면 결국 한계생산량이 점점 감소하는데 이러한 현상을 한계생산체감의 법칙이라고 한다.

② 한계생산체감의 법칙은 노동의 경우뿐만 아니라 자본을 비롯한 모든 생산요소에 적용되는 일반 법칙이다.

(3) 생산요소의 최적결합

① 일정한 생산량을 얻는 데에서 생산비를 극소화하는 생산요소의 결합방법 또는 일정한 생산비로 생산량을 극대화하는 생산요소의 결합방법을 말한다.

② 한계생산균등의 법칙 : 각 생산요소의 비용 단위당 한계생산이 같도록 생산요소를 결합하면 생산요소의 최적결합이 이루어진다는 것이다. 노동과 자본을 결합하는 경우 다음의 식으로 나타낼 수 있다.

> 노동의 한계생산 / 노동의 가격 = 자본의 한계생산 / 자본의 가격

(4) 수확체감의 법칙

한 가지 생산요소의 투입량을 증가시키는 경우 총생산량은 증가하지만 그 증가분, 즉 한계생산량이 일정한계를 지난 후 점차 체감하는 현상을 말한다.

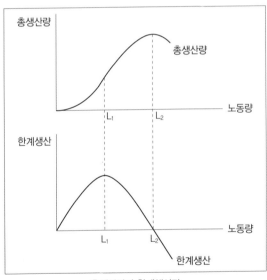

총생산량과 한계생산량

④ 합리적인 생산

(1) 기업의 이윤

① 기업이윤의 극대화 : 기업의 이윤은 생산량을 어떻게 결정하느냐에 따라 크게 영향을 받는다. 따라서 이윤극대화를 목표로 하는 기업에서 생산량의 최적산출수준을 결정하는 것은 매우 중요한 일이다.

② 기업의 이윤은 생산물을 판매해서 얻은 수입에서 그 생산물을 생산하는 데 드는 비용을 뺀 것이다(기업이윤 = 생산물의 판매수입 − 생산물의 생산비용).

(2) 한계비용의 체증

① 생산물을 1단위 더 생산할 때 그로 인해 증가되는 총비용의 증가분, 즉 생산물 추가단위의 생산비를 한계비용이라고 한다.

> 한계비용 = 총비용의 증가분 / 생산량의 증가분
> = 가변비용의 증가분 / 생산량의 증가분

고정비용과 가변비용

- 고정비용 : 기업이 사용하는 생산요소 중에서 단기적으로 투입량을 쉽게 변화시킬 수 없는 고정생산요소에 의해 발생하는 비용으로, 생산량의 크기와 관계없이 일정하다(감가상각비, 이자, 지대 등).
- 가변비용 : 노동, 원료 등 생산수준에 따라 투입량을 변화시킬 수 있는 가변생산요소의 투입비용으로, 생산량의 증가에 따라 증가한다(임금, 원료비, 수송비 등).

② 생산량이 증가함에 따라 한계비용은 체증하는 경향이 있는데 이를 한계비용체증의 법칙이라고 하며, 한계비용이 체증하는 것은 한계생산이 체감하기 때문이다.

(3) 최적노동투입수준의 결정

① 기업은 노동 1단위를 추가로 투입함으로써 얻는 한계생산물의 시장가치와 노동자에게 지급하는 임금을 비교하여 이윤을 극대화할 수 있는 최적노동투입량 수준을 결정한다.

② 완전경쟁시장에서 기업이 노동을 최적수준으로 투입하려면 노동의 한계생산물가치와 임금률이 같도록 투입하면 된다.

> - 노동의 한계생산물가치 〉 임금률 : 노동투입량의 증가 → 이윤 증가
> - 노동의 한계생산물가치 = 임금률 : 노동투입량 결정 → 이윤 극대
> - 노동의 한계생산물가치 〈 임금률 : 노동투입량의 감소 → 이윤 증가

(4) 최적생산량 산출수준의 결정

① 기업이 생산물 1단위를 추가로 생산하여 판매할 때 얻는 총수입의 증가분과 총비용의 증가분을 비교하여 최적산출수준을 결정한다.

② 기업이 이윤을 극대화할 수 있는 최적생산량 산출수준은 한계수입과 한계비용이 일치하는 수준에서 결정한다.

- 한계수입 〉 한계비용 : 생산량 증가 → 이윤 증가
- 한계수입 = 한계비용 : 생산량 결정 → 이윤 극대
- 한계수입 〈 한계비용 : 생산량 감소 → 이윤 증가

③ 완전경쟁의 경우 생산물의 시장가격이 일정하므로 한계수입은 가격과 같다. 따라서 가격 = 한계비용에서 생산량을 결정하면 이윤의 극대화가 이루어진다.

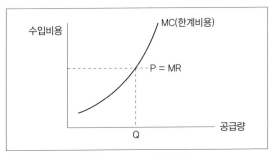

완전경쟁시장의 산출량 결정

08 시장의 원리와 시장가격의 기능

① 시장의 원리

(1) 시장의 의의 및 종류

① 시장의 의의 : 시장이란 수요자와 공급자가 만나 재화를 거래하는 곳이다.

② 시장의 구분

시장 구분	공급자	기업수	진입장벽
완전 경쟁시장	다수	매우 많음	없음
독점적 경쟁시장	다수	많음	낮음
과점 시장	소수	적음	높음
독점 시장	1명	1개	매우 높음

(2) 시장의 원리

① **특화와 분업** : 특화는 한 가지 재화만을 집중적으로 생산하는 방법이고, 분업은 노동자가 일정한 작업에만 종사하여 생산성 향상과 전문화에 기여하는 것이다.

② **자유로운 교환** : 자원을 효율적으로 배분하면 교환의 당사자 모두에게 이익이 발생한다. 교환은 상품을 원하는 사람에게 배분하여 물건의 희소성을 줄인다.

③ **이익추구의 원리** : 경제주체 각자가 이익을 얻고자 시장의 거래에 참여한 결과 사회적으로 효율적인 자원배분이 이루어진다.

④ **경쟁의 원리** : 교환활동에 참여한 개인들은 시장에서 경쟁하게 된다. 생산자는 경쟁자보다 품질 좋고 값싼 상품을 공급하려고 경쟁하며, 소비자는 제한된 소득으로 가장 큰 만족을 얻으려고 경쟁한다.

 유/사/기/출/문/제

시장경제의 기본원리에 관한 설명으로 거리가 먼 것은?

① 시장경제는 생물학적 진화의 결과가 아니다.

② 시장경제는 사적 자치를 기본원리로 한다.

③ 시장경제에서 중요한 것은 정부역할을 규정한 공법이다.

④ 상업과 시장은 국가형성 이전에 이미 발생되었다.

⑤ 경쟁은 시장경제를 구성하는 원리이므로 법으로 보호해야 한다.

| 해설 |

시장경제는 정부의 직접적인 간섭보다는 사적 자치를 기본원리로 하여 자유로운 교환, 경제주체의 이익추구, 경쟁의 원리 등을 보장하는 메커니즘이다.

| 정답 | ③

② 시장가격의 기능과 경제적 역할

(1) 시장가격의 기능

① **교환기능** : 가장 높은 가치로 평가하는 사람에게 상품을 배급함으로써 희소한 재화를 과도하게 소비하려는 욕망을 통제하는 기능이다.

② **배분기능** : 희소한 생산자원이 경제의 여러 부문으로 배분되는 과정에서 신호를 전달하는 기능이다. 이는 가격의 가장 중요한 기능으로, 가격의 매개변수적 기능이라고도 한다.

(2) 시장의 경제적 역할

① 효율적인 생산과 분배 : 희소한 자원을 가지고 사회적으로 가장 필요한 재화와 용역을 가장 낮은 비용으로 생산하여 가장 필요로 하는 사람에게 배분한다.

② 거래비용의 감소 : 일정한 거래가 성립될 때까지 재화와 용역의 구입비용 이외에 당사자들이 지불해야 하는 비용을 줄인다.

 유/사/기/출/문/제

자본주의 시장경제체제에서 사회적 분업을 조절하는 원동력은?

① 사회구성원의 책임감　　② 정책당국의 경제정책　　③ 가격기구

④ 절제된 이기심　　⑤ 중앙은행의 통화정책

| 해설 |

생산수단의 사적 소유와 시장을 통해 자원을 배분하는 자본주의 시장경제는 개개인의 이기심에 의하여 경제활동을 하더라도 보이지 않는 손의 역할을 하는 가격기구에 의해 자동 조정되는 것을 신뢰한다. 만약 가격기구에 문제가 생기면 사회구성원의 책임감이나 정책당국의 경제정책이나 이기심의 절제를 요구하게 된다.

| 정답 | ③

(3) 시장의 형태 결정요인

① 수요자와 공급자의 수 : 수요자와 공급자의 수가 많으면 시장은 경쟁적이 된다.

② 상품의 질 : 상품이 서로 같다면 개별 생산자가 자기 제품을 광고할 필요가 없이 상호 경쟁적이 된다. 반면에 질이 다른 상품인 경우에는 그것을 선호하는 소비자에 대한 영향력을 어느 정도 가진다.

③ 시장참여의 자유 : 진입장벽이 낮을수록 시장은 경쟁적이 된다.

④ 기존기업들의 행동 : 기존 기업들이 담합하여 단체행동을 하는 경우에는 그렇지 않은 경우에 비하여 시장지배력이 커진다.

09 시장의 형태

① 완전경쟁시장

(1) 완전경쟁시장의 의의
① 완전경쟁시장이란 다수의 수요자와 공급자가 만나서 동종·동질의 상품을 거래하는 시장형태이다.
② 자유로운 시장진입과 탈퇴가 보장되며, 개별거래자가 가격형성에 영향을 미칠 수 없다.
③ 완전경쟁시장의 대표적인 예로는 주식시장, 담배소비시장 등이 있다.

(2) 완전경쟁시장의 성립요건
① 재화의 동질성 : 모든 기업은 완전히 동질적인 재화를 생산하여 이를 구매하는 소비자가 어느 재화를 구입하여도 효율성에 차이가 없어야 한다.
② 다수의 수요자와 공급자 : 완전경쟁시장에서는 다수의 수요자와 공급자가 존재하여 한 기업의 생산량이 전체 생산량에서 차지하는 비중이 극히 작아 시장가격에 영향을 줄 수 없어야 한다.
③ 자유로운 진입과 탈퇴 : 모든 기업은 해당 산업에 진입하거나 탈퇴하는 것이 자유로워야 한다.
④ 완전한 정보 : 모든 수요자와 공급자는 가격에 관한 완전한 정보를 보유하여 가격의 변화를 즉시 알 수 있어야 한다(일물일가의 법칙 성립).

> **일물일가의 법칙 (law of indifference)**
> 시장에서 같은 종류의 상품에 대해서는 하나의 가격만이 성립한다는 원칙이다. 경제학 원칙의 하나로서, 무차별의 법칙이라고도 한다. 만약 같은 시장에서 동일한 상품이 다른 가격을 갖는다고 하면, 완전경쟁이 이루어지는 한 사람들은 더 싼 상품을 사려고 할 것이므로 높은 가격의 상품에 대한 수요는 전혀 없어져 가격을 인하하지 않을 수 없게 된다. 즉, 동일한 시장의 어떤 한 시점에서는 동질의 상품가격은 단 하나의 가격밖에 성립하지 않는다. 이를 일물일가의 법칙이라 하며, 반대로 말하면 이 법칙이 작용되는 범위를 하나의 시장이라고 할 수 있다.

(3) 총수입(TR), 평균수입(AR), 한계수입(MR)

① 총수입(TR) : 상품의 가격을 P, 공급량(판매량)을 Q라 할 때 TR = P · Q이다. 판매량이 증가할수록 총수입도 비례적으로 증가한다.

② 평균수입(AR) : 평균수입은 총수입을 공급량(판매량) Q로 나눈 값, 즉 AR = TR/Q = PQ/Q = P이다. 즉, 평균수입은 가격 P와 같아져 완전경쟁시장에서 가격 P는 상수이므로 평균수입곡선은 수평선이 된다.

③ 한계수입(MR) : 한계수입은 판매량이 1단위 증가할 때 총수입의 증가분으로 MR = ΔTR/ΔQ = P · ΔQ/ΔQ = P, 즉 한계수입은 가격 P와 같아져 완전경쟁시장에서 가격 P는 상수이므로 한계수입곡선은 수평선이 된다.

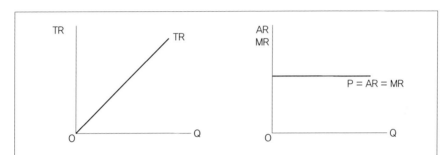

- 총수입곡선 : TR = P · Q로서 이때 완전경쟁시장에서 가격 P는 가격수용자인 개별기업 입장에서는 일정한 상수이므로 총수입곡선은 원점을 통과하는 직선의 형태이다.
- 평균수입곡선, 한계수입곡선 : 평균수입곡선은 원점에서 총수입곡선에 그은 직선의 기울기이고, 한계수입곡선은 접선의 기울기인데, 총수입곡선이 원점을 지나는 직선이면 직선의 기울기 = 접선의 기울기가 성립되어 AR = MR이 된다.

총수입곡선, 평균수입곡선, 한계수입곡선

(4) 개별기업의 수요곡선

① 시장 전체의 수요곡선 : 소비이론에서 도출한 개별소비자의 수요곡선을 수평으로 합하여 구하면 우하향의 시장 전체 수요곡선이 도출된다.

② 개별기업의 수요곡선 : 평균수입이 시장가격과 같으므로 개별기업이 직면하는 수요곡선은 시장형태에 관계없이 평균수입곡선이 된다.

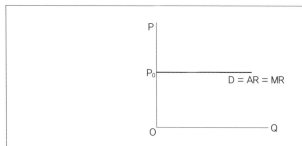

- 시장 전체의 수요곡선은 개별소비자의 수요곡선을 수평으로 합하므로 우하향하나, 재화의 가격이 결정되면 개별기업은 주어진 시장가격으로 생산한 재화 모두를 판매할 수 있으므로 직면하는 수요곡선은 수평선의 형태를 가진다.

개별기업의 수요곡선

(5) 완전경쟁기업의 이윤극대화 조건

① 일반적인 이윤극대화의 조건 : MR(한계수입) = MC(한계비용)

② 완전경쟁기업의 평균수입과 한계수입은 동일 : P = AR = MR

③ 완전경쟁기업의 이윤극대화 조건 : P = AR = MR = MC

④ MR 곡선의 기울기 〈 MC 곡선의 기울기

완전경쟁시장에서의 손익분기점과 생산중단점
- 손익분기점 : 완전경쟁시장에서 손익분기점은 정상이윤만 발생하는 평균비용곡선의 최저점이다.
- 생산중단점 : 완전경쟁시장에서 생산중단점은 평균가변비용곡선의 최저점이다.

(6) 완전경쟁시장에서의 가격과 산출량 결정

① 완전경쟁시장에서는 생산물의 가격이 일정하므로 '한계수입 = 가격'이다. 따라서 '가격 = 한계수입 = 한계비용'에서 생산량을 결정하면 이윤이 극대화된다.

② 다음 그림에서 수평선은 주어진 가격수준과 일치하는 한계수입곡선이고 우상향하는 곡선은 한계비용곡선이다. 따라서 Q_0에서 생산량을 결정하면 이윤이 극대화된다.

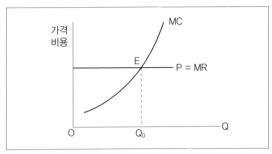

완전경쟁시장에서의 가격과 산출량 결정

(7) 완전경쟁시장의 장점

① 효율적인 자원배분의 실현인 P = MC가 성립한다.

② 장기에 최적시설규모에서 생산된다.

③ 정상이윤만 획득한다.

④ 경제적 자유와 균등한 기회를 보장한다.

② 독점적 경쟁시장

(1) 독점적 경쟁시장의 의의

① 독점적 경쟁시장이란 완전경쟁요소와 독점의 요소가 혼합된 시장형태로 다수의 공급자가 동종 · 이질의 상품을 소비자와 거래하는 형태이다.

② 상품을 차별화하여 수요자의 다양한 욕구를 충족하고, 품질 · 디자인 · 서비스 · 광고 등을 통해 비가격경쟁을 실시한다(음식점, 주유소, 병원, 미용실 등).

③ 단기적으로는 독점적이지만, 장기적으로는 타 기업의 시장진입으로 완전 경쟁화된다.

(2) 독점적 경쟁시장의 특징

① 다수의 기업 : 시장 내에 완전경쟁보다는 적지만 다수의 기업이 존재하므로 개별기업은 독립적으로 행동한다.

② 자유로운 진입과 탈퇴 : 완전경쟁시장과 같이 진입과 탈퇴가 자유로워서 장기에는 정상이윤만 획득한다.

③ 제품의 차별화 : 독점적 경쟁기업은 품질이나 디자인 등에서 다른 기업들과는 약간씩 차별화된 제품을 생산하므로 약간의 시장지배력을 갖는다(수요곡선이 우하향함).

④ 비가격경쟁이 존재 : 서로 비슷한 재화를 생산하므로 판매량을 증대시키려고 제품가격보다는 품질개선이나 광고 등의 비가격경쟁을 하지만 과점보다는 매우 약하다.

(3) 독점적 경쟁시장의 평가

① 제품차별화를 통하여 다양한 재화의 생산이 이루어진다. 다양한 재화를 생산하므로 소비자 후생이 증가한다(독점시장과의 차이).

② 독점과 마찬가지로 P 〉 MC이므로 자원배분이 비효율적이다(물론 독점시장보다는 작다).

③ 비가격경쟁에 의한 자원의 낭비가 발생한다.

④ 독점보다는 작지만 초과설비가 존재한다.

⑤ 기술혁신 가능성이 가장 작다.

(4) 독점적 경쟁의 장단점

① 장점 : 상품을 차별화하므로 소비자의 다양한 기호에 부응하여 다양한 상품이 공급된다.

② 단점 : 상품의 차별화라는 독점적 요소로 인하여 수요자는 완전경쟁시장보다 다소 높은 가격을 지불한다. 즉, 완전경쟁시장에 비해 가격은 높고 생산량은 적으므로 유휴 생산설비를 보유하게 되고 이로써 자원의 비효율적 배분을 초래한다.

③ 과점시장

(1) 과점시장의 의의

① 소수의 공급자가 동질 또는 이질의 상품을 소비자와 거래하는 시장형태이다.

② 진입과 탈퇴가 제한적이고, 담합(카르텔)이 발생하며, 한 기업의 행동이 다른 기업에 영향을 미칠 수 있다.

③ 과점시장의 대표적인 예로서 이동통신, 항공, 자동차 등이 있다.

(2) 과점의 특징

① 기업 간의 상호의존성 : 과점에서 기업은 소수이므로 개별기업이 시장에서 차지하는 비중이 매우 높기 때문에 한 기업의 생산량과 가격의 변화는 다른 기업의 이윤에 매우 큰 영향을 미친다.

② 비가격경쟁 : 과점기업들이 가격경쟁을 하면 모두 이윤이 낮아지므로 광고나 상품차별화 등의 치열한 비가격경쟁을 한다.

③ 비경쟁행위 : 과점기업들은 이윤을 극대화하려고 담합이나 카르텔, 트러스트 등의 비경쟁행위를 하려는 경향이 강하다.

④ 진입장벽 : 독점보다는 낮지만 진입장벽이 높다.

(3) 담합

① 과점기업들이 가격이나 생산량을 결정할 때 서로 상의하거나 암묵적으로 합의하여 공동보조를 취하는 것으로, 불법으로 간주된다.

② 우리나라의 경우 휘발유 가격이나 항공료 등이 이런 담합행위로 의심받는다.

(4) 카르텔

① 과점기업들이 담합을 통하여 경쟁을 줄여 이윤을 증가시키고 신규기업의 진입을 저지하려고 마치 독점기업처럼 행동하는 것이다.

② 과점기업 간의 경쟁을 줄이고 새로운 기업의 진입을 저지한다.

③ 독점기업과 같이 행동하므로 대규모 생산에 따른 비용절감 효과가 있다.

④ 독점의 폐해인 소득분배 측면에서의 불공평성과 후생손실이 발생한다.

(5) 트러스트

① 동일산업 부문에서 자본의 결합을 축으로 한 독점적 기업결합으로, 기업합동 또는 기업합병이라고도 한다.

② 카르텔보다 강력한 기업집중의 형태로서 시장독점을 위하여 각 기업체가 개개의 독립성을 상실하고 합동하는 것을 말한다.

③ 트러스트라는 용어는 19세기 말~20세기 초에 미국에서 성행한 기업합동 중 하나의 특수형태에서 유래한다.

독점규제 및 공정거래에 관한 법률

• 목적 : 이미 형성된 독과점은 인정하되 더 이상 자유경쟁에 역행하는 행위를 규제하여 공정한 경쟁질서를 확립하는 것으로, 독과점 구조의 규제가 아닌 독과점 폐해의 규제이다.

• 시장지배적 지위의 남용 규제 : 가격의 부당한 결정, 부당한 출고조절, 경쟁제한 등

• 기업결합 규제 : 합병, 상호 주식획득, 영업양도 등

• 경제력집중 규제 : 계열기업 간의 상호출자와 상호지급보증을 규제

• 부당한 공동행위 규제(카르텔 금지) : 가격카르텔, 수량카르텔, 조건카르텔 등

• 불공정거래행위 금지 : 하도급 기업에 대한 거래의 강요나 차별, 허위과장광고 등

유/사/기/출/문/제

다음 중 경쟁 제한적인 시장형태에 속하지 않는 것은?

① 카르텔을 통한 담합행위

② 판매구역 할당행위

③ 판매가격을 생산자 협회에서 협의하는 행위

④ 경품 제공 등 사실상의 할인을 통한 가격차별화 행위

⑤ 사업자별 생산량 쿼터의 운용

| 해설 |

경품 제공 그 자체는 불법은 아니다. 다만 과도하게 경품을 제공하는 경우 부당 경품제공행위로 제재를 받는다.

| 정답 | ④

④ 독점시장

(1) 독점시장의 의의

① 유일한 공급자가 동질의 상품을 소비자와 거래하는 시장형태이다.

② 독점기업은 공급량의 감소를 통해 높은 가격을 형성시켜 이윤을 극대화하고, 질이 나쁜 상품을 공급하거나 자원의 비효율적 배분을 통해 소비자 피해를 발생시키기도 한다.

③ 독점시장의 대표적인 예로서 전기, 가스, 철도 등이 있다.

(2) 독점의 특징

① 모든 재화의 공급이 독점기업에 의해 이루어지므로 시장지배력을 가지고 가격결정자로 행동하므로 가격차별이 가능하다.

② 독점기업의 수요곡선은 시장 전체의 수요곡선과 동일하므로 우하향하는 수요곡선을 가지며, 판매량을 증가시키려면 가격을 인하하여야 한다.

③ 밀접한 대체재를 생산하는 경쟁상대가 없으므로 독점기업은 경쟁압력을 받지 않는다.

(3) 독점의 발생원인

① 규모의 경제가 발생하면 기업은 생산량을 증가시킬수록 평균비용이 감소하므로 대기업이 생산규모를 대폭 늘리면서 낮은 비용으로 생산이 가능하기 때문에 그 산업은 독점화된다.

② 어떤 상품을 만드는 원재료를 독점적으로 소유하는 경우 그 산업은 독점화된다.

③ 특허를 받은 재화에 대하여 일정기간 독점권을 주어 독점적 공급자의 지위를 부여한다.

④ 정부의 재정수입을 위하여 담배인삼공사와 같은 공기업에 전매권을 주어 전매수입을 독점화한다.

(4) 독점의 유형

① **자연독점** : 생산량의 증가에 따라 단위당 생산비(평균비용)가 감소하는 규모의 경제로 인해 독점이 형성되는 경우

② **법률적 독점** : 우리나라의 경우 재정수입을 목적으로 공기업이 담배·홍삼의 생산과 공급을 독점하는 경우

③ **국가적 독점** : 전기, 수도, 철도 등 국가 또는 공공기관이 공익을 목적으로 독점하는 경우

(5) 독점기업의 단기균형

① 사회적 후생손실이 발생한다. 즉, 완전경쟁시장과 같이 P = MC가 아닌 P 〉 MC인 구간에서 생산한다.

② 단기적으로 항상 초과이윤을 얻는 것은 아니다.

③ 공급곡선이 존재하지 않는다.

(6) 독점기업의 장기균형

① 사회적 후생손실이 발생한다. 즉, 완전경쟁시장과 같이 P = MC가 아닌 P 〉 MC인 구간에서 생산한다.

> **러너의 독점도**
>
> 러너(Lerner)는 가격이 한계비용을 초과하는(P 〉 MC) 비율이 클수록 독점의 정도가 크다는 것에 착안하여 그 정도를 측정하는 지표를 제시하였다.
>
> > 독점의 정도(DM) = (P − MC) / P = 1 / Ed
>
> 완전경쟁시장에서는 P = MC이므로 Ed가 무한대이고 DM = 0이다.

② 장기적으로 반드시 초과이윤을 획득한다. 즉, 장기적으로 초과이윤이 발생하지 않으면 독점기업일지라도 탈퇴한다.

③ **초과설비의 보유** : 생산이 최적산출량 수준인 단기평균비용 최저점보다 왼쪽에서 이루어지므로 초과설비를 보유하고 있어서 생산이 비효율적으로 이루어진다.

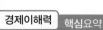

유/사/기/출/문/제

기업이 이윤을 극대화하는 조건으로 완전경쟁시장과 독점시장에서 공통적으로 모두 성립하는 것은?

① 소비자 한계효용보다 더 높은 가격에서 생산하여야 한다.
② 한계비용에서 가격이 결정되어야 한다.
③ 한계수입과 한계비용이 일치하는 점에서 생산해야 한다.
④ 가격이 평균비용을 초과하는 점에서 생산해야 한다.
⑤ 가격이 평균가변비용과 동일한 점에서 생산해야 한다.

| 해설 |

완전경쟁시장과 독점시장의 균형조건(이윤극대화) 비교

완전경쟁시장에서의 균형조건	독점시장에서의 균형조건
• 단기 : $P = AR = MR = MC$ • 장기 : $P = AR = MR = SMC = SAC = LMC = LAC$	• 단기 : $P = AR > MR = MC$ • 장기 : $P = AR > SMC = LMC = LMR$

• 완전경쟁시장이나 독점시장 모두 공통적으로 이윤을 극대화하려면 한계비용(MC)과 한계수입(MR)이 일치하는 점에서 생산하여야 한다.

| 정답 | ③

10 가격차별과 독점규제

① 가격차별

(1) 1급 가격차별(완전가격차별)

① 각 단위의 재화에 대하여 소비자가 지불할 용의가 있는 최대금액을 설정하는 것으로, 모든 재화의 가격이 서로 다르다.

② 수요곡선과 한계수입곡선이 일치하므로 완전경쟁과 같은 생산량을 생산한다.

③ 가격차별을 실시하지 않은 경우와 비교하여 생산량이 증가하므로 자원배분의 효율성은 증가한다.

④ 소비자잉여가 모두 독점기업으로 귀속된다.

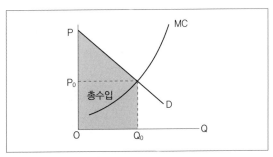

1급 가격차별

(2) 2급 가격차별

① 재화의 구입량에 따라 각각 다른 가격을 설정하는 것이다.

② 가격차별을 실시하지 않은 경우와 비교하여 생산량이 증가하므로 자원배분의 효율성은 증가한다.

③ 소비자잉여의 많은 부분이 독점기업으로 귀속된다.

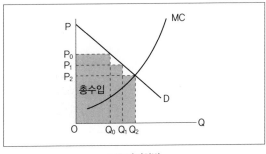

2급 가격차별

(3) 3급 가격차별

① 동일한 재화에 대하여 시장을 분할하여 서로 다른 가격을 설정하는 것을 의미한다. 그 예로는 조조할인이나 학생할인과 같은 극장의 입장료, 쿠폰, 생활용수와 공업용수의 가격차별 등이 있다.

② 가격차별의 성립조건 : 기업이 독점력이 있을 것, 시장의 분리가 가능할 것, 각 시장의 수요의 가격탄력도가 서로 다를 것, 시장 간 재판매가 불가능할 것, 시장분리비용이 가격차별에 따른 이윤 증가분보다 작을 것

가격차별(價格差別, price discrimination)

동일한 상품에 대해 생산비가 똑같은데도 서로 다른 가격을 정하는 것을 뜻한다. 자유경쟁에서는 한 상품에 대해서 단 하나의 가격만 성립하는 일물일가의 법칙이 존재하지만, 독점기업은 한 상품이라도 서로 다른 시장에 다른 가격으로 판매할 수도 있는데, 이때의 가격 차이를 말한다. 엄밀한 의미에서는 덤핑(dumping)과 이중가격제(二重價格制, double price system)도 이에 속한다. 덤핑은 두 개의 시장 간 가격을 달리하는 것이며, 이중가격제란 같은 상품에 이중의 가격을 두는 제도를 말한다. 공익사업기관이 공공목적을 달성하고자 철도요금·우편요금·전기요금 등을 수요자 또는 수요의 상위에 따라 달리하거나, 독점기업이 동일 상품의 가격을 국내시장에서는 높게, 해외경쟁시장에서는 낮게 정하는 것을 이른다.

② 독점규제

(1) 가격규제

① 가격규제란 정부가 해당 재화에 대하여 가격 상한을 정하는 일종의 최고가격제이다.

② 수요곡선과 한계비용(MC)곡선이 교차하는 점인 P_1을 가격 상한으로 정하면 독점기업이 인식하는 수요곡선은 P_1ED이고, 한계수입곡선은 P_1EAB가 되므로 가격은 P_1으로 하락하고 생산량은 Q_1으로 증가하여 P = MC가 성립하는 완전경쟁과 같은 효과를 가져온다.

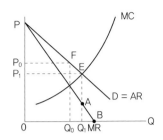

- 가격규제를 실시하지 않는 경우 : 독점생산량은 Q_0, 독점가격은 P_0이다.
- 가격규제를 실시하는 경우 : D = AR = MC가 되는 점에서 가격규제를 실시하면 독점기업이 인식하는 수요곡선은 P_1ED이고, 한계수입곡선은 P_1EAB가 되므로 규제가격은 P_1으로 하락하고, 생산량은 Q_1으로 증가한다.

가격규제

③ 정부가 독점기업의 MC(한계비용)를 정확히 아는 것이 불가능하여 자연독점인 경우는 독점기업에 적자가 발생한다. 또한 독점기업은 MC를 정확하게 알려주지 않거나 알려주더라도 제품의 품질을 낮추는 등의 방법으로 규제를 회피할 가능성이 있다.

(2) 조세부과에 의한 독점기업의 규제

① 조세부과 방식 : 종량세, 정액세, 이윤세

- 종량세 : 재화 1단위당 일정액의 조세를 부과하는 방식으로 단위당 생산비가 증가하므로 평균비용곡선과 한계비용곡선이 상방으로 이동한다.
- 정액세, 이윤세 : 생산량과 관계없이 일정액의 조세를 부과하는 방식으로 고정비용과 같은 효과이므로 한계비용곡선에는 영향이 없고 평균비용곡선만 상방으로 이동한다.

② 종량세 부과의 효과(균형점 E점 → F점) : 단위당 t원의 종량세가 부과되면 AC곡선과 MC곡선이 t원만큼 상방으로 이동하여 생산량은 감소($Q_0 \rightarrow Q_1$)하고 가격은 상승($P_0 \rightarrow P_1$)하여 자원배분의 효율성이 악화된다. 그러나 조세수입을 재분배하면 소득재분배 면에서 긍정적인 효과가 있다.

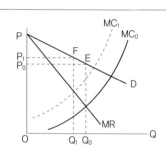

- 종량세 부과 → MC곡선, AC곡선 상방 이동 → 가격 상승($P_0 \rightarrow P_1$), 생산량 감소($Q_0 \rightarrow Q_1$) → 독점기업의 이윤 감소

종량세 부과의 효과

③ **정액세(이윤세) 부과의 효과** : 정액세(이윤세)가 부과되면 MC곡선에는 영향이 없고 AC 곡선만 상방으로 이동하여 생산량과 가격은 변하지 않으므로 자원배분의 효율성이 변하지 않는다. 단, 독점기업은 정액세(이윤세)만큼의 이윤만 감소한다.

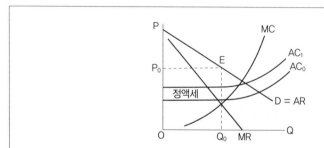

- 정액세 부과 → AC곡선만 상방 이동($AC_0 \rightarrow AC_1$) → 가격, 생산량 불변 → 독점기업의 이윤 감소

정액세(이윤세) 부과의 효과

11 | 수요 · 공급의 원리

① 수요의 원리

(1) 수요와 수요량

① **수요** : 일정기간 모든 가격수준에서 수요자가 구매하고자 의도하는 재화나 서비스의 총량으로, 수요곡선 전체를 의미한다.

② **수요량** : 일정기간 특정가격에서 구매력을 갖추고 구입하고자 의도하는 양으로, 수요곡선상의 한 점을 의미한다.

③ **수요자** : 상품을 구입하고자 하는 사람이다.

(2) 수요곡선과 수요법칙

① **수요곡선** : 일정기간 그 상품의 여러 가지 가격수준과 수요량의 조합을 연결한 곡선으로 일반적으로 우하향의 형태를 가진다.

② **시장수요곡선** : 동일한 가격수준에서 개별 소비자의 수요량을 모아 합한 것이다(개별 수요곡선의 수평적인 합).

③ **수요의 법칙** : 다른 모든 조건이 일정할 때 가격이 상승하면 수요량은 감소하고 가격이 하락하면 수요량은 증가하는 관계, 즉 가격과 수요량의 역(−)의 관계를 말한다.

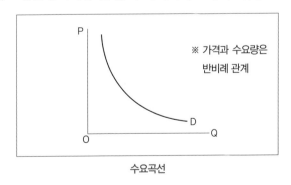

수요곡선

(3) 수요량의 변화와 수요의 변화

① **수요량의 변화(수요곡선상의 이동)** : 가격변화에 따라 소비자가 구입하고자 하는 재화량의 변화이다.

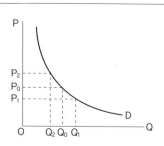

- 수요량의 변화는 재화의 가격이 변할 때 수요곡선상 점의 이동을 말한다.
- 수요량의 증가 → 가격 하락 시 수요량이 Q_0 → Q_1으로 이동
- 수요량의 감소 → 가격 상승 시 수요량이 Q_0 → Q_2로 이동

수요량의 변화

② 수요의 변화(수요곡선 자체의 이동) : 일정하다고 가정하였던 가격 이외의 요인이 변할 때의 변화로, 수요가 증가하면 수요곡선이 오른쪽으로 이동한다.

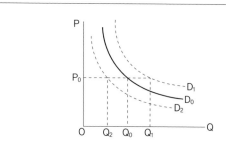

- 가격 이외의 요인으로 수요곡선 자체가 이동하는 것을 수요의 변화라고 한다.
- 수요의 증가 → 수요곡선이 우측으로 이동(D_0 → D_1)
- 수요의 감소 → 수요곡선이 좌측으로 이동(D_0 → D_2)

수요의 변화

소득수준 변화, 관련 상품가격 변화와 수요 변화
- 소득수준 변화와 수요 변화의 관계

- 정상재(보통재, 상급재) : 소득이 증가하면 수요가 증가하는 재화
- 열등재(하급재) : 소득이 증가하면 수요가 감소하는 재화

• 관련 상품가격 변화와 수요 변화의 관계

- 대체재 : 용도가 비슷하므로 대신하여 소비해도 만족의 차이가 별로 없는 재화로, 한 재화의 가격이 상승하면 그 재화의 수요량은 감소하고 대체재의 수요가 증가하여 대체재의 수요곡선은 우측으로 이동한다.
- 보완재 : 따로 소비할 때보다 함께 소비할 때 더 큰 만족을 얻을 수 있는 재화로, 한 재화의 가격이 상승하면 그 재화의 수요량이 감소하고 보완재의 수요도 감소하여 보완재의 수요곡선은 좌측으로 이동한다.

(4) 합리적이지 못한 수요자에 의한 소비형태

① 밴드왜건효과(Bandwagon Effect) : 한 사람이 어떤 상품을 소비하기 시작하면 덩달아 너도 나도 소비하는 경향을 말한다.

② 스놉효과(Snob Effect) : 밴드왜건효과와 반대로 다른 사람이 어떤 상품을 소비하면 자기는 그 재화의 소비를 중단하거나 줄이는 것을 말한다.

③ 베블런효과(Veblen Effect) : 상품이 비쌀수록 그 상품을 선호하는 것으로, 과시하려고 소비하는 경우를 의미한다. 이때 수요곡선은 우상향한다.

가수요

가격 상승이 예상되는 재화를 미리 구입하는 것으로, 흔히 '사재기'라고도 한다. 이러한 가수요는 가격 폭등을 발생시켜 국민경제적으로 해로우나, 소비자 입장에서 보면 합리적 소비행위가 될 수도 있다.

(5) 수요함수

① 수요함수의 의의 : 재화의 수요와 그것의 결정요인들 사이의 함수관계이다.

② 수요함수의 표시 : 재화 X에 대한 수요함수는 $Dx = f(Px, I, T, Pr\cdots)$로 나타낸다($Px$는 X재의 가격, I는 소득, T는 소비자의 기호, Pr은 연관재화의 가격).

③ 재화의 수요에 가장 큰 영향을 미치는 것이 가격이므로 다른 변수는 일정하다고 가정하는 부분균형분석을 이용하면 재화 X에 대한 수요함수는 $Dx = f(Px)$로 나타낸다.

② 공급의 원리

(1) 공급 및 공급량

① 공급 : 일정기간에 공급자가 판매하고자 의도하는 가격과 공급량 사이에 존재하는 관계로, 공급곡선 전체를 의미한다.

② 공급량 : 일정기간에 주어진 가격으로 생산자가 판매하고자 의도하는 최대수량으로, 공급곡선 위의 한 점을 의미한다.

(2) 공급곡선과 공급의 법칙

① 일정기간에 그 상품의 여러 가지 가격수준과 공급량의 조합을 나타낸 곡선으로, 일반적으로 우상향한다.

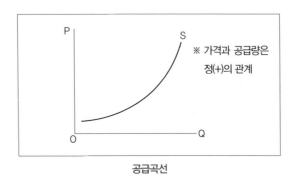

공급곡선

② 공급의 법칙 : 다른 조건이 일정할 때 가격이 상승하면 공급량은 증가하고 가격이 하락하면 공급량이 감소하는 관계, 즉 가격과 공급량의 정(+)의 관계를 말한다.

(3) 공급량의 변화와 공급의 변화

① 공급량의 변화(공급곡선상의 이동) : 가격변화에 따라 생산자가 공급하고자 의도하는 재화량의 변화이다.

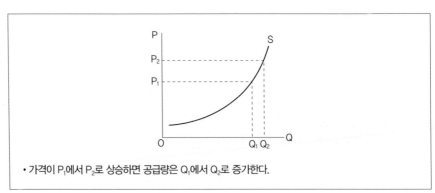

• 가격이 P_1에서 P_2로 상승하면 공급량은 Q_1에서 Q_2로 증가한다.

공급량의 변화

② 공급의 변화(공급곡선 자체의 이동) : 가격 이외의 요인이 변할 때의 변화로, 공급이 증가하면 공급곡선은 오른쪽으로 이동한다.

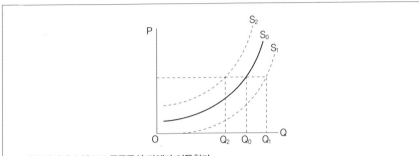

- 가격 이외의 요인으로 공급곡선 자체가 이동한다.
- 공급의 증가 : 공급곡선이 우측으로 이동($S_0 \rightarrow S_1$)
- 공급의 감소 : 공급곡선이 좌측으로 이동($S_0 \rightarrow S_2$)

공급의 변화

③ 공급변화의 요인 : 연관상품의 가격, 생산기술의 변화, 생산요소가격, 정부보조금, 경기전망, 기업 수, 공급자의 예상 등

(4) 공급함수

① 공급함수의 의의 : 재화의 공급과 그것의 결정요인들 사이의 함수관계이다.
② 공급함수의 표시 : 상품 X에 대한 공급함수는 $Sx = f(Px, T, Pr, Pf\cdots)$로 나타낸다(Px는 X재의 가격, T는 생산기술, Pr은 연관상품의 가격, Pf는 생산요소의 가격).
③ 재화의 공급에 가장 큰 영향을 미치는 것이 가격이므로 다른 변수는 일정하다고 가정하는 부분균형분석을 이용하면 상품 X에 대한 공급함수는 $Sx = f(Px)$로 나타낸다.

매점매석
공급자가 가격이 오를 때 더 비싸게 판매할 목적으로 재화를 몰아서 사두는 것으로, 결과적으로 공급이 감소하여 가격은 더욱 상승하는 부작용을 유발한다.

12 시장균형의 결정원리

1 균형가격의 결정

(1) 균형의 개념

① 한번 도달하면 외부로부터 충격이 없는 한 계속 유지되는 상태를 말한다.

② 일반적으로 시장의 균형은 수요량과 공급량이 같아지는 점, 즉 수요함수 = 공급함수에서 균형이 달성되지만, 특수한 경우 균형이 존재하지 않거나 다수의 균형이 존재할수도 있다.

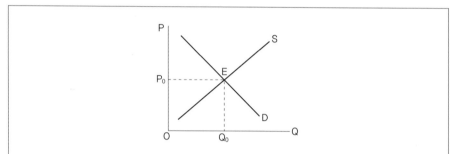

• 수요곡선과 공급곡선이 교차하는 점에서 균형이 달성되며 이때의 균형가격은 P_0이고 균형량은 Q_0이다.

균형가격의 결정

(2) 안정성의 개념

① 안정적 균형 : 어떤 교란요인에 의해 균형에서 이탈되었을 때 원래의 균형으로 돌아가려는 경향을 말한다.

② 불안정적 균형 : 어떤 교란요인에 의해 균형에서 이탈되었을 때 원래의 균형으로 돌아가려는 경향이 없고, 오히려 계속 멀어지는 경향을 말한다.

(3) 초과수요와 초과공급

① 초과수요 : 어떤 가격수준에서 소비자의 수요량이 생산자의 공급량보다 많아서 발생하는 상품의 부족분 → 초과수요가 존재하면 가격이 상승하여 균형에 도달한다.

② 초과공급 : 어떤 가격수준에서 소비자의 수요량보다 생산자의 공급량이 많아서 발생하는 상품의 잉여분 → 초과공급이 존재하면 가격이 하락하여 균형에 도달한다.

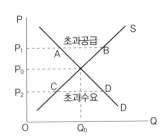

- 가격이 P_1이면 소비자의 수요량보다 생산자의 공급량이 많아 AB만큼의 초과공급이 발생하므로 가격이 하락하여 균형에 도달한다.
- 가격이 P_2이면 소비자의 수요량보다 생산자의 공급량이 적어 CD만큼의 초과수요가 발생하므로 가격이 상승하여 균형에 도달한다.

초과수요, 초과공급

② 균형가격의 변동

(1) 수요 · 공급 중 하나만 변화할 때 균형의 변동
① 공급이 일정할 때 수요의 증가 : 균형가격 상승, 균형거래량 증가
② 공급이 일정할 때 수요의 감소 : 균형가격 하락, 균형거래량 감소
③ 수요가 일정할 때 공급의 증가 : 균형가격 하락, 균형거래량 증가
④ 수요가 일정할 때 공급의 감소 : 균형가격 상승, 균형거래량 감소

(2) 수요 · 공급 모두 변화할 때 균형의 변동
① 공급이 증가할 때 수요의 증가 : 균형거래량 증가, 균형가격 불확실
② 공급이 증가할 때 수요의 감소 : 균형가격 하락, 균형거래량 불확실
③ 공급이 감소할 때 수요의 증가 : 균형가격 상승, 균형거래량 불확실
④ 공급이 감소할 때 수요의 감소 : 균형거래량 감소, 균형가격 불확실

③ 시장원리의 예외적인 경우

(1) 수요법칙의 예외
① 상품의 가격과 수요량 사이에 역(−)의 관계가 성립해야 하지만, 매점의 경우 일정가격 이상에서 수요량이 오히려 증가하기도 한다.
② 열등재 중 소득효과로 인한 소비량의 감소가 대체효과로 인한 소비량의 증가분보다

더 큰 기펜재의 경우는 일정가격 수준 이하에서 수요량이 도리어 감소하기도 한다.

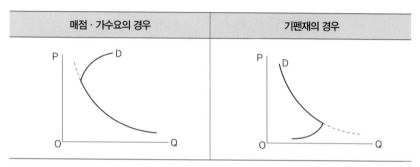

매점 · 가수요의 경우	기펜재의 경우

(2) 공급법칙의 예외

① 상품의 가격과 공급량 사이에 정(+)의 관계가 성립해야 하지만, 매석의 경우 일정 가격 수준 이상에서 공급량이 오히려 감소하기도 한다.

② 노동시장의 경우 일정수준 이상의 임금이 보장되면 여가를 즐기려는 경향으로 노동의 공급량이 감소하기도 한다.

③ 골동품과 같이 희소성이 무한히 큰 재화는 공급량이 일정한 상태에서 수직 상태의 공급곡선 형태를 보일 수도 있다.

매석 · 노동 공급곡선의 경우	골동품 시장 등

(3) 기타

① 자유재가 경제재로 바뀌는 경우 : 자유재는 물이나 공기처럼 너무 흔해서 시장에서 거래가 이루어지지 않는 재화이지만, 환경오염 등으로 공급이 줄어들면서 시장에서 거래되는 경제재로 바뀌기도 한다.

② 생산기술의 발달로 인한 시장거래 : 너무 비싸서 일반 수요자들이 도저히 거래할 수 없는 것들이지만, 기술의 발달로 공급가격이 인하되거나 소득 증가에 따른 수요 증가로 시장에서 거래되는 상품이 되기도 한다.

13 시장가격에 대한 정부의 개입

① 최고가격제(가격 상한제)

(1) 최고가격제의 개념

① 정부가 가격의 상한선을 정하고 그 이상의 가격을 받지 못하도록 규제하는 것이다. 이는 소비자를 보호하려는 것으로서, 최고이자율을 제한하거나 주택임대료를 규제하는 등의 정책이 이에 해당한다.

② 최고가격제를 실시하면 초과수요를 해소하기 위해 암시장이 나타날 가능성이 있다.

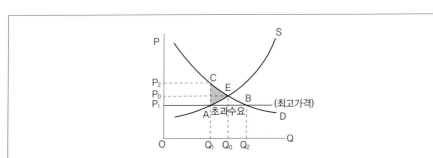

- 최초균형점 E에서의 가격은 P_0, 균형량은 Q_0이다.
- 최고가격이 P_1으로 결정되면 AB($Q_2 - Q_1$)만큼의 초과수요가 발생한다.
- 공급량이 Q_1으로 감소하면 암시장이 발생한다(암시장 가격은 P_2임).
- 사회적 후생손실이 발생한다($\triangle ACE$).

최고가격제

(2) 최고가격제의 문제점

① 최고가격은 균형가격보다 낮은 가격이므로, 수요량은 증가하는 반면 공급량은 감소하여 초과수요가 발생한다.

② 초과수요 때문에 재화의 품귀현상이 발생하여 선착순제, 배급제, 추첨제 등의 방법으로 재화를 배분하는 과정에서 비용이 발생한다.

③ 판매자가 배분받은 재화를 빼돌려 더 높은 가격에 판매할 경우 암시장이 발생한다.

④ 생산량의 감소로 소비자잉여와 생산자잉여가 감소하여 사회적 후생이 감소한다.

⑤ 생산자는 판매가 하락으로 생기는 생산자잉여의 손실을 보충하고자 재화의 품질을 저하시킨다.

⑥ 일반적으로 시간이 흐름에 따라 공급이 더욱 감소하여 문제가 더욱 악화되므로 물가 안정이라는 본래 목적에서 더욱 멀어진다.

② 최저가격제

(1) 최저가격제

① 정부가 가격의 하한선을 정하고 그 이하로는 거래하지 않도록 규제하는 것이다. 이는 공급자를 보호하려는 것으로, 농산물 가격을 지지하거나 최저임금제를 실시하는 등의 정책이 이에 해당한다.

② 최저가격제를 실시하면 초과공급의 처리 문제가 발생한다.

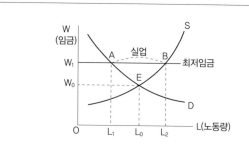

• 최초균형점 E에서 임금은 W_0, 고용량은 L_0이다.
• 최저임금이 W_1으로 결정되면 AB($L_2 - L_1$)만큼의 초과공급이 발생한다.
• 노동수요량이 L_1으로 감소하면 비자발적 실업이 발생한다.
• 사회적 후생손실이 발생한다.

최저가격(최저임금제)

(2) 최저가격제의 문제점

① 최저임금은 균형임금보다 높은 가격이므로 공급량은 증가하는 반면 수요량은 감소하여 노동의 초과공급이 발생한다.

② 초과공급 때문에 노동수요자는 노동의 수요를 감소시키거나 기존 노동자를 해고하여 비자발적 실업이 존재한다.

③ 노동의 수요량이 감소하여 노동자 전체의 후생이 감소한다.

(3) 최고가격제와 최저가격제의 비교

구분	최고가격제	최저가격제
의의	최고가격 이상으로 판매금지	최저가격 이하로 판매금지
목적	소비자 보호, 물가안정	생산자(공급자) 보호
사례	아파트분양가, 임대료 등	최저임금제, 농산물가격지지제
단점	• 초과수요가 발생 • 선착순제, 배급제, 추첨제 • 암시장이 발생 • 사회적 후생이 감소	• 노동자의 초과공급이 발생 • 비자발적 실업이 발생 • 노동자 전체의 후생이 감소

 유/사/기/출/문/제

최저임금제를 실시하는 경우에 나타나는 일반적인 현상으로 보기 어려운 것은?

① 노동공급이 늘어나 실업률이 높아진다.

② 청소년의 일자리가 더 많이 늘어날 가능성이 있다.

③ 고용주가 불법고용을 시도할 가능성이 더 높아진다.

④ 최저임금 이상으로 임금수준이 상승하여 기업에 부담이 된다.

⑤ 일자리가 있는 미숙련 근로자의 소득을 증가시킬 가능성이 있다.

| 해설 |

최저임금제를 실시하면 시장에서 초과수요가 발생하여 오히려 일자리가 줄어든다. 임금은 원래 노사 간의 근로계약 또는 단체협약에 의하여 자주적으로 결정되는 것이 원칙이다. 그러나 근로계약의 당사자인 개별근로자와 사용자 간에는 대등한 교섭관계가 이루어질 수 없기 때문에, 임금결정을 근로계약에만 맡겨놓으면 근로자는 실질적으로 적정 임금을 확보하기 어렵다. 또한 모든 사업장의 근로자가 노동조합으로 조직되어 있는 것도 아니므로 단체교섭을 통하여 임금이 결정되기를 기대할 수도 없다. 따라서 최저임금제도를 통한 국가의 강제에 의한 임금액의 보호는 노사 간에 실질적인 교섭 평등관계가 유지되지 않은 사업장의 근로자들을 위해서는 절실히 요구된다. 이 제도는 자본주의가 독점단계에 들어선 19세기 말부터 20세기 초에 걸쳐 성립되었다. 목적은, ① 임금률을 높이고, ② 임금생활자의 소득을 증가시키며, ③ 수준 이하의 노동조건이나 빈곤을 없애고, ④ 임금생활자의 노동력 착취를 방지하며, ⑤ 소득재분배를 실현하는 데 있다. 다만 최저임금제를 실시하면 비자발적 실업이 증가하는 단점이 있다.

| 정답 | ②

14 | 조세부과와 그 효과

① 조세부과

(1) 조세의 전가와 귀착

① 조세의 전가 : 조세가 부과되었을 때 각 경제주체가 조세부담을 다른 경제주체에게 이전시키는 것을 말한다.

② 조세의 귀착 : 조세의 전가에 의해 실제적으로 조세부담이 각 경제주체에게 귀속되는 것을 말한다.

(2) 조세의 종류

① 종량세 : 판매하는 상품의 한 단위당 일정액을 부과하는 세금으로, 공급곡선을 조세액만큼 상방으로 평행이동시킨다.

② 종가세 : 판매하는 상품의 판매가격의 일정액을 부과하는 세금으로, 공급곡선을 조세비율만큼 상방으로 회전이동시킨다.

(3) 조세부과의 효과

① 생산자에게 T만큼 조세를 부과하면 공급곡선이 상방으로 T만큼 평행이동하여 가격은 상승하고 균형량은 감소한다.

② 새로운 균형가격은 T만큼 높지 않아 공급자가 조세 전액을 소비자에게 전가하지는 못한다.

③ 조세부과로 사회적 후생손실이 발생한다.

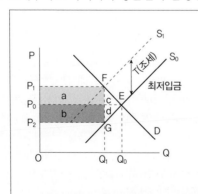

- 최초의 균형점 E점에서 가격은 P_0, 균형량은 Q_0이다.
- T만큼 조세를 부과하면 공급곡선이 상방으로 T만큼 평행이동하고, 새로운 균형점 F점에서 가격은 P_1, 균형량은 Q_1이 된다.
- 생산자가 실제로 받는 금액 = $P_1 - T = P_2$
- 소비자 부담 : $P_1 - P_0$
- 생산자 부담 : $P_0 - P_2$
- 총조세액 : □$(a + b)$
- 사회적 후생손실발생 : $\triangle(c + d)$

조세부과의 효과

② 가격탄력도와 조세의 귀착

(1) 수요 · 공급 가격탄력도와 조세의 귀착

① 수요가 탄력적이거나 공급이 비탄력적이면 생산자 부담이 크다.

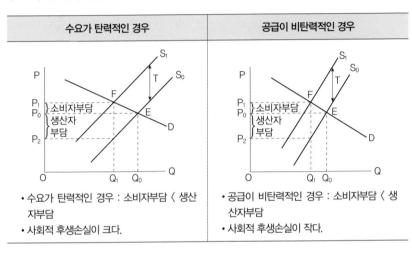

수요가 탄력적인 경우	공급이 비탄력적인 경우
• 수요가 탄력적인 경우 : 소비자부담 〈 생산자부담 • 사회적 후생손실이 크다.	• 공급이 비탄력적인 경우 : 소비자부담 〈 생산자부담 • 사회적 후생손실이 작다.

② 수요가 비탄력적이거나 공급이 탄력적이면 소비자 부담이 크다.

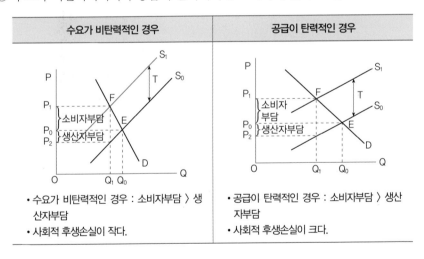

수요가 비탄력적인 경우	공급이 탄력적인 경우
• 수요가 비탄력적인 경우 : 소비자부담 〉 생산자부담 • 사회적 후생손실이 작다.	• 공급이 탄력적인 경우 : 소비자부담 〉 생산자부담 • 사회적 후생손실이 크다.

(2) 특수한 경우 조세의 귀착

① 생산자가 모두 부담하는 경우 : 수요가 완전탄력적(수평)이거나 공급이 완전비탄력적(수직)인 경우이다.

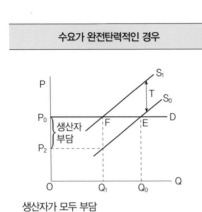

수요가 완전탄력적인 경우	공급이 완전비탄력적인 경우
생산자가 모두 부담	생산자가 모두 부담

② 소비자가 모두 부담하는 경우 : 수요가 완전비탄력적(수직)이거나 공급이 완전탄력적(수평)인 경우이다.

수요가 완전비탄력적인 경우	공급이 완전탄력적인 경우
소비자가 모두 부담	소비자가 모두 부담

---

15 ┃ 수요 및 공급의 가격탄력성

① 수요의 가격탄력성

(1) 수요의 가격탄력성 일반

① 의의 : 한 상품의 가격이 변할 때 수요량이 변화하는 정도를 나타내는 척도이다.

② 공식 : 수요의 가격탄력성(Ed) = 수요량의 변화율/가격의 변화율 = $(\Delta Q/Q)/(\Delta P/P)$

$$= (\Delta Q/\Delta P) \cdot P/Q$$

(2) 수요의 가격탄력성의 구분

수요의 가격탄력성은 0과 무한대(∞) 사이의 값을 가진다.

가격탄력도의 크기	표현	비고
Ed = 0	완전비탄력적	수직인 수요곡선(수직선)
0 〈 Ed 〈 1	비탄력적	급격한 우하향 곡선
Ed = 1	단위탄력적	직각쌍곡선
1 〈 Ed 〈 ∞	탄력적	완만한 우하향 곡선
Ed = ∞	완전탄력적	수평인 수요곡선(수평선)

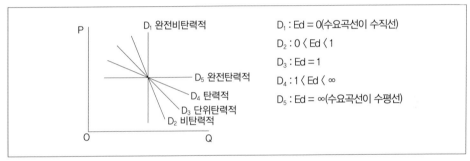

수요의 가격탄력성

(3) 수요의 가격탄력도와 총수입 관계

① 탄력도가 1보다 큰 경우 : 가격 하락 시 총수입은 증가하고, 가격 상승 시 총수입은 감소한다.

② 탄력도가 1인 경우 : 가격 하락 시나 가격 상승 시 총수입은 거의 변화가 없다.

③ 탄력도가 1보다 작은 경우 : 가격 하락 시 총수입이 감소하고, 가격 상승 시 총수입이 증가한다.

(4) 수요의 가격탄력성의 결정요인

① 대체재의 수 : 대신하여 사용할 수 있는 재화가 많을수록 한 재화의 가격이 상승하면 대체재로 수요가 이동하므로 해당 재화의 수요량은 급격히 감소한다.

② 소득에서 차지하는 비중 : 가계지출 중 차지하는 비중이 작은 생필품 등은 가격변화에 둔하여 비탄력적인 반면, 비중이 큰 재화는 가격변화에 민감하여 탄력적이다.

③ 측정기간 : 단기보다는 장기에 수요의 가격탄력도가 커진다.

④ 용도의 다양성 : 재화의 용도가 다양할수록 대체재가 존재할 가능성이 증가하므로 탄력적이다.

② 공급의 가격탄력성

(1) 공급의 가격탄력성 일반

① 의의 : 한 상품의 가격이 변할 때 공급량이 변하는 정도는 나타내는 척도이다.

② 공식 : 공급의 가격탄력성(Es) = 공급량의 변화율/가격의 변화율 = $(\Delta Q/Q)/(\Delta P/P)$

$$= (\Delta Q/\Delta P) \cdot P/Q$$

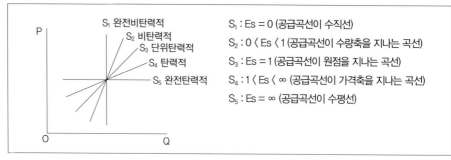

공급의 가격탄력성

(2) 공급의 가격탄력성 결정요인

① 생산비증가율 : 생산량의 증가 시 생산비가 급격히 상승하면 탄력도가 비탄력적이고 생산비가 완만히 상승하면 탄력도가 크다.

② 진입과 탈퇴의 자유와 기간의 장단 : 진입과 탈퇴가 자유로우면 탄력도가 커진다. 그리고 기간이 길수록 탄력적이다.

③ 기술수준 : 기술수준의 향상이 빠른 상품이 더 탄력적이다.

④ 저장가능성과 비용 : 저장이 용이하고 저장비용이 작을수록 탄력도가 커진다.

③ 수요의 소득탄력도와 교차탄력도

(1) 수요의 소득탄력도

① 의의 : 소득이 변할 때 수요량이 변하는 정도를 나타내는 척도이다.

② 공식 : 수요의 소득탄력도(Em) = 수요량의 변화율/소득의 변화율

$$= (\Delta Q/Q)/(\Delta M/M)$$

$$= (\Delta Q/\Delta M) \cdot M/Q$$

③ 소득탄력도에 따른 재화의 구분

- 정상재(Em > 0) : 소득이 증가할 때 상품의 수요가 증가하는 재화로서 보통재 또는 상급재라 한다.
- 열등재(Em < 0) : 소득이 증가할 때 상품의 수요가 감소하는 재화로 하급재라고도 한다.

(2) 수요의 교차탄력도

① 의의 : 한 상품의 가격이 변할 때 다른 상품의 수요량이 변하는 정도를 나타내는 척도이다.

② 공식 : 수요의 교차탄력도(Exy) = X재 수요량의 변화율/Y재 가격의 변화율

$$= (\Delta Qx/Qx)/(\Delta Py/Py)$$

$$= (\Delta Qx/\Delta Py) \cdot Py/Qx$$

③ 교차탄력도 크기에 따른 재화의 구분

- 대체재(Exy > 0) : 다른 재화의 가격이 상승할 때 재화의 수요량이 증가하는 재화
- 독립재(Exy = 0) : 다른 재화의 가격이 상승할 때 재화의 수요량이 변하지 않는 재화
- 보완재(Exy < 0) : 다른 재화의 가격이 상승할 때 재화의 수요량이 감소하는 재화

 유/사/기/출/문/제

탄력성(탄력도)에 관한 설명으로 적절하지 않은 것은?

① 어떤 두 상품이 동일한 성격의 상품인지를 판명하기 위해 소득탄력성을 사용할 수 있다.
② 어떤 상품이 서민들의 생활에 필수적인 것인지 판명하기 위해 가격탄력성을 사용할 수 있다.
③ 기펜재의 소득탄력성은 음의 값을 가진다.
④ 맥주 회사가 소주 회사를 인수해도 좋을지 여부를 판단하는 데 교차탄력성을 사용할 수 있다.
⑤ 농산물은 단기에서 공급의 가격탄력성이 낮아 가격변동이 클 수 있다.

| 해설 |

어떤 두 상품이 동일한 성격의 상품인지를 판명하기 위해서는 소득탄력성이 아니라 교차탄력성을 사용하여 알 수 있다. 즉, 교차탄력성을 통하여 대체재인지 보완재인지 아니면 독립재인지를 알 수 있다. 대체재 관계라면 동일한 성격의 상품이라고 볼 수 있다. 소득탄력성은 재화가 정상재인지 열등재인지를 알 수 있는 도구이다.

| 정답 | ①

16 시장실패와 외부성

① 시장실패

(1) 시장실패의 의의

① 시장의 실패란 시장의 가격기구가 효율적인 자원배분 및 균등한 소득분배를 실현하지 못하는 경우를 의미한다.

② 시장의 자유에 대한 신뢰가 도리어 공공의 이익을 해칠 수 있다. 즉, 시장실패는 스미스가 제시하였던 보이지 않는 손이 경제문제를 효율적으로 해결하지 못하는 것을 의미한다.

③ 시장실패는 협의로 독과점 기업의 횡포, 외부효과의 발생, 공공재의 부족 등을 의미한다. 광의로는 빈부격차, 경기침체 등을 의미하기도 한다.

④ 시장실패를 해결하려면 정부의 적극적인 법률집행, 공정한 경제질서 유지, 생산적인 경제정책 수립, 경기안정화 정책 마련 등이 필요하다.

(2) 시장실패의 발생원인

① 규모의 경제와 불완전경쟁 : 불완전경쟁인 시장에서는 자원배분이 비효율적이므로 시장실패가 발생한다.

② 외부성 : 외부 요인에 의해 시장실패가 발생한다.

③ 공공재 : 공공재란 비경합성과 비배제성을 갖는 재화나 서비스를 말하는데, 이는 시장원리와 달리 작용함으로써 시장실패의 발생원인이 된다.

④ 불확실성 : 소비자의 선호, 생산기술, 예상요인 등이 변화하면 시장가격이 변화하여 한계비용 가격 설정이 불가능하므로 효율적인 자원배분이 어려워져서 시장실패가 발생한다.

⑤ 그 밖에 조세와 소득분배의 불공평 등이 있다.

 유/사/기/출/문/제

시장실패의 예로 볼 수 없는 것은?

① 독점기업이 존재한다.

② 규모의 경제가 무한정 작용하고 있다.

③ 기업이 적자가 발생함에도 구제금융을 받아 연명하고 있다.

④ 공장이 많이 들어서면서 인근의 강이 오염되었다.

⑤ 어떤 중소기업이 아주 수익성이 좋은 투자계획안을 가지고 있음에도 단지 중소기업이
라는 이유 때문에 대출을 받지 못하고 있다.

| 해설 |

시장실패의 원인은 규모의 경제와 불완전경쟁, 외부성, 공공재, 불확실성, 조세와 소득분배의 불공평 등
이다. ①은 불완전경쟁, ②는 규모의 경제, ④는 외부성, ⑤는 불확실성 등과 관련된 요인이다.

모든 경제행위를 시장기구를 통해서 할 경우 오히려 바람직한 결과가 실현되지 못하는 현상을 시장
의 실패라 한다. 시장을 통해 성공적인 성과가 나타나지 않고 실패가 발생하는 요인에는 여러 가지가 있
다. 외부성, 공공재, 시장의 불완전성과 불확실성 등이 있다. 그리고 시장의 실패는 아니지만 시장경제의
문제점도 넓은 의미의 시장실패가 될 수 있다.

| 정답 | ③

② 외부성

(1) 외부성의 의의

① 어떤 한 사람의 행동이 제삼자에게 의도하지 않은 이득이나 손해를 가져다 주면서도
이에 대한 대가를 받지도 지불하지도 않는 상태를 의미한다.

② 외부경제와 외부불경제 : 다른 사람에게 의도하지 않은 이득을 주면서 대가를 받지 못
하는 경우를 외부경제라 하고, 다른 사람에게 의도하지 않은 손해를 주면서 대가를
주지 않는 경우를 외부불경제라 한다.

(2) 외부성의 해결방안

① 조세부과 : 외부불경제가 발생한 경우 재화단위당 외부한계비용만큼의 조세를 부과하
면 사적 한계비용곡선이 단위당 조세액만큼 상방으로 이동하여 생산량과 가격이 사
회적으로 바람직한 수준으로 된다.

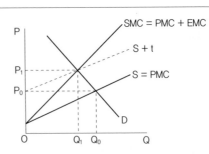

- 생산에 외부불경제가 발생 → 재화단위당 외부한계비용(EMC)만큼의 조세를 부과 → 사적 한계비용
(PMC)곡선이 상방으로 이동 → 생산량과 가격이 바람직한 수준

조세부과(외부불경제)

② **보조금 지급** : 외부경제가 발생한 경우 재화단위당 보조금을 지급하면 사적 한계비용
곡선이 단위당 보조금만큼 하방으로 이동하여 생산량이 사회적으로 바람직한 수준으
로 증가한다.

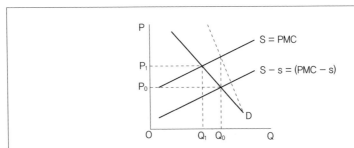

- 소비에 외부경제가 발생 → 재화단위당 s만큼의 보조금 지급 → 사적 한계비용(PMC)곡선이 하방으로
이동 → 생산량이 바람직한 수준유지, 가격은 하락

보조금 지급(외부경제)

③ **정부의 직접규제** : 사회 전체적으로 볼 때 비용이 크게 소요된다.
④ **합병** : 외부성을 유발하는 기업과 외부성으로 피해 또는 이득을 보는 기업이 합병함으
로써 외부성을 내부화하는 방법이다.
⑤ **협상(코스의 정리)** : 코스(R. Coase)는 외부성이 자원의 효율적인 배분을 저해하는 이
유 중의 하나로 소유권의 부재를 지적하며, 소유권이 설정될 경우 외부성에 관한 소
유권이 어느 경제주체에 있는가에 관계없이 당사자 간의 자발적 협상에 의한 문제해
결이 효율적임을 주장하였다.

유/사/기/출/문/제

시장경제의 결점을 보완하고자 정부의 개입이 필요한 경우가 있는데, 다음 중 정부개입이 가장 필요하지 않은 것은?

① 독점시장처럼 경쟁여건이 갖추어지지 않아 시장실패가 발생하는 경우

② 환경오염처럼 제삼자에게 피해를 주는 외부성이 존재하는 경우

③ 부동산의 가격 상승으로 일반 국민들의 상대적 박탈감이 증대되는 경우

④ 소외계층을 돕기 위해 정부가 복지정책을 실시할 필요가 있을 경우

⑤ 안정화와 관련하여 실업을 해소하고 물가안정과 성장촉진이 필요한 경우

| 해설 |

③과 같이 부동산가격의 상승으로 상대적 박탈감을 느낀다고 해서 정부가 개입하는 것은 지나치다. 통상적으로 정부는 시장실패, 경기안정화, 실업해소, 성장촉진, 물가안정, 소외계층 부조 등에 개입한다.

| 정답 | ③

---

17 | 공공재와 정부 역할

① 공공재 일반

(1) 공공재의 의의와 특성

① 의의 : 비경합성과 비배제성을 갖는 재화나 서비스를 말한다. 대부분의 공공재는 정부나 지방자치단체 등에 의하여 공급되나 민간부문에서 공급되기도 한다.

② 비경합성 : 소비에 참가하는 사람의 수가 아무리 많아도 한 사람이 소비할 수 있는 양에는 변함이 없는 재화나 서비스의 특성을 의미한다. 즉, 한 개인의 재화나 서비스의 소비가 다른 개인의 소비 가능성을 감소시키지 않으므로 재화나 서비스를 소비하려고 서로 경쟁할 필요가 없는 특성을 말한다.

③ 비배제성 : 재화나 서비스에 대하여 대가를 치르지 않고 소비하는 사람의 경우에도 이를 소비에서 배제할 수 없는 재화나 서비스의 특성을 의미한다.

무임승차

공공재의 비배제성으로 인해 비용을 지불하지 않은 사람의 공공재 사용을 막을 수 없어 형평성 문제를 일으킨다. 이와 같은 무임승차의 발생은 도덕적 해이로 비판받는다.

(2) 공공재의 구분

① 순수공공재 : 비경합성과 비배제성이 모두 성립하는 재화를 말한다. 일반적으로 공공재라 함은 순수공공재를 의미한다.

② 비순수공공재 : 비경합성과 비배제성 중 어느 하나가 성립하지 않는 재화를 말한다.

 유/사/기/출/문/제

다음 중 공공재로 보기 어려운 것은?

① 토지   ② 국방   ③ 치안
④ 사회간접자본   ⑤ 공중파 방송

| 해설 |

공공재는 한 사람이 소비한다고 다른 사람의 소비가 줄어들지 않는다는 면에서 비경합적이고, 비용을 지불하지 않았다고 해서 소비를 막을 수 없기 때문에 비배제적이라고 말한다. 토지는 공공재가 아니라 사유재이다.

| 정답 | ①

② 공공재의 공급과 공기업

(1) 공급 일반

① 국방이나 치안 같은 공공서비스나 철도, 도로, 항만, 댐 등 사회간접자본은 정부가 직접 공급한다.

② 공익성을 띤 분야나 규모의 경제가 요구되는 분야인 경우 정부가 직접 기업을 경영하거나 출자를 통하여 기업의 운영이 공익성을 띠도록 노력한다.

(2) 공기업

① 정부가 직접 경영하거나 출자하여 경영에 영향력을 행사하는 기업이다.

② 공기업의 장점은 공익성을 가지는 재화와 서비스의 안정적 공급이다.

③ 공기업의 단점은 공기업의 비대화와 방만한 운영에 따른 효율성 저하이다.

③ 정부 역할의 변천

(1) 초기자본주의(작은 정부론)

① 중상주의와 절대왕정 시기에 국가의 과도한 개입으로 부르주아 계급의 자율적인 경제 활동이 많은 제약에 부딪히자 시민혁명을 거쳐 자유주의 확산에 힘입어 제기되었다.

② 자본주의의 발달 초기에는 최소한의 정부역할을 강조하는 야경국가론이 제시되고, '보이지 않는 손'의 역할이 시장에서 가장 효율적이라는 믿음 아래 정부의 경제 개입이나 규제는 금기시되었다.

(2) 수정자본주의(큰 정부론)

① 독과점의 횡포, 외부효과 발생, 공공재 부족과 같은 전형적인 시장실패 현상의 대두와 결정적으로 대공황의 발생이 계기가 되었다.

② 초기자본주의가 독점화되면서 시장경제의 자율성과 효율성이 왜곡되었고, 빈부격차가 극심해졌으며, 대공황이 발생하자, 정부의 적극적인 시장개입의 필요성이 제기되었다. 이는 케인스의 복지국가론으로 체계화되었다.

(3) 신자유주의(작은 정부론)

① 1970년대 두 차례에 걸친 석유파동의 결과 정부역할의 한계를 인식하게 되었고, 영국에서 발생한 복지법에 대한 회의가 계기가 되었다.

② 전통적인 작은 정부론으로 회귀하는 것이 아니라 기존의 정부역할을 효율적으로 축소하여 큰 정부론으로 말미암아 발생했던 정부실패를 방지하고 시장경제의 효율성을 회복하고자 하는 것이다.

④ 정부 실패

(1) 정부 실패

① 정부의 시장개입이 지나쳐 도리어 시장의 효율성이 저하되는 현상이다.

② 정부 실패는 정부의 불완전한 정보, 정치적 제약, 부처이기주의, 관료집단의 정체 및 부정부패 등에서 기인한다.

(2) 정부 실패의 대책

① 불합리한 규제의 완화 내지는 철폐

② 공기업의 민영화

③ 공무원 조직의 경쟁원리 도입

④ 언론과 시민단체의 감시

⑤ 행정정보의 공개 등

18 한계효용이론

① 한계효용이론 일반

(1) 한계효용이론의 의의

① 효용을 기수적으로 측정할 수 있다는 전제하에 소비자이론을 전개하였다.

② 멩거(C. Menger), 발라(L. Walras) 등 한계효용학파의 이론이다.

③ **총효용(TU)** : 어떤 재화를 소비함으로써 얻을 수 있는 주관적인 만족의 총량으로, 일반적으로 재화의 소비량이 늘어나면 총효용은 증가하나 무한히 증가하지는 않는다.

④ **한계효용(MU)** : 재화를 한 단위 더 소비할 때 총효용의 증가분으로, 일반적으로 재화의 소비량이 늘어나면 한계효용은 점점 줄어든다.

⑤ 한계효용이 감소하는 과정에서 한계효용이 양일 때 총효용은 증가하고, 한계효용이 0일 때 총효용은 최대가 되며, 한계효용이 음이 되면 총효용은 감소한다.

(2) 한계효용이론의 법칙

① **한계효용체감의 법칙(Gossen의 제1법칙)** : 다른 재화의 소비가 일정할 때 한 재화의 소비량을 증가시키면 그 재화의 한계효용은 감소한다는 법칙으로, 한계효용이론의 기본가정이다.

② 한계효용균등의 법칙(Gossen의 제2법칙) : 소비자가 주어진 소득으로 최대의 효용을 얻으려면 여러 재화 중 어떤 재화를 얼마만큼 구입하여 소비하는가 하는 문제에 직면한다. 이에 대한 결론은 각 재화의 한계효용이 동일하여 각 재화의 소비량을 조절하더라도 총효용이 증가할 여지가 없는 상태에서 소비하여야 한다는 것이다.

③ 효용극대화 조건(소비자균형의 조건) : 한계효용균등의 법칙이 주어진 소득수준에서 이루어졌을 때의 조건이다.

② 가치의 역설과 한계효용이론의 평가

(1) 가치의 역설 개념

① 애덤 스미스는 국부론에서 일상생활에 꼭 필요한 물의 가격은 매우 낮은 데 반하여 없어도 살아갈 수 있는 다이아몬드의 가격이 비싼 현상을 가치의 역설이라고 하였다.

② 물은 사용가치인 총효용은 매우 큰데 교환가치인 가격은 매우 작고, 다이아몬드는 사용가치인 총효용은 매우 작은데 교환가치인 가격은 매우 크다.

(2) 한계효용이론의 평가(가정)

① 소비자는 항상 합리적인 소비주체로 효용극대화를 추구한다.

② 효용은 기수적인 측정이 가능하다.

③ 화폐의 한계효용은 항상 일정하다.

④ 한계효용체감의 법칙이 성립한다.

19 | 무차별곡선이론

① 무차별곡선이론 일반

(1) 무차별곡선의 의의 및 성질

① 무차별곡선이론은 더 선호하는지 덜 선호하는지의 순서만 구분하는 서수적 효용이론이다.

② 파레토(V. Pareto), 힉스(J. Hicks), 슬루츠키(E. Slutsky) 등이 주장한 이론이다.

③ 무차별곡선은 원점에서 멀어질수록 효용이 커진다.

④ 무차별곡선은 우하향한다.

⑤ 무차별곡선은 서로 교차할 수 없다.

⑥ 무차별곡선은 원점에 대하여 볼록하다.

(2) 한계대체율

① 한계대체율이란 동일한 효용을 유지하면서 X재 소비량을 1단위 증가시키기 위해 감소시켜야 하는 Y재의 수량을 말한다.

② 한계대체율체감의 법칙 : 동일한 효용을 유지하면서 Y재를 X재로 대체할수록 X재 1단위당 Y재의 수량이 감소하는 현상을 말한다. 이는 무차별곡선이 원점에 대하여 볼록하기 때문이다.

통상적 무차별곡선	완전대체재 무차별곡선	완전보완재 무차별곡선
우하향의 곡선	한계대체율이 일정한 경우	한계대체율이 0이거나 무한대인 경우

(3) 예산선

① 예산선이란 주어진 소득 또는 예산을 모두 사용하여 구입 가능한 재화의 조합을 나타낸 직선이다.

② 예산선의 기울기는 두 재화의 가격비 또는 상대가격이라 하며, 이는 시장에서의 객관적인 교환비율의 의미이다.

③ 소득이 증가하면 기울기는 변화 없이 바깥쪽으로 평행이동하고, 소득이 감소하면 안쪽으로 평행이동한다.

④ 가격이 변화하면 예산선이 회전이동하며, 가격과 소득이 같은 비율로 변하면 예산선은 이동하지 않는다.

② 소득소비곡선과 가격소비곡선

(1) 소득소비곡선과 엥겔곡선

① 소득소비곡선이란 소득이 변화함에 따른 소비자균형점을 연결한 곡선이다.

② 일반적으로 소득이 증가하면 재화의 소비량이 증가하므로 소득소비곡선은 우상향한다. 이처럼 소득이 변하면 재화의 소비량이 변하는 효과를 소득효과라 한다.

③ 엥겔곡선이란 소득의 변화에 따른 재화구입량의 변화를 나타내는 곡선이다.

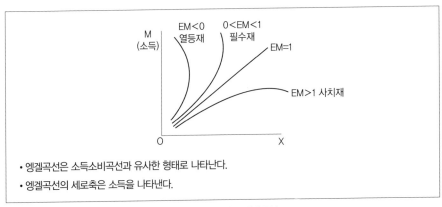

- 엥겔곡선은 소득소비곡선과 유사한 형태로 나타난다.
- 엥겔곡선의 세로축은 소득을 나타낸다.

소득탄력도에 따른 엥겔곡선

(2) 가격소비곡선과 수요곡선

① 가격소비곡선이란 가격이 변화함에 따른 소비자 균형점을 연결한 곡선이다.

② 가격소비곡선은 수요의 가격탄력도에 따라 형태가 다르다.

③ 재화가격의 변화에 따라 균형점이 이동하는 효과를 가격효과라 한다.

④ 수요곡선 : 가격소비곡선에서 가로축을 재화량, 세로축을 가격으로 나타낸다.

(3) 가격효과

① 가격효과란 재화가격의 변화에 따라 균형점이 이동하는 효과를 말하는데 대체효과와 소득효과를 합한 것이다.

② 대체효과 : 소비자의 실질소득이 불변인 상태에서 두 상품 사이의 상대가격 비율에 변화가 생김으로써 발생하는 효과로서 항상 음(−)이다.

③ 소득효과 : 실질소득의 변화에 의해 생기는 효과이다.

(4) 열등재와 기펜재

① **열등재** : 열등재란 소득탄력도가 음(−)인 재화를 말하므로, 소득이 증가하면 수요량이

감소한다. 열등재의 가격이 하락하면 실질소득이 증가하여 수요량이 감소하므로, 가격과 수요량이 같은 방향으로 움직여서 소득효과가 양(+)이 된다. 이때 열등재는 음의 대체효과가 양의 소득효과보다 커서 가격효과는 음이 된다.

② 기펜재 : 수요의 가격탄력도가 음(-)인 재화를 말하며, 가격이 하락하면 수요량이 감소하여 소득효과가 양(+)인 재화나 양의 소득효과가 음의 대체효과보다 커서 가격효과는 양이 된다.

 유/사/기/출/문/제

철수는 분식 가게를 운영하는데 주로 라면과 우동을 판매한다. 불경기가 닥쳐오면서 우동의 판매는 줄었지만 라면의 판매는 급증하였다. 이때 라면과 우동의 관계 설명으로 잘못된 것은?

① 라면은 열등재이다.

② 라면과 우동은 대체관계에 있다.

③ 라면은 기펜재가 될 가능성이 있다.

④ 라면과 우동은 보완관계이므로 우동도 열등재이다.

⑤ 라면 가격을 올리면 우동 수요는 늘어난다.

| 해설 |

라면과 우동은 대체관계에 있다.

① 라면은 불황기에 오히려 판매가 잘되고 소득이 높아지면 판매량이 줄어들므로 열등재이다.

② 라면과 우동은 대체관계에 있다.

③ 라면은 기펜재가 될 가능성이 있다. 기펜재란 대체효과보다 소득효과가 커서 가격 하락에 따라 수요량이 감소하는 재화를 말한다.

⑤ 라면과 우동은 대체관계에 있으므로 라면 가격을 올리면 우동 수요가 늘어난다.

| 정답 | ④

20 │ 소비자이론의 응용

① 사회보장제도

(1) 현금보조

정부가 저소득계층을 위하여 현금을 보조하는 것으로, 현금보조가 이루어지면 그 금액만큼 예산선이 바깥쪽으로 수평이동한다.

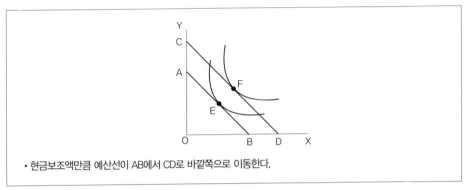

• 현금보조액만큼 예산선이 AB에서 CD로 바깥쪽으로 이동한다.

현금보조

(2) 현물보조

정부가 저소득계층을 위하여 현물을 보조하는 것으로, 현물보조가 이루어지면 그 수량의 금액만큼 예산선이 오른쪽으로 수평이동한다.

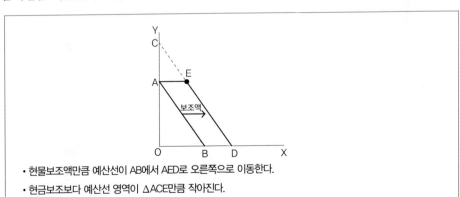

• 현물보조액만큼 예산선이 AB에서 AED로 오른쪽으로 이동한다.
• 현금보조보다 예산선 영역이 △ACE만큼 작아진다.

현물보조

(3) 가격보조

① 특정재화를 구입할 때 할인해주는 보조로, 재화의 가격이 하락한 효과와 같으므로 예산선은 회전이동한다.

② 현금보조나 현물보조와 달리 보조를 받는 사람의 효용이 현금보조보다 가격보조가 클 수도 작을 수도 같을 수도 있으나, 보조금액이 같을 때는 현금보조의 효용이 가격보조의 효용보다 일반적으로 크다.

② 노동공급곡선

(1) 의의

후방굴절 노동공급곡선 : 언제나 우상향하는 노동공급곡선이 일반적인 경향은 아니다. 왜냐하면 어떤 노동자는 임금이 얼마 이상 상승하면 여가를 즐기려고 노동시간을 줄일 수도 있기 때문이다. 이러한 경우는 좌상향하는 후방굴절 노동공급곡선이 될 수도 있다.

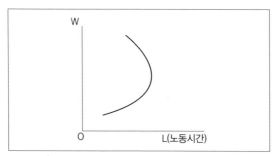

노동공급곡선(후방굴절곡선)

(2) 임금 상승에 따른 대체효과와 소득효과

① 대체효과 : 임금 상승 → 여가의 상대가격 상승 → 여가소비의 감소 → 노동공급 증가

② 소득효과 : 임금 상승 → 실질소득 상승 → 여가(정상재)소비 증가 → 노동공급 감소

③ 대체효과 〉 소득효과 : 노동공급곡선 우상향

④ 대체효과 〈 소득효과 : 후방굴절곡선

21 소득 · 소비 · 저축에 대한 이해

1 소득

(1) 가계소득의 의의

① 생산에 참여한 대가로 가계가 얻는 소득이다. 소비지출의 원천이 되며, 각 가계가 제공한 생산요소의 종류와 질에 따라 그 형태가 달라진다. 가계는 소득의 대부분을 재화와 용역의 소비에 지출하고 나머지는 미래에 소비하기 위해 저축한다.

② 가계소득은 경상소득과 비경상소득으로 구분할 수 있다.

경상소득	• 근로소득 : 노동의 대가로 받는 임금 • 사업 및 부업소득 : 개인이 사업을 하여 남기는 이윤이나 부업을 통해 얻는 소득 • 재산소득 : 재산을 제공한 대가로 얻는 이자, 배당금, 임대료 등 • 이전소득 : 생산에 참여하지 않고 얻는 소득으로 연금, 실업수당 등
비경상소득	일시적 요인에 의해 얻는 퇴직금, 상속재산 등

(2) 가계소득 획득방법과 국민경제

① 바람직하지 못한 소득획득 행위 : 불법적 행위, 비도덕적 행위, 비생산적 행위

② 국민경제에 미치는 악영향 : 근로의욕의 상실, 돈과 인력이 투기적 부문으로 몰림, 생산부문의 악화, 비생산적 부문의 비대화

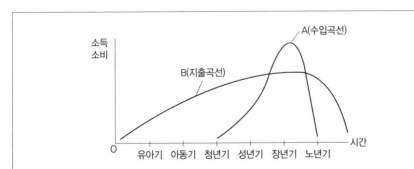

• 일반적으로 사람은 유년기나 노년기에 소득보다 소비가 많으므로 소비성향이 1보다 크고, 저축성향이 음(−)의 값을 갖는다.

• 성년기에는 소득수준이 소비보다 높기 때문에 소비성향과 저축성향이 모두 0보다 크고 1보다 작은 값을 가지며, 이 시기에 모아둔 재산은 노후를 위한 자금으로 활용된다.

생애주기 가설

② 소비

(1) 소비의 의의

① 욕구를 충족하려고 재화와 용역을 구입하는 것을 말한다.

② 가계소득에서 저축을 제외한 것을 소비라고 하는데, 가계의 소비는 경제의 흐름에서 매우 중요한 역할을 한다.

③ 생산 여력이 부족할 경우 소비과열은 물가 상승을 유발한다. 또한 소비수준이 너무 낮을 경우 생산이 위축되어 경기가 침체될 수 있기 때문에 적절한 수준의 소비는 경제발전에 필수적이다.

(2) 소비에 영향을 미치는 요인

① 소득 : 과거, 현재, 미래의 소득이 모두 현재의 소비에 직간접적으로 영향을 미친다.

② 실질자산(가치의 변동) : 자산이란 주식이나 부동산과 같이 금전으로 환산할 수 있는 유형·무형의 재산으로, 실질자산가치가 높아지면 사람들은 소비를 증가시킨다.

③ 이자율 : 이자율이 상승하면 소비의 기회비용이 높아져 소비가 억제되고 저축이 증대되지만, 기업의 생산비부담이 가중된다.

(3) 합리적 소비

① 주어진 소득 범위 내에서 시장에서 거래되는 상품을 적절하게 선택하고, 한 시점에서뿐만 아니라 먼 장래까지 감안하여 가계의 만족을 극대화하는 소비행위이다.

② 가계소득은 한정되어 있으나 재화와 용역에 대한 욕구는 상대적으로 크다는 희소성의 원리 때문에 합리적 소비가 필요하다.

③ 비합리적 소비의 유형 : 과소비, 모방소비, 충동소비 등

> • 과소비 : 필요 이상의 소비를 함으로써 사회적 위화감을 조성하고 물가를 상승시키는 부작용을 낳는다.
> • 모방소비 : 자신의 주관이 없이 다른 사람을 따라 무작정 소비하는 형태를 말한다.
> • 충동소비 : 구매계획이 없었던 상품에 대해 우발적으로 소비하는 형태를 말한다.

비합리적 소비 유발효과

• 베블런 효과(Veblen Effect) : 타인에게 과시하려는 목적으로 소비하는 경우를 말한다. 자신을 드러내려고 일부러 더 비싼 제품을 선택하거나 품질이나 용도보다는 특정상품에 집착하는 소비형태로, 전시효과 또는 과시효과라고도 한다.

• 밴드왜건 효과(Bandwagon Effect) : 유행에 따라 상품을 구입하는 소비현상을 뜻하는 경제용어이다. 특정

상품에 대한 어떤 사람의 수요가 다른 사람들의 수요에 영향을 받는 현상으로, 편승효과 또는 부화뇌동 효과라고도 한다.

- 스놉 효과(Snob Effect) : 다른 사람이 어떤 상품을 많이 소비하면 오히려 그 상품의 소비를 줄이는 현상을 말한다. 남과 다른 나만의 개성을 추구하는 제품을 찾아다니는 소비형태이다.
- 의존 효과 : 광고나 선전문구에 현혹되어 꼼꼼한 판단이 결여된 채 무조건 믿고 소비하는 행태를 말한다.
- 투기 효과 : 재산증식의 효과를 얻고자 현재의 소비수준을 늘리는 행태이다.

 유/사/기/출/문/제

다음 글에서 설명하는 소비 행태는?

> 대중이 구매하는 제품을 거부하고 남들이 구입하기 어려운 값비싼 상품을 보면 오히려 사고 싶어 하는 소비행태

① 스놉 효과　　　　　② 밴드왜건 효과　　　　　③ 스톡홀름 증후군
④ 베블런 효과　　　　　⑤ 트리클다운

| 해설 |

- 스놉 효과 : 다수의 소비자가 구매하는 제품을 꺼리는 소비현상을 뜻하는 경제용어로, 남들이 구입하기 어려운 값비싼 상품을 보면 사고 싶어 하는 속물근성에서 유래한다. 소비자가 제품을 구매할 때 자신은 남과 다르다는 생각을 갖는 것이 마치 백로 같다고 하여 백로효과(白鷺效果)라고도 한다.
- 밴드왜건 효과 : 어떤 재화에 대해 수요가 많아지면 다른 사람들도 그 경향에 따라서 그 재화의 수요를 증가시키는 효과를 말한다.
- 스톡홀름 증후군 : 인질이 인질범에게 동화되어 그에게 동조하는 비이성적 현상을 가리키는 범죄심리학 용어이다.
- 베블런 효과 : 가격이 오르는데도 일부 계층의 과시욕이나 허영심 등으로 인해 수요가 줄어들지 않는 현상이다.
- 트리클다운 : 대기업의 성장을 촉진하면 덩달아 중소기업과 소비자에게도 혜택이 돌아가 총체적으로 경기를 활성화한다는 경제이론이다.

| 정답 | ①

(4) 합리적 의사결정

① 경제주체들이 주어진 여건하에서 가능한 한 기회비용을 최소화하고 만족을 극대화할 수 있는 선택을 하는 의사결정 과정을 말한다.

② 합리적 의사결정을 하려면 다른 사람의 눈을 의식하거나 모방하지 말고 주체적인 의사결정 과정에 따라 행동하는 것이 바람직하다.

③ 합리적 의사결정 과정 : 문제의 정확한 파악 → 선택대안 탐색 → 대안들에 대한 평가기준 열거 → 평가기준에 따라 각각의 대안을 평가 → 평가기준을 가장 잘 충족시키는 대안의 선택

④ 기회비용의 고려 : 기회비용이란 경제행위를 하는 행위자가 어떤 선택을 함으로써 포기해야 하는 가치 중 가장 큰 것을 의미한다. 합리적 의사결정을 하려면 기회비용을 최소화하여야 한다.

⑤ 매몰비용의 무시 : 매몰비용이란 이미 지출되었기 때문에 회수가 불가능한 비용이다. 합리적 의사결정을 하려면 매몰비용을 무시하고 최선의 결정을 해야 한다.

③ 저축

(1) 저축의 의의

① 소득 중 소비하고 남은 부분으로, 현재의 소비를 미래로 미룬 것이다.

② 저축이 증가하면 기업의 투자재원 조달이 용이해져서 실업이 감소하고 경제성장이 촉진된다.

③ 저축은 크게 개인적 목적과 사회적 목적으로 구분된다.

(2) 저축의 경제적 영향

① 긍정적 영향 : 개인적 측면에서는 미래 생활의 안정을 도모할 수 있으며, 사회적 측면에서는 저축증가가 투자증가, 생산증가로 이어져 경제성장을 이룰 수 있다.

② 부정적 영향 : 저축증가는 재고증가, 생산·고용의 감소, 실업의 증가를 발생시켜 경기침체의 원인이 되기도 한다.

(3) 소비와 저축의 관계

① 소득수준이 일정할 때 소비와 저축은 상충관계를 가진다. 즉, 가계소득=소비+저축이다.

② 평균소비성향 + 평균저축성향 = 1이다.

22 효율적 기업경영과 기업윤리

① 기업의 경제활동

(1) 기업의 경제활동
① 생산활동의 주체(생산물 시장의 공급자)
② 생산요소의 구매(생산요소시장의 수요자)
③ 납세자의 역할

(2) 기업의 생산활동
① 생산 : 토지, 노동, 자본 등을 이용하여 재화와 용역을 만드는 모든 경제활동을 말한다.
② 생산의 범위 : 재화와 용역을 직접 만들어내는 활동과 이의 보관, 운반, 유통, 판매까지 포함된다.
③ 생산활동의 목적 : 기업은 이윤극대화를 목적으로 어떤 제품을 어떠한 방법으로 얼마나 생산하고 어떤 가격으로 판매할 것인가를 결정한다.
④ 생산요소 : 재화나 용역을 생산하는 데 사용되는 요소로 인적 자원, 자연자원, 자본, 경영 등이다.
⑤ 생산자원과 기회비용 : 자본재투자, 인적 자원에 대한 투자 모두 기회비용과 위험부담을 수반한다.

② 효율적 기업경영

(1) 기업의 운영
① 기업활동의 1차적인 목표는 최대의 이윤을 창출하는 것이다. 이는 가장 적은 투입으로 가장 많은 산출을 추구하는 것으로서, 다른 기업보다 질 좋고 값싼 제품을 생산할 수 있는 능력에 의존한다.
② 이윤이란 기업이 생산활동을 함으로써 벌어들인 총수입에서 지출한 총비용을 제외한 것이다.
③ 기업에는 개인이 자본금을 전액 출자한 개인기업과 여러 사람이 출자한 자본을 바탕으로 설립된 회사기업이 있다. 회사기업은 주로 주식을 매개로 자본을 조달한 주식회사의 형태를 갖는다.

④ 개인기업은 경영과 소유가 일치하고 기업운영에 따른 위험부담을 개인이 전적으로 책임지지만, 회사기업은 소유와 경영이 분리되어 출자자는 자신이 출자한 자본금만 큼만 책임을 분담한다.

개인기업과 회사기업의 비교

개인기업	회사기업
• 소유와 경영의 일치 • 개인이 자본 전액 출자 • 위험과 책임을 개인이 모두 부담 • 무한책임 • 작은 가게, 음식점 등	• 소유와 경영의 분리 • 공동출자 • 위험과 책임을 공동으로 부담 • 유한책임, 책임분산 • 대규모 회사(주식회사)

참고 주식회사란 기업의 자본금을 주식으로 분할하여 사람들에게 판매하고, 주주들은 출자한 돈에 대해서만 책임을 질 뿐 회사 전체의 흥망에 대해서는 책임지지 않는 회사형태이다.

(2) 경제환경의 변화

① **시장의 변화** : 사이버 공간에서의 전자상거래, 홈뱅킹을 통한 금융서비스 확산
② **근무시장과 장소의 변화** : 재택근무 확산, 자유로운 업무시간, 1인 다역 수행 등
③ **생산요소 이동의 변화** : 세계화·정보화로 노동·자본 등 생산요소가 국가 간에 자유롭게 이동
④ **경쟁의 심화와 개방확산** : 세계무역기구(WTO) 체제의 출범으로 전 세계의 기업과 국경 없는 경쟁체제로 변화

세계무역기구(WTO)

GATT(General Agreement on Tariffs and Trade : 관세 및 무역에 관한 일반협정) 체제를 대신하여 세계무역 질서를 세우고 UR(Uruguay Round of Multinational Trade Negotiation : 우루과이라운드) 협정의 이행을 감시하는 국제기구

(3) 효율적 기업경영

① **효율적 기업경영의 원칙** : 생산성, 경제성, 수익성

② 소유자 중심체제에서 전문경영인 체제로의 변화

③ 효율적 · 개방적 경영

④ 투명하고 책임 있는 경영을 통한 시장신뢰 회복

⑤ 혁신추구 및 혁신을 위한 기반구축

(4) 창의적 기업경영

① 기업가 정신 : 불확실한 여건을 감수하고 창의적인 아이디어와 도전정신으로 생산활동을 전개하여 수익성을 창출하는 태도를 의미한다.

② 혁신 : 슘페터(J. Schumpeter)는 기업이 무한도전의 시장에서 살아남으려면 항상 새로운 기술 · 생산방법 · 경영기법 · 시장개척 등을 시도해야 한다고 주장하였는데, 이를 혁신이라고 하였다.

> **혁신(Innovation)**
> 경제에 새로운 방법이 도입되어 획기적인 국면이 나타나는 일을 지칭하는 용어로, 생산을 확대하고자 노동 · 토지 등의 생산요소의 편성을 변화시키거나 새로운 생산요소를 도입하는 기업가의 행위를 말한다. 기술혁신의 의미로 사용되기도 하나 혁신은 생산기술의 변화만이 아니라 신시장이나 신제품의 개발, 신자원의 획득, 생산조직의 개선 또는 신제도의 도입 등도 포함하는 좀 더 넓은 개념이다.

③ 기업의 사회적 책임과 기업윤리

(1) 기업의 사회적 책임

① 기업의 이익만이 아니라 기업의 이해집단, 지역사회, 국가 전체의 이익을 고려하여야 함을 의미한다.

② 기업의 이익극대화는 환경파괴, 다른 집단의 피해와 위험, 경제적 불평등과 같은 문제를 초래할 수 있다는 것이 알려지면서 기업의 사회적 책임이 강조되기 시작하였다.

③ 기업의 사회적 책임영역 : 근로자의 이익보호, 소비자의 이익보호, 주주의 이익보호, 공익에 대한 책임 등

리콜제도와 제조물책임(PL)제도

- 리콜제도 : 제조물의 결함으로 위해가 발생하였거나 발생할 우려가 있을 때 이에 대한 점검·교환·수리 등을 해주는 제도로, 행정적 규제, 사전적 회수제도이다(예방적·직접적 소비자 안전확보).
- 제조물책임(PL)제도 : 제조물책임은 제품 자체의 결함이나 사용방법의 설명 결함 등으로 말미암아 제품 사용자나 고객의 신체에 상해를 입힌 경우 또는 그들에게 재산상 손실을 준 경우에 그 제품의 제조사 또는 판매자가 상해 또는 손해를 당한 고객에게 배상할 책임을 말하는데, 민사상 무과실책임원칙의 성격을 가진다(사후적인 손해배상책임을 통해 사고의 사전예방 기능 강화).

(2) 기업윤리

① 기업윤리의 의의 : 기업이 경제사회의 한 구성원이기 때문에 일정한 도덕적 책임을 지는 것이며, 기업행동의 옳고 그름을 판단하는 기준이며, 기업이 건전하게 활동하도록 하는 규범이다.

② 기업윤리의 내용 : 다른 기업과의 공정한 경쟁, 투명한 기업경영, 기업 상호 간의 신뢰 구축, 절차적 정의 준수, 고객지향의 품질보장, 환경 및 지역사회에 대한 책임수행 등

기업정신

기업정신이란 새로운 사업에서 일어날지도 모를 위험을 부담하고 어려운 환경을 헤쳐 나가면서 기업을 키우려는 기업가의 뚜렷한 의지를 말한다. 사회주의 계획경제에서 경제성장과 발전이 어느 수준에서 한계에 달하는 것은 이와 같은 기업가정신의 결여에도 그 원인이 있다. 슘페터는 기업이윤의 원천을 기업가의 혁신에 있다고 강조한다.

---

23 생산가능곡선과 소비가능선

① 생산가능곡선

(1) 생산가능곡선의 의의

① 생산가능곡선(PPC)이란 한 사회의 모든 생산요소를 가장 효율적으로 사용하여 최대로 생산 가능한 두 재화(X재, Y재)의 조합을 나타내는 곡선이다.

② 생산가능곡선상의 한 점은 경제적 효율성이 보장되는 최대효과의 원칙이 적용되는 생산점이다.

③ 생산가능곡선 내부의 점은 선택 가능한 점이지만 생산이 비효율적으로 이루어지는 점이며, 외부의 점은 현재의 자원이나 기술로서는 도달할 수 없는 점이다.

④ 생산가능곡선은 우하향한다.

(2) 생산가능곡선과 한계변환율

① 생산가능곡선

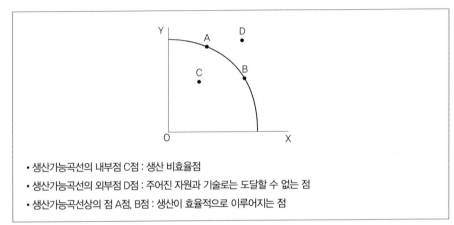

- 생산가능곡선의 내부점 C점 : 생산 비효율점
- 생산가능곡선의 외부점 D점 : 주어진 자원과 기술로는 도달할 수 없는 점
- 생산가능곡선상의 점 A점, B점 : 생산이 효율적으로 이루어지는 점

생산가능곡선 평면 위의 점 분석

② 한계변환율 : X재 생산을 1단위 증가시키고자 포기하는 Y재 수량을 말한다.

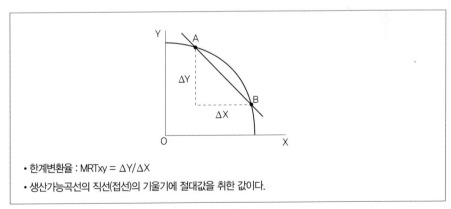

- 한계변환율 : MRTxy = $\Delta Y / \Delta X$
- 생산가능곡선의 직선(접선)의 기울기에 절대값을 취한 값이다.

한계변환율

(3) 기회비용체증의 법칙

① 기회비용체증의 법칙이란 어떤 재화의 생산량을 증가시킴에 따라 포기하여야 할 재화의 양(기회비용)이 점점 증가하는 법칙이다.

② 기회비용이 체증한다는 것은 생산가능곡선상의 한계변환율이 점점 증가함을 의미한다.

③ 기회비용의 체증, 즉 한계변환율이 점점 증가한다는 것은 생산가능곡선이 원점에 대하여 오목하기 때문이다.

(4) 생산가능곡선의 이동요인

① **기술진보** : 기술진보가 이루어지면 동일한 자원으로 더 많은 재화를 생산하므로 생산가능곡선이 바깥쪽으로 이동한다.

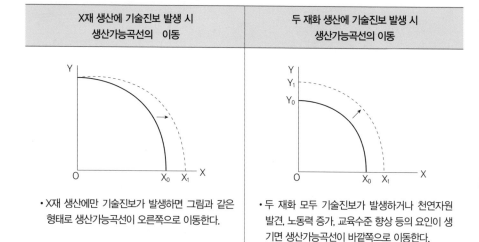

X재 생산에 기술진보 발생 시 생산가능곡선의 이동	두 재화 생산에 기술진보 발생 시 생산가능곡선의 이동
• X재 생산에만 기술진보가 발생하면 그림과 같은 형태로 생산가능곡선이 오른쪽으로 이동한다.	• 두 재화 모두 기술진보가 발생하거나 천연자원 발견, 노동력 증가, 교육수준 향상 등의 요인이 생기면 생산가능곡선이 바깥쪽으로 이동한다.

기술진보와 생산가능곡선의 이동

② **천연자원 발견** : 석유나 가스 등의 천연자원이 발견되면 생산요소비용이 하락하여 생산 가능한 재화의 수량이 증가하므로 생산가능곡선이 바깥쪽으로 이동한다.

③ **노동력 증가** : 노동력이 수적으로 증가하거나 교육수준의 향상 등으로 노동력이 증가하면 동일한 자원으로 더 많은 재화를 생산하므로 생산가능곡선이 바깥쪽으로 이동한다.

② 소비가능선

주어진 소득 안에서 소비가 가능한 재화의 조합이다.

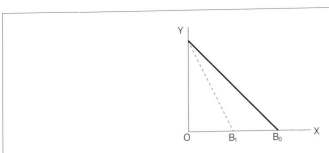

• 그래프에서 X재의 가격이 인상되면 소비가능선의 가로축 접점은 B_0에서 B_1으로 이동하고 소비 가능한 재화의 조합은 축소한다. 소비가능선 안에서 소비하는 것은 주어진 소득을 전부 소비하지 않는 것이다.

소비가능선(예산선)

24 | 정부의 합리적 선택

① 정부의 경제활동 및 재정

(1) 정부의 경제활동

① 공정경쟁 보장 : 시장경제의 효율적 작동을 위한 규칙 마련과 시행

② 공공재의 생산 및 관리 : 민간경제활동을 통해 공급하기 어렵거나 불충분한 재화와 용역의 생산과 공급

③ 소득재분배정책의 시행 : 생산물의 공정한 분배를 위한 노력

④ 경제안정, 국민경제의 균형적 발전 도모 : 경기변동에 대한 대책 마련과 시행

⑤ 조세징수 및 예산의 편성과 집행

유/사/기/출/문/제

공공투자사업과 민간투자사업의 차이점에 대한 설명으로 옳지 않은 것은?

① 공공사업의 주요 재원은 세금으로 조달한다.

② 공공사업의 투자효과는 국민의 편익으로 나타난다.

③ 공공사업은 비용부담자와 편익의 수혜자가 일치한다.

④ 공공사업은 민간사업에 비해서 규모가 크고 사업기간도 장기적이다.

⑤ 민간사업은 이익극대화, 공공사업은 국민의 편익극대화를 추구한다.

| 해설 |

사회자본은 국가 또는 지방자치단체가 도로 · 항만 등을 건설하고 유지하는 일로서, 공공사업에 의하여 산출된다. 그 이용자와 수익자가 불특정 다수이고, 모든 비용을 이용자 부담으로 하기가 곤란하여 민영 (民營) 또는 독립채산제의 공영사업으로 그 채산을 맞출 수 없기 때문에, 국가나 지방자치단체의 사업으로 하여 전액 또는 대부분을 공공사업비로 지출한다. 이 지출을 공공투자라고 한다.

| 정답 | ③

(2) 정부 경제활동의 한계

① **정부 실패** : 정부의 경제문제 해결능력의 한계, 정부조직의 비대화 등으로 인한 비효율성을 초래한다.

② **대책** : 정부활동의 목적이 효율성과 형평성 간에 균형을 유지하며, 민간부문의 경제적 역량이 충분히 발휘되도록 불필요한 규제 완화, 행정절차의 간소화 등에 노력한다.

(3) 재정

① 정부의 경제활동에 필요한 재원을 마련하고 사용하는 것과 관련된 정부의 수입 · 지출 활동을 말하며, 세입과 세출로 구성된다.

② 정부의 재정은 장기적으로 수입과 지출이 균형을 이루는 균형예산이 적절하며, 세출 계획에 따라 세입규모를 결정하는 양출제입의 원칙을 따른다.

③ **재정의 3대 특징** : 강제 · 능력의 원칙, 수지균형의 원칙, 양출제입의 원칙

- 강제 · 능력의 원칙 : 재정수입은 주로 조세를 통해 조달하므로 강제의 원칙과 능력의 원칙이 적용된다.
- 수지균형의 원칙 : 사경제와 달리 재정은 균형을 유지하는 것이 바람직하다.
- 양출제입의 원칙 : 재정은 지출을 먼저 결정한 후 이에 따라 수입을 조달한다.

(4) 예산

① 일정기간 정부의 수입과 지출에 관한 계획표이다.

② 예산은 세입과 세출의 상대적 크기에 따라 흑자예산(세입〉세출), 균형예산(세입=세출), 적자예산(세입〈세출)으로 구분된다.

③ 우리나라의 예산은 매년 1월 1일부터 12월 31일까지를 회계연도로 하며, 편성시기에 따라 본예산, 추가경정예산, 준예산으로 구분한다.

> • 본예산 : 국회에서 당초 확정된 예산
> • 추가경정예산 : 본예산에 추가예산을 합하여 변경된 예산
> • 준예산 : 회계연도 개시 30일 전까지 국회가 예산을 확정하지 못한 경우 전년도 예산에 준하여 우선 필요한 경비로 지출할 수 있는 예산

추가예산

본예산 성립 후에 새로운 사유로 추가되는 예산을 말한다.

④ 정부는 세입과 세출의 규모를 변경함으로써 경기를 조절하는데, 경기침체 시에는 적자예산을 편성하고, 경기과열 시에는 흑자예산을 편성한다.

> • 적자예산 편성 : 침체된 국민경제를 활성화하려고 할 경우, 지출이 수입을 초과하는 적자예산을 편성하여 국민경제의 총수요 증가로 경기호전
> • 흑자예산 편성 : 과열된 경기를 진정시키고 물가를 안정시키려고 할 경우, 수입이 지출을 초과하는 흑자예산을 편성하여 국민경제의 총수요 감소로 경기진정

(5) 정부의 역할

① 정부는 효율적인 자원배분이 이루어지도록 제반 경제환경을 유지하고 감독하는 역할을 한다. 특히 불공정 거래의 규제, 소비자보호, 환경보호 등을 통해 시장의 기능을 긍정적으로 강화하는 역할을 한다. 또한 국가경제발전을 위한 전략을 수립하고 지원함으로써 첨단산업을 육성한다.

② 정부는 조세와 세출을 통하여 소득재분배를 실시하는데, 저소득층에 대한 지원을 강화하여 양극화를 해소하려고 노력한다. 또한 정부는 끊임없이 변동하는 경기를 안정화하기 위해서 경기대책을 수립하고 집행한다.

② 조세에 대한 이해

(1) 조세의 의의

① 국가가 재정활동에 필요한 재원을 마련하고자 국민으로부터 개별적인 대가 없이 법률에 의거하여 거두어들이는 수입을 말한다.

② 조세의 종목과 세율은 법률로써 정하게 하고 조세의 신설이나 변경은 반드시 법률에 근거를 두어야 한다(조세법률주의).

③ 조세는 강제성을 띠며, 수혜 정도와 무관하게 부과하는 특징을 가진다.

④ 현대 복지국가는 경제가 발전함에 따라 국민의 조세부담 능력이 커지고, 국가의 활동 범위가 넓어짐에 따라 조세부담률이 높아지는 경향이 있다.

(2) 조세의 기능

① 정부의 경제활동을 위한 재원으로, 세입의 대부분을 차지한다.

② 자원배분의 효율화 : 독과점, 외부효과 등의 시장실패 해결

③ 소득불평등의 완화 : 누진적인 소득세 부과

(3) 조세법률주의

① 민주국가에서는 조세부담을 국민 스스로 결정한다는 데 근거하여, 조세의 종목과 세율은 반드시 국회가 법률로 정해야 한다는 원칙이다.

② 납세자의 담세력, 즉 세금을 부담할 수 있는 능력에 기준을 두고 부과하는 것이 가장 공평하다.

(4) 조세의 원칙

① 공평의 원칙(능력의 원칙)

② 세무행정상의 원칙 : 확실의 원칙, 편의의 원칙

③ 국민경제상의 원칙

④ 최소징세비의 원칙(경제성의 원칙)

(5) 조세의 분류

① 부과 주체에 따라 : 국세와 지방세

② 납세자와 담세자에 따라 : 직접세와 간접세

> • 직접세는 소득이나 재산 등에 적용하는 조세로서 납세자와 담세자가 일치하기 때문에 조세 전가가 발생하지 않으나, 간접세는 소비지출에 적용하는 조세로서 납세자와 담세자가 분리되기 때문에 조세 전가가 발생한다.
> • 직접세는 누진세율을 적용하여 소득재분배 효과가 가능하지만 조세저항이 강한 편인 데 비해, 간접세는 비례세율을 적용하여 조세징수가 간편하지만 조세의 역진성을 초래할 수 있다.

③ 국경 내외에 따라 : 내국세와 관세
④ 용도에 따라 : 보통세와 목적세
⑤ 세율구조에 따라 : 누진세, 비례세, 역진세

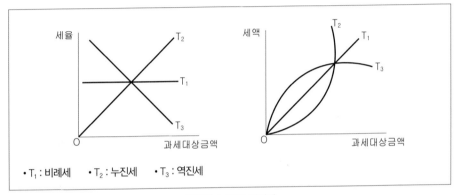

비례세, 누진세, 역진세

25 경제적 지대와 전용수입

① 지대

(1) 지대의 개념

① 지대란 원래 토지와 같이 그 공급이 완전히 고정된 생산요소에 대하여 지불되는 보수를 의미하였으나, 오늘날은 공급이 고정된 생산요소에 대한 보수로 확대해석 된다.
② 생산요소의 공급이 고정되었다는 의미는 공급곡선이 수직선이라는 의미이며, 이때 이 생산요소의 가격은 수요 측의 요인에 의해서만 결정된다.

(2) 지대학설

① **리카도(D. Ricardo)의 차액지대설** : 지대는 토지의 위치나 비옥도에 따른 생산성의 차이에 의해서 발생한다. 즉, 한계지에는 지대가 발생하지 않았으나 인구 증가에 의한 곡물가격 상승으로 한계지가 경작되면 기존의 우등한 토지의 지대가 상승한다.

② **마르크스(K. Marx)의 절대지대설** : 지대는 자본주의 아래에서의 토지사유화로 인하여 발생한다. 즉, 토지의 위치나 비옥도에 관계없이 토지소유자의 요구로 지대가 발생하며 지대의 상승으로 곡물가격이 상승한다.

③ **튀넨(J. Thünen)의 입지교차지대설** : 지대의 차이를 수송비의 차이로 본다. 수송비는 오직 시장으로부터의 거리에 비례하여 증가한다고 전제한다. 튀넨의 입지지대론은 '지대 = 매상고−생산비−수송비'로 보았으며, 농지의 지대를 설명하는 이론이지 도시형 토지인 택지의 가격을 구하는 것이 아니다. 물론 튀넨의 입지론은 오늘날 도시 토지의 지대를 설명하는 데 충분한 근거를 제시한다.

② 경제적 지대와 전용수입

(1) 경제적 지대와 전용수입의 의의

① **경제적 지대** : 어떤 생산요소가 현재 고용되는 곳에서 받는 일정한 금액의 보수 중 전용수입을 제외한 부분을 의미한다. 이는 생산요소가 얻은 소득 중에서 기회비용을 초과하는 부분으로, 생산요소 공급자의 잉여라 할 수 있다.

② **전용수입** : 어떤 생산요소가 현재 고용되는 곳에서 일정한 금액의 보수를 받을 때 이 생산요소를 현재의 고용상태에 붙들어두기 위하여 최소한 지불하여야 하는 금액을 의미한다. 이는 생산요소 공급에 의한 기회비용의 의미이다.

③ **경제적 지대와 전용수입 관련 내용**

> • 전용수입이란 생산요소의 기회비용으로, 어떤 생산요소가 다른 용도로 전용되지 않도록 하기 위해 지급해야 하는 최소한의 금액이다.
> • 경제적 지대란 총수입에서 전용수입을 공제한 부분을 말하는데, 이는 생산요소 공급자의 잉여분을 의미한다.
> • 전용수입과 경제적 지대는 공급 탄력성의 크기에 따라 정도가 달라진다.
> • 공급 탄력성이 커지면, 전용수입은 증가되고 경제적 지대는 감소한다.
> • 공급이 완전비탄력적이면 총수입은 경제적 지대가 되고, 완전탄력적이면 총수입은 전용수입이 된다.

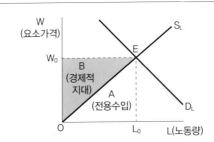

경제적 지대와 전용수입

- 그림에서 노동수요곡선과 노동공급곡선의 교점 E에서 요소가격 W_0, 요소고용량 L_0가 결정되며 이때 생산소가 얻는 보수는 □OL_0EW_0이다.
- 전용수입은 노동공급곡선의 아랫부분인 △A이고 경제적 지대는 △B이다.
- 경제적 지대는 재화시장에서의 생산자 잉여와 같다.

(2) 생산요소공급의 탄력도에 의한 경제적 지대의 변화

① 생산요소공급의 탄력도가 클수록 전용수입이 커진다.

② 완전탄력적(요소공급곡선이 수평선)이면 요소소득이 모두 전용수입이 된다.

③ 완전비탄력적(요소공급곡선이 수직선)이면 요소소득이 모두 경제적 지대가 된다.

26 | 소득분배이론

① 소득분배이론 일반

(1) 소득분배이론의 의의

① 계층별 소득분배이론이란 소득의 원천에 관계없이 저소득층과 고소득층 간에 어떻게 분배되는가를 다루는 이론으로, 빈곤층 문제나 분배정의 실현 등 사회적·경제적으로 중요한 이론이다.

② 계층별 소득분배이론에는 10분위 분배율, 로렌츠곡선, 지니계수 등이 있다.

(2) 소득분배불평등의 발생원인

① 개인적 요인 : 개인별 능력이나 노력의 차이, 교육·훈련 기회의 차이 또는 상속재산 의 차이 때문에 개인 간의 소득에 차이가 난다.

② 사회적 요인 : 신분제도와 남녀차별 등의 사회제도, 경제성장 위주의 정책하에 농민· 노동자·기업가 사이의 소득분배의 불균형이 발생하는 경제제도 또는 조세제도나 사 회복지제도 등에 의해서도 개인 간의 소득에 차이가 난다.

(3) 임금격차의 발생원인

① 직접조건에 따른 요인 : 어렵고 위험한 직업의 임금이 더 높다.

② 인적 자본에 따른 요인 : 인적 자본 수준이 높으면 생산성이 높기 때문에 임금도 높다.

② 소득분배 측정

(1) 10분위 분배율

① 10분위 분배율이란 계층별 소득분포 자료에서 최하위 40%의 소득점유율이 최상위 20%의 소득점유율에서 차지하는 비율을 의미한다.

② 공식 : 10분위 분배율 = 최하위 40% 소득계층의 소득점유율/최상위 20% 소득계층의 소득점유율

③ 10분위 분배율이 취하는 값의 범위는 0≤10분위 분배율≤2로, 그 값이 클수록 소득분 배가 평등하다. 소득분배가 완전히 균등하면 10분위 분배율의 값은 2이다.

④ 측정이 간단하여 많이 이용되고 있으나 최하위 40%와 최상위 20%로만 구하므로 사 회구성원 전체의 소득분배 상태를 나타내지 못한다는 단점이 있다.

(2) 로렌츠곡선

① 계층별 소득분포 자료를 세로축은 소득 누적점유율, 가로축은 인구 누적점유율로 나 타낸 곡선을 의미한다.

② 소득분배가 균등할수록 로렌츠곡선은 대각선에 접근한다.

③ 소득분포 상태를 시각적으로 나타내므로 간단명료하나 평등 정도를 측정할 수 없으 며, 특히 로렌츠곡선이 서로 교차하는 경우 소득분배 상태를 비교할 수 없는 단점이 있다.

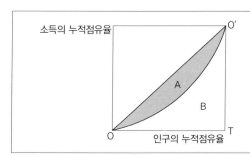

- 직선 OO' : 완전평등
- 곡선 OO' : 면적 A가 클수록 불평등
- 직선 OTO' : 완전불평등

로렌츠곡선

(3) 지니계수

① 로렌츠곡선에서 나타난 소득분배 상태를 수치로 나타낸 것이다.

② 공식 : 지니계수 = A의 면적/△ OTO' 면적 = A/(A+B) (위의 그림)

③ 지니계수가 취하는 값의 범위는 0≤지니계수≤1으로, 그 값이 작을수록 소득분배가 평등하며 소득분배가 완전히 균등하면 지니계수의 값은 0이다.

④ 측정이 간단하여 많이 이용되고 있으나 전 계층의 소득분배 상태를 하나의 수치로 나타내므로 특정소득계층의 소득분배 상태를 나타내지 못하며, 특히 두 로렌츠곡선이 교차하면 비교가 불가능하다는 단점이 있다.

 유/사/기/출/문/제

다음 중 지니계수에 대한 설명으로 적절하지 않은 것은?

① 0과 1 사이의 값을 가진다.

② 로렌츠곡선에서 구해지는 면적 비율로 계산한다.

③ 빈부격차와 계층 간 소득분포의 불균형 정도를 나타내는 수치다.

④ 소득이 어느 정도 균등하게 분배되는지 평가하는 데 이용된다.

⑤ 1에 가까울수록 소득분배의 불평등 정도가 낮다는 것을 뜻한다.

| 해설 |

지니계수는 계층 간 소득분포의 불균형 정도를 나타내는 수치로, 소득이 어느 정도 균등하게 분배돼 있는지를 평가하는 데 주로 이용된다. 계산방법은 가로축에 저소득층부터 고소득층 순서로 인원 분포도를 그리고, 세로축에는 저소득층부터 소득액 누적 백분율(소득누적비율)을 나타낸다. 그러면 소득분배곡선인 로렌츠곡선이 나오는데, 여기에 가상 소득분배균등선(45도선)을 긋고, 소득분배균등선과 가로·세로축이 이루는 삼각형의 면적, 그리고 소득분배균등선과 로렌츠곡선 사이의 면적 비율을 구한다. 여기에서 구해진 면적 비율이 지니계수다. 지니계수는 0과 1사이의 값을 가지며 1에 가까울수록 불평등 정도가 높은 것을 뜻한다.

| 정답 | ①

02장

거시경제

T e s t   o f   E c o n o m i c   S e n s e   A n d   T h i n k i n g

01 국민소득지표

① 국내총생산(GDP)과 국민총소득(GNI)

(1) 국내총생산(GDP)

① 일정기간에 한 나라의 국경 안에서 생산된 모든 최종생산물의 시장가치를 말한다.

② 1년 동안에 : 유량개념을 의미하며 보통 1년을 단위로 측정한다.

③ 한 나라의 국경 안에서 : 속지주의 개념으로, 외국인이 국내에서 생산한 것은 포함하지만 내국인이 국외에서 생산한 것은 제외한다(GNP와 차이).

④ 최종생산물 : 중간생산물은 제외한다.

⑤ 시장가치 : 시장에서 거래된 것만 포함한다.

Green GDP

산림, 지하자원이나 공기, 물과 같은 환경자산을 경제자산으로 취급하여 GDP 계산에 고려한 국민지표

참고 GDP와 GNP

GDP	GNP
한 나라의 국경 안에서 일정기간 새롭게 생산된 최종생산물의 시장가치를 합한 것	한 나라의 국민이 국내외에서 일정기간 새롭게 생산한 최종생산물의 시장가치를 합한 것
• 최종생산물의 시장가치의 합 • 생산과정의 부가가치 총합	GDP + (대외수취소득 − 대외지불소득)

(2) 국민총소득(GNI)

① 국민총소득은 실물경제 체감경기를 알려주는 지표로, 한 나라 국민이 일정기간 생산 활동에 참여하여 벌어들인 소득의 합계이다.

② 소득의 실질구매력을 나타낸다.

(3) 기타 국민소득의 개념

① 국민순생산(NNI) : 국민경제가 앞으로도 같은 수준의 생산활동을 유지할 수 있도록 하려면 자본재의 감소부분을 보충해주어야 한다. 이를 위해서는 감가상각비를 계상해야 하는데 국민총생산에서 감가상각비를 뺀 금액, 즉 국민경제의 순수한 생산액을 말한다.

② 국민소득(NI) : 국민순생산 중에서 생산활동에 참여한 국민에게 분배되는 몫을 국민소득이라고 한다. 국민소득은 결국 부가가치가 생산될 때마다 동시에 분배되었던 요소소득의 합계액으로, 이를 좁은 의미의 국민소득이라고 한다.

③ 개인소득(PI) : 일정한 기간에 개인이 실제로 받는 소득을 개인소득이라고 한다.

④ 가처분소득(DI) : 개인이 자유롭게 처분할 수 있는 소득을 말한다.

⑤ 1인당 국내총생산 : 한 나라 국민의 생활수준을 알아보는 데는 일반적으로 1인당 국내총생산을 사용한다. 1인당 GDP = GDP/총인구

(4) 명목GDP와 실질GDP

① 명목GDP : 생산량을 현재의 가격으로 측정한 화폐가치로 평가한 것으로, 명목GDP = $P_i \times Q_i$이다(단, P_i는 당해연도 가격, Q_i는 당해연도 생산량).

② 실질GDP : 생산량이 가격의 변화를 받지 않도록 기준연도의 가격으로 평가한 것으로, 실질GDP = $P_0 \times Q_i$이다(단, P_0는 기준연도 가격, Q_i는 당해연도 생산량).

③ GDP 디플레이터 : 일종의 물가지수로, 명목GDP를 실질GDP로 나눈 값이다.

(5) 실제GDP와 잠재GDP

① 실제GDP : 한 나라 경제가 실제로 생산한 모든 생산물의 시장가치로, 실제 측정된 GDP를 의미한다.

② 잠재GDP : 한 나라에 존재하는 노동과 자본 등의 모든 생산요소를 정상적으로 고용할 경우 달성할 수 있는 최대의 GDP를 의미한다. 이는 완전고용국민소득 또는 자연산출량 등과 같은 개념으로 사용한다.

③ GDP갭 : 잠재GDP와 실제GDP의 차이를 의미한다. GDP갭 = 잠재GDP − 실제GDP 이다.

④ GDP갭에 따른 비교

- GDP갭 〉 0이면 과잉실업이 존재하여 경기부양 필요
- GDP갭 = 0이면 완전고용산출량 유지
- GDP갭 〈 0이면 경기가 과열되어 경기진정 필요

압솝션(Absorption : A)

일정기간 국민이 사용한 재화와 용역의 총량을 의미하며 총자원 사용량이라고도 한다.

A = GNI + 수입 − 수출

② GDP 개념의 유용성과 항목구분

(1) GDP 개념의 유용성

① 한 나라의 경제활동 수준을 나타내는 지표로 이용

② 측정과정과 산업구조를 파악하기가 용이

③ 나라들 사이의 경제력과 생활수준을 비교하는 지표로 이용

(2) GDP 개념에 포함되는 항목

① 귀속임대료(자기 집 임대료)

② 자가소비농산물(농부)

③ 파출부의 가사노동

④ 신규주택매입

⑤ 국방, 치안서비스

(3) GDP 개념에 포함되지 않는 항목

① 여가

② 자가소비농산물(도시의 텃밭)

③ 주부의 가사노동

④ 기존주택매입

⑤ 상속, 증여

⑥ 주식가격, 부동산가격 변동

③ 국민소득의 세 측면

(1) 국민소득의 세 측면

① **생산국민소득(GDP)** : 생산활동을 통해 만들어낸 부가가치의 합계

② **분배국민소득(국내총소득 GDI)** : 생산요소를 제공한 대가로 얻는 소득의 합계

③ **지출국민소득(국내총지출 GDE)** : 재화와 서비스를 구입한 대가로 지출한 금액의 합계

(2) 국민소득 3면 등가의 법칙

① 생산국민소득 = 분배국민소득 = 지출국민소득

② 생산과정에서 생긴 부가가치는 생산과정의 참여자들에게 기여한 몫만큼 분배되고 경제주체들은 분배받은 소득을 생산물을 구입하는 데 지출한다. 따라서 이론적으로 볼 때 생산된 것은 모두 분배되고 분배된 것은 모두 지출된다.

④ 국민계정과 사회지표

(1) **국민계정** : 일정기간 국민경제의 활동결과와 일정시점에서 국민경제의 자산 및 부채상황을 나타낸 것으로, 국민소득통계 · 산업연관표 · 자금순환표 · 국제수지표 · 국민대차대차대조표 등이 있다.

① **국민소득통계** : 생산활동을 통하여 발생한 국민소득이 어떻게 분배되어 어떻게 처분되는가를 나타내는 통계로서, 국민경제의 손익계산서라고 할 수 있다.

② **산업연관표** : 특정상품을 생산하기 위하여 어떤 상품이 얼마나 투입되었는가와 특정상품이 어떤 상품의 생산에 얼마나 투입되었는가를 보여주는 통계로서, 국민경제의 제조원가명세서라고 할 수 있다.

③ **자금순환표** : 국민소득통계와 산업연관표가 실물의 흐름을 기록한 것이라면, 자금순환표는 자금의 흐름을 기록한 통계이다. 자금순환표는 자금의 흐름을 실물과 금융의 양 측면에서 기록한 국민경제의 자금운용표이다.

④ **국제수지표** : 국민경제가 국외경제와 거래한 실물 및 자금의 수취와 지급내역을 기록한 외화수지계산서라고 할 수 있다.

⑤ **국민대차대조표** : 스톡계정으로서, 일정시점에서 국민경제가 갖고 있는 물가자산과 금융자산 및 모든 부채를 기록한 국민경제의 대차대조표인 셈이다.

(2) **사회지표** : 국민생활의 여러 측면을 포괄적으로 나타내고자 작성되는 통계지표로, 인구·소득·노동·교육·보건·문화·환경·복지 등의 부분으로 구성되어 있다.

국민후생지표

- 경제후생지표(MEW) : 노드하우스(W. Nordhaus)와 토빈(J. Tobin)이 GNP의 일부항목을 조정하여 만든 지표
- 순경제후생지표(NEW) : 새뮤얼슨(P. Samuelson)이 MEW의 개념을 일부 수정하여 만든 지표
- 순국민후생지표(NNW) : MEW나 NEW는 실제 계측상의 문제가 있었기 때문에 UN이 주관하여 만든 계측 가능한 후생지표

02 국민소득결정이론

① 고전학파의 국민소득결정이론

(1) 고전학파의 기본 가정

① 세이(J. Say)의 법칙이 성립한다.
② 모든 가격변수가 신축적이다.
③ 노동에 대한 수요와 공급은 실질임금의 함수이다.
④ 모든 시장은 완전경쟁시장이다.
⑤ 기대의 종류는 완전예견이다.

(2) 고전학파 이론의 특징

① 애덤 스미스와 리카도로 대표되는 고전학파 이론의 특징은 기본적으로 자본주의 시장 경제체제는 보이지 않는 손에 의한 자체 교정능력에 의하여 항상 완전고용 상태를 유지하는 것이다. 그러므로 과도한 정부의 개입은 경제에 악영향을 끼치는 것으로 본다.
② 공급 측 요인만으로 균형국민소득이 결정된다.

2 케인스의 국민소득결정이론

(1) 케인스 단순모형의 기본 가정

① 총수요가 국민소득을 결정한다.

② 물가가 고정되어 있다.

③ 소비는 소득의 증가함수이다.

④ 투자와 정부지출 등은 소득이나 이자율에 관계없이 일정한 값으로 주어진다.

(2) 총수요과 총공급

① 총수요 : 기업은 소비와 투자수요를 기반으로 생산활동을 통하여 소득을 창출하므로 총수요 = 소비 + 투자수요이다.

② 총공급(총생산) : 케인스는 유효수요만 있으면 공급이 즉시 이루어진다고 보므로 총공급 = 총수요에서 균형조건이 된다.

(3) 절약의 역설

① 모든 개인이 절약하여 저축을 증가시키면 총수요가 감소하여 국민소득이 감소하게 되고, 결과적으로 총저축이 증가하지 않거나 오히려 감소하는 현상을 의미한다.

② 일반적으로 투자기회가 부족하여 저축의 증가분이 투자로 연결되지 못하는 선진국에서 일어나는 현상이며, 개발도상국과 같이 자본의 축적이 절실한 경우에는 해당되지 않는다.

03 소비함수론과 투자함수론

1 소비함수론

(1) 절대소득가설(J. Keynes)

① 케인스는 개인의 소비는 자신의 소득에 의해서만 결정된다는 소비의 독립성과 소비지출은 소득수준에 따라 자유롭게 변한다는 소비의 가역성이라는 가정하에 소비이론을 설명하였다.

② 소비의 크기는 소득의 크기에 의해 결정되므로, 소득이 증가하면 소비도 증가한다.

③ 소비함수가 현재의 소득에 의존하므로, 재량적인 재정정책이 매우 효과적이라는 것을 의미한다.

④ 절대소득가설은 단기의 소득과 소비관계는 잘 설명하지만, 장기의 소비 변화에 관해서는 설명하지 못한다는 단점을 가진다.

(2) 상대소득가설(J. Duesenberry)

① 가정 : 소비의 상호의존성과 소비의 비가역성

② 전시효과에 의한 장·단기 소비함수는 개인의 소비는 사회적 의존관계에 있는 동류집단의 소비행위에 영향을 받는다는 가정하에 단기적으로는 소비축을 통과하는 소비함수를, 장기적으로는 원점을 통과하는 소비함수를 도출한다.

③ 비합리적인 소비자를 가정하여 전시효과와 톱니효과를 도출하며, 이로 인하여 소비함수가 비대칭적이 되는 단점이 있다.

전시효과, 톱니효과, 소비의 비가역성

• 전시효과 : 소비수준을 자신의 소득에 의하지 않고 자기가 속한 계층에 의존하는 효과를 의미한다. 한편 넉시(R. Nukse)는 후진국의 경제성장이 어려운 요인을 선진국의 소비를 모방하는 지나친 과소비 때문이라 하였는데, 이를 국제적 전시효과라 한다.

• 톱니효과 : 개인의 소비는 소득의 증가에 따라 일단 소비가 증가하면 소득이 감소하더라도 소비를 줄이기 어렵다는 가정하에 단기적으로는 소비축을 통과하는 소비함수를, 장기적으로는 원점을 통과하는 소비함수를 도출한다.

• 소비의 비가역성 : 소득이 증가함에 따라 일단 높아진 소비수준은 소비가 감소해도 쉽게 낮아지지 않는 성질을 의미한다(톱니효과와 유사).

(3) 항상소득가설(M. Friedman)

① 실제소득 = 항상소득 + 임시소득

② 소비는 임시소득과는 관계없고 오직 항상소득의 일정비율이다.

③ 소비수준은 미래소득의 기대치인 항상소득에 의해서 결정된다.

유/사/기/출/문/제

프리드먼의 항상소득가설에 대한 설명으로 적절하지 않은 것은?

① 소비는 일시적인 소득이 아니라 장기적 소득전망에 따라 결정된다.
② 불황기에 정부가 재정지출을 늘리는 것도 이 항상소득가설에 따른 것이다.
③ 임시소득이 총소득에서 차지하는 비중은 호황기에는 높아지고 불황기에는 낮아진다.
④ 장기소득 변화 중 임시소득은 평균적으로 0이므로 평균소비성향과 한계소비성향은 같아진다.
⑤ 항상소득은 정상적 소득을 의미하지만 측정하기 어렵다는 약점이 있다.

| 해설 |

불황기에 재정지출을 늘리는 것은 케인스의 승수효과와 공급주의 등 재정이론에 대한 내용이다.

항상소득가설
소득을 정기적이고 확실한 항상소득과 임시적 수입인 임시소득으로 구분할 때, 항상소득의 일정비율은 소비되며, 임시소득은 저축으로 돌려지는 경향이 강하다. 그 때문에 소득에서 차지하는 항상소득의 비율이 클수록 소비성향이 높고 저축성향은 낮아진다. 이에 따라 불황기에 임시소득의 비율이 작아지고 소비성향이 커지는 현상, 또 고소득자일수록 임시소득이 크고 소비성향이 작아지는 경향이 설명되는 등 단기적 소비함수와 장기적 소비함수를 통일적으로 설명하는 이론이다.

| 정답 | ②

② 투자함수론

(1) 내부수익률법

① 케인스의 투자결정이론으로, 내부수익률인 투자의 한계효율(MEI)과 이자율을 비교하여 투자 여부를 결정한다는 이론이다.
② 투자의 한계효율이란 투자로부터 수입의 현재가치와 투자비용이 같아지는 할인율을 의미한다(기업가의 예상수익률).

> • MEI 〉 r(이자율) : 투자를 증가
> • MEI = r(이자율) : 투자를 중지
> • MEI 〈 r(이자율) : 투자를 감소

(2) 가속도의 원리

① 유발투자를 가정하여 소득이나 소비가 변할 때 투자가 더 급속히 변하는 경우를 설명한 투자이론이다.
② 한계소비성향이나 소득변화분이 클수록 유발투자는 커진다.

(3) 현재가치법(I. Fisher)

① 고전학파의 투자결정이론으로 투자비용과 투자로부터 얻는 수입의 현재가치를 비교하여 투자 여부를 결정한다는 이론이다.

② 투자의 현재가치와 투자비용 비교

> • 투자의 현재가치(PV) 〉 I(투자비용) : 투자 증가
> • 투자의 현재가치(PV) = I(투자비용) : 투자 중지
> • 투자의 현재가치(PV) 〈 I(투자비용) : 투자 감소

04 화폐와 통화

1 화폐

(1) 화폐의 정의

① 일상 상거래에서 일반적으로 통용되는 지불수단을 의미한다. 일반적으로 통화와 같은 의미로 사용된다.

② 화폐는 물품화폐 → 주조(금속)화폐 → 지폐 → 전자(신용)화폐의 순서로 발달하였다.

(2) 화폐의 기능

① 교환의 매개수단 : 화폐의 가장 본원적 기능으로 물물교환의 불편을 해소하는 기능이다.

② 회계단위(가치의 척도) : 화폐는 상품의 가치를 측정 · 비교할 수 있는 기준이 되므로 상품거래의 표준이 되는 동시에 회계의 단위가 된다.

③ 가치저장수단 : 교환의 매개수단으로, 화폐를 받은 후 다른 상품을 사거나 지불할 때까지 화폐를 보유하는 것이 가치저장의 기능이다.

④ 장래지불의 표준 : 상품을 외상으로 구입하거나 돈을 빌리는 경우 미래에 지불하는 대가를 화폐액으로 표시하는 기능을 의미한다.

 유/사/기/출/문/제

"악화가 양화를 구축한다"라는 말이 나오게 된 역사적 상황으로 가장 적절한 것은?

① 귀금속 함량이 적은 화폐가 더 많이 유통된다는 의미

② 새로운 화폐가 나오면 구화폐는 축출된다는 의미

③ 고액권이 발행되면 소액권은 축출된다는 의미

④ 심리적으로 동전보다는 지폐를 선호한다는 의미

⑤ 화폐는 본질적으로 가치가 변하지 않는다는 의미

| 해설 |

그레셤의 법칙(Gresham's law)은 소재의 가치가 서로 다른 화폐가 동일한 명목가치를 가진 화폐로 통용되면, 소재가치가 높은 화폐(Good Money)는 유통시장에서 사라지고 소재가치가 낮은 화폐(Bad Money)만 유통되는 현상을 말한다. 그레셤은 이 현상을 "악화가 양화를 구축한다(Bad money drives out good)"라고 표현하였는데, 이는 비단 화폐 유통시장뿐만 아니라 여러 경제현상에서 관찰된다.

| 정답 | ①

② 통화량과 통화지표

① 통화량이란 시중에 유통되는 화폐의 양을 의미한다. 일정시점을 기준으로 하여 측정하므로 저량이다.

② 통화지표란 통화량의 크기와 변동을 측정할 수 있는 지표를 의미한다.

- **협의통화(M1)** : 민간보유현금 + 결제성예금(요구불예금, 저축예금, 시장금리부 수시입출식예금 등)
- **광의통화(M2)** : M1 + 기간물 정기예적금 및 부금 + 시장형 금융상품(CD, RP, 표지어음) + 실적배당형 금융상품 (금전신탁, 수익증권 등) + 금융채 + 기타(신탁형 증권저축, 발행어음) − 만기 2년 이상의 장기 금융상품
- **금융기관유동성(Lf)** : M2 + 예금취급기관의 만기 2년 이상 정기예적금 및 금융채 + 한국증권금융(주)의 예수금 + 생명보험회사(우체국 포함)의 보험계약준비금 + 농협국민생명공제의 예수금 등
- **광의유동성(L)** : Lf + 기업 및 정부 등이 발행한 유동성시장 금융상품(기업어음, 회사채, 국공채 등)
- ※ 우리나라의 통화지표는 1951년부터 한국은행에서 공식 편제하기 시작하였으며, 2002년부터는 변경된 IMF의 통화금융통계매뉴얼(2000년) 기준에 따라 M1(협의통화) 및 M2(광의통화) 지표를 편제하고, 2006년 6월부터는 유동성지표인 L(광의유동성) 지표를 새로이 편제하여 공표하고 있다.

③ 중심통화지표란 정책당국이 통화금융정책 집행 시 사용하는 통화지표이다. 물가와 경제성장 등 실물경제와 밀접한 관계가 있어야 하고, 정책당국이 조정하고 통제할 수 있어야 하며, 통화지표의 변화를 신속히 파악할 수 있어야 한다.

05 | 금융시장과 금융기관

① 금융시장

(1) 금융의 개념 및 종류

① 재화나 서비스가 개입하지 않고 화폐 자체의 수요·공급에 따라 이루어지는 자금의 융통을 의미한다.

② 직접금융 : 자금의 수요자와 공급자가 자금을 직접 거래하는 방식이다. 기업이 주식이나 회사채와 같은 본원적 증권을 발행하여 자금을 조달하는 경우로, 주로 증권시장에서 이루어진다.

③ 간접금융 : 자금의 중개기관인 은행 등을 매개로 자금의 수요와 공급이 이루어지는 방식이다.

(2) 금융시장

① 자금의 수요자와 공급자 사이에 자금거래가 지속적으로 이루어지는 조직이나 기구를 의미한다.

② 단기금융시장(화폐시장) : 일반적으로 만기가 1년 미만인 금융자산이 거래되는 시장이다. 콜시장, 어음할인시장, CP시장, CD시장, RP시장 등이 있다.

③ 장기금융시장(자본시장) : 기업의 시설자금이나 장기자금이 조달되는 목적으로 형성된 시장이다. 장기대부시장, 주식시장, 채권시장 등이 있다.

④ 직접금융시장 : 자금의 수요자와 공급자가 자금을 직접 거래하는 시장이다. 주식시장, 채권시장 등이 있다.

⑤ 간접금융시장 : 금융중개기관이 개입하여 자금의 수요자와 공급자를 연결하는 시장이다. 예금시장이 있다.

② 금융기관

(1) 금융기관의 개념

① 자금의 수요와 공급을 중개하는 기관이다. 거래비용을 절감하고 위험을 축소시키며 소액다수의 저축으로 거액의 투자재원 조달 및 자금의 유동성을 높이는 등의 역할을 한다.

② 금융기관은 크게 통화금융기관과 비통화금융기관으로 구분할 수 있다.

(2) 통화금융기관

① 중앙은행 : 현금통화를 공급하는 은행

- 발권은행 : 지폐와 주화를 발행
- 은행의 은행 : 예금은행에 대하여 여신 · 수신 은행
- 통화금융정책의 집행기관 : 중앙은행의 가장 중요한 기능
- 정부의 은행 : 국고금의 출납 및 정부에 대한 여신 및 국채발행
- 외환관리업무 : 국제수지관리 및 환율안정을 위해 외환관리

② 예금은행 : 예금통화를 창출하는 은행

- 일반은행 : 단기 여유자금을 모아 단기대출을 해주는 상업금융을 주 업무로 한다. 시중은행, 지방은행, 외국은행지점으로 나눈다.
- 특수은행 : 운영자금의 대부분을 정부출자에 의존한다. 주로 정책금융자금을 공급하는 정책은행으로, 중소기업은행과 협동조합의 신용사업부가 있다.

(3) 비통화금융기관

① 개발기관 : 개발기관은 중 · 장기 산업자금의 공급을 목적으로 설립된 금융기관이다. 한국산업은행, 한국수출입은행 등이 있다.

② 투자기관 : 주로 단기금융시장과 직접금융시장을 통하여 자금중개기관을 수행하는 금융기관이다.

③ 저축기관 : 소액저축자에게 저축수단을 제공하여 자금을 조달하고 이를 대출하는 금융기관이다. 은행신탁계정, 저축은행, 체신예금 등이 있다.

④ 보험기관 : 보험업무를 하는 기관이다. 생명보험회사, 체신보험 등이 있다.

06 본원통화와 예금통화

① 본원통화

(1) 본원통화의 의의

① 중앙은행의 창구를 통하여 시중에 나온 현금을 의미한다.

② 본원통화는 예금은행의 신용창조의 기초가 된다.

③ 본원통화의 공급은 통화량을 승수 배만큼 증가시키는 성질이 있다.

④ 본원통화는 중앙은행의 통화성 부채이다.

(2) 본원통화의 구성과 화폐발행액

① 본원통화 = 현금통화 + 지급준비금

② 화폐발행액 = 본원통화 − 지급준비예치금

지급준비금과 지급준비율

- 지급준비금 : 예금은행이 고객의 예금인출 요구에 대비하고자 보유하는 현금을 의미하는데, '지급준비금 = 법정지급준비금 + 초과지급준비금'이다.
- 지급준비율 : 지급준비율이란 지급준비금을 예금액으로 나눈 값을 의미하는데, '지급준비율 = 법정지급준비율 + 초과지급준비율'이다.

(3) 통화승수

① 통화량과 본원통화의 비율로, 통화량(M)을 본원통화(H)로 나눈 값이다.

② 통화승수 = 통화량/본원통화 = M/H

(4) 본원통화의 공급경로

① 정부부문을 통한 공급 : 한국은행이 정부에 대출을 증가시키면 본원통화가 증가한다.

② 예금은행을 통한 공급 : 예금은행이 중앙은행으로부터 대출을 하면 본원통화가 증가한다.

③ 해외부문을 통한 공급 : 외화를 원화로 교환하는 과정에서 본원통화가 증가한다.

④ 중앙은행의 자산 증가를 통한 공급 : 중앙은행이 건물을 구입하거나 유가증권을 구입하면 본원통화가 증가한다.

 유/사/기/출/문/제

본원통화에 대한 설명으로 적당한 것은?

① 한국은행에서 금융기관에 대출하거나 이들로부터 외환을 매입 또는 금융시장에서 국공채를 사들임으로써 공급한 지폐와 주화 총량을 말한다.

② 통화량에 통화승수를 곱하면 본원통화가 된다.

③ 민간화폐보유액에 금융기관 보유예금을 합한 것이다.

④ 화폐발행액에 금융기관 시재금을 더한 것이다.

⑤ 민간화폐보유액에 금융기관 지불준비예치금을 합한 것이다.

| 해설 |

본원통화란 현실적으로 유통되는 통화를 가리키는 것이 아니라 통화량을 규제할 경우 규제대상으로 사용하는 통화개념으로, 중앙은행의 통화성 부채로 되어 있는 화폐발행액과 시중은행의 지불준비예치금으로 구성된다. 이는 민간보유 은행권, 민간은행 보유시재금, 민간은행예치금의 합계로 나타낼 수 있다. 통화량을 조절하고자 할 때는 이 본원통화의 증감요인에 대해서 조정을 가하게 되는데, 이때 통화량은 본원통화량에 통화승수를 곱한 것으로 결정하게 된다. 본원통화의 구체적인 공급경로를 살펴보면 정부부문, 정부대행 기관부문, 공적 기관, 금융부문, 해외부문, 기타 부문으로 나누어져 각 부문의 자산항목은 본원통화의 원천 또는 증가요인이 되며 각 부문의 차감항목, 즉 부채 및 자본 항목은 본원통화의 대체적용 또는 감소요인이 된다.

| 정답 | ①

② 예금은행의 신용창조

(1) 가정

① 요구불예금만 존재하고 저축성예금은 없다(통화량은 M1이라고 가정).

② 예금은행 조직 밖의 현금누출은 없다.

③ 예금은행은 대출의 형태로만 자금을 운영한다. 즉, 유가증권 투자를 하지 않는다.

④ 예금은행은 법정지급준비금만 보유한다. 즉, 초과지급준비금은 없다.

(2) 신용창조의 과정

① 총예금창조액 = 신용승수 × 본원적 예금

② 신용승수 : 본원적 예금 W가 신용창조 과정을 거쳐 그 몇 배에 해당하는 요구불예금을 창출하는데, 이 배수를 신용승수라 하고 그 값은 법정지급준비율의 역수인 $1/z$이다.

07 금융정책

1 금융정책 일반

(1) 금융정책의 개념

① 중앙은행이 금융정책수단을 사용하여 중간목표인 통화량이나 이자율을 조절하여 물가안정, 완전고용, 경제성장, 국제수지균형 등의 정책목표를 달성하려는 경제정책이다.

② 금융정책의 체계

최종목표	금융정책이 달성하고자 하는 국민경제상의 목표로, 물가안정 · 완전고용 달성 · 경제성장 등이 있다.
중간목표	금융정책의 최종목표를 달성하고자 금융정책당국이 조정할 수 있는 지표로, 이자율과 통화량이 있다.
정책수단	금융정책의 중간목표인 이자율과 통화량을 조정하기 위한 정책도구로, 공개시장조작정책 · 지급준비율정책 · 재할인율정책 등이 있다.

(2) 학파 간 중간목표의 차이

① 케인스학파 : 금융정책의 목표는 투자수요를 변화시키는 것이므로 이자율이 적당하다고 주장한다.

② 통화주의학파 : 이자율을 중간목표로 삼으면 경기진폭이 확대되므로 물가안정을 위하여 통화량을 안정적으로 조절하는 것이 적당하다고 주장한다.

 유/사/기/출/문/제

다음 중 팽창적인 통화정책의 전달경로로 옳은 것은?

① 화폐공급 증가 → 이자율 상승 → 투자 감소 → 총수요 증가 → 국민소득 감소
② 화폐공급 증가 → 이자율 상승 → 투자 감소 → 총수요 감소 → 국민소득 감소
③ 화폐공급 증가 → 이자율 하락 → 투자 감소 → 총수요 증가 → 국민소득 증가
④ 화폐공급 증가 → 이자율 하락 → 투자 증가 → 총수요 증가 → 국민소득 증가
⑤ 화폐공급 증가 → 이자율 하락 → 투자 증가 → 총수요 감소 → 국민소득 감소

| 해설 |

화폐공급 증가 → 이자율 하락 → 투자 증가 → 총수요 증가 → 국민소득 증가가 된다. 반대의 경우 화폐공급 감소 → 이자율 상승 → 투자 감소 → 총수요 감소 → 국민소득 감소가 된다.

| 정답 | ④

② 금융정책 수단

(1) 공개시장조작정책

① 중앙은행이 기관투자가나 개인을 대상으로 국·공채를 매입하거나 매각함으로써 통화량과 이자율을 조정하는 정책을 의미한다.

② 중앙은행이 국·공채를 매입하면 본원통화 증가 → 통화량 증가 → 이자율 하락의 효과를 가져온다.

③ 중앙은행이 국·공채를 매각하면 본원통화 감소 → 통화량 감소 → 이자율 상승의 효과를 가져온다.

(2) 지급준비율정책

① 중앙은행이 예금은행의 법정지급준비금을 변화시켜 통화량과 이자율을 조정하는 정책을 의미한다.

② 중앙은행이 지급준비율을 인하하면 통화승수가 커지므로 통화량이 증가하여 이자율은 하락한다.

③ 중앙은행이 지급준비율을 인상하면 통화승수가 작아지므로 통화량이 감소하여 이자율은 상승한다.

④ 지급준비율정책은 본원통화의 양이 변하지 않음에 유의하여야 한다.

(3) 재할인율정책

① 중앙은행이 예금은행에 빌려주는 자금의 금리인 재할인율을 조정함으로써 통화량과 이자율을 조정하는 정책을 의미한다.

② 중앙은행이 재할인율을 인하하면, 예금은행의 차입이 증가하여 본원통화가 증가하므로 통화량이 증가하고 이자율은 하락한다.

③ 중앙은행이 재할인율을 인상하면, 예금은행의 차입이 감소하여 본원통화가 감소하므로 통화량이 감소하고 이자율은 상승한다.

④ 예금은행이 초과지급준비금을 보유하고 있다면 재할인율정책은 효과가 없다.

> **선별적 금융정책수단(질적 금융정책)**
> • 대출한도제 : 국내여신에 대하여 최고한도를 설정하여 통화량 증가를 억제
> • 이자율규제정책 : 예금은행의 이자율 상한을 설정하여 이자율 상승 억제
> • 창구규제 : 금융기관들의 행동지도와 규제를 통하여 예금과 대출에 영향을 미침

08 화폐수량설

① 고전학파의 화폐수량설

(1) 피셔(I. Fisher)의 교환방정식

① MV = PT(M은 통화량, V는 유통속도, P는 물가, T는 일정기간 실질거래량)

② MV는 일정기간의 화폐지출액이고 PT는 일정기간의 총거래액을 의미하므로, ①의 식은 일정기간 중 총지출액이 총거래액과 같다는 관계를 나타내는 항등식이다.

③ 일반적으로 교환방정식은 거래량(T)은 국민소득(Y)과 비례하므로, 원래의 교환방정식을 MV = PY로 변형하여 나타낸다. 그러므로 화폐수요 M = PY/V이다.

④ 피셔의 교환방정식은 화폐가 가진 교환의 매개수단이라는 기능을 중시함을 의미한다.

⑤ 화폐수요를 명시적으로 다루지 않고 거래목적에 필요한 만큼 수요한다고 암묵적으로 표현한다.

(2) 현금잔고방정식(A. Marshall)

① 화폐를 가치의 저장수단으로 파악하는 방정식이다.

② 화폐수요 Md = kPY(k는 마셜k로 사회의 거래관습상 변화가 적으므로 일정한 상수로 볼 수 있음)

③ 개인이 소득에 비례하여 화폐를 보유한다고 파악함으로써 화폐수요를 명시적으로 다루어 화폐의 수요 · 공급이론을 전개하는 데 적절한 의미를 부여하였다.

② 케인스의 화폐수요이론(유동성 선호설)

(1) 유동성 선호

① 유동성이란 어떤 자산을 그 가치의 손실 없이 얼마나 빨리 현금화할 수 있는가 하는 정도를 의미한다.

② 케인스는 화폐를 수요하는 이유를 유동성을 선호하기 때문으로 보았으며, 이러한 화폐수요의 동기를 거래적 동기, 예비적 동기, 투기적 동기의 세 가지로 구분하였다.

(2) 화폐수요의 동기

① 거래적 동기 : 가계 또는 기업의 계획된 거래나 유통 등 일상적인 지출을 위한 화폐수요로, 고전학파와 마찬가지로 소득의 증가함수로 보았다.

② **예비적 동기** : 예상하지 못한 지출에 대비하고자 화폐를 보유하는 것을 의미하며, 거래적 동기의 화폐수요와 마찬가지로 소득의 증가함수이다.

③ **투기적 동기** : 투기적 동기의 화폐수요는 이자율에 반비례한다.

유동성 함정

이자율이 매우 낮은 수준이면 사람들은 이자율이 상승하여 채권가격이 하락할 것을 예상하며, 화폐수요를 무한히 증가하여 화폐수요곡선이 수평이 되는 구간을 유동성 함정이라고 한다.

③ 신화폐수량설(통화주의학파)

(1) 신화폐수량설의 의의

① 프리드먼은 고전학파의 화폐수량설을 발전시켜 화폐를 일종의 상품이나 자산으로 취급하여 화폐의 수요를 예산제약에 의한 효용극대화 원리나 이윤극대화 원리에 의해 결정되는 것으로 보았다.

② 신화폐수량설은 일종의 자산선택이론이다.

(2) 화폐수요함수

① 화폐수요는 실질소득, 화폐 및 다른 자산의 수익, 그리고 취향 및 선호관계에 의존한다.

② 통화주의자인 프리드먼은 화폐수요는 물가상승률과 이자율에 영향을 거의 받지 않고 소득수준에 절대적인 영향을 받는다고 주장하였다(화폐수요의 이자율탄력성이 매우 작음).

09 재정정책

① 재정정책 일반

(1) 재정의 기능

① **자원배분의 조정 기능** : 개별기업이 공급하기 어려운 공공재를 생산·공급하여 시장실패를 보정하는 기능이다.

② **소득의 공평분배 기능** : 1차적으로 분배한 결과를 재분배로 보정하여 빈부의 격차를 줄임으로써 사회를 안정화하는 기능이다.

③ **경제의 안정화 기능** : 지나친 경기변동을 완화하여 국민경제의 안정적 성장을 유지하는 기능이다.

(2) 재정정책의 개념

① 정부지출과 조세를 변화시켜 총수요를 조절함으로써 경제성장, 물가안정, 완전고용, 국제수지균형, 공평분배 등의 정책목표를 달성하려는 경제정책을 말한다.

② **재정의 균형** : 균형재정(정부지출 = 조세), 적자재정(정부지출 〉 조세), 흑자재정(정부지출 〈 조세)

(3) 확장재정정책

① 조세를 늘려 정부지출을 증가시키는 방법

② 국 · 공채를 발행하여 정부지출을 증가시키는 방법

③ 중앙은행의 차입을 통하여 통화공급을 늘려 정부지출을 증가시키는 방법

(4) 재정정책의 효과

① 확대재정정책을 실시하여 정부지출이 증가하면 균형국민소득은 증가하고 이자율은 상승한다.

② 재정적자 또는 확대재정정책의 결과가 이자율을 상승시킴에 따라 민간투자가 감소하는 효과를 구축효과라 한다.

구축효과와 구입효과

• **구축효과** : 국 · 공채 발행에 의한 정부지출의 증가는 이자율을 상승시켜 민간투자를 감소시킴으로써 국민소득 증가효과가 거의 없다는 주장

• **구입효과** : 정부지출의 증가는 가속도 원리에 의해 유발투자를 증가시킴으로써 국민소득을 증가시키는 효과가 있다는 주장

② 재정의 안정화장치

(1) 자동안정화장치의 개념

① 재정의 자동안정화장치란 경기변동에 따라 자동적으로 정부지출이나 조세가 변하여 경기변동의 정도를 완화시키는 재정제도를 말한다.

② 자동안정화장치의 예 : 조세제도, 실업보험 및 각종 사회보험제도 등

③ 자동안정화장치는 정부의 개입이 없어도 경제가 자율적인 조정능력을 갖고 있다고 보기 때문에 고전학파의 이론을 대변한다.

(2) 재정적 견인과 정책함정

① 재정적 견인 : 완전고용국민소득에 이르게 하는 총수요의 증가가 조세의 증가 때문에 억제되어 완전고용에 이르지 못하는 현상을 말한다. 즉, 조세가 가처분소득을 감소시킴으로써 소비를 감소시켜 국민소득이 줄어드는 효과를 유발한다.

② 정책함정 : 경기가 불황일 때 정부가 실제예산의 균형을 이루고자 노력할수록 경기가 더욱더 불황에 빠지는 현상이다.

---

10 | 고전학파와 케인스학파의 비교

구분	고전학파	케인스학파
주요 학자	스미스(A. Smith), 리카도(D. Ricardo), 마셜(A. Marshall)	새뮤얼슨(P. Samuelson), 힉스(J. Hicks), 슬로(R. Slow)
노동시장	• 임금이 신축적이라고 봄 • 완전경쟁 : 완전고용	• 화폐환상이 존재하여 임금이 하방경직적이라고 봄 • 불완전경쟁 : 비자발적 실업 존재
생산물시장 (IS곡선)	• 세이의 법칙이 성립 : 공급이 수요를 창조한다고 봄 • 투자의 이자율탄력성이 큼	• 유효수요의 원리가 성립 : 수요가 공급을 창출한다고 봄 • 투자의 이자율탄력성이 작음
화폐시장 (LM곡선)	• 교환의 매개수단 • 화폐수요 : 화폐수량설 • 화폐수요의 이자율탄력성이 0임 : LM곡선이 수직선	• 가치의 저장수단 • 화폐수요 : 유동성 선호설 • 화폐수요의 이자율탄력성이 큼 : LM곡선이 완만

재정정책 효과	효과 전혀 없음(완전구축 효과)	매우 효과적임
금융정책 효과	화폐의 중립성 : 효과 없음	효과가 적음
인플레 원인	과다한 통화공급	수요견인, 비용인상
실업 원인	제도적 원인 : 자발적 실업	유효수요 부족 : 비자발적 실업

11 통화주의학파와 케인스학파의 비교

구분	통화주의학파	케인스학파
주요 학자	프리드먼(M. Frideman)	새뮤얼슨(P. Samuelson), 힉스(J. Hicks), 슬로(R. Slow)
노동시장	• 노동수요 : 실질임금의 감소함수 • 노동공급 : 예상실질임금의 증가함수	• 노동수요 : 실질임금의 감소함수 • 노동공급 : 명목임금의 증가함수
생산물시장 (IS곡선)	• 투자수요 안정적 • 투자의 이자율탄력성이 큼	• 투자수요 불안정적 • 투자의 이자율탄력성이 작음
화폐시장 (LM곡선)	• 화폐수요 안정적 • 화폐수요의 이자율탄력성이 작음	• 화폐수요 불안정적 • 화폐수요의 이자율탄력성이 큼
재정정책 효과	• 효과 거의 없음(구축효과) • 정부의 개입반대	• 매우 효과적임 • 안정화정책
금융정책 효과	• 단기적으로는 효과적이나 장기적으로는 물가만 상승시키므로 효과 없음 • 금융정책지표 : 통화량	• 효과가 작음 • 금융정책지표 : 이자율
인플레이션 원인	과다한 통화공급	수요견인, 비용인상
중요문제	인플레이션 문제가 중요	실업문제가 중요
경제교란 요인	화폐부문 : 과도한 통화량 변화	실물부문 : 투자의 불안정성

유/사/기/출/문/제

케인스의 경제정책과 거리가 먼 것은?

① 이자율이 낮을 때는 금융정책보다 재정정책이 유효하다.

② 장기에는 시장의 자율적인 균형이 가능하지만, 단기에는 정부개입이 필요하다.

③ 경기가 침체된 경우 유효수요를 창출하여야 한다.

④ 세금감면이 재정지출보다 더 유효하므로 감세정책을 확대하여야 한다.

⑤ 소비는 절대소득에 비례하므로 경기침체기에는 소비도 감소한다.

| 해설 |

케인스의 경제정책은 정부지출을 강조하는 확대재정정책을 추구한다. 그러려면 감세정책은 적절하지 않다.

| 정답 | ④

12 | 공급경제학

① 공급경제학 일반

(1) 공급경제학이란 스태그플레이션으로 총수요관리정책의 한계가 발생함에 따라 이를 극복하기 위해 총공급 측면을 중시하는 학자들의 연구분야를 의미한다.

(2) 공급경제학자들은 조세를 인하하면 노동공급과 투자가 증가하여 총공급곡선을 우측으로 이동시키므로 물가안정과 완전고용을 달성할 수 있다고 주장한다.

(3) 공급경제학자들은 정부의 개입을 최소화하는 작은 정부와 각종 사회보장제도의 축소나 폐지를 주장하였다. 그러나 공급경제학자의 주장에 따라 세율을 인하하고 사회보장제도를 축소하면 소득분배가 악화될 수 있다.

② 래퍼곡선

세율과 정부의 조세수입 간의 관계를 나타내는 곡선으로, 위로 볼록한 형태를 취한다.

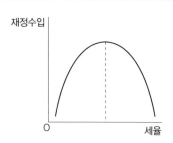

• 래퍼는 현재 미국의 세율이 매우 높은 수준이므로 세율을 인하하면 노동공급이 증가하여 소득이 증가하므로 정부의 조세수입이 증가할 것이라고 주장하였으나 실증적으로 검증되지는 못하였다.
• 래퍼곡선의 문제점 : 재정수입이 극대가 되는 세율을 추정하기가 어렵다.

래퍼곡선

13 | 물가와 물가지수

1 물가와 물가지수

(1) 물가와 물가지수의 개념
① 물가란 수많은 상품의 가격을 일정한 기준으로 통합한 가격수준을 의미한다.
② 물가지수란 물가의 움직임을 측정하고자 작성되는 지수를 의미한다.
③ 물가지수는 화폐의 구매력 측정 등의 실질가치 계산에 이용되며, 경기판단지표로도 활용된다.

(2) 물가지수 작성방식
① 라스파이레스방식(LPI) : 기준연도의 거래량을 가중치로 사용하여 작성이 간편한 반면에 비교연도에 구입하는 상품들이 변화가 심한 경우 정확하지 않을 가능성이 있다. 일반적으로 과대평가되는 경향이 있으며 소비자물가지수나 생산자물가지수 등에 이용된다.
② 파세방식(PPI) : 비교연도의 거래량을 가중치로 사용하여 비교연도의 가중치와 대상품목을 매년 조사하여야 하는 번거로움이 있으나 비교적 정확한 물가지수를 나타낸다.

(3) 물가상승률

① 물가지수의 변화를 수치로 나타낸 것이다.

② 공식 : 물가상승률 = $\dfrac{\text{비교연도 물가지수} - \text{기준연도 물가지수}}{\text{기준연도 물가지수}} \times 100(\%)$

물가와 화폐의 구매력

물가가 상승하면 화폐의 구매력은 하락한다. 따라서 물가와 화폐의 구매력은 반비례한다.

$$\text{화폐의 구매력(화폐가치)} = \dfrac{100}{\text{물가지수}} \times 100(\%)$$

물가와 실질소득

화폐소득(명목소득)이 일정할 때 물가가 오르면 화폐가치가 떨어져 실질소득은 감소한다.

$$\text{실질소득(명목소득의 구매력)} = \dfrac{\text{명목소득}}{\text{물가지수}} \times 100(\%)$$

② 물가지수의 종류

(1) 생산자물가지수(PPI)

① 국내시장에서 기업 상호 간에 거래되는 모든 재화와 서비스의 평균적인 가격변동을 측정하고자 작성되는 물가지수이다. 대상품목이 많아 일반적인 물가수준의 변동을 측정할 수 있어 일반목적지수라고도 한다.

② 라스파이레스방식으로 한국은행에서 작성된다.

③ 수입품이나 주택가격과 임대료 모두 제외된다.

(2) 소비자물가지수(CPI)

① 일반 도시가구가 소비생활을 영위하기 위해 구매하는 재화의 가격과 서비스요금의 변동을 측정하고자 작성된다. 이는 소비자구매력을 측정하려는 목적으로 작성되는 특수목적지수이다.

② 라스파이레스방식으로 통계청에서 작성된다.

③ 수입품가격과 주택임대료는 포함되나 주택가격은 제외된다.

(3) GDP 디플레이터

① GDP 디플레이터는 GDP를 추계하는 과정에서 산출되므로 모든 재화와 서비스의 가격이 포함되어 가장 포괄적인 물가지수이지만 직접조사 작성하는 것은 아니다.

② GDP 디플레이터 = (명목 GDP/실질 GDP)×100으로 계산하는 값이므로, 엄밀한 의미의 물가지수가 아니다.

③ 파세방식으로 한국은행에서 작성된다.

④ 수입품가격과 주택임대료, 그리고 신규주택가격은 포함되나 기존주택가격은 제외된다.

(4) 수출·수입물가지수

① 수출입상품의 가격변동을 파악하여 작성되는 지수로 수출채산성, 수입원가, 교역조건 등을 측정하는 데 이용된다.

② 생산자물가지수와 같이 라스파이레스방식으로 한국은행에서 작성된다.

(5) 생활물가지수

① 일반 소비자들이 일상생활에서 느끼는 체감물가를 정확히 측정하려고 가격변동에 민감한 생활필수품 154개 품목의 물가를 측정한다.

② 라스파이레스방식으로 통계청에서 작성된다.

14 │ 인플레이션

① 인플레이션 일반

(1) 인플레이션의 의의

① 물가수준이 지속적으로 상승하는 현상을 의미한다.

② 예상하지 못한 인플레이션의 경우 채권자는 불리하고 채무자는 유리하다. 또한 봉급생활자와 연금생활자는 불리해진다.

③ 예상된 인플레이션의 경우 명목이자율이 예상 인플레이션만큼 상승하므로 부와 소득의 재분배가 발생하지 않으나 각종 제도가 변하지 않으면 채권자가 불리해진다.

④ 예상치 못한 인플레이션은 경제의 불확실성을 증대시킴으로써 장기적 거래를 회피하고 단기적 거래만 이루어져 사회적 후생이 감소한다.

⑤ 실물자산의 선호로 화폐경제의 효율성을 저해하고 물가변화에 따른 메뉴비용이 발생한다.

⑥ 그 밖에 경제성장 저하, 조세부담 증가, 국제수지 악화 등에 영향을 끼친다.

(2) 발생 원인에 따른 인플레이션의 분류

① 수요견인 인플레이션 : 총수요 증가로 발생하는 인플레이션

② 비용인상 인플레이션 : 총공급의 감소로 발생하는 인플레이션

③ 혼합형 인플레이션 : 총수요 증가와 총공급 감소로 발생하는 인플레이션

(3) 경기 상태에 따른 인플레이션의 분류

① 진정 인플레이션 : 완전고용상태에서 총수요 증가로 발생하는 인플레이션

② 반인플레이션 : 불완전고용상태에서 총수요 증가로 발생하는 인플레이션

③ 스태그플레이션 : 경기침체 상태에서 발생하는 인플레이션

> **스태그플레이션(stagflation)**
>
> 스태그네이션(stagnation)과 인플레이션(inflation)의 합성어로, 거시경제학에서 고물가(인플레이션)와 실직, 경기 후퇴(스태그네이션)가 동시에 나타나는 경우를 뜻한다. 이 경우 총공급이 줄어들어 물가가 오르고 GDP가 후퇴하며, 이 결과로 투자 위축이 발생하여 실업률이 증가한다. 역사적으로는 1970년대 중동국가가 석유를 자원무기화하면서 석유공급을 인위적으로 감소시켰고, 이로 인해 원유 공급가격이 급등하면서 전반적인 인플레이션이 발생하였으며 인플레이션 부담으로 경제침체가 오면서 실업률이 높아진 경험이 있다.

② 수요견인 인플레이션

(1) 고전학파와 통화주의학파

① 고전학파에 따르면 인플레이션의 원인은 과도한 통화공급 때문이다.

② 고전학파의 총공급곡선은 수직이므로 공급 측 요인에 의한 비용 인상 인플레이션은 발생하지 않는다.

③ 통화주의자들은 인플레이션의 원인은 오직 과도한 통과공급 때문이므로 통화량 증가 없는 인플레이션은 불가능하다고 하였다.

④ 인플레이션의 원인이 과도한 통화공급이므로 통화량을 적절히 조정하면 인플레이션을 해소할 수 있다고 주장하며, 특히 통화주의자들은 통화 증가율을 경제성장률에 맞추어 매년 일정하게 유지하는 준칙에 입각한 금융정책인 'k% Rule'을 주장한다.

(2) 케인스학파의 견해

① 케인스는 정부지출의 증가, 세율 인하, 투자 증가와 같은 확대재정정책이 수요견인 인플레이션을 일으킨다고 주장하였다.

② 인플레이션은 산출량 증가와 함께 발생하므로 불황기에는 국민소득 증대와 실업문제 해소를 위하여 어느 정도의 인플레이션은 불가피하나 완전고용산출량에 근접하여 산출량 증가효과보다 물가 상승의 정도가 심해지므로 긴축 재정·금융정책이 필요하다.

③ 비용인상 인플레이션

(1) 케인스학파의 견해

① 케인스는 인플레이션의 공급 측 원인, 즉 임금 인상에 따른 생산요소 비용 증가, 기업의 이윤 인상, 석유파동이나 원자재 가격 상승으로 인한 공급 측 충격 등으로 인플레이션이 발생한다고 하였다.

② 정부가 기업가와 노동자를 설득하거나 임금가이드라인 또는 임금과 물가를 통제하여 이윤이나 임금 인상을 억제하도록 하는 소득정책을 사용한다.

(2) 통화주의학파의 견해

① 통화주의학파는 인플레이션은 수요 측 요인만으로 발생하므로 공급 측 요인인 비용인상 인플레이션은 발생하지 않는다고 본다.

② 비용인상 인플레이션이 발생하여 총공급곡선이 좌상방으로 이동하여 물가가 상승하고 산출량이 감소하면, 새로운 균형점은 자연실업률보다 높기 때문에 임금이 하락한다.

15 실업과 필립스곡선

① 실업의 개념

(1) 실업 및 실업자

① 실업이란 일할 의사와 능력을 가진 사람이 직업을 갖지 않거나 갖지 못한 상태이다.

② 실업자란 조사기간 중 1주일 동안에 적극적으로 일자리를 구해보았으나 주당 1시간 이상 일을 하지 못한 사람으로, 즉시 취업이 가능한 사람을 의미한다.

(2) 경제활동참가율과 실업률

① **경제활동인구** : 15세 이상의 인구 중에서 일할 의사와 능력을 가진 사람으로, 취업자와 구직활동을 하는 실업자로 나누어진다.

② **비경제활동인구** : 15세 이상의 인구 중에서 취업할 의사가 없는 주부나 학생, 일할 능력이 없는 환자, 노령자, 군복무자, 교도소 수감자 등이다. 특히 실업자 중 구직활동을 포기한 실망노동자를 포함한다.

③ **경제활동참가율** : 15세 이상의 인구 중 경제활동인구가 차지하는 비율이다.

$$경제활동참가율 = \frac{경제활동인구}{15세\ 이상의\ 인구} \times 100$$

$$= \frac{경제활동인구}{경제활동인구 + 비경제활동인구} \times 100$$

④ **실업률** : 경제활동인구 중 실업자가 차지하는 비율이다.

$$실업률 = \frac{실업자수}{경제활동인구} \times 100$$

$$= \frac{실업자수}{취업자수 + 실업자수} \times 100$$

 유/사/기/출/문/제

실업에 대한 설명으로 적당하지 않은 것은?

① 실업률이란 경제활동인구 중에서 실업자가 차지하는 비율을 말한다.

② 일자리를 구하지 못해서 낙담하는 사람이 많을수록 실업률이 상승한다.

③ 직장을 구하려는 사람이 많아질수록 실업률이 상승한다.

④ 직장을 구하려고 늦게 졸업하는 대학생들은 실업자에 포함되지 않는다.

⑤ 노동조합의 단체협상 등으로 임금이 경직적으로 되면 실업이 발생한다.

| 해설 |

일자리를 구하지 못하여 낙담하는 사람들은 구직활동을 아예 포기할 가능성이 높으므로 실업률을 높인다고 보기 어렵다.

| 정답 | ②

② 실업의 종류 및 대책

(1) 자발적 실업

① 일할 능력이 있으나 현재의 임금수준에서 일할 의사가 없어 실업상태에 있는 것을 의미한다.

② **자발적 실업의 유형** : 마찰적 실업, 탐색적 실업

> • 마찰적 실업 : 직업을 바꾸는 과정에서 일시적으로 실업상태에 있는 것
> • 탐색적 실업 : 더 나은 직업을 찾으려고 일시적으로 실업상태에 있는 것

③ 자발적 실업은 노동자가 자신의 의도에 따라 실업상태에 있는 것이므로, 사회적으로나 경제적으로 별문제가 되지 않는 실업이다. 고전학파 모형에서 완전고용상태는 이러한 자발적 실업의 존재를 인정한 상태이다.

④ 이의 대책으로는 직업정보를 원활하게 하여 탐색시간을 줄이는 것이다.

(2) 비자발적 실업

① 일할 능력이 있으며 현재의 임금수준에서 일할 의사가 있으나 일자리를 구하지 못하는 실업을 의미한다.

② **비자발적 실업의 유형** : 경기적 실업, 구조적 실업

> • 경기적 실업 : 경기침체로 인하여 발생하는 대량의 실업으로, 케인스적 실업이라고 한다.
> • 구조적 실업 : 기술혁신으로 경쟁력을 잃거나 산업의 사양화로 인하여 발생하는 실업으로, 장기간 지속되는 특징이 있다.

③ 경기적 실업의 대책으로 케인스학파는 재량적인 재정·금융정책을 주장한 반면에 고전학파 계통은 재량적인 정책의 실시에 반대한다.

④ 구조적 실업의 대책은 직업훈련을 통하여 새로운 분야의 직장을 구하도록 하는 것이다.

 유/사/기/출/문/제

다음 중 실업률이 상승할 것으로 판단되는 원인을 모두 고른다면?

> ㄱ. 수입 증가   ㄴ. 통화량 감소   ㄷ. 실업보험의 확충
> ㄹ. 경제성장   ㅁ. 취업정보망의 확대

① ㄱ, ㄴ, ㄷ   ② ㄱ, ㄴ, ㄹ   ③ ㄱ, ㄴ, ㅁ
④ ㄱ, ㄷ, ㄹ   ⑤ ㄱ, ㄷ, ㅁ

| 해설 |

실업률 증가요인과 감소요인

증가요인	감소요인
• 수입 증가 • 통화량 감소 • 실업보험 확충 • 경기침체 • 취업정보망 부족	• 수출 증가 • 통화량 증가 • 실업보험 축소 • 경제성장 • 취업정보망 확충

| 정답 | ①

③ 학파별 실업이론의 비교

(1) 고전학파의 실업이론

① 노동의 수요·공급이 모두 실질임금의 함수이고 명목임금이 완전신축적이기 때문에 항상 완전고용상태를 유지하여 비자발적 실업은 발생하지 않는다고 주장한다.

② 원칙적으로 비자발적 실업은 존재하지 않으나 만일 발생한다면 어느 노동조합이나 최저임금제, 실업수당 등의 제도적 요인 때문에 발생한다고 본다. 따라서 이를 해소하려면 정책당국이 노동시장에 간섭하지 않고 시장의 가격기능에 맡길 것을 주장하였다.

(2) 통화주의학파와 신고전학파의 실업이론

① 통화주의학파와 신고전학파의 고전학파 계열은 모든 실업은 정도의 차이는 있으나 기본적으로 자발적인 측면이 있으므로 실업을 감소시키려고 재량적인 정책을 실시하는 것에 반대한다.

② 통화주의자 프리드먼은 고전학파의 완전고용 개념을 현대적으로 발전시켜 노동시장 전체적으로 구인자 수와 구직자 수가 일치하면 이를 고전학파의 완전고용이라 보고, 이 수준의 실업률을 의미하였다. 이러한 자연실업률은 현재 진행되는 인플레이션을 가속시키지도 않고 감소시키지도 않는 실업률이다.

(3) 케인스와 케인스학파의 실업이론

① 케인스의 노동공급곡선은 화폐환상이 존재하여 명목임금의 증가함수이며 하방경직적이다.

② 케인스와 케인스학파는 경기침체에 따른 유효수요의 부족이 실업의 발생원인이라 한다.

③ **실업대책** : 확대 재정 · 금융정책, 노동시장정책(노동시장의 유연성과 경쟁 정도는 높여야 함)

④ 필립스곡선

① 영국의 경제학자 필립스(A. W. Phillips)가 영국 경제에 대한 실증분석을 통하여 명목임금 상승률과 실업률 사이에는 역의 관계가 존재함을 발견하였다. 현재에는 명목임금 상승률을 인플레이션율로 수정하여 사용하고 있다.

② 실업률이 낮을수록 물가상승률이 높고, 반대로 물가상승률이 낮을수록 실업률은 높다. 다시 말하면 물가안정과 완전고용이라는 두 가지 경제정책 목표는 동시에 달성될 수 없으며, 어느 한쪽을 달성하려면 다른 쪽을 희생해야 한다.

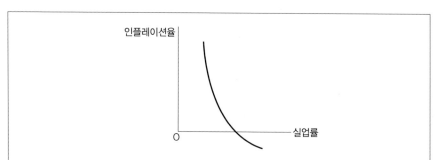

필립스곡선

유/사/기/출/문/제

다음 중 일반적인 필립스곡선에 나타나는 실업률과 인플레이션율의 관계에 대한 설명으로 가장 거리가 먼 것은?

① 원자재 가격이 상승하면 실업률이 감소하지 않더라도 인플레이션이 심화된다.

② 장기적으로는 인플레이션과 실업률 사이에 특별한 관계가 없다.

③ 단기적으로는 인플레이션과 실업률이 반대방향으로 움직이는 경우가 대부분이다.

④ 실업률을 낮추려고 확장적인 통화정책을 사용하는 경우 인플레이션이 일어난다.

⑤ 인플레이션에 대한 높은 기대 때문에 인플레이션이 나타난 경우에도 실업률은 하락한다.

| 해설 |

필립스곡선은 실업률과 인플레이션 간의 관계를 나타낸 것으로, 단기적으로는 역의 관계를 가지나 장기적으로는 특별한 관계가 없다. 정부가 통화량을 증가시키면, 물가는 상승하나 인플레이션의 기대나 원자재 가격 상승에 따른 물가 상승은 실업률과 무관하다.

| 정답 | ⑤

16 경기변동

① 경기변동 일반

(1) 경기변동의 개념

① 경제활동이 주기적으로 상승과 하강을 반복하는 현상을 의미한다.

② 경기변동은 특정 경제변수만 변동하는 것이 아니라 거의 모든 부문 및 변수가 GDP와 같은 방향으로 움직인다.

③ 경기변동은 확장국면과 수축국면이 반복적으로 일어나지만 기간이 항상 일정하게 반복되는 것은 아니다.

④ 경기변동은 한번 시작하면 상당기간 계속되는 지속성을 갖는다.

(2) 경기변동의 4국면

경기변동 과정에서 나타나는 경기회복, 호황, 경기후퇴, 불황을 경기의 4국면이라 하며, 이때 경기회복과 호황을 확장국면, 경기후퇴와 불황을 수축국면이라고 한다.

호경기	호경기에는 경제활동이 가장 활발하여 상품에 대한 수요가 증가하고 생산도 증가하므로 실업자가 감소한다. 따라서 국민소득도 증가하고 기업의 이윤도 늘어나므로 설비투자도 활기를 띤다.
후퇴기	경제활동이 둔화되고, 호경기 때 확대한 생산설비 때문에 생산과잉 상태가 부분적으로 발생한다.
불경기	모든 경제활동이 쇠퇴하여 경제는 침체상태가 된다. 따라서 기업의 이윤이 감소하고 손해가 발생하여 도산하는 기업이 생기고 실업자도 증가한다.
회복기	경제활동이 다시 활기를 띠기 시작하며 서서히 수요가 증가하고 생산량이 많아지므로 실업자도 줄어든다.

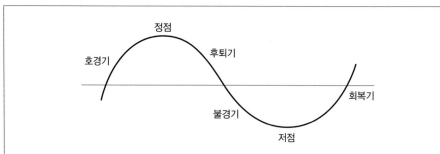

- 주기 : 정점에서 다음 정점까지의 거리로, 수축국면과 확장국면으로 이루어져 있다.
- 진폭 : 정점에서 저점까지의 수직거리를 말한다.

경기변동의 4국면

② 경기변동의 종류와 경기지수

(1) 경기변동의 주기와 원인

① 경기변동이론가인 슘페터는 경기변동을 키친순환, 쥐글라순환, 콘드라티예프순환 등 세 가지로 구분한다.

② 주기와 원인

구분	주기	발생원인	장·단기
키친순환	3~5년	통화공급, 이자율, 재고변동	단기파동
쥐글라순환	8~10년	설비투자의 변동 기계발명 등 개별적 기술혁신	중기파동

구분	주기	발생원인	장·단기
건축순환	17~18년	건설투자	장기파동
쿠즈네츠순환	20~24년	경제성장률 변화	장기파동
콘드라티예프순환	40~60년	철도, 전기 등 대발명의 기술혁신, 전쟁	장기파동

(2) 경기지수의 종류

① 경기종합지수(CI) : 경제활동의 변화방향, 크기, 전환점 등을 동시에 나타내는 종합적인 경기지수로 매월 통계청에서 작성하여 발표한다.

　㉠ 선행지수 : 앞으로의 경기동향을 예고하는 지수로서 구성지표에는 구인구직비율, 재고순환지표, 소비자기대지수, 기계류내수출하지수, 건설수주액(실질), 수출입물가비율, 국제원자재가격지수(역계열), 코스피지수, 장단기금리차가 포함된다.

　㉡ 동행지수 : 현재의 경기상태를 나타내는 지수로서 구성지표에는 비농림어업취업자수, 광공업생산지수, 서비스업생산지수, 소매판매액지수, 내수출하지수, 건설기성액(실질), 수입액(실질)이 포함된다.

　㉢ 후행지수 : 경기변동을 사후적으로 확인하는 지수로서 구성지표에는 상용근로자수, 생산자제품재고지수, 도시가계소비지출(실질), 소비재수입액(실질), 회사채유통수익률이 포함된다.

② 기업경기실사지수(BSI) : 경기동향에 대한 기업가들의 의견을 직접조사하여 이를 기초로 경기동향을 파악하는 경기지수로, 100 이상이면 확장국면이고 100 이하이면 수축국면이다.

> BSI = [(상승예상업체수−하락예상업체수)/전체응답업체수] × 100 + 100

 유/사/기/출/문/제

기업경기실사지수에 대한 설명으로 옳지 않은 것은?

① 기업경기실사지수의 값은 0에서 200까지의 값을 가진다.
② 100 이상은 경기를 긍정적으로 보는 업체가 많다는 것을 의미한다.
③ 100 이하는 경기를 부정적으로 보는 업체가 많다는 것을 의미한다.
④ 주관적 요소보다는 객관적 지표를 이용해 경기를 진단하는 방법이다.
⑤ [(긍정적인 응답 − 부정적인 응답)/전체응답] × 100 + 100으로 구한다.

| 해설 |

기업경기실사지수는 기업을 대상으로 설문조사를 하여 작성하는 것이므로, 기업가들의 주관적이고 심리적인 요소가 반영된다.

참고 기업경기실사지수

기업활동의 실적과 계획·경기동향 등에 대한 기업가 자신들의 의견을 직접조사, 지수화해서 전반적인 경기동향을 파악하고자 하는 지표이다. 이 지수의 유용성은 기업가들이 경기를 판단하거나 예측, 계획하는 행위들이 단기적인 경기변동에 중요한 영향을 미친다는 경험적인 사실에 바탕을 두고 있다. 다른 경기 관련 지표와는 달리 기업가의 주관적이고 심리적인 요소까지 조사 가능하며 정부정책의 파급효과를 분석하는 데 활용되기도 한다. 지수계산은 전체 응답업체 중 전기에 비해 호전되었다고 답한 업체 수의 비율과 악화되었다고 답한 업체 수의 비율을 차감한 다음 100을 더해 계산한다. 기준치는 0이며 정(正, 플러스)이면 경기확장국면을, 부(負, 마이너스)이면 경기수축국면을 나타낸다. 우리나라에서는 한국은행을 비롯해 전국경제인연합회, 대한상공회의소, 중소기업중앙회 등 여러 기관에서 매월 또는 매분기마다 기업경기실사지수를 작성하고 있다.

| 정답 | ④

③ **경기동향지수(DI)** : 경기와의 대응성이 강한 주요 시계열 통계로 구하는 지표로, 경기확산지수라고도 한다. 경기동향지수가 50 이상이면 확장국면이고, 50 이하이면 수축국면이다.

> DI = [{ 증가지표수−(보합지표수 x 0.5) } / 전체구성지표수] × 100

④ **경기예고지수(BWI)** : 과거의 경기동향과 실적을 토대로 계산한 경제지표의 추세를 분석하여 현재의 경기상황을 분석하는 방법으로, 경기상황을 적(경기과열)·적황·청(경기침체)으로 나누어 표현한다.

 유/사/기/출/문/제

경기선행지수만으로 묶인 것은?

| ㄱ. 코스피지수 | ㄴ. 건설수주액 | ㄷ. 수출입물가비율 |
| ㄹ. 구인구직비율 | ㅁ. 건설기성액 | |

① ㄱ 　　　　② ㄱ, ㄴ 　　　　③ ㄱ, ㄴ, ㄷ

④ ㄱ, ㄴ, ㄷ, ㄹ 　　　　⑤ ㄱ, ㄴ, ㄷ, ㄹ, ㅁ

| 해설 |

경기종합지수의 구분

선행지수	구인구직비율, 재고순환지표, 소비자기대지수, 기계류내수출하지수, 건설수주액(실질), 수출입물가비율, 국제원자재가격지수(역계열), 코스피지수, 장단기금리차
동행지수	비농림어업취업자수, 광공업생산지수, 서비스업생산지수, 소매판매액지수, 내수출하지수, 건설기성액(실질), 수입액(실질)
후행지수	상용근로자수, 생산자제품재고지수, 도시가계소비지출(실질), 소비재수입액(실질), 회사채유통수익률

| 정답 | ④

③ 경기변동의 원인과 이론

(1) 경기변동의 원인
① **수요 측면의 충격** : 경기변동의 원인을 케인스는 투자지출이 변하여 경기변동이 유발될 수 있다고 하였다.
② **화폐적 충격** : 프리드먼을 중심으로 하는 통화주의자들에 따르면 자본주의 경제에서 경기변동이 나타나는 것은 통화당국의 재량적인 통화량 조정 때문이라고 주장하였다.
③ **공급 측 요인** : 슘페터는 경기순환과 경제발전의 원인이 생산요소의 새로운 결합 또는 기술혁신에 있다고 보았다.

(2) 경기변동이론
① **신고전학파** : 경기변동현상을 개별 경제주체들이 합리적 기대하에 최적화 행동을 추구하는 과정에서 외부적 충격이 발생하면 최적화 행동에 교란이 발생하는 현상으로 보므로, 시장은 항상 균형상태에 있는 것으로 파악한다.
② **신케인스학파의 불균형 경기변동이론** : 실물적 균형 변동이론에서는 경기변동의 주요인을 총공급 측면이라 보는 반면, 신케인스학파는 총수요 측면을 주요인으로 본다.
③ **정치적 경기변동이론** : 선거에 따라 주기적으로 통화량을 증감시키면 경기가 상승과 하강 국면을 반복하여 경기변동을 발생시킨다는 이론이다.

17 경제성장과 경제발전

① 경제성장

(1) 경제성장의 의의

① 시간이 경과함에 따라 경제활동 규모가 커지는 것을 의미한다.

② 경제성장이 이루어지면 장기적으로 완전고용소득수준이 증가하므로 총수요곡선과 총공급곡선이 우측으로 이동한다.

③ 생산가능곡선이 바깥쪽으로 이동하는 것도 경제성장을 의미한다.

(2) 경제성장의 요인

① 인적 자원 : 노동공급, 교육, 기업가정신 등

② 천연자원 : 토지, 천연자원, 기후 등

③ 자본형성 : 생산설비, 공장, 도로, 항만 등

④ 기술진보 : 과학기술, 공학, 기업경영 등

(3) 경제성장이론

① 고전학파의 경제성장이론 : 고전학파 경제학자인 스미스·리카도·맬서스(T. Malthus) 등은 경제성장의 원동력을 자본축적으로 보았지만, 실제로는 수확체감의 법칙으로 인하여 이윤이 하락하고 지대만 증가하여 결국 자본축적이 더 이상 이루어지지 않고 경제성장률이 0이 되는 정상상태에 이른다고 생각했다.

② 해로드·도마(Harrod–Domar)의 경제성장이론 : 해로드·도마는 케인스의 기본 거시경제 모델을 장기적 성장 모델로 발전시켰다. 이는 공급 측면은 물론 총수요 측면도 고려한 포괄적인 경제성장이론이다.

③ 신고전학파의 경제성장이론 : 솔로(R. Solow)는 자본주의 경제가 기본적으로 불안정하다는 해로드·도마 모형에서 생산함수를 요소 간 대체가 가능한 함수로 상정하여 경제가 안정적으로 성장할 수 있음을 해명하였다.

② 경제발전

(1) 경제발전의 의의

① 실질 GDP의 증가뿐만 아니라 기술진보, 자본축적, 산업구조의 변화 등 경제·사회 전반에 걸친 발전을 의미한다.

② 애덤 스미스는 분업과 전문화를 통하여 생산성 향상과 자본축적이 이루어져 시장경제체제가 발전할 것으로 전망하였다.

③ 맬서스는 인구론에서 수확체감의 법칙에 따라 식량은 산술급수적으로 증가하는데 인구는 기하급수적으로 증가함으로써 인구과잉과 식량부족으로 노동자의 임금은 장기적으로 최저생활비수준에서 결정되어 경제발전이 저지된다고 비관적으로 전망하였다.

④ 슘페터는 새로운 기술개발, 생산방법 도입, 경영합리화, 자원의 발견 등의 혁신으로 경제발전이 지속될 것이라고 낙관적으로 전망하였다.

(2) 경제발전단계설

① 리스트(F. List)의 분류 : 수렵어로단계 → 목축단계 → 농업단계 → 농공업단계 → 농공상업단계

② 마르크스의 분류 : 원시공산사회 → 고대노예사회 → 중세봉건사회 → 자본주의사회 → 사회주의사회

③ 로스토(W. Rostow)의 분류

- 전통사회 : 원시농업사회로 대가족제도
- 도약준비단계 : 농업에서 공업으로 이행하는 단계
- 도약단계 : 급격한 경제성장, 사회간접자본의 확충
- 성숙단계 : 대량생산단계
- 고도대중소비단계 : 소비가 미덕인 사회

(3) 경제성장과 경제발전의 관계

① 경제발전은 경제성장의 궁극적 목적인 동시에 창의적이고 유능한 인력양성을 가능하게 하는 수단을 확대한다.

② 경제발전으로 이어지지 않는 경제성장은 큰 의미를 지니지 못하며 오래 지속될 수 없다.

18 │ 균형성장론과 불균형성장론

① 균형성장론

(1) 균형성장론의 의의

① 후진국이 경제발전을 이루려면 모든 산업부문이 동시에 균형적으로 개발되어야 한다는 이론으로, 넉시(R. Nurkse)가 주장하였다.

② 넉시는 후진국 경제의 특징을 수요와 공급 양 측면에서 나타나는 빈곤의 악순환으로 단정하였다.

(2) 균형성장론의 경제개발전략

① **수요 측면** : 수요 측면에서 빈곤의 악순환을 단절하려면 시장확대가 가장 중요하다. 이를 위해서는 모든 산업을 골고루 성장시켜 상호수요를 일으키는 것이 중요하다.

② **공급 측면** : 공급 측면에서는 자본축적이 중요하다. 이를 위해서는 위장실업을 제거하여 농업부문의 저축률을 높이고 국제적 전시효과를 억제하여 소비를 억제할 필요가 있다.

② 불균형성장론

(1) 불균형성장론의 의의

① 전·후방 연관효과가 큰 산업을 선도산업으로 집중 육성하여야 한다는 이론으로, 허시먼(A. Hirschman)이 주장하였다.

② 후진국은 자본이 부족하고 기술수준이 낮아 여러 산업을 동시에 성장시키기가 불가능하므로 희소한 자원을 한 부문에 집중적으로 투자하는 것이 바람직하다.

(2) 산업 연관효과

① **전방 연관효과** : 한 산업부문의 생산물이 다른 산업부문의 중간재로 쓰여 그 산업의 생산을 증대시키는 효과를 말한다.

② **후방 연관효과** : 생산증가가 그 산업의 생산증가에 필요한 중간재나 원료를 공급하는 다른 산업을 발전시키는 효과로 허시먼은 후방 연관효과를 강조하였다.

19 | 절대우위론과 비교우위론

① 절대우위론

(1) 절대우위론의 의의

① 한 나라가 어떤 상품을 생산하는 데 다른 나라보다 적은 생산비로 생산이 가능할 때 그 나라는 다른 나라에 대하여 해당 상품에 절대우위를 가진다고 한다.

② 절대우위론 또는 절대생산비설이란 각각의 국가가 절대우위에 있는 재화의 생산에 특화하여 그 일부를 교환함으로써 상호이익을 얻을 수 있다는 자유무역의 근거를 최초로 제시한 애덤 스미스의 이론이다.

③ 한 나라가 두 재화에 대하여 모두 절대우위에 있는 경우에도 무역이 발생하는 현상을 제대로 설명하지 못하는 한계가 있다.

(2) 보호무역주의

① 유치산업보호론 : 리스트가 주장한 이론으로, 후진국의 공업은 유치산업이므로 비교우위론에 따라 자유무역을 하면 공업발전이 불가능해진다.

② 이에 리스트는 일정기간 유치산업을 보호하기 위하여 보호무역을 할 필요성을 주장하였으나 모든 산업에 대하여 보호무역을 주장한 것은 아니다.

② 비교우위론

(1) 비교우위론의 의의

① 한 나라가 어떤 상품을 생산하는 데 다른 나라보다 상대적으로 적은 생산비로 생산이 가능할 때 그 나라는 다른 나라에 대하여 해당 상품에 비교우위를 가진다고 한다.

② 비교우위론 또는 비교생산비설이란 한 나라가 두 재화의 생산에서 모두 절대우위에 있거나 또는 절대열위에 있더라도 양국이 상대적으로 생산비가 저렴한 재화를 특화하여 무역을 하면 상호이익을 얻을 수 있다는 리카도의 이론이다.

(2) 비교우위론의 가정

① 생산요소는 노동만 존재하고 노동의 질은 동일하다.

② 재화 1단위 생산에 필요한 노동량은 일정하다. 즉, 기회비용이 일정하여 생산가능곡선은 우하향하는 직선이다.

③ 생산요소의 국제 간 이동은 없다.

20 │ 헥셔 · 올린 정리와 레온티에프 역설

① 헥셔 · 올린 정리

(1) 헥셔 · 올린 정리의 의의

① 비교우위론에서 설명하지 못한 각국의 비교우위가 발생하는 원인을 요소 부존의 차이로 설명하는 이론이다.

② 제1명제 : 자국에 상대적으로 풍부한 부존요소를 집약적으로 사용하는 재화, 즉 노동풍부국은 노동집약재 생산에, 자본풍부국은 자본집약재 생산에 비교우위가 있다.

③ 제2명제 : 각국이 비교우위에 따라 교역한다면 완전한 자유무역은 당사국의 생산요소의 가격을 균등화한다.

(2) 헥셔 · 올린 정리의 가정

① 두 국가의 사회무차별곡선이 동일하다.

② 두 국가의 생산기술, 즉 생산함수가 동일하다.

③ 생산함수는 규모에 대한 수익불변의 생산함수이고, 생산요소에는 수확체감의 법칙이 적용된다.

④ 두 국가 사이에 생산요소집약도가 다르다.

⑤ 두 국가 간 생산요소의 이동은 불가능하다.

⑥ 상품의 무역은 자유롭게 이루어지며 운송비는 없다.

⑦ 2국가, 2재화, 2요소의 무역모형을 사용한다.

⑧ 두 국가는 한 재화에 완전 특화하지 않는다(생산가능곡선이 원점에 대하여 오목함).

⑨ 재화시장과 요소시장이 모두 완전경쟁시장이다.

② 레온티에프 역설

(1) 레온티에프 역설의 의의

① 레온티에프(W. Leontief)는 미국의 무역구조를 분석하여 헥셔 · 올린(Heckscher-Ohlin) 정리를 검증하는 과정에서 다른 나라에 비하여 상대적으로 자본이 풍부한 나라로 생각되는 미국이 오히려 자본집약재 재화를 수입하고 노동집약재 재화를 수출한다는 결론에 도달하였다.

② 레온티에프는 이 결과가 역설이 아니라 미국은 노동생산성이 높기 때문에 노동의 질을 고려하면 노동이 상대적으로 풍부한 국가라 설명하였다.

(2) 레온티에프 역설에 대한 견해

① 천연자원 부족 : 미국은 상대적으로 자원이 부족하여 자원집약적 재화를 수입한다.

② 자본집약적 재화에 수요가 편향 : 미국은 자본집약적인 재화를 선호하여 국내외 자본집약적인 재화의 가격이 다른 나라에 비하여 높다.

21 관세

① 관세

(1) 관세의 의의

① 관세란 관세선을 통과하는 상품에 대하여 부과되는 조세를 의미하며, 이때 관세의 수입가격에 대한 비율을 관세율이라고 한다.

② 관세장벽이란 수입을 억제하고자 높은 관세율을 부과하는 방법이다.

(2) 관세의 종류

① 상계관세 : 수출국에서 그 나라의 수출산업에 수출장려금이나 보조금을 지급했을 때 이를 상쇄하고자 부과하는 관세이다.

② 보복관세 : 상대국이 자국의 수출상품에 대하여 관세부과 등의 방법으로 차별대우를 하는 경우 상대국에서 수입하는 상품에 부과하는 보복성 관세이다.

③ 반덤핑관세 : 수출국의 상품이 정상가격 이하로 덤핑되는 경우 부과되는 관세이다.

④ 긴급관세 : 특정상품이 자국에 급속도로 수입되어 국내산업이 심각한 타격을 입을 때 이를 보호하려고 긴급하게 부과하는 관세이다.

⑤ 할당관세 : 특정상품의 수입에 정해진 수량 이내의 수입품에 대하여는 낮은 관세를 부과하지만 정해진 수량 이상의 수입에 대하여 높은 관세를 부과하는 관세이다.

⑥ 재정관세 : 국가의 관세수입을 증대하고자 부과하는 관세이다.

⑦ 물가평형관세 : 특정상품의 수입가격이 국내가격보다 지나치게 높거나 낮을 때 이를 조정하고자 부과하는 관세이다.

유/사/기/출/문/제

관세에 대한 설명으로 적당하지 않은 것은?

① 관세율이 높을수록 정부의 관세수입은 증가한다.
② 관세를 부과하는 경우 관세가 없는 경우에 비하여 후생이 감소한다.
③ 수입품에 관세를 부과하면 그 수입품의 수입량이 감소한다.
④ 관세를 부과하면 국내 생산자의 잉여는 증가한다.
⑤ 관세를 부과하면 부과하는 나라의 교역조건이 개선된다.

| 해설 |

> 통상적으로 수입품에 대하여 관세를 부과하면 수입품의 가격이 상승하여 수입량이 줄어든다. 그러므로 관세율을 높이면 수입량이 줄어들어 정부의 수입에 영향을 미친다. 관세율 인상분 이상으로 수입량이 준다면 오히려 관세수입은 감소한다.

| 정답 | ①

② 비관세장벽

(1) 비관세장벽의 의의

① 관세 이외의 방법으로 수입을 제한하는 수단이다.
② 비관세장벽은 국제무역기구의 간섭으로 말미암아 발생되었다.

(2) 비관세장벽의 종류

① **수입할당제(수입쿼터제)** : 비관세장벽 중에 가장 많이 이용되는 제도로 특정 상품의 수입을 일정량 이상 금지하는 제도이다. 이와 비슷한 비관세장벽으로는 수입허가제와 수입금지제가 있다.
② **수입과징금** : 수입상품에 대하여 수입억제수단으로 수입부과세나 통관수수료 등과 같은 관세 이외의 비용을 부과하는 제도이다.
③ **수입담보금** : 정부가 수입을 승인할 때 수입업자로 하여금 수입신청액의 일정비율에 해당되는 금액을 외국환은행에 적립하도록 하는 제도이다.
④ **수출자율규제** : 수출국들이 자율적으로 수출물량을 일정수준 이하로 제한하는 제도이다.
⑤ **수출보조금** : 수출재 생산에 대하여 보조금을 지원하는 제도이다.
⑥ **구상무역** : 한 나라가 자국의 수출범위 내에서 상대국의 수입을 허가하는 제도이다.

⑦ **수출입링크제** : 정부가 제품의 수출을 전제로 하여 그 제품의 원료수입을 허가하는 제도이다.

⑧ **협정무역** : 무역 당사국 간에 교역상품의 종류나 수량을 협정하며 그 범위 내에서 무역하는 방법이다.

세이프가드(safeguard)

특정품목의 수입이 급증해 국내 업체에 심각한 피해가 발생하거나 발생할 염려가 있을 경우 수입국이 관세 인상이나 수입량 제한 등으로 수입을 규제할 수 있는 제도이다. WTO는 국내산업보호를 위해 심각한 피해 등 일정한 조건이 확인되는 경우에 한해 이 조치를 인정하고 있다.

 유/사/기/출/문/제

정부가 국내산업을 보호하려고 관세를 높이거나 수입쿼터제를 실시할 때 발생하는 현상으로 옳은 것을 모두 고른다면?

> ㄱ. 국내상품의 생산 증가 ㄴ. 국내상품의 가격 상승
> ㄷ. 수입상품의 가격 상승 ㄹ. 수입상품의 국내소비 감소
> ㅁ. 국내상품의 소비 증가

① ㄱ ② ㄱ, ㄴ ③ ㄱ, ㄴ, ㄷ
④ ㄱ, ㄴ, ㄷ, ㄹ ⑤ ㄱ, ㄴ, ㄷ, ㄹ, ㅁ

| 해설 |

• 관세율↑ → 수입상품 가격↑ → 수입상품 소비↓ → 국내상품 가격↑→ 국내상품 생산↑ → 국내상품 소비↑
• 수입쿼터제 실시 → 수입품 가격↑ → 국내상품 가격↑ → 국내상품 생산↑ → 국내상품 소비↑

| 정답 | ⑤

22 국제경제통합 및 기구

① 국제경제통합

(1) 자유무역지역(자유무역협정)

① 가맹국 사이에는 관세나 기타 무역제한을 철폐하지만, 가맹국 이외의 국가에 대한 관세는 각 가맹국의 자주적인 규제에 맡기는 국가 간의 동맹이다.

② 관세동맹과 같이 지역적인 무역의 확대와 촉진을 도모하기 위한 것이지만, 가맹국 이외의 국가에 대하여 공통관세를 과하지 않는 점에서 관세동맹과는 다르다.

③ 최근에는 EFTA(유럽자유무역연합)가 1967년 가맹국 간의 공산품에 대한 관세를 거의 철폐함으로써 자유무역지역을 이룩하였다. 이 밖에 1961년 발족한 지역경제통합체인 LAFTA(라틴아메리카자유무역연합)가 있다.

유/사/기/출/문/제

자유무역협정(FTA)을 옹호하는 논리로 보기 어려운 것은?

① 무역으로 인하여 시장이 확대된다.

② 무역이 행해진다는 것은 교역쌍방이 모두 이득을 보기 때문이다.

③ 무역으로 인하여 특화가 가능해지고 비용이 하락한다.

④ 무역으로 다양한 상품의 선택이 가능하다.

⑤ 무역으로 인하여 숙련 노동자의 임금이 더욱 상승한다.

| 해설 |

무역이 확대되고 활발해진다고 해서 숙련 노동자의 임금이 더 상승한다고 단정하기는 어렵다.

참고 자유무역협정 체결 영향(결과)

• 국내외 산업 간의 경쟁이 심화된다.

• 소비자의 선택 폭이 커지고 후생이 증대된다.

• 국내 제도가 선진화되고 투명성이 높아질 수 있다.

• 관세장벽이 제거되어 무역기회를 확대시키고 부의 창출에 기여한다.

| 정답 | ⑤

(2) 관세동맹

① 경제적·정치적으로 이해관계가 깊은 나라끼리 관세에 관한 협정을 체결하여 경제적 단일체를 형성함으로써 동맹국 상호 간에 교역의 자유를 도모하는 제도이다.

② 협정의 범위와 정도에는 동맹국 간의 관세를 완전히 폐지하거나 경감하는 등의 경우가 있다. 그러나 동맹국 이외의 나라와의 교역에 대하여서는 동맹국 간의 경우와는 달리 공통관세를 적용하여야 한다.

③ 대외적인 공통관세 유무에 따라 관세동맹과 자유무역지역이 구별된다. 즉, 자유무역지역은 대내적으로 보면 자유로운 무역이 행해지는 면에서 관세동맹과 유사하나 대외적으로는 공통관세가 부과되지 않고 회원국 독자적으로 관세율을 정할 수 있다는 점이 다르다.

(3) 기타

① **공동시장** : 가맹국 간에는 관세 및 비관세 장벽을 철폐하고 노동과 자본 등 생산요소의 자유로운 이동을 보장하며 비가맹국에 대하여는 동일한 관세를 부과한다.

② **경제동맹** : 공동시장에 추가로 경제정책에도 상호협력하고 공동보조를 맞춘다.

③ **경제완전통합** : 경제 면에서 한 국가로 행동한다.

② GATT와 WTO

(1) GATT

① 자유무역의 확대를 통하여 세계경제의 발전을 도모하고자 1947년에 맺어진 관세 및 무역에 관한 일반협정이다. 우리나라는 1967년에 가입하였다.

② GATT의 기본원칙 : 최혜국대우의 원칙, 내국민대우의 원칙, 비관세철폐원칙

 유/사/기/출/문/제

브레턴우즈체제에 대한 설명으로 옳지 않은 것은?

① 고정환율제도를 기반으로 하는 시스템

② 국제통화기금의 창설

③ 달러화를 기축통화로 하는 금환본위제도 채택

④ 국제유동성의 공급과 달러화의 신뢰도가 동시에 높아짐

⑤ 환율변동은 국제수지의 구조적 불균형상태에서만 허용

| 해설 |

유동성과 달러화의 신뢰도는 반대적으로 움직여 이른바 트리핀 딜레마에 빠진다.

참고 브레턴우즈협정

1944년 7월 연합국 44개국이 미국 뉴햄프셔 주 브레턴우즈에서 연합군 통화금융회의를 열고 최종의정서를 작성하였다. 여기에 IMF 협정조문과 세계은행 협정조문 두 가지가 부록으로 붙었다. 1945년 12월 관계국의 정식조인이 끝나고 1946년 6월에 세계은행, 1947년 3월에 IMF가 업무를 개시하였다. 이 두 기관은 통화금융 면에서 국제경제의 자유화를 촉진할 것을 목표로 삼고 있는데, 브레턴우즈협정에 의거하여 발족한 이 국제통화 금융체제를 브레턴우즈체제라고 한다.

〈내용〉

• 첫 번째는 금환본위제(금·달러본위제)의 채택이다.

• 두 번째는 조정 가능한 고정환율제의 채택이다.

• 세 번째는 기금인출제도를 시행하여 국제수지를 조절하도록 했다.

• 브레턴우즈협정을 관리·감독하기 위해 국제통화기금(International Monetary Fund : IMF)이 창설되었다. 또한 연합국통화금융회의에서는 IMF와 함께 전쟁복구와 경제개발을 목적으로 국제부흥개발은행(IBRD)의 설립을 결정하였다.

| 정답 | ④

(2) UR과 WTO의 주요 내용

① GATT는 일반협정에 불과하여 협정위반국에 대한 제재조치가 불가능하다. 이에 우루과이라운드(UR)에서 UR 협정을 관할하고 국제무역분쟁을 해결할 국제기구인 국제무역기구(WTO)를 설립하였다.

② WTO는 주로 UR 협정의 사법부 역할을 맡아 국가 간 경제분쟁에 대한 판결권과 그 판결의 강제집행권이 있으며, 규범에 따라 국가 간 분쟁이나 마찰을 조정한다. 또 GATT에 없던 세계무역분쟁 조정, 관세 인하 요구, 반덤핑 규제 등 준사법적 권한과 구속력을 행사한다. 게다가 과거 GATT의 기능을 강화하여 서비스, 지적 재산권 등 새로운 교역과제를 포괄하고 회원국의 무역 관련 법·제도·관행 등을 제고하여 세계 교역을 증진하는 데 역점을 둔다. 의사결정방식도 GATT의 만장일치방식에서 탈피하여 다수결원칙을 도입하였다.

③ 조직에는 총회·각료회의·무역위원회·사무국 등이 있으며, 그 밖에 분쟁해결기구와 무역정책검토기구가 있다. 분쟁해결기구는 법적 구속력과 감시기능을 갖추고 무역 관련 분쟁을 담당하며 무역정책검토기구는 각국 무역정책을 정기적으로 검토하여 정책을 투명하게 운영하도록 하고 사전에 분쟁을 예방하여 다자 간 무역체제의 효율성을 높이도록 한다.

 유/사/기/출/문/제

다음은 지역적 차원에서 자유무역을 추구하려는 노력의 일환으로 맺은 자유무역협정이다. 그중 다른 하나는?

① 유럽공동시장　　　　② 유럽경제공동체　　　　③ NAFTA
④ MERCOSUR　　　　⑤ 우루과이라운드

| 해설 |

⑤의 우루과이라운드는 전 세계적으로 여러 나라 간에 맺은 협정이고, 나머지는 유럽·북미·남미 등 지역적 차원의 협정이다.

참고 우루과이라운드의 의제

첫째, GATT 체제의 확대와 관련된 것으로, 우선 농산물·섬유류 교역이 있다. 이것은 그동안 GATT 체제 밖에 있었으나 UR를 통해 GATT 체제로 복귀하거나 흡수된 것이다. 다른 하나는 서비스, 무역 관련 투자조치, 무역 관련 지적 재산권 등을 들 수 있는데, 이들 의제는 GATT 다자 간 협상의제에 처음으로 채택되었다.

둘째, GATT 체제의 정비와 관련된 것이다. 여기에는 종전까지 현실에서 상당 부분 훼손되었던 GATT 규범을 복원하고, 경우에 따라 현실에 맞게 수정하는 데 중점을 둔 의제가 포함되었다. 예를 들면 세이프가드, 보조금 상계관세, 반덤핑관세 등이 여기에 속한다.

셋째, GATT 체제의 강화와 관련된 것으로, 각료급의 GATT 참여 확대, GATT와 국제통화 및 금융기구와의 관계 강화를 다루는 GATT 기능 강화가 대표적이다. 또한 당초의 협상의제에 포함되어 있지 않은 세계무역기구(WTO)의 설립 합의도 이 범주에 포함되었다. 이것은 협정수준에 머물러 있던 GATT의 집행력을 강화시키는 데 일차적인 목적이 있다.

1986년 9월 우루과이에서 첫 회합이 열린 이래 여러 차례의 협상을 거쳐 1993년 12월에 타결되었고, 1995년부터 발효되었다. 그 결실로 세계무역기구가 출범하였다.

| 정답 | ⑤

23 국제수지

1 국제수지

(1) 국제수지와 국제수지표의 정의

① 국제수지 : 일정기간 한 나라 거주자와 외국의 거주자 사이에 이루어진 모든 경제적 거래를 의미한다.

② 국제수지표 : 외국에서 수입이 발생되는 거래를 수취란에 기록하고 외국에 대하여 지급되는 거래를 지급란에 기록하는 복식부기의 원리에 따라 작성하는 통계표로서, 항상 대변과 차변의 합이 같다.

(2) 국제수지의 내용

① 경상수지(경상거래 또는 경상계정) : 한 나라의 재화와 서비스의 순수출 및 국제 간의 증여를 화폐액으로 표시한다.

> • 상품수지(재화수지) : 재화수출액과 재화수입액의 차이로, 가장 기본적이고 중요한 항목이다.
> • 서비스수지 : 운수, 여행, 통신서비스, 특허권 등의 사용료, 보험서비스, 금융서비스, 정보서비스 등의 항목이 있다.
> • 소득수지 : 우리나라 사람이 외국에 나가서 일하거나 투자해서 얻은 소득과 외국인이 우리나라에 와서 일하거나 투자해서 얻은 소득의 차이로 급료, 직접투자, 증권투자 등에 따른 투자소득을 포함한다.
> • 경상이전수지 : 국가 간 무상원조, 국제기구 출연금, 해외교포의 국내송금 등이 포함된다.

② 자본수지(자본거래 또는 자본계정) : 한 나라에서 일정기간 발생하는 외화의 유출입 차이를 화폐액으로 표시한다.

> • 투자수지 : 직접투자, 증권투자, 기타투자 등에 따른 자본의 이동
> • 기타자본수지 : 해외이주비, 토지 및 지하자원, 특허권 · 상표권 등의 거래에 따른 자본의 이동

③ 준비자산 증감 : 중앙은행이 국제수지 불균형을 해소하기 위한 대외자산의 증감을 계상한다.

유/사/기/출/문/제

다음 중 우리나라 국제수지표에 기록되는 거래가 아닌 것은?

① 국내기업이 상품을 외국에 수출

② 내국인이 해외여행 중 지역특산품 구입

③ 내국인이 해외여행을 위해 국내은행에서 외화를 매입

④ 내국인이 해외증시에 상장된 외국기업 주식에 투자해 배당금을 수취

⑤ 내국인이 해외증시에 상장된 외국기업의 주식을 매입

| 해설 |

우리나라 내국인이 국내에서 달러를 매입하는 것은 국제수지표상의 기재항목이 아니다.

| 정답 | ③

② 국제수지의 균형

(1) 일반적인 국제수지의 균형

① 국제수지는 복식부기의 원리에 따라 작성되므로 보정적 거래까지 포함할 경우는 항상 균형을 이루므로, 국제수지의 균형 여부는 일반적으로 이러한 보정적 거래를 제외하고 독자적 거래만 고려한다.

② 국제수지는 경상수지와 자본수지의 합이고 경상수지를 구성하는 경상이전수지는 그 비중이 상대적으로 작으므로, 국제수지는 재화와 서비스의 수출입 차와 자본수지의 합으로 표현할 수 있다.

> 국제수지(B) = 경상수지(X − M) + 자본수지(F)
>
> (X는 재화 및 서비스의 수출, M은 재화 및 서비스의 수입)
>
> • B = 0이면 국제수지 균형   • B 〉 0이면 국제수지 흑자
>
> • B 〈 0이면 국제수지 적자

(2) 특별한 경우의 국제수지 균형

① 국제수지는 복식부기의 원리에 따라 작성되므로 대변과 차변의 합계는 항상 일치한다.

② 이 경우 국제수지가 흑자 또는 적자라고 말하는 것은 경상수지만을 의미하며, 경상수지가 적자이면 자본수지는 흑자이고, 경상수지가 흑자이면 자본수지는 적자이다.

24　환율

① 환율 일반

(1) 환율의 의미

① 두 나라 사이의 화폐의 교환비율을 의미한다.

② 환율의 표시방법

> • 자국통화 표시방법 : 외국통화 1단위를 수취할 때 지불하여야 할 자국통화의 크기로 표시
>   예 1$ = ₩1,200
> • 해외통화 표시방법 : 자국통화 1단위를 지불할 때 수취할 수 있는 외국통화의 크기로 표시
>   예 ₩1 = $0.00083

③ 실질환율 : 한 나라의 상품이 다른 나라의 상품과 교환되는 비율을 의미한다.

> • 실질환율 = (명목환율 × 해외가격)/국내가격

(2) 환율변화의 효과

① 평가 절상(환율 인하) : 자국통화의 가치가 상승하는 것을 의미한다($1 = ₩1,200에서 $1 = ₩1,100으로 변화).

② 평가 절하(환율 인상) : 자국통화의 가치가 하락하는 것을 의미한다($1=₩1,200에서 $1=₩1,300으로 변화).

③ 평가 절상과 평가 절하의 효과

구분	평가 절상(환율 인하)	평가 절하(환율 인상)
수출 · 수입	수입 증가, 수출 감소	수입 감소, 수출 증가
국내경기	침체 가능성	호황 가능성
외채부담	감소	증가
국제수지	악화	개선

(3) 외환의 수요와 공급

① 외환수요 : 일반적으로 환율이 상승하면 수입이 감소하여 외환의 수요량이 감소하므로, 환율과 외환수요는 역의 관계이다. 즉, 외환수요곡선은 우하향한다.

② 외환공급 : 환율이 상승하면 수출이 증가하여 외환의 공급량이 증가하므로, 환율과 외환공급은 정의 관계이다. 즉, 외환공급곡선은 우상향한다.

③ 외환의 균형 : 균형환율은 외환수요곡선과 외환공급곡선의 교점에서 결정되는데, 이때 크기는 이동진폭에 따라 다르다.

(4) 구매력평가설

① 구매력평가설이란 양국의 구매력인 통화가치가 같도록 환율이 결정되어야 한다는 이론이다.

② 구매력평가설은 일물일가의 법칙을 가정한다.

② 환율제도

(1) 고정환율제도

① 정부가 외환시장에 개입하여 환율을 일정수준으로 고정시키는 제도이다.

② 고정된 환율수준은 국제수지에 커다란 영향을 미친다. 즉, 정부 간 합의에 의해 결정된 환율은 국제수지 흑자 또는 적자를 발생시킬 수 있다.

(2) 변동환율제도

① 원칙적으로 중앙은행이 외환시장에 개입하는 일 없이 외환시장의 수요와 공급을 일치시키는 수준에서 환율이 자유롭게 결정되는 제도이다.

② 환율의 자동안정화장치 : 외환시장의 균형으로 국제수지도 균형이 된다.

③ 외환시장의 수급상황이 국내 통화량에 영향을 미치지 않는다.

(3) 우리나라 환율제도 변천

① 고정환율제도(1945~1964) : 정부가 환율을 일정범위 고정

② 단일변동환율제도(1964~1980) : 미 달러에 연동된 고정환율

③ 복수통화바스켓제도(1980~1990) : 미 달러뿐만 아니라 교역상대국의 통화의 국제시세에 연동하는 제도

④ 시장평균환율제도(1990~1997) : 전날의 환율을 가중 평균하여 결정

⑤ 변동환율제도(1997. 12. ~ 현재) : 외환시장에서 외환의 수요와 공급에 따라 결정

원수를 만들어 보지 않은 사람은 친구도 사귀지 않는다.

Alfred, Lord Tennyson

PART 2

경영
회계
회사법

Test of Economic Sense And Thinking

01장

경영

Test of Economic Sense And Thinking

01 경영관리 이론

① 고전적 경영이론

(1) 테일러의 과학적 관리법

① 과학적 관리의 시조인 테일러(F. Taylor)가 창안한 관리의 시스템을 흔히 과학적 관리법, 테일러시스템, 과업관리라고 한다.

② 조직적 태업에 의한 공장주와 작업자 간의 분쟁을 해소하고자 작업자에게는 고임금을, 공장주에게는 저노무비를, 즉 고임금과 저노무비라는 관리이념을 표방하여 노동자와 기업주를 다 같이 만족시키는 데 있다.

③ **차별적 성과급제 도입** : 과업관리 및 달성의 보조적 수단으로서 차별적 성과급제도를 도입하였다. 차별적 성과급제도란 성과급제의 일종이지만 어떤 작업에 대하여 높고 낮은 차별이 있는 임률을 설정해놓고, 작업자가 부여된 과업을 성공적으로 달성한 경우에는 높은 임금률을 적용하고 미달한 경우 낮은 임금률을 적용하여 금전적 유인에 의한 작업자의 능률을 가져오도록 하였다.

> **과학적 관리법**
>
> 작업과정의 능률을 최고로 높이고자 시간연구와 동작연구를 기초로 노동의 표준량을 정하고 임금을 작업량에 따라 지급하는 등 여러 가지로 합리적인 방법을 연구한다. 이러한 과학적 관리법은 미국의 테일러가 처음으로 제창하여 오늘에 이르고 있다.
>
> 　테일러의 과학적 관리법의 수단인 기구(mechanism)는 과업관리이고, 관리방법은 현대적인 말로 표현하면 계획(과업설정을 하는 기획부) · 조직(직장제도) · 지휘(지도표제도) · 통제(차별적 성과급제도)라는 관리순환(management cycle)을 통해서 근로자는 정해진 작업조건 아래에서 정해진 작업방식으로, 정해진 시간 안에 정해진 작업을 수행할 수밖에 없었다.

(2) 패욜의 관리적 활동

① 패욜(H. Fayol)은 테일러와 함께 현대 경영사상의 선구자로서 많은 공헌을 한 인물로, 경영관리론의 주창자이다.

② 관리적 활동(5요소) : 기술적 활동, 상업적 활동, 재무적 활동, 보전적 활동, 회계적 활동, 관리적 활동이다.

패욜의 14원칙

- 분업의 원칙 : 분업은 효율성과 전문성을 높임(직무의 분업화)
- 권한·책임의 원칙 : 권한과 책임은 함께 주어져야 함(권한과 책임의 일치)
- 규율의 원칙 : 규칙을 준수해서 일을 추진하고 처리하여야 함
- 명령일원화의 원칙 : 하급자는 상급자 한 사람에게서 명령과 지휘를 받아야 함
- 지휘일원화의 원칙 : 집단에 대한 지휘는 단일 상급자가 해야 함
- 공동화의 원칙 : 개인이익이 공동이익에 종속되어야 함
- 종업원 보상의 원칙 : 종업원에 대한 보상은 공정해야 함
- 집권화의 원칙 : 각 부문을 총괄할 수 있는 중심점이 있어야 함
- 계층적 연쇄의 법칙 : 조직의 하위로부터 최상위까지 일관된 계층의 연쇄가 유지되어야 함
- 질서의 원칙 : 조직 내 자원은 적재적소에 배치되어야 함
- 공정의 원칙 : 하급자를 공정하게 대해야 헌신을 얻어낼 수 있음
- 고용안정의 원칙 : 안정된 노동력이 노동효율을 높일 수 있음
- 창의력개발의 원칙 : 자발성
- 단결의 원칙

(3) 관료제

① 관료이론은 19세기 말 독일의 사회학자인 베버가 제창하였는데, 조직경영에 중요한 관점과 개념을 제시하여 경영조직 연구에 커다란 공헌을 하였다.

② 베버는 관료제를 논리와 질서, 그리고 합법적 권한에 근거한 가장 이상적이고 합리적이며 능률적인 조직형태로 보았다.

③ 관료제의 조직에 대한 그의 주장은 적절한 조직구조를 사용하는 경영자는 생산성을 향상시킬 수 있다는 것이다.

베버의 관료제 특성

• 분업에 따라 권한과 책임을 분명하게 규정한다.
• 모든 종업원의 직무에는 의무와 책임이 명시된다.
• 표준적 규칙과 절차가 있다.
• 직무나 직위는 권한계층에 따라서 조직화된다.
• 조직구성원은 기술적 능력에 따라서 선발된다.
• 고정적 급여를 받고 일하는 전문경영자가 있다.

② 행동과학적 경영이론

(1) 메이요(G. E. Mayo)의 인간관계론

① 인간관계론은 호손 실험에 의해서 결실을 보았다.
② 호손 실험의 결론은 생산성에 영향을 주는 주요한 요인은 여러 가지가 있으나 그중에서도 개인 대 개인 간에서 자연발생적으로 생성되는 인간관계의 비공식적 조직이 가장 중요하다는 것이다.
③ 조직에서 비용이나 능률의 원리도 중요하지만 더욱 중요시되어야 할 것은 감정의 논리이다.

인간관계론

조직구성원들의 사회적·심리적 욕구와 조직 내 비공식집단 등을 중시하며, 조직의 목표와 조직구성원들의 목표 간의 균형 유지를 지향하는 민주적·참여적 관리 방식을 처방하는 조직이론을 말한다. 과학적 관리론에 대한 반발로 등장한 인간관계론은 메이요 등 하버드 대학의 경영학 교수들이 미국의 서부전기(Western Electric) 회사 호손(Hawthorne) 공장에서 1927년부터 1932년까지 수행한 일련의 실험을 거쳐 이론적 틀이 마련되었다. 인간관계론의 요지는, 첫째 조직구성원의 생산성은 생리적·경제적 유인으로만 자극받는 것이 아니라 사회적·심리적 요인에 의해서도 크게 영향을 받는다는 점, 둘째 이러한 비경제적 보상을 위해서는 대인관계·비공식적 자생집단 등을 통한 사회적·심리적 욕구의 충족이 중요하다는 점, 셋째 이를 위해서는 조직 내에서의 의사전달과 참여가 존중되어야 한다는 점이다. 인간 중심적 관리를 중시한 이와 같은 인간관계론은 현대 조직이론에 지대한 영향을 미쳤다. 즉, 조직인도주의(organizational humanism)와 행태과학(behaviorism), 사회·기술학파 등의 이론 발전에 큰 영향을 미쳤다.

(2) 맥그리거(D. McGregor)의 XY이론

① **X이론** : 종래의 전통적인 관리·명령과 통제에 의한 권위주의적인 관리방식에서는 인간은 원래 일하기를 싫어하며 스스로 책임지기를 싫어하고 지시받기를 싫어한다고 본다. 이러한 인간관을 X이론이라 부르는데, 맥그리거는 이와 같은 인간 본성과 행동의 가설은 잘못된 것이라고 주장하였다.

② **Y이론** : 조건 여하에 따라서는 일하는 것이 고통이 아니라 도리어 만족을 가져다준다. 맥그리거는 이러한 인간관을 Y이론으로 규정하고, 이를 인간관계론이나 행동과학에서 실증해온 새로운 인간관으로 정립하였다.

맥그리거의 XY이론

조직에서의 인간완성과 자기실현의 가능성을 주장한 것이다. 인간은 작업활동에 부정적인 경향이 있고 자기지시에 대한 능력과 개인적 책임이 결여되어 있으므로 '당근과 채찍(carrot and stick)'을 적절히 사용함으로써 작업자의 동기부여 감퇴를 막아야 한다는 종래의 전통적인 관리방식에 기초한 X이론에 대해, 동기부여와 자기통제를 통하여 조직의 목표를 만족시키는 관리방식인 Y이론을 주장하였다. 주요 저서로 《기업의 인간적 측면(The human side of Enterprise)》(1960)이 있다.

(3) 매슬로의 욕구 5단계설

① **생리 욕구** : 인간의 기본적 욕구로서 생존을 위한 기초적 욕구이다.

② **안전 욕구** : 일단 생리 욕구가 어느 정도 충족되면 그다음 단계의 욕구는 신체적 위험으로부터 안전해지고 싶다는 욕구이다.

③ **소속·애정 욕구** : 그다음 단계로서 집단의 일원으로 귀속되고 싶다는 욕구이며, 타인과 함께 있다는 소속감을 맛보고 싶다는 욕구이다.

④ **존경 욕구** : 소속감이 충족된 다음 단계의 욕구로서 자존감을 갖고 타인의 존경을 받고 싶다는 욕구이다.

⑤ **자아실현 욕구** : 모든 욕구가 충족되면 마지막으로 자기 자신의 능력을 발휘하고 싶다는 욕구가 일어난다.

매슬로의 욕구단계설

매슬로가 등장하기 전 심리학 진영은 과학적 행동주의자들과 정신분석학자들이 심리학을 주도하고 있었다. 이에 완전히 다른 제3세력의 심리학인 인본주의 심리학을 매슬로가 주도 · 창설하였다. 매슬로는 기본적인 생리 욕구에서부터 애정, 존중, 그리고 궁극적으로 자기실현에 이르기까지 충족되어야 할 욕구에 위계가 있다는 '욕구 5단계설'을 주장하였다. 인간의 욕구는 병렬적으로 열거되는 것이 아니라 낮은 단계에서부터 충족도에 따라 높은 단계로 성장해가는 것이며, 낮은 단계의 욕구가 충족되지 않으면 높은 단계의 욕구가 행동으로 연결되지 않고 이미 충족된 욕구도 행동으로 이어지지 않는다고 보았다. 그러나 매슬로가 주장한 인간의 욕구는 강도나 중요성에 따라 계층적으로 배열한 것이지 결코 행복 그 자체를 계층적으로 배열한 것은 아니다. 매슬로에 의해서 '자아실현'이라는 개념이 널리 알려지기 시작하였고, 자신의 운명이나 사명을 피하려는 인간의 성향을 '요나 컴플렉스'라는 용어로 설명하고 있다.

(4) 허즈버그(F. Herzberg)의 동기 · 위생이론(2요인이론)

① **동기요인** : 직무에 대한 만족을 결정짓는 데 영향을 미치는 요인들이다. 직무에 대한 만족을 결정짓는다는 의미에서 만족요인이라고도 부른다.

② **위생요인** : 결핍되었을 때 직무에 대한 불만족을 초래하는 요인들이다. 직무에 대한 만족을 결정짓는 요인들과는 별개의 요인이므로 불만족요인 또는 유지요인이라고도 부른다.

2요인이론

직무의 만족 · 불만족의 요인을 직무 불만족을 예방한다는 의미에서 위생요인(처방요인 : 임금, 복리후생, 지위, 대인관계, 감독, 안전보건, 회사방침 및 작업환경)과 직무만족을 유발한다는 점에서 동기유발요인(만족요인 : 성취감, 인정, 발전, 책임 및 직무 그 자체)으로 나타내었다. 허즈버그는 과거의 단차원적인 만족 · 불만족 개념을 부인하고 복수차원적인 만족 · 불만족 개념을 제시하였다.

③ 현대적 경영이론

(1) 계량경영이론

① 계량경영분석에는 문제해결을 위하여 몇 가지 기본적인 기법을 사용하는데, 선형계획법 · 대기행렬이론 · 시뮬레이션 등은 일반적으로 알려져 있는 기법이다.

② **예측** : 수학적 절차를 이용하여 미래상태를 분석한다.

③ **재고 모형** : 주문량과 주문시점을 수학적으로 계산하여 재고량을 조절한다.

④ **선형계획법** : 제한된 자원을 효과적으로 배분할 수 있는 방법을 찾아낸다.

⑤ **대기행렬이론** : 소비자가 기다리는 시간과 서비스비용을 최소로 할 수 있는 상황을 분석한다.

⑥ **네트워크 모형** : 크고 복잡한 작업을 분리하여 분석·통제할 수 있는 방법을 모색한다.

⑦ **시뮬레이션** : 문제에 대한 모형을 만들어 컴퓨터를 이용하여 여러 가지 상황을 차례로 평가하여 해결방안을 찾는다.

(2) 시스템이론

① 시스템은 일반적으로 복잡하지만 통일된 전체를 이루는 상호 관련된 부분의 집합으로 정의된다.

② **시스템의 속성** : 공동목표, 전체성, 개방성, 상호관련성, 관리 등이다.

③ **시스템의 유형** : 폐쇄시스템과 개방시스템이 있다.

(3) 상황적합이론

① 기업경영의 여러 문제를 해결하는 데는 그 기업이 직면한 상황에 따라 여러 가지 이론이 존재하고, 이들 이론은 모든 기업과 상황에 항상 유효하게 적용할 수 없다는 전제하에 경영자가 각각의 상황조건에 가장 적합한 대응책을 선택하는 것이 최선이라는 논리적 근거를 두고 있는 이론이다.

② 상황요인으로는 환경, 규모, 기술이 있다.

---

02 | 기업조직

① 정태적 경영조직

(1) 라인조직

① 라인조직은 군대식 조직, 직계식 조직, 또는 수직적 조직이라고 부르기도 한다. 최고경영자의 권한과 명령이 수직적·계층적·단계적으로 현장의 작업을 수행하는 종업원에게 전달되는 조직형태라고 할 수 있다.

② 조직구조의 단순성으로 책임과 권한의 한계를 쉽게 이해할 수 있으며, 명령일원화의 원칙에 따라 통솔력이 있다.

③ 의사결정의 신속성을 기대할 수 있다(수직적 분화).

④ 하급자의 평가가 용이하다(직위 간의 책임과 권한이 명확함).

⑤ 개인적인 지도로 종업원의 훈련이 용이하다.

(2) 기능적 조직

① 기능적 조직이란 라인조직의 단점을 보완하고자 과학적 관리법의 창시자인 테일러가 창안한 조직형태이다. 라인조직이 수직적 분화를 중시한 데 반해서 수평적 분화관계에 중점을 두고 관리자의 업무를 기능화하여 부문별로 전문적인 관리자를 두고 지휘·감독하는 조직형태이다.

② 전문지식과 경험이 있는 스태프의 도움으로 효과적인 경영활동이 가능하며 감독의 전문화로 고능률을 기대할 수 있다.

③ 성과에 따른 성과금제도의 실현이 가능하다.

④ 전문화된 작업성격에 따라 인재발견이 용이하다.

⑤ 라인조직이 유지되고 있으므로 라인조직의 장점을 지니고 있다.

(3) 라인 앤드 스태프조직

① 과학적 관리법의 운동을 적극적으로 지원한 에머슨이 테일러의 기능식 조직의 형태를 변형·개발시킨 것이다. 조직의 기능화 원칙과 명령의 일원화 원칙을 조화시켜 스태프의 권한을 조언권에 한정시킨 상태에서 제안된 조직형태라고 할 수 있다.

② 전문적인 스태프의 조언으로 효율적인 관리활동을 전개할 수 있다.

③ 스태프는 연구·분석을 통해 조언하므로 라인관리의 시간을 절약할 수 있다.

④ 관리통제가 용이하며, 스태프 권한의 축소로 라인의 활동 면에서 안정감을 얻는다.

② 사업부제조직

(1) 의의

① 분권관리의 대표적 조직형태로서 사업부제의 편성을 들 수 있다.

② 사업부제조직은 1차적으로 단위적 분화에 의해 제품별·지역별·고객시장별로 분할된, 마치 하나의 기업체와 같은 사업단위체로 구성된 조직이다.

(2) 사업부제의 형태

① **지역별 사업부제** : 각 지역별로 사업부를 설립하는 형태이다.

② **제품별 사업부제** : 제품별 또는 제품그룹별로 분권화된 조직이며, 주로 제조업에서 적용된다.

③ **고객별 사업부제** : 고객별로 부문을 독립채산제하에서 운영하는 조직이다.

④ **프로세스별 사업부제** : 생산프로세스를 각 단계에 분할하여 특정프로세스를 독립채산적인 경영단위로서 사업부제를 마련한 관리조직이다.

(3) 사업부제조직의 장점

① 경영의사결정의 합리화

② 생산성 향상에 대한 의사강화

③ 제품의 제조와 판매에 대한 전문화와 분업의 촉진

④ 책임체계와 관리책임자의 업적측정의 명확화

⑤ 실천에 의한 유능한 경영간부의 양성

③ 동태적 경영조직

(1) 매트릭스조직

① 조직구성원은 종적으로는 기능부분의 일원이지만, 횡적으로는 특정 프로젝트나 실시계획을 위해 형성된 조직의 일원이 되어 양 조직에 동시에 소속된다.

② 전통적인 기능식 조직과 자율적인 프로젝트조직을 통합한 형태로 프로젝트조직이 직능조직의 상위에 첨가되어 있을 때의 형태를 말한다.

③ 특수사업의 강조, 인력을 융통성 있게 이용, 전문적 지식을 모든 계획에 공평하게 이용, 인력의 재배치 가능, 특수사업의 필요성과 고객의 욕구에 대한 반응 등의 장점이 있다.

(2) 프로젝트조직

① 프로젝트조직은 태스크포스팀이라고도 하며 동태적 조직의 대표적 형태이다.

② 프로젝트조직이란 특정한 목표를 달성하고자 일시적으로 조직 내의 인적·물적 자원을 결합하는 조직형태이다.

③ 프로젝트조직은 인원구성상의 탄력성 유지, 목표가 명확하므로 구성원의 프로젝트에 대한 적극적인 참여, 조직의 높은 기동성과 환경적응성 등의 장점이 있다.

유/사/기/출/문/제

다음 중 기업의 글로벌화에 따른 조직의 일반적인 변화과정을 순서대로 잘 연결한 것은?

> ㄱ. 기능별 조직 ㄴ. 지역별 조직
> ㄷ. 제품별 조직 ㄹ. 매트릭스조직

① ㄱ - ㄴ - ㄷ - ㄹ　　　　② ㄱ - ㄷ - ㄴ - ㄹ

③ ㄱ - ㄷ - ㄹ - ㄴ　　　　④ ㄴ - ㄱ - ㄷ - ㄹ

⑤ ㄷ - ㄴ - ㄱ - ㄹ

| 해설 |

기업조직은 기능별 조직 → 지역별 조직 → 제품별 조직 → 매트릭스조직 순서로 발전된다.

| 정답 | ①

03   기업집중

1 기업집중

(1) 기업집중의 의의

① 둘 이상의 기업이 독점적 이익이나 기타 경영상 이익을 위하여 자본적 · 조직적 결합이나 상호협약을 통하여 사업활동의 일부를 제휴 또는 공동으로 행하거나 그 전부를 통합하는 과정 및 형태라고 할 수 있다.

② 기업집중의 개념은 광의의 개념으로서 카르텔, 트러스트, 콘체른 등을 모두 포함한다.

(2) 기업집중의 목적

① 경쟁제한과 배제의 목적

② 생산공정과 유통의 합리화 목적

③ 대출관계로 다기업의 지배목적(금융적 목적)

(3) 경제상의 영향

① 시장의 고점적 지배
② 규모의 경제실현
③ 재벌의 횡포

② 기업집중의 형태

(1) 카르텔(기업연합)

① 카르텔은 기업연합형태라고도 하는데, 시장통제의 목적을 갖고 동종 또는 유사업종 간에 신사협정에 의한 기업집중의 형태를 말한다.
② 종류로는 판매 카르텔, 구매 카르텔, 생산 카르텔 등이 있다.

신디케이트와 아웃사이더

가맹기업이 공동판매기간을 통해 판매하는 것을 협정하는 것으로 각 기업의 직접 판매를 금지한다. 이와 같은 공동판매소를 이용하여 연합체가 판매하는 것을 신디케이트라고 한다. 그런데 카르텔은 신사협정에 의해 결합되기 때문에 가끔 참가하지 않는 기업도 있다. 이를 아웃사이더라고 한다. 아웃사이더의 수가 많고 그 힘이 클수록 카르텔의 효력은 그만큼 약화된다.

(2) 트러스트(기업합동)

① 트러스트는 기업 상호 간의 출자액을 결합하여 대자본을 기초로 하는 기업의 복합형태이다. 시장독점과 경영합리화를 위해 자본적으로나 법률적으로 각 기업체는 독립성을 완전히 상실하고 경합한 기업집중형태이다.
② 합병형 트러스트와 연휴형 트러스트로 분류된다.

(3) 콘체른(기업연휴)

① 여러 개의 기업이 각각 법률적으로 형식상의 독립성을 유지하고 있으나 실제적으로는 주식의 소유 또는 대부와 대출형태의 금융적 방법을 통해서 결합한 형태를 말한다.
② 유형으로는 생산형 · 판매형 · 금융형 콘체른이 있다.

구분	카르텔	트러스트	콘체른
목적	• 경쟁방지, 시장통제 • 독점적 이익확보	• 실질적인 시장독점 • 독점적 기업지배	• 산업합리화 • 기업의 지배력강화
독립성	• 경제적 · 법률적 독립성 유지	• 경제적 · 법률적 독립성 상실	• 법률적 독립성 유지 • 경제적 독립성 상실
결합형태	• 동종기업 간의 수평적 결합	• 동종 · 이종 기업 간의 결합	• 수직적 · 다각적 결합
특징	• 계약에 의한 결합체 • 내부간섭배제 • 다수결에 의한 의사결정 • 계약기간 만료 시 자동해체	• 강력한 내부간섭 • 조직이 해체될 때까지 존속	• 자본적 결합체 • 전 경영활동을 구속 • 본사기관의 단일의사에 의한 지배

04 기업다각화(경영다각화)와 기업계열화

① 기업다각화

(1) 기업다각화의 의의

① 경영다각화 또는 다각경영이라고도 하며, 기업이 종래 운영하고 있던 업종 이외의 다른 업종에 진출하여 이를 동시에 운영하는 것을 말한다.

② 기업의 다각화를 좁은 의미로 볼 때에는 서로 다른 업종이나 산업에 진출하는 것만을 말한다. 하지만 광의로는 기업이 생산과정에서 생긴 부산물을 판매하는 것과 같은 수직적으로 다각화하는 경우라든지 또는 동종산업의 다른 제품 품목을 추가적으로 제조 · 판매하는 것과 같이 수평적으로 다각화하는 경우도 포함한다.

(2) 기업다각화의 목적

① 위험의 분산
② 시장지배의 강화
③ 기업의 성장

(3) 기업다각화의 유형

① **외부적 · 내부적 다각화** : 기업이 다각화하는 과정에서 다른 업종의 기업을 계열화하거나 합병하는 경우가 많다. 이는 기업이 콘글로머리트적인 결합에 의해 다각화하는 경우로서 이를 가리켜 외부적 다각화라 한다.

② **수직적 · 수평적 · 시행적 다각화** : 다각화의 방향에 따르면, 동일제품의 생산과정상의 다른 단계에 진출하는 종단적 · 수직적 다각화, 같은 제품의 종류나 품목을 확대하는 형식으로 다각화하는 횡단적 · 수평적 다각화 및 기존 제품과는 아무런 관련이 없는 업종에 진출하는 사행적 다각화의 세 가지로 나누어진다.

③ **기술중심, 유통중심 다각화** : 다각화의 내용에 따르면, 신제품을 중심으로 하는 신제품형 다각화와 새로운 종류의 사업분야에 진출하는 신사업형 다각화의 두 가지가 있는데, 전자는 다시 기술중심형 다각화와 유통중심형 다각화로 나누어진다.

> **콘글로머리트(Conglomerate)**
> 다시장회사, 다산업회사, 이종복합기업이라고도 부른다. 미국에서는 1950년에 클레이튼법 제7조의 개정에 의해 기업의 수평적 · 수직적 합병이 금지된 데 자극되어 이종기업 간의 합병으로 방향을 돌림으로써 새로운 형태로 다각적 합병에 의한 이른바 콘글로머리트가 등장하였다.

② 기업계열화

(1) 기업계열화의 의의

① 기술혁신이나 판매경쟁의 격화에 대응하고자 대기업이 기술과 판매 등의 면에서 중소기업의 육성 · 강화를 꾀하면서 이들을 자사의 하청공장 또는 판매점으로 결합하는 것을 말한다.

② 대기업과 중소기업이 생산과 판매에서 서로 관계를 맺어 돕는 체제로, 자본의 집중현상으로 중소기업이 도산하는 것을 막는다.

(2) 기업계열화의 형태

① **수직적 계열화** : 이종생산단계에 종사하는 각 기업을 집단화하는 것이다.
② **수평적 계열화** : 동일한 생산단계에 종사하는 각 기업을 집단화하는 것이다.
③ **분기적 계열화** : 같은 공정 또는 같은 원료에서 이종제품공정이 분기화하는 기술적 조직과 관련을 갖는 계열화를 말한다.

④ **복합적 계열화** : 이종원료, 부품, 이종공정으로부터 동일한 제품계열 또는 동일한 시장계열에 집약화하는 기술적인 조직과 관련을 갖는 계열화를 말한다.

⑤ **사행적 계열화** : 부산물을 가공하는 기업을 계열화한다든가 혹은 보조적 서비스를 행하는 기업을 계열화하는 경우를 말한다.

전략적 제휴

둘 이상의 기업이 자사의 경쟁력 제고를 목적으로 경영자원을 공유하며, 일정기간 협력관계를 유지하는 경영전략 형태를 의미한다. 전략적 제휴는 기술제휴, 조달제휴, 생산제휴, 기술교환, 공공연구개발 등으로 구분된다.

05 경영전략

① 토우스 매트릭스(상황분석을 위한 도구)

(1) 의의

① 토우스(TOWS) 매트릭스는 보스톤 컨설팅그룹이 전략대안의 상황분석을 위한 현대적 도구로서 개발하였다.

② 토우스 매트릭스는 외부적 환경의 위험과 기회를 조직 내부의 강점 및 약점에 조화를 촉진시키는 시스템적 분석을 위한 개념적 틀을 제공한다.

③ 기업이 생존 · 성장하려면 기업 내의 약점과 강점, 외부환경에 내재한 기회를 인식하고 전략적 계획을 수립하여 대응해야 한다.

(2) 전략적 형성을 위한 토우스 매트릭스

구분	내부적 강점(S)	내부적 약점(W)
외부기회(O)	[SO전략] 조직 내의 강점과 외부의 기회를 이용한 가장 성공할 수 있는 전략	[WO전략] 외부기회의 강점을 살리고 내부의 약점을 극복하기 위한 개발전략
외부위험(T)	[ST전략] 위험을 피하고 처리하기 위하여 내부적인 강점을 이용	[WT전략] 삭감 전략 청산 또는 합작투자

② 포트폴리오 매트릭스(자원배분의 도구)

(1) 의의

① 포트폴리오 매트릭스는 전략적 사업단위를 중심으로 조직 · 확대되어 있는 여러 사업 부문을 가진 대기업을 위해 개발된 것이다.

② 이 포트폴리오 분석은 1970년대에 널리 유행했지만 지나치게 단순화되었다는 등의 비판이 있다.

③ 성장률을 기준으로 하기 때문에 산업의 매력을 평가하는 데는 불충분한 것으로 간주된다.

(2) 특성

① **자금젖소** : 시장에서 높은 시장경쟁으로 낮은 성장률을 가지고 있는, 성숙기에 처해 있는 경우이다. 이 사업은 시장기반은 잘 형성되어 있으나 원가를 낮추어 생산해야 한다.

② **스타** : 시장에서 높은 성장률과 강력한 경쟁적 위치를 확보하고 있다. 획득한 이윤을 시장점유율을 유지하는 데 중점을 두고 재투자를 하는 성장기에 위치한 제품이다.

③ **개** : 낮은 성장률과 낮은 시장점유율을 가지고 있다. 이러한 사업은 잘 관리만 되면 성장의 가능성은 있으나 그렇지 못할 경우에는 이익을 낼 가능성이 없으므로 점차 처분되어야 한다.

④ **문제아** : 시장점유율은 낮으나 높은 성장률을 보이고 있다. 현금투자가 요구된다. 이렇게 투자를 확대함으로써 높은 성장률은 물론이고 강력한 시장경쟁력을 갖는 스타가 되도록 유도한다.

경쟁전략
- 원가우위전략 : 추구하는 목표는 대부분 경험에 근거하여 원가를 절감하는 데 있다.
- 차별화전략 : 다른 제품이나 서비스와 구별되는 독특한 제품 및 서비스를 제공하는 대가로서 높은 가격으로 판매할 수 있는 차별화방법을 탐색해야만 한다.
- 집중화전략 : 특수한 고객층, 특별한 제품 종류, 특정 지역, 혹은 회사가 기울여야 할 기타 부문에 노력을 집중하는 전략이다.

유/사/기/출/문/제

기업이 경영전략을 수립할 때 고려할 사항이 아닌 것은?

① 전략의 실행
② 외부환경의 분석
③ 장기적인 비전을 설정
④ 경쟁사 전략에 대한 이해
⑤ 기업의 강점, 약점 및 자원분석

| 해설 |

전략의 실행은 전술의 영역이므로, 전략 수립 시에 고려할 사항으로 적합하지 않다.

참고 경영전략 수립 시의 고려사항

• 장기적인 비전설정
• 외부환경분석 : 거시환경분석, 산업환경분석, 경영패러다임변화
• 산업분석 : 산업동향, 경쟁자분석, 산업구조분석
• 내부환경분석 : 사업구조분석, 경쟁우위분석, 경영자원분석,
• 중장기전략수립 : 경영목표수립, 사업구조전략, 핵심역량강화전략
• 재무전략 수립

| 정답 | ①

③ 핵심역량

(1) 핵심역량의 의의

① 지금까지 기업을 경쟁우위로 이끌어왔고 미래에도 기업성장과 경쟁우위의 견인차 역할을 할 수 있는 기업 내부에 공유된 기업 특유의 총체적인 능력, 지식, 기술을 의미한다.
② 경쟁기업에 대해 개발사업단위의 경쟁우위와 차별화를 유지할 수 있는 요인이다.
③ 반드시 측정할 수 있는 기업의 외적 능력만을 의미하는 것이 아니며, 기술일 수도 있고, 고객서비스나 판매능력일 수도 있으며, 생산공정을 통제하는 능력이나 정보처리 능력 혹은 인력관리능력일 수도 있다.

(2) 핵심역량의 특성

① 기업들이 현재 수행하는 개별사업단위의 기초가 되는 능력, 지식, 기술 등으로서 경쟁력의 기초가 된다.

② 특정 기업이 보유하고 있는 독특한 역량으로 차별화된 것이어서 다른 기업이 쉽게 모 방할 수 없다.

③ 고객에게 특별한 가치를 제공할 수 있는 것이다.

④ 시간이 경과하면서 가치를 상실할 수도 있지만 쉽게 닳아 없어지지 않아 물적 자산과 다르다.

 유/사/기/출/문/제

핵심역량에 관한 다음의 설명 중 잘못된 것은?

① 핵심역량이란 지속적 경쟁우위 창출에 결정적인 역할을 하는 자원 혹은 역량을 의미 한다.

② 핵심역량은 쉽게 모방할 수 없다.

③ 핵심역량은 모든 기업에 존재한다.

④ 핵심역량을 성공적으로 축적하려면 핵심기술의 내부화가 필요하다.

⑤ 핵심역량은 오랜 기간에 걸쳐 꾸준하게 조금씩 축적하는 학습과정을 통해 구축된다.

| 해설 |

핵심역량은 주로 일류기업이 가지고 있는데, 모든 기업이 가지고 있다고 말하기는 어렵다.

참고 핵심역량

1990년 미시간 대학 비즈니스스쿨의 프라할라드(C. K. Prahalad) 교수와 런던 비즈니스스쿨의 게리 하 멜(Gary Hamel) 교수가 발표한 이론으로, 경쟁과 기술의 신속한 변화로 시장에 대한 정확한 예측이 날 로 어려워지면서 종래의 기업 외부환경에 치중하던 경영전략을 지양하고 기업의 내부로 관심을 돌려 내부에서 기업성공의 원천을 찾으려는 노력을 배경으로 한다. 이때 핵심역량이란 단순히 그 기업이 잘 하는 활동을 의미하는 것이 아니라 경쟁기업에 비하여 훨씬 우월한 능력, 즉 경쟁우위를 가져다주는 기 업의 능력으로서, 좀 더 우수한 수준으로 고객에게 만족을 제공할 수 있는 기업의 힘을 말한다. 그러므 로 기업 내에 흩어져 있는 여러 요소 중 기업의 경쟁적 우위를 확보할 수 있는 핵심요소를 명확히 설정 하고 이를 의식적으로 통합·관리할 수 있는 방법을 찾아내는 것이 중요하다. 따라서 기업은 이러한 핵 심역량을 발견하고, 이것을 전사적 차원에서 이용할 뿐만 아니라 기존의 핵심역량에 새로운 기술·제 품·서비스 등을 연계하여 성장 분야로 다각화하는 핵심역량 경영을 통하여 독특한 기업문화와 경쟁전 략을 찾아내 키워나가야 한다.

| 정답 | ③

④ 인수합병(M&A)전략

(1) 의의

① 어떠한 기업이 다른 기업의 주식이나 자산을 인수 · 합병하여 새로운 사업에 진출하거나 현재의 기업을 확장하는 전략을 말한다.

② 상대적으로 저렴한 투자비용으로 새로운 사업에 신속히 진출할 수 있는 전략이다.

(2) 인수합병전략의 특징

① 매수기업의 상표인지도, 유통경로 등을 이용함으로써 진입장벽을 좀 더 쉽게 뛰어넘을 수 있다.

② 인수합병전략을 사용하여 신규 진출하는 경우 해당 산업에 새로운 사업이 추가되는 것은 아니기 때문에 경쟁기업과 마찰을 피할 수도 있고, 동종기업을 매수할 경우 규모의 경제를 확보하여 시장지배력을 확장하거나 매수 대상기업의 능력을 활용하여 부족한 기업능력을 보완할 수 있는 이점이 있다.

③ 각종 세금이 경감되는 등 조세절감효과를 얻을 수도 있다.

(3) 적대적 M&A 방어방법

① 포이즌 필 : 기업 인수합병(M&A)에 대한 방어전략의 일종으로, 넓은 뜻으로 임금 인상 등을 통해 비용지출을 늘려 매수로 인해 손해를 볼 수 있다는 판단을 조장해 결과적으로 매수 포기를 유도하는 행위를 말한다. 독약을 삼킨다는 의미에서 일명 '포이즌 필'이라고 부른다. M&A가 활발했던 1980~1990년대 미국에서 유행했다.

② 황금 낙하산 : 최근에는 적대적 방법으로 기업이 매수되더라도 기존 경영진의 신분을 보장할 수 있도록 사전에 필요한 장치를 해놓은 황금 낙하산(golden parachute)의 의미로 굳어지고 있다. 이를테면 대표이사 등 경영진이 교체되면 수십억 원의 위로금을 지급해야 한다든지, 주주 90% 이상의 동의를 얻어야 한다는 내용이 정관에 들어 있는 것이다.

③ 초다수결의제 : 이사진 교체에 필요한 주주 찬성률을 대폭 높여 주총에서 통과하기 어렵게 만드는 '초다수결의제'도 적대적 M&A를 방어하는 수단으로 사용된다. 이 같은 정관 조항은 주주와 개인의 사적인 계약이라 법적인 문제는 없지만, 건전한 M&A를 통한 시장 활성화에 걸림돌로 작용하는 데다 자칫 '대주주의 돈 챙기기'로 악용될 소지가 있다.

M&A에 관한 설명으로 적절하지 않은 것은?

① M&A 실패의 가장 큰 원인의 하나는 인수 후 통합과정의 문제 때문이다.

② 막대한 프리미엄을 지불하고 M&A를 하기도 한다.

③ M&A시장의 활성화는 주주와 경영자 간 대리인 문제를 완화하는 역할을 한다.

④ 적대적 M&A에서 피인수기업 주주는 일반적으로 손실을 본다.

⑤ 우호주주의 지분을 높이는 것은 경영권 방어를 위한 수단이 될 수 있다.

| 해설 |

적대적 M&A가 발생할 경우 방어 측과 공격 측의 경쟁적인 주식매집으로 주가는 일반적으로 크게 오르므로 주주가 손실을 보는 것은 일반적이지 않다. 적대적 M&A는 상대 기업의 동의 없이 그 기업의 경영권을 얻는 것이다.

| 정답 | ④

06 성과급제도

① 성과급제도

(1) 성과급제도의 의의

① 노동성과를 측정하여 측정된 성과에 따라 임금을 산정·지급하는 제도이다.

② 이 제도에서 임금은 성과와 비례한다.

③ 이 제도에서 임금수령액은 각자의 성과에 따라 증감한다.

(2) 성과급제의 형태

① **단순성과급제** : 제품 1개당 또는 작업의 1단위당에 대한 임금단가를 정하고 여기에 실제의 작업성과를 곱하여 임금액을 책정하는 방법이다.

② **복률성과급제** : 단일임률을 적용하는 것이 아니라 작업성과의 최저 또는 다과에 따라서 적용임률을 달리 산정할 필요가 있다. 이와 같은 방식이 복률성과급제이며, 이는 과학적인 시간연구에 의거하여 정확한 표준작업을 설정하고 이에 따르는 합리적인 임률을 적용한다.

(3) 성과급제도 도입 필요상황

① 생산량이 종업원의 노력에 따라 크게 변동하는 상황

② 적은 비용으로 생산량 측정이 가능한 조건

③ 이익이 급증해 세금을 많이 내야 하는 상황

④ 종업원이 인센티브에 민감하게 반응하는 상황

(4) 성과급제의 장점

① 작업성과와 임금이 정비례하므로 근로자에게 합리성과 공평감을 준다.

② 작업능률을 크게 자극할 수 있다. 따라서 생산성 제고, 원가절감, 근로자의 소득증대에 효과가 있다.

③ 직접노무비가 일정하므로 시간급제보다 원가계산이 용이하다.

(5) 성과급제의 단점

① 표준단가의 결정과 정확한 작업량의 측정이 어렵다.

② 근로자는 임금액을 올리고자 무리하게 노동하는 결과, 심신의 과로를 가져오기 쉽고 최악의 경우에는 조직적 태업을 유발할 위험이 있다.

③ 임금액이 확정적이 아니므로 근로자의 수입이 불안정하며, 특히 미숙련 및 부녀근로자에게 불리하다.

④ 작업량에만 치중하므로 제품 품질이 조악하게 된다.

유/사/기/출/문/제

다음 성과급제의 장점에 대한 설명으로 적절하지 않은 것은?

① 작업능률을 제고하여 생산성을 올릴 수 있다.

② 지식에 대한 보상도 성과급의 하나로 간주된다.

③ 작업성과에 대한 근로자의 성취의욕을 자극할 수 있다.

④ 팀별 성과급제는 조직 내 협력 분위기를 유도할 수 있다.

⑤ 작업량에만 치중하게 되므로 품질의 저하를 초래할 수 있다.

| 해설 |

⑤의 경우 성과급제의 문제점(단점)으로 지적되는데 최근에는 성과를 측정할 때 단순히 양적인 것 외에 질적인 것도 고려한다.

참고 성과급제

기업경영에 대한 평가의 결과로 나타난 이익 중 그 일부를 근로자들에게 분배해주는 제도이다. 개개인의 업적을 기준으로 하여 지급되는 능률급과 달리, 성과급제는 근로자 집단 전체의 업무성과를 기준으

로 그 몫을 결정한다. 이 제도가 처음 시행되었던 19세기 후반의 유럽이나 미국에서는 본래 근로자와 사용자 간의 갈등을 완화하고 노동조합을 억제할 목적으로 실시되었으나, 최근에는 애사심이나 협동심을 유발해 생산성을 높이려는 목적으로 주로 활용된다. 우리나라에서는 1992년부터 임금 상승 억제를 위해 실시한 총액임금제의 보완책으로 정부에서 적극적으로 권장하기 시작하였다.

| 정답 | ⑤

② 집단성과급제도

(1) 스캔론플랜

① 전통적인 이익배당방법은 1년에 한 번 정도로 일방적으로 결정해서 지급되는 데 비하여 스캔론플랜은 수시로 노사위원회제도를 통하여 성과활동과 관련된 상호작용적인 배분방법이다.

② 보통 1개월 정도의 일정기간마다 판매가치를 계산하여 이를 노사협력의 결과로서 형성된 것으로 본다. 따라서 임금결정을 할 때 생산의 판매가치에다 표준노동비율을 곱하여 표준노무비용을 계산한다.

(2) 럭커플랜

① 근대적이며 동적인 임금방식의 대표적인 것으로, 경영성과분배의 커다란 지침이 되고 있다.

② 생산가치와 부가가치를 산출하고 이에 따라 임금상수를 산출하여 개인임금을 결정하나, 모든 결정은 노사협력관계를 유지하고자 위원회를 통하여 이루어진다고 요약할 수 있다.

(3) 프렌치시스템

① 공장의 목표를 달성하고자 모든 노동자의 중요성을 강조하고, 최적결과를 얻기 위해 노동자가 노력하도록 자극을 주려는 제도이다.

② 스캔론플랜과 럭커플랜은 주로 노무비절감에 관심을 두는 반면에, 프렌치시스템은 모든 비용의 절약에 노력을 기울이는 것이다.

07 노사관계

① 노동조합

(1) 노동조합의 의의

① 노동자가 주체가 되어 민주적으로 단결하여 노동조건의 유지, 개선 및 기타 경제적 · 사회적 지위 향상을 도모하는 조직체 또는 그 연합체이다.

② 근로자의 조직적 단결력에 의해 그 이익을 옹호하고, 기업에서 근로자의 지위를 향상시키고자 근로자의 자주적 협력에 의하여 결성된 조직이다.

(2) 노동조합의 기능

① 노동시장의 통제기능

② 공제기능

③ 경영참가기능

경영참가제도

노사관계의 양 측면 중 협력적 측면의 제도가 경영참가제도이다. 경영참가제도란 근로자 또는 노동조합이 경영자와 공동으로 기업의 경영관리기능을 담당 · 수행하는 것을 뜻한다. 다시 말하면 근로자 자신 또는 노동조합이 기업의 경영에 참가하여 경영자와 함께 경영상의 권한과 책임을 분담하는 것이다. 경영참가제도가 발전한 배경은 자본과 노동의 대립 · 항쟁이 강화됨에 따라 경영민주주의와 산업민주주의가 등장하며 노사협조의 필요성이 증대된 데에 있다.

(3) 노동조합의 형태

① **직업별 노동조합** : 동일 직종에 종사하는 노동자가 결성하는 조합형태이다.

② **산업별 노동조합** : 일정한 산업에 종사하는 노동자를 그 소속, 혹은 직업의 구별 여하에 상관없이 특정 산업의 노동자 전체로서 조직하는 노동조합의 형태이다.

③ **일반 노동조합** : 직업 또는 기업의 여하를 불문하고 동일지역에 있는 중소기업을 중심으로 조직되는 조합형태이다.

(4) 노동조합의 가입방법

① **클로즈드 샵** : 기업에 속한 종업원 전체가 조합에 가입해야 할 의무에 강제성이 부여

되어 있는 방법이다.

② 오픈 샵 : 고용관계에서 고용주가 노동조합의 가입회원뿐만 아니라 자유롭게 종업원을 고용할 수 있는 제도이다.

③ 유니언 샵 : 클로즈드 샵과 오픈 샵의 중간형태로서 고용주는 노동조합 이외의 노동자까지도 자유롭게 고용할 수 있으나, 일단 고용된 노동자는 일정기간 내에 조합에 가입해야 하는 제도이다.

체크오프제도

조합비 일괄공제제도를 말한다. 조합원 3분의 2 이상의 동의가 있으면 조합은 세력확보의 수단으로 체크오프의 조항을 둘 수 있다.

② 경영참가제도와 종업원지주제도

(1) 경영참가제도

① 근로자 또는 노동조합이 경영자와 공동으로 기업의 경영관리기능을 담당 · 수행하는 것이다. 다시 말하면 근로자 자신 또는 노동조합이 기업의 경영에 참가하여 경영자와 함께 경영상의 권한과 책임을 분담하는 것이다.

② 경영참가제도의 문제점으로는 경영권 침해의 문제, 조합약체화의 문제, 노동자의 경영참가 능력의 문제 등을 들 수 있다.

(2) 종업원지주제도

① 회사의 경영방침으로서 특별한 편의를 제공하여 종업원이 주식을 취득 · 소유하는 것을 추진하는 제도이다.

② 형태

- 임의주식구입제도 : 종업원이 자기 자금으로 자사 주식을 취득한 것인데, 회사에서는 자금의 분할납입이나 시가보다 저렴한 가격으로 제공하는 등의 특혜를 준다.
- 저축장려제도 : 종업원의 저축의욕을 촉진하는 방법으로, 종업원이 매월 급여액의 일부분을 현금 또는 기타 방법으로 회사에 일정기간 저축하는 경우 그 저축액에 대해 회사가 일정비율의 자사주를 교부하는 제도이다.
- 이윤분배제도 : 회사가 실현한 이윤의 일부를 종업원에게 분배하고, 이를 공로주 또는 기타 종업원 명의 형식으로 적립하여 자사 주식을 취득하게 하는 제도이다.

③ 단체교섭과 단체협약

(1) 단체교섭

① 기업에 노동력을 제공하는 근로자의 단체인 노동조합이 그 조직을 토대로 하고 단결권과 단체행동권, 즉 쟁의권을 배경으로 하여 노동력을 고용하는 입장에 있는 사용자와 노동력의 거래조건, 즉 임금, 근로시간 및 기타 근로조건을 일괄하여 결정하는 과정을 말한다.

② 단체교섭의 당사자 : 노동조합, 사용자, 단체교섭권자

③ 단체교섭을 하는 경우

> • 노동조합이 인정되고 처음으로 교섭이 이루어진 때
> • 구협약이 곧 소멸되거나 효력을 상실했을 때 또는 아직 시간적으로 충분한 효력을 가지나 협약 내용에 수정이 필요한 때
> • 협약 내용의 해석에 관한 의견의 불일치를 해결하거나 고충 등을 조정할 필요가 있을 때

(2) 단체협약

① 단체교섭에 의하여 노사 간 의견의 일치를 보았을 때 이것이 단체협약이 된다.

② 단체협약은 일단 성립되고 나면 그것이 법률에 저촉되지 않는 한 취업규칙이나 개별 근로계약에 우선하여 획일적으로 적용하는 강력한 것이므로, 협약작성에는 상당한 규제가 가해진다.

③ 단체협약은 마치 강제법규와 같이 근로자 개인의 근로조건을 규율하는 효력이 주어지는데, 이를 규범적 효력이라고 한다.

④ 부당노동행위, 노동쟁의, 노동 3법

(1) 부당노동행위

① 근로자의 정당한 노동기본권리행위 또는 노동조합활동에 대하여 사용자가 방해행위를 하는 것을 말한다.

② 부당노동행위로는 불이익 대우, 황견계약, 단체교섭거부, 지배·개입 및 경비원조, 보복적 불이익취급 등이 있다.

> **TIP**
>
> 황견계약(Yellow dog Contract)
> 근로자가 어느 노동조합에 가입하지 않을 것 또는 탈퇴할 것을 고용조건으로 하거나 특정한 노동조합의 조합원이 될 것을 고용조건으로 하는 행위를 말한다.

(2) 노동쟁의

① 임금, 근로시간, 종업원 복지후생, 해고 등과 같은 근로조건에 관하여 노사 간에 의견의 합치를 보지 못함으로써 노사분쟁에 돌입한 상태를 말한다.

② 종류

노동조합 측 행위	• 동맹파업 : 조합원들이 하던 일에서 손을 뗌으로써 조업을 중단하는 것 • 불매운동 : 당해 기업이 생산하는 제품이나 서비스를 구매하지 않도록 운동을 벌이는 것 • 시위 : 쟁의행위의 주도자가 피켓을 들고 시위하면서 쟁의행위에 동조할 것을 하소연하는 것 • 태업 : 노조원들이 작업장에 임하기는 하지만 일을 게을리함으로써 기업주를 골탕 먹이는 쟁의행위
사용자 측 행위	공장폐쇄 : 기업주가 노동쟁의에 대항하고자 공장을 일시적으로 폐쇄하여 노동자들을 작업장에서 내몰고 일시적으로 해고하는 일

③ 절차

- 쟁의의 신고 : 노동쟁의가 발생했을 때 관계 당사자는 이를 지체 없이 노동위원회와 노동부에 신고하여야 한다. 만일 신고된 노동쟁의가 소관 행정관청의 심사결과 부적격한 것으로 판정되었을 때 5일 이내에 신고가 각하된다.
- 냉각기간 : 신고된 쟁의가 적법으로 판정되었을 경우라도 일반 사업장의 경우에는 10일, 그리고 공익기업의 경우에는 15일이 경과하지 아니하면 쟁의행위를 할 수 없다.
- 쟁의행위의 결의 : 조합원의 직접적인 무기명투표에 의한 과반수의 찬성이 있을 때에 한한다.
- 사용자의 채용제한 : 쟁의가 벌어지는 기간 중에는 사용자가 쟁의에 관계 없는 근로자를 채용할 수 없도록 함은 물론 당해 직무를 제삼자가 대행하지 못하도록 하고 있다.

④ 노동쟁의 조정

알선	노사 쌍방이 그들의 문제를 상호 토의할 수 있도록 분쟁에 관여시키는 것을 말한다.
조정	노사 쌍방이 그들을 위해서 쟁의건을 조정해주도록 제3자를 개입시킴으로써 문제를 해결하는 방법이다.
중재	다음과 같은 경우 노동위원회가 중재를 하는데, 중재 중에는 쟁의행위가 금지된다. • 노사 쌍방이 단체협약에 의하여 중재를 요청했을 때 • 쌍방 중 어느 한쪽이 단체협약에 의하여 중재를 요청했을 때 • 공익사업의 경우 소관 행정기관이나 노동위원회에 의한 직권으로 중재를 명할 경우
긴급조정	• 노동쟁의의 규모가 확대되어서 국민경제에 커다란 위해를 가할 우려가 있거나 공익사업에서 쟁의가 유발됨으로써 국민생활을 위태롭게 할 때 노동부장관은 긴급조정을 할 수 있다. • 노동부장관이 중앙노동위원회의 의견을 들어서 긴급조정을 발동하면, 쟁의행위는 최소한 30일간 중지되어야 한다.

(3) 노동 3법

① **노동조합법** : 근로자의 자주적 단결권과 단체교섭권, 그리고 단체행동권을 보장함으로써 근로자의 근로조건을 유지·개선하고 근로자의 경제적·사회적 지위를 향상시키며 국민경제 발전에 이바지하게 하려고 제정된 법이다.

② **노동쟁의조정법** : 노동관계의 공정한 조정을 도모하고, 노동쟁의를 예방하고 해결함으로써 산업평화의 유지와 국민경제 발전에 기여함을 목적으로 제정되었다.

③ **근로기준법** : 근로자의 노동조건에 대하여 최저기준을 규정한 법률로서, 노동 3법 중 가장 중요한 법률이다.

 유/사/기/출/문/제

우리나라의 현행법상 노동 3권으로만 옳게 묶인 것은?

① 단결권, 단체행동권, 단체교섭권(협상권)

② 단결권, 단체행동권, 공동결정권

③ 단결권, 노동조합가입자유권, 공동결정권

④ 단체행동권, 노동조합가입자유권, 공장폐쇄권

⑤ 단체교섭권, 공동결정권, 공동가입권

| 해설 |

노동 3권

• 단결권 : 근로자가 단체를 결성·운영하며 단체활동을 할 수 있는 권리이다. 단결을 통해 구체적 자유를 회복하고, 인간적 생존권을 확보하는 것을 목적으로 하며, 특히 근로자에 한해서 보장된 권리이다.

• 단체행동권 : 단체행동권은 쟁의권이라고도 하며 동맹파업·태업 등이 있다. 쟁의권행사에는 타인의 기본적 인권을 침해하는 행위, 사용자의 재산권까지 부정하는 쟁의행위는 인정될 수 없다. 또한 정치적 목적을 가진 정치동맹파업과 단체교섭을 할 여지가 없는 동정동맹파업 따위는 정당한 쟁의행위라 할 수 없다.

• 단체교섭권 : 단체교섭권은 근로조건의 유지·개선과 경제적·사회적 지위 향상을 위해서 사용자와 교섭하는 권리이다. 단체교섭의 주체는 원칙적으로 노동조합이 된다. 노동조합이 정당한 단체교섭을 요구할 때 사용자가 이에 불응하는 경우, 근로자는 손해배상청구권을 행사할 수 있으며 부당노동행위가 성립되어 쟁의행위가 정당화된다. 단체교섭권을 행사하여도 제대로 목표를 달성할 수 없을 때, 노동조합은 유리한 조건으로 단체협약을 체결하고자 단체행동권을 행사하게 된다.

| 정답 | ①

08 마케팅 관리

1 마케팅 관리

(1) 표적소비자

① **시장세분화** : 시장은 여러 형태의 고객, 제품 및 요구로 형성되어 있다. 따라서 마케팅 관리자는 기업의 목표를 달성하려면 어느 세분시장이 최적의 기회가 될 수 있는지를 결정해야 한다.

② **표적시장선정** : 기업은 여러 세분시장에 대해 충분히 검토한 후에 하나 혹은 소수의 세분시장에 진입할 수 있다. 표적시장선정은 각 세분시장의 매력도를 평가하여 진입할 하나 또는 그 이상의 세분시장을 선정하는 과정이다.

③ **시장위치선정** : 자사의 제품이 표적소비자의 마음속에 경쟁제품과 비교하여 명백하고도 독특하고 바람직한 위치를 잡을 수 있도록 하는 활동을 말한다.

(2) 마케팅믹스 개발

① 마케팅믹스란 기업이 표적시장에서 원하는 반응을 얻을 수 있도록 하고자 사용하는 통제 가능한 마케팅변수의 집합을 뜻한다.

② 마케팅믹스는 회사가 제품의 수요에 영향을 주기 위해 활용할 수 있는 모든 수단으로 구성되어 있다. 4Ps, 즉 제품·가격·유통·촉진으로 알려진 네 가지 변수에는 많은 것이 포함되어 있다.

(3) 가격전략

① **원가를 기준으로 한 정책** : 상품원가에 일정한 마크업(mark-up : 관습적 이윤)을 더하여 판매가격을 정하는 '원가가산(加算)방식(cost-plus pricing)'과 여러 조건을 고려하면서 마크업을 적절히 변화시켜 판매가격을 정하는 '변동마크업방식'이 있다.

② **소비자행동에 대응한 정책** : 화장품처럼 값이 비쌀수록 고급스럽고 사용자의 신분이 높아 보인다고 여기는 소비자의 심리를 이용한 '명성가격제(prestige pricing)', 캐러멜·비누처럼 관습화된 가격이 존재하여 값을 올리면 매상이 뚝 떨어지고 값을 내려도 그리 매상이 늘지 않아 장기간에 걸쳐 관습화된 가격을 유지하는 '관습가격제(customary pricing)', 99원 또는 999원 같은 끝수의 가격을 붙여 가격이 싼 인상을 주려는 '끝수가격제(odd pricing)', 물건이 팔릴 즈음 가격을 내려 소비자의 선택을 쉽게 함과 동시에 재고관리의 간소화를 꾀하는 '프라이스 라인제(price lining policy)' 등이 있다.

③ **경쟁상대를 중시하는 정책** : 경쟁상대인 기업이 설정한 가격을 그대로 본떠(상황에 따라서는 일정한 차이를 두고) 값을 정하는 '모방가격정책(price imitation policy)' 또는 '추종가격정책(price followship policy)' 등이 있다.

④ **기타 특정한 상황에 대처하기 위한 개별정책** : 완전히 새로운 제품의 가격정책으로서 시장도입기에 높은 값을 매기고 차츰 값을 내리는 '상층흡수가격정책(skim the cream pricing)', 반대로 처음부터 급속히 시장을 개척하려고 싼값을 매기는 '침투가격정책(penetration pricing)', 판매대상시장의 차이에 따라 가격차를 두고 대응해가는 '차별가격정책(discriminatory price policy)' 및 '할인정책(discount policy)', 값이 떨어지는 것을 방지하고 가격을 안정시키려는 '재판매가격유지정책(resale price maintenance policy)' 등이 있다.

 유/사/기/출/문/제

다음 글에서 설명하는 가격은?

> 기업이 가격을 아주 낮게 책정하여 경쟁 기업들을 시장에서 몰아낸 뒤 다시 가격을 올려 손실을 회복하려는 가격정책

① 암시장가격정책   ② 약탈가격정책   ③ 침투가격정책
④ 모방가격정책   ⑤ 담합가격정책

| 해설 |

약탈가격정책은 다른 기업이 시장에 새롭게 진출하거나 기존 시장에서 경쟁자를 몰아낼 목적으로 취하는 수단의 하나로서 이는 불공정거래행위에 속한다.

| 정답 | ②

② 풀 전략과 푸시 전략

(1) 풀 전략

① 기업이 자사의 이미지나 상품의 광고를 통해 소비자의 수요를 환기시켜 소비자 스스로 그 상품을 판매하는 판매점에 오게 해서 지명 구매하도록 하는 마케팅 전략을 뜻한다.

② 'PULL'이란 소비자를 그 상품에 끌어당긴다는 의미의 전략이다.

(2) 푸시 전략

① 기업이 소비자에 대한 광고에는 그다지 노력을 기울이지 않고, 주로 판매원에 의한 인적 판매를 통해 수요를 만들어내려는 마케팅 전략이다.

② 'PUSH'란 풀의 경우와는 반대로 그 상품을 소비자에게 밀어붙인다는 의미의 전략이다.

09 제품설계 및 제품계획

1 제품설계

(1) 제품의 정의

① 제품은 기본적 욕구 또는 욕망을 충족시킬 수 있는 것으로, 시장에 출시되어 주의나 획득, 사용 또는 소비의 대상이 될 수 있는 것이다.

② 제품의 구분 : 핵심제품, 유형제품, 확장제품

핵심제품	소비자가 제품을 구입할 때 실제로 구입하고자 하는 핵심적인 이익이나 문제를 해결해주는 서비스
유형제품	소비자에게 핵심제품의 이익을 전달할 수 있도록 결합되는 제품의 부품, 스타일, 특성, 상표명 및 포장 등 기타 속성
확장제품	핵심제품과 유형제품에 추가적으로 있는 서비스와 이익으로 품질보증, 애프터서비스, 설치 등

(2) 제품의 분류

① **편의품** : 소비자가 빈번하게, 그리고 즉시적으로 구매하며, 최소한의 노력으로 타 상품과 비교하고 구매하는 제품

② **선매품** : 고객이 여러 상표의 적합성, 품질, 가격, 스타일 등을 비교하여 상표를 선정하고 구매하는 소비재

③ **전문품** : 독특한 특성을 보유하고 있거나, 특정한 구매자집단이 특별한 구매노력을 기울이며, 상표식별이 가능한 소비재

(3) 제품믹스

① 제품계열 : 기능이 동일하거나 소비자 집단이 같거나 동일한 유통경로, 일정한 가격범위 내에 있는 제품이다.

② 제품품목 : 크기, 형태, 특성이 유사한 제품 계열 내의 제품단위이다.

③ 제품믹스의 깊이 : 특정계열 내 제품들이 얼마나 다양한가를 나타내는 것이다.

④ 제품믹스의 폭 : 특정기업이 보유한 상이한 제품계열의 수를 말한다.

⑤ 제품믹스의 다양성 : 각 상표 내의 상이한 품목들의 숫자를 파악하면 제품믹스의 평균적 다양성을 알 수 있다.

⑥ 제품믹스의 일관성 : 제품 계열들을 최종용도나 생산과정, 유통경로 및 기타 측면 등에서 볼 때 어느 정도 밀접하게 관련되어 있는가를 나타낸다.

OEM(Original Equipment Manufacturing)
상대방 상표제품을 말하며 자기상표를 덮어두고 상대방 상표에 의한 일종의 하도급생산을 하는 것으로, 전기기계부품이나 자동차부품에 매우 많이 행해지고 있다. 완성품을 OEM 방식으로 공급하는 경우도 많다.

② 제품계획

(1) 제품수명주기의 의의

① 도입기, 성장기, 성숙기 및 쇠퇴기로 신제품이 시장에 도입되어 쇠퇴할 때까지의 기간을 의미한다.

② 도입기 : 제품이 시장에 도입되어 판매가 완만한 성장을 하고 있는 기간이다. 이 기간에는 제품을 도입하는 데 비용이 많이 소요되므로 이익은 거의 거둘 수 없다.

③ 성장기 : 판매성장률이 급격히 증가하고 이익도 상당히 증가하는 기간이다.

④ 성숙기 : 잠재적 구매자들까지 제품을 구매하였기 때문에 판매성장률이 둔화되는 시기이다.

⑤ 쇠퇴기 : 판매와 이익이 모두 계속 감소하는 시기이다.

(2) 제품수명주기 전략

① **도입기의 전략** : 마케팅 조사를 통해 소비자가 문제인식을 하게 되는 상황이 어떤가 결정해야만 한다.

② **성장기의 전략** : 기업은 이 단계에서 가능한 한 오랫동안 급속한 시장성장이 지속되도록 하여야만 한다.

③ **성숙기의 전략** : 시장의 변경, 제품의 수정, 마케팅믹스의 수정 등

④ **쇠퇴기의 전략** : 계속전략으로 이는 과거의 마케팅전략, 즉 동일한 세분시장, 경로, 가격 및 촉진을 그대로 따르며, 집중전략으로 가장 강한 시장과 경로에만 자원을 집중해야 한다.

 유/사/기/출/문/제

기업들이 해외시장에 진출하여 제품수명주기를 연장할 수 있는 이유로 옳은 것은?

① 국제제품주기가 각 국가별 시차를 두고 발생하기 때문이다.

② 국제제품주기의 각 단계가 일부 해외시장에서 역순으로 발생하기 때문이다.

③ 국제제품주기는 해외시장이 국내보다 길기 때문이다.

④ 해외시장 제품주기와 국내제품주기가 서로 다르기 때문이다.

⑤ 해외시장 제품주기가 국내제품주기와 동일하기 때문이다.

| 해설 |

제품수명주기는 해당 국가의 소득이나 유행 등으로 시차를 두고 발생하기 때문이다.

참고 제품수명주기설

R. 버넌, F. 허시, L. T. 웰스 등이 주장하였다. 제품수명주기설은 제품의 수명주기를 개발단계 · 성숙단계 · 표준화단계로 구분한다. 개발단계에서는 시장이 불확실하고 소비자들의 기호를 알 수 없으므로, 자연히 생산이 소규모가 되나 많은 노동력의 사용으로 독점적인 생산을 한다. 이때는 가격의 고저는 별문제가 되지 않으며, 개발상품의 판매촉진을 위하여 정보수집에 관심을 집중하게 된다. 이 개발단계의 소규모적인 생산공정이 성공하여 시장에서 수요가 증대되면, 개발상품은 성숙단계로 들어간다. 이 단계에 이르러서는 상품이 국내시장을 지배하고, 해외로부터의 주문에 의한 수출도 시작된다. 이 성숙단계를 지나 대규모 소비단계에 들어서면 상품이 표준화된다. 상품이 표준화되면 외국에서도 그 상품의 개발이 가능해지는데, 외국은 그 개발에 필요한 기술개발비의 절약과 낮은 노동비용에 의한 가격수준의 차에 의하여 비교우위를 점한다.

| 정답 | ①

02장

회계

Test of Economic Sense And Thinking

01 회계거래

① 거래

(1) 회계거래의 의의

① 기업의 경영활동 과정에서 나타나는 일련의 사건, 상태 중에서 재무상태에 변동을 일으키는 것을 말한다. 즉, 회사의 재무상태인 자산 · 부채 · 자본에 증감변동을 주는 사건, 상태라고 정의할 수 있다.

② 회계기록의 대상이 되는 것은 회계거래이다. 기업에 중요한 의미가 있더라도 회계거래가 아닌 것은 회계기록의 대상이 아니다.

회계거래 여부

회계거래이지만 일상적인 거래가 아닌 것	일상적인 거래이지만 회계거래가 아닌 것
• 화재발생에 의한 손실 • 건물, 비품 등 유형자산의 사용에 의한 가치감소 • 채권에 대한 대손발생 • 도난, 분실 등	• 상품의 주문 • 부동산의 매매, 임대차계약 • 토지 등에 대한 담보설정 **참고** 계약, 주문, 담보설정 등은 그 자체로는 당해 기업의 자산, 부채, 자본의 증감변동을 일으키지 못하므로 회계거래로 볼 수 없다.

유/사/기/출/문/제

다음 중 회계상의 거래가 아닌 것은?

① 1억 원 상당의 비업무용 토지를 매입했다.

② 1,000만 원 상당의 기계장치를 기증받았다.

③ 1,000만 원 상당의 채무를 면제받았다.

④ 1년분의 보험료 50만 원을 미리 선급했다.

⑤ 1억 원 상당의 매출계약을 체결했다.

| 해설 |

매매계약 체결 그 자체만으로는 회계상의 거래가 아니다.

| 정답 | ⑤

(2) 거래의 8요소

① **차변기입항목** : 자산 증가, 부채 감소, 자본 감소, 비용발생

② **대변기입항목** : 자산 감소, 부채 증가, 자본 증가, 수익발생

거래의 이중성

회계거래가 발생할 때는 차변기입항목만 발생하거나 대변기입항목만 발생하는 경우가 없고 반드시 차변기입항목과 대변기입항목이 같은 금액으로 동시에 발생하는 것을 말한다.

대차평균의 원리

회계상의 거래가 발생한 경우에는 거래의 이중성이라는 원칙이 작용하기 때문에 거래의 차변에 기록하는 금액과 대변에 기록하는 금액이 일치하며 결국 회계장부의 차변합계와 대변합계도 일치하는데, 이를 대차평균의 원리라 한다.

복식부기의 자기검증기능

복식부기는 거래의 이중성에 따라 하나의 회계거래를 회계장부의 차변과 대변에 모두 기입하는 것을 말한다. 이러한 복식부기에 의하여 거래를 기록하면 대차평형의 원리에 의하여 장부상의 오류가 자연히 발견될 수 있는데, 이를 복식부기의 자기검증기능이라 하며 복식부기의 가장 주요한 특징 중 하나이다.

(3) 회계거래의 분류

① 내부거래와 외부거래

> • 내부거래 : 기업의 내부에서 발생한 거래로 본점과 지점 간의 거래가 이에 해당한다.
> • 외부거래 : 기업의 외부에서 발생한 거래이다.

② 현금거래와 대체거래

> • 현금거래 : 현금의 수입과 지출이 수반된 거래로 입금거래와 출금거래가 있다.
> • 대체거래 : 현금이 전혀 수반되지 않거나 일부만 수반되는 거래로 전부대체거래와 일부대체거래로 나눌 수 있다.

③ 거래의 손익발생 여부에 따른 분류

> • 교환거래 : 자산, 부채, 자본의 증감변동만을 일으키는 거래로 수익이나 비용이 발생하지 않는 거래이다.
> • 손익거래 : 수익이나 비용이 발생하는 거래이다.
> • 혼합거래 : 교환거래나 손익거래가 혼합되어 있는 거래이다.

② 계정

(1) 계정의 의의

① 회계거래를 통하여 자산 · 부채 · 자본의 증감과 수익 · 비용의 발생이 일어난다. 자산 · 부채 · 자본의 변화와 수익 · 비용의 발생을 구체적인 항목을 정하여 그 증감 내용을 항목별로 기록하는 것이 필요하다.

② 이를 위하여 자산 · 부채 · 자본 · 수익 · 비용의 각 항목별로 설정하는 기록 · 계산의 단위를 계정이라 한다.

③ 계정과목이란 자산 · 부채 · 자본 및 수익 · 비용의 각 항목, 즉 계정에 붙여진 명칭을 말한다.

④ 계정계좌란 계정기입의 장소를 말한다.

⑤ 차변과 대변 : 각 계정은 좌우 2개의 기입장소로 구성되는데 계정의 왼쪽 기입장소를 차변, 계정의 오른쪽 기입장소를 대변이라 한다.

(2) 계정의 분류

① 재무상태표계정 : 회계기간 말 결산 후 잔액이 존재하며 이 기말잔액이 차기로 이월되어 차기의 기초잔액이 된다(실제계정).

- 자산계정 : 현금 및 현금성 자산, 유가증권, 매출채권, 상품, 토지, 건물 등
- 부채계정 : 매입채무, 대여금, 사채 등
- 자본계정 : 자본금, 자본잉여금, 이익잉여금 등

② 손익계산서계정 : 회계기간 말 결산 후 잔액이 남지 않으며 차기 회계연도 개시시점에 잔액이 0으로 시작된다(명목계정).

- 수익계정 : 매출, 이자수익, 배당금수익, 유가증권처분이익 등
- 비용계정 : 매출원가, 급여, 임차료, 이자비용 등

(3) 계정과목의 설정기준

① 자산, 부채, 자본 및 수익, 비용의 계정과목은 같은 성질의 것만 기입한다.
② 계정과목은 그 계정에 기입되는 거래의 내용을 명확히 표시하도록 정한다.
③ 한 번 설정한 계정과목은 특별한 이유 없이 함부로 변경하지 않는다.
④ 계정과목은 사업의 종류와 규모의 대소에 따라 그 분합에 유의한다.

(4) 계정기입의 법칙

① 자산계정 : 증가는 차변에, 감소는 대변에 기입한다.
② 부채계정 : 증가는 대변에, 감소는 차변에 기입한다.
③ 자본계정 : 증가는 대변에, 감소는 차변에 기입한다.
④ 수익계정 : 발생은 대변에, 소멸은 차변에 기입한다.
⑤ 비용계정 : 발생은 차변에, 소멸은 대변에 기입한다.

③ 분개와 전기

(1) 분개와 분개장

① 분개란 발생된 거래를 계정에 기입하고자 회계거래를 발생일자순으로 차변과목과 대변과목으로 분류하여 기록하는 것을 말한다.
② 거래의 양면성에 따라 거래 내용을 해석하여 왼쪽 계정과 오른쪽 계정으로 나누는 것을 말한다.
③ 분개장이란 기업의 모든 회계거래를 발생순으로 분개하여 기록하는 장부를 말한다. 분개장은 회계거래가 최초로 기록된다는 의미에서 원시기입장이라고도 한다.

(2) 전기와 원장

① 전기란 분개장에 발생순서대로 기록된 거래를 원장으로 옮겨 적는 것을 말한다.

② 원장이란 모든 거래를 각 계정과목별로 분류하고 정리하여 하나로 모아둔 장부이다.

02 재무제표의 비율분석

① 유동성 비율과 활동성 비율

(1) 유동성 비율 : 기업의 단기채무에 대한 지급능력 판단

① 유동비율 = (유동자산/유동부채) × 100(%)

② 당좌비율 = (당좌자산/유동부채) × 100(%)

(2) 활동성 비율 : 자산의 능률적인 이용 등 경영의 효율성을 판단하는 지침

① 매출채권회전율 = 매출액/평균매출채권액

② 재고자산회전율 = 매출원가 또는 매출액/평균재고자산

③ 자산회전율 = 매출액/평균총자산

④ 매출채권회수기간 = 365/매출채권회전율

⑤ 재고자산회전기간 = 365/재고자산회전율

② 수익성 비율과 안정성 비율

(1) 수익성 비율 : 기업의 수익성 판단에 도움을 주는 비율

① 매출액순이익률 = (당기순이익/매출액) × 100(%)

② 총자본이익률 = (단기순이익/평균총자본) × 100(%)

③ 주가이익비율 = (주식의 시장가격/주당 순이익)

회수기준에 의한 회계처리

- 투자수익률(ROI)= 매출액순이익률 × 자산회전율

  = (당기순이익/매출액) × (매출액/평균자산총액) × 100(%)

- 보통주 주당 장부가액 = 보통주주지분/사회유통주식수

(2) 안정성 비율 : 기업의 장기적인 지급능력과 재무구조의 건전성 여부 등을 판단

① 부채구성비율 = (부채/총자산) × 100(%)

② 부채 대 자본비율 = (부채/자기자본) × 100(%)

③ 이자보상비율 = 법인세와 이자비용차감전순이익/이자비용

④ 고정장기적합률 = {비유동자산/(비유동부채+자기자본)} × 100(%)

 유/사/기/출/문/제

다음 중 부채비율을 낮추는 거래에 해당하는 것은?

① 외상매출채권을 현금으로 회수한 경우

② 차입금을 대여금과 상계하여 정리한 경우

③ 공사계약을 체결하고 선수금을 수령한 경우

④ 이익잉여금을 재원으로 무상증자를 실시한 경우

⑤ 보유토지를 장부가액으로 양도하고 대금은 6개월 후에 받기로 한 경우

| 해설 |

부채비율 = 부채/자본이므로 차입금을 대여금과 상계하면 부채가 줄어들어 부채비율이 낮아진다.

| 정답 | ②

03 원가

① 재무보고 목적을 위한 원가의 분류

(1) 기업기능에 따른 분류

① 제품원가 : 제조활동 과정에서 제품제조를 위하여 소비된 원가이다. 제품원가는 제품 제조를 위하여 소비된 원가로서 재료비 · 노무비 · 경비의 합계로서 회계기간 말 완성품은 제품으로 대체되고, 미완성품은 재공품으로 남는다.

② 기간원가 : 특정 원가대상을 위해 소비된 원가가 아니고 판매나 관리를 위해 발생된 비용으로, 특정 기간별로 인식되어 기간수익에 대응된다. 판매비와 관리비가 포함된다.

(2) 원가형태에 따른 분류

① 재료비 : 물품을 소비함에 따라 발생되는 원가이다.

② 노무비 : 노동력을 소비함에 따라 발생되는 원가이다.

③ 경비 : 재료비와 노무비 외에 제품제조와 관련하여 발행된 비용을 총칭한다.

(3) 제품과의 관련성에 따른 분류

① 직접비 : 특정 원가대상에 대하여 투입량을 분명하게 측정할 수 있는 원가를 말한다. 즉, 직접비는 추적가능원가이다. 직접비를 기초원가 또는 제1의 원가라고도 한다.

② 간접비 : 여러 종류의 제품제조에 공통적으로 발생하는 원가를 말한다. 즉, 추적불능 원가이다. 전력비 · 공장장임금 등이 간접비의 예가 될 것이며, 제품에 직접 부과할수 없으며 일정한 배부기준에 따라 각 제품에 배부하여야 한다.

② 관리통제 목적을 위한 원가의 분류

(1) 조업도에 따른 원가형태의 분류

① 고정비 : 관련 범위 내의 조업도 변동에 관계없이 일정한 원가를 말한다.

② 변동비 : 조업도 변동에 따라 증감하는 원가를 말한다. 변동비에는 비례비, 체증비, 체감비가 있다.

조업도와 관련 범위

조업도란 생산량, 생산시간, 직접노동시간 등을 말한다.

관련 범위란 고려하는 조업도 수준으로서 현실적으로 달성 가능한 최저조업도와 최고조업도 사이의 범위를 말한다.

(2) 통제 가능 여부에 따른 분류

① 통제 가능원가 : 특정 책임중심점의 경영자의 통제범위 내에 있는 원가이다.

② 통제 불능원가 : 특정 책임중심점의 경영자의 통제범위 밖에 있는 원가이다.

(3) 원가파악시점에 따른 분류

① 실제원가 : 제품제조를 위해 실제로 발생된 원가로, 일반적으로 재화나 용역의 취득 시 교환가격인 취득원가 또는 역사적 원가로 측정된다.

② 표준원가 : 시간연구, 동작연구와 같이 과학적인 방법을 통하여 설정된 달성 가능한 원가이다.

③ 전략수립 목적을 위한 원가의 분류

(1) 관련원가

① 대체안 간에 차이가 있는 예상되는 미래원가이다.

② 관련원가가 되려면 미래원가이면서 차액원가여야 한다는 두 가지 요건을 충족하여야 한다.

(2) 차액원가

① 두 가지 대체안 간에 총원가의 차이를 말한다.

② 어떤 의사결정이 원가의 증가를 가져오면 증분원가라 하고, 원가의 감소를 가져오면 감분원가라고 한다.

(3) 매몰원가

① 이미 발생된 원가로서 현재나 미래에 어떠한 행동을 취하든 간에 변동될 수 없는 원가이다.

② 회피할 수 없는 과거원가이며, 의사결정에 있어서 관련원가가 아니다.

(4) 기회원가

① 대체안을 포기함으로써 희생하는 이익이나 효익을 말한다.

② 기회원가는 회계기록에는 포함되지 않지만 의사결정에는 사용할 수 있다.

04 현금흐름표

1 현금흐름표 일반

(1) 현금흐름표의 의의

① 기업의 현금흐름을 나타내는 표로서 일정기간 현금의 변동 내용을 명확하게 보고하고자 현금의 유입과 유출에 관한 정보를 제공할 목적으로 작성된다.

② 현금흐름표에서 현금이란 광의로 사용되어 현금, 예금 및 현금성 자산을 의미한다.

> **현금성 자산**
>
> 유가증권 및 단기금융상품으로 다음 조건을 충족하는 것을 의미한다.
>
> • 큰 거래비용 없이 현금으로 전환이 용이할 것
> • 이자율 변동에 따른 가치변동위험이 중요하지 않을 것
> • 취득 당시 만기가 3개월 이내 도래할 것

③ 일반적으로 기업의 배당금 지급능력이나 원리금 상환능력은 기업의 현금 동원능력에 좌우되기 때문에 투자자나 채권자 등 회계정보 이용자들은 기업의 현금흐름에 큰 관심을 갖는다. 많은 투자자가 발생주의에 의해 작성되는 손익계산서와 재무상태표 이외에 현금주의에 의하여 작성되는 현금흐름표를 요구한다.

(2) 현금흐름표의 유용성

① 미래 현금흐름에 관한 정보 제공

② 이익의 질에 관한 정보 제공

③ 영업활동 수행능력에 관한 정보 제공

④ 지급능력에 관한 정보 제공

⑤ 투자활동과 재무활동이 재무상태에 미친 영향에 관한 정보 제공

② 기업활동과 현금흐름

(1) 영업활동

① 일반적으로 제품의 생산과 상품 및 용역의 구매 및 판매 활동을 말하며, 투자활동과 재무활동에 속하지 않는 거래는 모두 포함한다. 따라서 영업활동은 당기순이익의 결정에 영향을 미치는 모든 거래를 말한다.

② 영업활동으로 인한 현금유입과 현금유출

영업활동으로 인한 현금유입	영업활동으로 인한 현금유출
• 제품 등의 판매에 따른 현금유입 • 이자수입과 배당금수입 • 기타 영업활동으로 인한 현금유입	• 매입에 따른 지출액 • 종업원 급료 등에 대한 지출액 • 이자지급액 • 법인세지급액 • 기타 영업활동에 따른 현금지출액

(2) 투자활동

① 자산의 증감과 관련된 활동으로 자산의 취득 · 처분활동, 자금의 대여와 회수, 유가증권, 투자자산, 유형자산의 취득 · 처분 등의 활동을 말한다.

② 투자활동으로 인한 현금유입과 현금유출

투자활동으로 인한 현금유입	투자활동으로 인한 현금유출
• 금융상품의 처분 • 유가증권의 처분 • 대여금의 회수 • 투자자산의 처분 • 유형자산의 처분	• 금융상품의 취득 • 유가증권의 취득 • 대여금의 지급 • 투자자산의 취득 • 유형자산의 취득 • 무형자산의 취득

(3) 재무활동

① 재무상태표의 부채와 자본의 증감과 관련된 활동으로 부채의 조달과 상환, 증자 · 감자활동으로 인한 현금의 차입 · 상환 · 신주발행, 배당금의 지급 등의 활동을 말한다.

② 재무활동으로 인한 현금유입과 현금유출

재무활동으로 인한 현금유입	재무활동으로 인한 현금유출
• 장 · 단기차입금의 차입 • 사채의 발행 • 주식의 발행(유상증자) • 자기 주식의 매각	• 장 · 단기차입금의 상환 • 사채의 상환 • 배당금의 지급 • 유상감자 • 자기 주식의 취득

 유/사/기/출/문/제

기업의 현금흐름표상에서 현금흐름을 증가시킬 수 있는 활동이 아닌 것은?

① 자사주매입　　　　② 재고 감소　　　　③ 외상매입금 계정 증가

④ 외상매출금 계정 증가　　⑤ 단기차입금 계정 증가

| 정답 | ①

---

05 | 재무제표

① 재무제표 일반

(1) 재무제표의 의미

① 기업의 경제활동에 관한 재무적 정보를 주주, 채권자, 종업원, 정부 등 여러 이해관계자에게 전달하고자 작성하는 공식적인 보고수단이다.

② 재무보고의 가장 기본적이고 핵심적인 수단으로서 이를 통해 회사의 재무적 정보를 외부 정보이용자에게 전달한다.

③ 투자자와 채권자가 기업의 가치나 채무이행능력을 평가할 수 있도록 자산, 부채, 자본, 수익, 비용 및 현금흐름에 관한 정보를 제공한다. 또한 주주가 경영자의 수탁책임을 평가하는 데 도움을 준다.

④ 경영자는 주주에게서 경제적 자원을 위탁받아 회사를 경영하므로, 경제적 자원을 위탁한 이해관계자는 경영자가 이러한 자원을 얼마나 효율적이고 효과적으로 운용했는

지를 평가할 필요가 있는데, 이에 필요한 재무정보를 재무제표가 전달한다.

(2) 재무제표의 종류

① **재무상태표** : 자산, 부채 및 자본에 관한 정보를 전달하는 재무제표로, 기업의 재무상 태를 나타내므로 재무상태보고서라 부르기도 한다.

② **포괄손익계산서** : 수익과 비용 등을 보고하는 재무제표로, 경영자의 경영성과를 보고 한다는 측면에서 경영성과보고서라 할 수 있다.

③ **자본변동표** : 재무상태표를 구성하는 자본이 회계기간 동안 어떻게 변동했는지 보고 하는 재무재표이다.

④ **현금흐름표** : 회계기간 동안의 현금흐름에 관한 정보를 전달하는 재무제표이다.

⑤ **주석** : 재무제표의 전반적인 이해를 높이는 데 필요한 양적 · 질적 정보를 제공하고자 재무제표 본문에 첨부되는 정보를 말한다(유의적인 회계정책의 요약 및 그 밖의 설명 으로 구성).

(3) 재무제표의 작성과 표시

① **재무제표의 작성책임** : 재무제표의 작성과 표시에 대한 책임은 경영자에게 있다.

② **계속기업의 전제** : 경영자는 재무제표를 작성할 때 기업의 존속가능성을 평가하며, 기업이 경영활동을 청산 또는 중단할 의도가 있거나 경영활동을 계속할 수 없는 상 황에 처한 경우를 제외하고는 계속기업을 전제로 하여 재무제표를 작성하여야 한다.

③ **경제적 실질의 중시** : 재무제표는 경제적 사실과 거래의 실질을 반영하여 기업의 재무 상태, 경영성과, 자본변동 및 현금흐름을 공정하게 표시하여야 한다.

④ **회계정책의 결정** : 기업이 재무보고의 목적으로 선택한 기업회계기준과 그 적용방법을 선택하는 것을 말한다.

⑤ **재무제표 항목의 구분 · 통합표시** : 재무제표에 보고할 항목은 중요성을 고려하여 결정 하여야 한다.

중요성

중요성이란 인식을 위한 제약요인이라고 할 수 있는데, 이 기준을 적용하여 중요한 항목은 재무제표의 본 문 또는 주석에 그 내용을 가장 잘 나타낼 수 있도록 구분표시한다. 또한 중요하지 않은 항목은 성격이나 기능이 유사한 항목과 통합하여 표시할 수 있다.

⑥ 비교재무제표의 작성 : 재무제표의 기간별 비교가능성을 높이고자 재무보고를 할 때 전기와 당기를 비교하는 형식으로 보고하도록 한다.

⑦ 계속성의 원칙 : 회사는 재무제표의 기간별 비교가능성을 높이고자 매기 동일한 회계 정책과 분류기준을 사용하여야 하는데 이를 계속성의 원칙이라고 한다. 기업회계기 준에서는 예외적인 경우를 제외하고는 인정한다.

<계속성의 원칙 예외>
• 기업회계기준이 변경된 경우
• 기업매수 또는 사업중단 등에 의하여 영업 내용이 중요하게 변경된 경우
• 재무제표 항목의 표시와 분류를 변경함으로써 기업의 재무정보를 좀 더 적절히 전달할 수 있는 경우

⑧ 재무제표의 보고양식 : 재무정보는 이해 가능한 형태로 보고하여야 이해가능성이 높아 진다. 기업회계기준에서는 표준재무제표양식을 제시한다.

⑨ 총액기준의 원칙 : 재무제표의 항목은 총액에 의하여 기록하는 것을 원칙으로 한다. 자 산과 부채 · 수익과 비용 등을 상계하여 순액으로 보고하여서는 안 된다.

② 재무상태표와 손익계산서

(1) 재무상태표

① 일정시점에서 기업의 재무상태를 대변과 차변으로 나타내는 보고서이다.
② 왼쪽에 차변을 표시하고, 오른쪽에 대변을 표시한다.
③ 차변의 합계와 대변의 합계가 항상 일치하여야 한다.
④ 자산이란 기업이 소유한 현금, 예금, 채권, 상품, 제품, 건물, 토지, 영업권 등을 말한다.

유동자산 : 당좌자산, 재고자산
• 당좌자산 : 현금 및 현금성 자산, 단기금융상품, 단기매매증권과 매도가능증권, 외상매출금, 받을 어음, 단기대여금, 선급금, 선급비용
• 재고자산 : 상품, 제품, 반제품, 재공품(在工品), 원재료, 저장품

비유동자산 : 투자자산, 유형자산, 무형자산, 기타 비유동자산
• 투자자산 : 투자부동산, 장기투자증권, 지분법 적용 투자주식, 장기대여금, 기타
• 유형자산 : 토지, 건물, 구축물, 기계장치, 건설 중인 자산, 기타 자산
• 무형자산 : 산업재산권, 라이선스와 프랜차이즈, 저작권, 컴퓨터소프트웨어, 개발비, 임차권리금, 광업 권, 어업권 등

⑤ 부채란 갚아야 할 채무나 의무를 말한다.

> • 유동부채 : 매입채무, 단기차입금, 미지급금, 선수금, 예수금, 미지급비용, 미지급법인세, 미지급배당금, 유
> 동성 · 비유동성 부채, 선수수익, 단기충당부채, 기타 유동부채
> • 비유동부채 : 사채, 장기차입금, 장기성 매입채무, 퇴직급여충당부채, 장기제품보증부채 등 장기충당부채,
> 이연법인세부채(유동부채 부분 제외), 기타 비유동부채

⑥ 자본이란 자산총액에서 부채총액을 차감한 잔액을 말한다.

> • 자본금   • 자본잉여금
> • 자본조정   • 기타 포괄손익누계액
> • 이익잉여금(결손금)

⑦ 재무상태표 공식은 '자산 = 부채 + 자본'이다.

(2) 포괄손익계산서

① 수익의 인식 기준

> • 수익인식에 대한 기업회계기준의 원칙은 인도(판매)기준이다.
> • 위탁매출의 경우 수탁자가 판매한 날이 수익인식기준이 된다.
> • 시용매출의 경우 매입의사를 표시한 날이 수익인식기준이 된다.
> • 할부매출의 경우 인도기준을 원칙으로 한다.
> • 상품권의 경우 상품 등을 고객에게 제공한 날을 기준으로 한다.
> • 부동산판매의 경우 소유권이전일, 잔금청산일, 실제사용가능일 중 가장 빠른 날을 기준으로 한다.

② 판매비와 관리비 : 판매비와 관리비는 영업비라고도 부르며 기업의 정상적인 영업활동, 판매유지 및 관리활동에서 발생하는 비용으로, 기업회계기준에서는 판매비와 관리비를 묶어 하나의 계정으로 표시한다.

> 급여, 퇴직급여, 통신비, 수도광열비, 세금과 공과, 임차료, 감가상각비, 수선비, 보험료, 접대비, 광고선전비,
> 경상연구개발비, 운반비, 대손상각비, 영업권상각비, 소모품비, 잡비 등

01 │ 주식회사 일반

① 주식회사

(1) 주식회사의 개념

① 주주가 주식의 인수가액을 한도로 출자의무를 부담하는 유한책임의 회사이다.

② 주식회사의 자본제도는 확정자본제도와 수권자본제도가 있다.

확정자본제도	설립 시 정관에 자본의 총액을 확정하여 발행주식의 총수가 인수될 것을 요구하고, 증자 시 주주총회의 특별결의로서 자본의 액을 변경하여야만 신주를 발행할 수 있는 제도
수권자본제도	필요에 따라 잔여 주식을 이사회의 결의로 신주를 발행할 수 있는 제도 ※ 2011년 상법 개정으로 회사의 설립 시 발행하는 주식의 총수는 회사가 발행할 주식의 총수의 4분의 1 이상이어야 한다는 규정이 폐지되었다. 따라서 설립 후 뿐만 아니라 설립 시에도 제한이 없도록 규정을 완화하여 설립 시 자본금에 관계없이 정관에서 규정하는 발행예정주식의 총수를 자유롭게 설정할 수 있게 되었다.

③ 주식회사의 자본원칙

자본확정의 원칙	회사설립 또는 자본증가에 있어서 정관에게 정한 자본액이 그 인수와 납입에 의한 확정을 필요로 하는 원칙을 말한다.
자본충실의 원칙	회사의 자본액에 상당하는 재산을 확보하고 있어야 한다. • 이익배당의 제한 • 주식의 액면미달 발행 제한 • 변태설립에 대한 엄격한 감독 • 발기인의 주식인수, 납입담보책임 • 법정준비금제도 등
지분불변의 원칙	회사의 자본액은 주총 특별결의와 채권자 보호절차 등 엄격한 법정절차에 의하지 않고는 변경(감소)할 수 없다.

(2) 주식회사의 설립

① **주식회사의 설립절차** : 발기인 조합 → 정관작성 → 실체구성 → 설립등기

② **발기인조합** : 상법상 발기인의 수에는 제한이 없다.

③ **정관의 작성** : 절대적 기재사항으로 목적, 상호, 수권주식총수, 액면주식을 발행하는 경우 1주의 금액, 설립주식수, 본점소재지, 공고방법, 발기인 성명ㆍ주민등록번호ㆍ주소 등

④ **설립등기** : 회사설립 구성절차 종료 후 2주 내에 설립등기(등기를 하여야 주권발행 허용)

② 주식, 주권, 주주

(1) 주식

① 자본의 구성 분자인 금액으로, 주주의 회사에 대한 권리의무의 단위인 주주권이다.

② 최저금액은 100원 이상으로 균일하며, 구체적인 금액은 정관으로 규정한다.

(2) 주식의 종류

① **액면주식과 무액면주식** : 최근 상법의 개정으로 1주의 금액이 정관이나 주권에 표시되지 않고 단지 자본에 대한 비율만 표시되는 무액면주식을 도입하여 회사가 액면주식과 무액면주식 중 한 종류를 선택하여 발행할 수 있도록 하였다. 과거 주식의 액면금은 주식발행가액의 최저하한선으로 작용해 왔는데(액면미달발행에는 주주총회특별결의 및 법원의 인가 필요), 무액면주식제도를 도입함으로써 주식발행의 효율성 및 자율성 증대를 기대할 수 있게 되었다.

② **기명주식ㆍ무기명주식** : 기명주식은 주주의 성명이 주주명부와 주권에 표시되고, 주주명부상의 주주가 회사에 대한 관계에 있어서 주주로 인정되는 주식이며 무기명주식은 주주명부나 주권에 주주의 성명이 표시되지 않고 그 주권을 점유하는 자가 주주의 자격을 인정받게 되는 주식이다.

③ **종류주식** : 이익의 배당, 잔여재산 분배, 의결권 행사 등에 관한 내용이 다른 주식으로 최근 상법 개정으로 투자자의 선택의 폭 확대와 회사자금조달의 용이함을 위하여 다양한 종류주식 형태를 도입하였다.

　　㉠ **상환주식** : 회사는 정관으로 정하는 바에 따라 회사의 이익으로써 소각할 수 있는 종류주식(회사상환주식)이나 주주가 회사에 대하여 상환을 청구할 수 있는 종류주식(주주상환주식)을 발행할 수 있다.

　　㉡ **전환주식** : 주주의 전환청구에 의해 전환되는 전화주식만을 인정해 왔으나 최근 상법의 개정으로 회사가 전환을 청구할 수 있는 전환주식도 발행할 수 있도록 허용하고 있다.

ⓒ 의결권 없는 주식 : 의결권이 없는 종류주식이나 의결권이 제한되는 종류주식의 총수는 발행주식총수의 4분의 1을 초과하지 못한다.

(3) 주권

① 주권은 주주의 지위를 표창하는 유가증권으로, 요식증권이다.
② 회사의 성립 후 또는 신주의 납입기일 후 지체 없이 주권을 발행하여야 한다.
③ 주주가 주권불소지의 뜻을 회사에 신고한 경우 회사는 주권을 발행하지 아니할 수 있다.
④ 주권불소지의 경우 주주는 언제나 주권의 발행을 회사에 청구할 수 있다.
⑤ 주권불소지제도란 주권의 분실·도난에 대비하여 주주를 보호하기 위한 제도이다.

유/사/기/출/문/제

기업의 경영권이 주주에게 귀속되는 이유로 옳은 것은?

① 회사법이 그렇게 규정하고 있기 때문에
② 주주들은 잔여취득자이므로
③ 주주는 기업에 자금을 제공하는 사람이기 때문에
④ 근로자들은 경영에 무지하기 때문에
⑤ 주주, 근로자, 그리고 채권자가 그렇게 하기로 합의하였기 때문에

| 해설 |

기업의 경영권이 주주에게 귀속되는 이유는 종업원, 채권자 등에게 급여, 원리금 등을 모두 지급하고 남은 이윤을 배당금으로 받기 때문이다.

| 정답 | ②

(4) 주주

① 회사와의 관계에서 주주명부상의 주주만이 주주로서의 지위를 갖는다.
② 주주자격에는 제한이 없으며 주식회사의 경우 1인 회사가 인정된다.
③ 주주의 권리

자익권	• 주주의 재산적 이익을 위하여 인정한 개인적 권리 • 이익배당청구권, 이자배당청구권, 잔여재산분배청구권, 신주인수교부청구권, 주식의 자유양도권 등
공익권	• 주주가 자기의 이익뿐만 아니라 회사 또는 주주 공동의 이익을 위하여 행하는 권리 • 단독주주권과 소수주주권

유/사/기/출/문/제

주식회사의 주주의 지위에 관한 설명으로 옳지 않은 것은?

① 주주는 통상 자신의 의사에 반하여 주주로서의 지위를 상실할 수 없다.

② 상장사의 새로운 주주가 되려면 기존 주주의 동의를 받아야 한다.

③ 주주는 회사의 지배구조에 관하여 최종적인 의사결정권을 갖는다.

④ 주주는 일상 경영에 영향력을 행사할 수 있으나 법률적 권리는 아니다.

⑤ 현 상법은 상장사 주주의 지위를 점차 투자자의 지위로 변화시키고 있다.

| 해설 |
상장사의 주주가 되려면 기존 주주의 동의 없이 주식시장에서 주식을 매입하면 된다.

| 정답 | ②

---

02 주식의 양도 · 담보 등

① 주식양도

(1) 주식양도자유의 원칙

① 법률 또는 정관에 의하지 아니하면 주식의 양도를 제한하지 못한다.

② 주주총회 결의로도 주식양도는 제한할 수 없다.

③ 회사의 주주와 주주 사이의 개별적인 합의로 주식의 양도를 제한할 수 있으나, 이는 당사자 간의 채권적 효력밖에 없다.

(2) 주식양도의 자유에 대한 제한

① 권리주의 양도제한 : 권리주의 양도는 회사에 대하여 효력이 없다.

② 주권발행 전의 주식양도제한 : 주권발행 전의 주식양도는 회사에 대해 효력이 없으나, 회사 설립 후 또는 신주납입기일 후 6개월이 경과하면 주권발행 전의 주식양도라도 그 효력을 인정한다.

③ 자기주식 취득금지 : 개정 전 상법에는 예외적인 경우를 제외하고는 자기주식의 취득을 금지해 왔으나 개정 상법에서는 기존의 특정목적을 위한 자기주식의 취득을 인정하는 외에도, 자기주식 취득의 재원을 배당가능이익의 범위 내로 제한하는 등 자본충실을 해하지 않는 범위 내에서 미리 주주총회(또는 이사회)의 결의를 거쳐 자기주식을 취득할 수 있도록 하였다.

유/사/기/출/문/제

주식의 양도에 관한 설명으로 적절하지 않은 것은?

① 법률 또는 정관에 의하지 아니하면 주식의 양도를 제한하지 못한다.

② 권리주의 양도는 회사에 대하여 효력이 없다.

③ 주주총회의 결의로도 주식의 양도는 제한하지 못한다.

④ 회사의 성립 후 주권발행 전에 한 주식의 양도 역시 회사에 대한 효력이 발생한다.

⑤ 개정 상법에서는 종래 예외적으로 자기주식의 취득할 수 있는 경우는 배당가능이익의 존재여부와 관계없이 자기주식을 취득하도록 한다.

| 해설 |

④ 주권발행전에 한 주식의 양도는 회사에 대하여 효력이 없다. 그러나 회사성립 후 또는 신주의 납입 기일 후 6월이 경과한 때에는 그렇지 않다(상법 제335조 제3항).

| 정답 | ④

 TIP

자기주식 취득의 개정 내용

종래 상법에서는 자본충실의 원칙상 자기주식의 취득을 원칙적으로 금지하고 예외적인 경우에 한하여 이를 허용하였다. 하지만 자기주식의 취득은 회사의 재산을 주주에게 반환하는 배당과 경제적 실질이 동일함에도 자기주식의 취득이 특정 주주에게만 이익을 환급하는 제도로 악용되거나 자본충실을 저해할 우려가 없는 경우까지 일률적으로 금지하는 것은 부당하고, 자본시장법에서는 상장회사에 대하여 자기주식취득을 원칙적으로 허용하고 있다는 점에서 비상장회사와 상장회사 간 차별의 이유가 없다는 문제가 지적되었다. 따라서 개정 상법에서는 자기주식의 취득을 원칙적으로 허용하면서 자기주식의 취득과 동일한 경제적 효과가 발생하는 이익소각제도를 폐지하였다.

④ 상호주식 취득 금지 : 상호주식에 대해서는 취득 및 보유 금지, 의결권 행사의 제한 등으로 규제하고 있다. 모자관계의 회사의 경우 자회사에 의한 모회사 주식의 취득 및 보유를 금지하며, 10% 이상 보유 상호주에 대해서는 의결권을 제한하는 방법으로 규제하고 있다.

(3) 기타 주식양도 관련 사항

① 주식양도의 효력발생 요건은 주권의 교부이다.

② 주식양도의 회사에 대한 대항요건은 명의개서이다.

③ 명의개서란 기명주식을 취득한 자가 회사에 대하여 주주의 지위를 주장하려면 자기의 성명과 주소를 주주명부에 기재하는 것을 말한다.

④ 주권의 점유자는 자격수여적 효력에 의하여 적법한 소지인으로 추정된다.

유/사/기/출/문/제

자사주 매입(Stock Repurchase)에 대한 설명으로 옳지 않은 것은?

① 주식의 가격이 높아지는 효과를 가져온다.

② 자사주를 매입하면 부채비율이 낮아져서 재무구조가 건전해진다.

③ 자사주 매입은 그 기업의 주식이 과소평가되어 있다는 긍정적 신호가 될 수도 있다.

④ 순이익이 일시적으로 증가할 경우 자사주를 매입하면 배당의 효과를 가져올 수 있다.

⑤ 잉여현금흐름이 많은 기업이 주주가치를 높이는 방법 중 하나이다.

| 해설 |

자사주를 매입하면 현금이 나가고 자본이 줄어들므로 부채비율이 높아진다.

참고 **자사주 매입**

자사주 매입은 보통 자기 회사 주식가격이 지나치게 낮게 평가되었을 때 적대적 M&A에 대비해 경영권을 보호하고 주가를 안정시키고자 기업이 자기자금으로 자기회사 주식을 사들이는 것이다. 대체적으로 자사주 매입은 발행주식수를 줄여 주당 순이익과 주당 미래현금흐름을 향상시켜 주가를 상승시키는 요인으로 작용한다. 개정 전 상법은 그동안 자기주식의 취득을 출자금의 우선적 환급을 이유로 엄격하게 규제하였으나, 개정 상법은 상장회사뿐만 아니라 비상장회사도 배당가능이익 한도 내에서 미리 주주총회(또는 이사회)의 결의를 거쳐 자기주식을 취득할 수 있도록 하였다. 한편 배당가능이익 한도 내에서 자기주식을 취득할 수 있게 됨에 따라 주식의 소각 중 이익소각제도는 폐지되었다.

| 정답 | ②

② 주식의 담보

(1) 주식질권

① 회사는 발행주식총수의 20분의 1 내에서만 자기주식을 질권의 목적으로 받을 수 있다.

② 기명주식의 약식질권 : 질권설정합의와 주권교부

③ 기명주식의 등록질권 : 질권설정자인 주주의 청구에 의해 질권자의 성명과 주소를 주주명부에 기재한다.

(2) 양도담보

① 당사자 간의 질권설정합의와 주권의 교부에 의하여 담보의 효력이 발생한다는 것은 주식의 입질(入質)과 같다.

② 다만 처분승락서가 첨부되어야 한다는 점에서 차이가 있다.

③ 주식의 소각 · 병합 · 분할

(1) 주식의 소각

① 회사의 존속 중에 특정한 주식을 절대적으로 소멸시키는 회사의 행위를 말한다.

② 종래 상법은 회사가 주주에게 배당할 이익으로 주식을 소각하는 이익소각제도를 두고 매수가격, 매수방법, 이사의 자본충실책임 등을 규정하고 있었으나 개정 상법에서는 자기주식의 취득을 원칙적으로 허용하면서 자기주식 취득과 동일한 경제적 효과가 발생하는 이익소각제도를 폐지하였다.

(2) 주식의 병합

① 주식을 병합하는 경우 회사는 1개월 이상의 기간을 정하여 주식병합의 뜻과 그 기간 내에 주권을 회사에 제출할 것을 공고하고 주주명부에 기재된 주주와 질권자에 대하여 각별로 그 통지를 해야 한다.

② 주식의 병합은 주권제출기간이 만료된 때에 그 효력이 발생한다.

(3) 주식의 분할

① 주식분할 시 단위주식의 액면을 100원 미만으로 인하할 수 없다.

② 상법은 액면주식의 경우 최저액면가를 100원으로 정하고 있으며 액면주식을 발행하는 경우 1주의 금액을 정관에 기재하도록 하고 있다. 따라서 주식분할은 주주총회의 특별결의가 있어야 한다.

주식매수선택권

주식매수선택권이란 회사가 정관이 정한 바에 따라 주주총회의 특별결의(상법 제434조)로 회사의 설립 · 경영과 기술혁신 등에 기여하거나 기여할 수 있는 회사의 이사 · 집행임원 · 감사 또는 피용자(임직원을 말함)에게 미리 정한 가액으로 신주를 인수하거나 자기의 주식을 매수할 수 있는 권리를 주는 것을 말한다(상법 340조의2 제1항). 이 제도는 기업의 임직원을 위한 보상제도의 일종으로서 기업의 임직원에게 주식을 가격이나 수량 또는 기한 등에서 유리한 조건으로 매수할 수 있는 권리를 주는 것이다.

대상	• 이사, 집행임원, 감사, 피용자(주총결의 후 2년 이상 재임 · 재직해야 행사 가능) • 10% 이상 주식소유주주, 사실상 영향력 행사자, 본인 및 배우자, 직계존비속 제외
한도	발행주식총수의 10/100(단, 상장회사의 경우 20/100 범위 내에서 100분의 15까지 부여 가능)
행사가액	신주발행하는 경우에는 부여일을 기준으로 하여 실질가액과 권면액 중 높은 가액을 주식매수선택권의 행사가액으로 한도
양도 및 상속	양도는 금지되며 상속은 가능함

03 주식회사의 기관

1 주주총회

(1) 주주총회의 의의

① 회사경영상 중요사항에 관한 주주의 의사를 집약하여 회사 내부에서 회사의 의사를 결정하는 필요 기관이다.

② 상법이나 기타 법률이나 정관에서 정한 사항에 한해 결의할 수 있으며, 이 외의 사항 결의는 무효이다.

(2) 주주총회의 권한

① 보통결의 : 보통결의는 발행주식총수의 4분의 1 이상에 해당하는 주식 및 출석주식의 과반수의 동의로 결의된다.

> • 이사, 감사, 청산인 선임 및 그 보수의 결정　　　• 재무제표 승인
> • 주식배당　　　• 청산인 해임 등
> • 청산인의 청산종료 승인　　　• 지배주주의 매도청구

② 특별결의 : 발행주식 총수의 3분의 1 이상에 해당하는 주식 및 출석주식의 3분의 2 이상의 동의로 결의된다.

> • 주식의 포괄적 교환 • 이전　　　• 정관의 변경
> • 영업의 전부양도, 일부의 양도　　　• 영업전부의 임대 또는 경영위임
> • 자본의 감소　　　• 이사, 감사의 해임
> • 주주 외의 자에 대한 CB, BW 발행 등　　　• 주식의 할인 발행(액면미달발행)

③ 특수결의 : 총주주의 동의로 결의된다.

> • 이사의 회사에 대한 책임면제
> • 유한회사로의 조직변경

유/사/기/출/문/제

상법상 주주총회의 권한에 속하지 않는 것은?

① 재무제표 승인권　　　　　　② 이사보수 결정권
③ 주식매수 선택권 부여　　　　④ 다른 회사와의 합병 승인권
⑤ 회사 임직원들에 대한 인사권

| 해설 |

주주총회의 권한	
회사조직 및 영업의 기본적인 사항	• 정관의 변경 • 자본의 감소 • 해산 또는 회사의 계속 • 영업의 양도, 양수, 영업임대차 • 합병 • 유한회사로의 조직변경
기관구성원의 선임, 해임 등에 관한 사항	• 이사, 감사 또는 청산인의 선임, 해임 • 검사인의 선임, 해임 • 신설합병에서의 설립위원의 선임
업무운영의 적정화와 주주의 이익 방위에 관한 사항	• 사후 설립 • 이사, 감사, 청산인의 보수결정 • 이사, 감사의 회사에 대한 책임의 면제 • 재무제표의 확정, 이익처분의 결정, 주식배당, 배당금 지급시기 결정 • 전환사채의 발생, 신주인수권부사채의 발행 • 액면미달의 주식발행 • 합병계약서의 승인 • 청산회사의 재산목록과 대차대조표의 승인 • 청산인의 청산총회의 승인

| 정답 | ⑤

(3) 주주총회의 소집

① 소집권자 : 원칙적으로 이사회의 결의에 따라 대표이사가 절차를 밟아 소집한다.

> **예외적으로 소집할 수 있는 자**
> • 소수주주 : 3/100 이상(대형 상장법인은 1.5/100 이상)에 해당하는 주식을 가진 소주주는 이사회에 소집청구 또는 법원의 허가를 받아 소집할 수 있다.
> • 감사 : 소수주주와 동일한 절차로 소집할 수 있다.
> • 법원 : 소수주주의 청구에 따라 대표이사에게 소집을 명할 수 있다.

② 소집시기 : 정기총회와 임시총회

③ 소집지 : 정관에 다른 정함이 없는 한 본점 소재지 또는 이에 인접한 지역에서 소집해야 한다.

④ 소집절차

- 통지기한 : 주주총회 2주 전 통지
- 통지방법 : 서면 또는 전자문서로 발송
- 통지를 생략하는 경우

  - 의결권 없는 주주
  - 주주명부상의 주주의 주소에 계속하여 3년간 도달하지 않은 경우
  - 상장법인인 경우 영세주주(의결권 있는 주식 1% 이하)에게 2주 전에 2개 이상의 일간지에 2회 이상 총회소집을 공고하거나 전자공시시스템을 통한 방법으로 공고한 경우

(4) 기타

① 주주제안권 : 주주가 일정한 사항을 주주총회의 목적사항으로 할 것을 제안할 수 있는 권리로, 100분의 3 이상의 소수주주에게만 인정된다(다만, 상장법인 · 코스닥상장법인 중 자본금 1,000억 미만 기업은 1% 이상, 1,000억 이상인 기업은 0.5% 이상으로 하되 6개월 이상 보유해야 함).

② 의결권 : 1주마다 1의결권(주주평등권)은 강행규정이며, 의결권은 대리행사가 가능하며, 서면결의도 가능하다.

③ 의결권 없는 주주가 가진 주식의 수는 발행주식총수에 산입하지 않는다.

④ 회사가 여러 종의 주식을 발행한 경우 정관을 변경함으로써 특정 종류의 주주에게 손해를 끼칠 경우 주주총회의 결의 외에 종류주주총회의 결의가 있어야 한다.

② 이사

(1) 이사의 의의

① 이사회의 구성원이다.

② 회사의 의사결정에 참여하고 대표이사 등의 업무집행을 감독한다.

③ 이사와 회사 간의 관계는 위임관계이다.

④ 선량한 관리자의 주의의무를 가진다.

⑤ 이사의 선임은 주주총회의 보통결의에 의한다.

⑥ 법인과 감사는 이사가 될 수 없다.

⑦ 정관으로 이사의 자격을 제한하는 것은 가능하다.

(2) 사외이사

① 자산총액 2조 원 미만 상장법인은 이사총수의 4분의 1을 이사로 두어야 한다.

② 자산총액 2조 원 이상 상장법인은 이사총수의 과반수 이상을 두어야 하며 최소한 3인 이상을 두어야 한다.

(3) 대표이사

① 대외적으로 회사를 대표하고 대내적으로 업무집행을 담당하는 상설 독립기관이다.

② 이사회는 이사 중에서 1인 또는 수 인의 대표이사를 선임한다.

③ 업무집행권, 대표권을 가진다.

(4) 이사의 의무

① 충실의무, 비밀유지의무, 이사회의 보고의무, 손해보고의무

② **겸업금지의무** : 이사는 이사회의 승인 없이 자기 또는 제삼자의 계산으로 회사의 영업 분류에 속한 거래를 하거나 동종영업을 목적으로 하는 다른 회사의 무한책임사원이나 이사가 되지 못한다.

③ **자기거래금지의무** : 이사회의 승인 없이 자기 또는 제3자의 계산으로 회사의 거래를 할 수 없다.

(5) 이사회

① 법률 또는 정관에서 규정한 주주총회의 권한 이외의 사항에 관하여 회사의 의사를 결정하는 업무집행기관이다.

② 이사회의 소집은 각 이사가 소집하는 것이 원칙이나 소집이사를 따로 정한 경우 다른 이사는 소집권이 배제된다.

③ 이사회의 결의는 과반수 출석에 출석이사 과반수의 동의로 한다.

④ 이사회의 권한은 대표이사의 선임, 신주의 발행, 사채의 발행, 주주총회의 소집결정 등이다.

⑤ 이사회의 의사록은 출석한 이사와 감사가 기명날인한다.

③ 감사

(1) 감사

① 감사는 주주총회에서 선임한다. 다만 100분의 3 초과 주식은 의결권이 제한된다.

② 감사는 업무감시권이 있다.

③ 감사의 권한 : 영업보고청구권, 업무·재산상태 조사권, 자회사 감사권, 이사회참석권, 손해보고수령권, 이사에 대한 유지청구권, 주주총회 및 이사회 소집청구권, 감사 해임에 대한 의견진술권, 이사와 회사 간의 소송의 회사대표권 등을 가진다.

④ 감사의 의무 : 주주총회에 대한 조사보고 의무, 이사회에 대한 보고 의무, 감사록 작성 의무

(2) 감사위원회

① 감사위원회는 회사의 업무감독권과 회계감독권을 가진 이사회 내의 위원회이다.

② 감사위원회는 3인 이상의 이사로 구성되며, 최대주주 등 회사의 경영에 직간접적으로 영향력을 행사하는 자가 감사위원의 3분의 1을 넘지 못하도록 규정하고 있다.

③ 감사위원회의 대표는 감사위원회의 결의로 선임하며 감사위원의 선임 및 해임은 이사회의 결의로 한다.

04 신주발행, 정관변경, 배당

① 신주의 발행

(1) 발행사항의 결정

① 신주의 발행가액을 액면 또는 액면초과로 정하는 때에만 이사회가 결정한다(즉, 액면 미달 발행의 경우에는 주주총회의 특별결의를 거침).

② 신주 인수인은 주금납입, 현물출자 이행을 한 경우 납입기일의 익일부터 주주가 된다.

③ 현물출자가 있는 경우 그 성명과 목적인 재산의 종류, 수량, 가액, 그리고 이에 대하여 부여할 신주의 종류와 수를 정하여야 한다.

④ 설립의 경우와는 달리 엄격한 제한이 없으며 발행을 예정하고 있는 신주의 전부에 대한 인수납입이 없더라도 인수납입이 있는 부분에 대하여만 신주발행의 효력이 생긴다.

(2) 신주의 액면미달발행

① 요건 : 회사설립 후 2년이 경과할 것, 주주총회의 특별결의를 얻을 것, 법원의 인가를 얻을 것, 법원의 인가일로부터 1개월 이내에 발행할 것

② 상장회사의 경우는 법원의 인가없이 주주총회 특별결의만으로 액면미달발행이 가능하다.

② 정관의 변경 및 자본감소

(1) 정관의 변경

① 정관의 변경은 주주총회의 특별결의에 의한다.

② 정관변경의 효력발생시기는 주주총회의 결의와 동시에 발생한다.

③ 정관변경은 원시정관의 경우와 달리 공증인의 인증이 필요 없다.

④ 정관변경 시 본점 소재지 2주 이내, 지점 소재지 3주 이내에 등기하여야 한다.

(2) 자본 감소

① 납입한 주금액의 일부를 주주에게 반환하는 실질적인 자본감소방법과 주금액 중 이미 납입한 부분의 일부를 손실로 처리하여 주금액으로부터 삭제하고 나머지 납입액을 주금액으로 하는 방법이 있다.

② 주식의 소각과 주식의 병합이 있다.

③ 자본감소는 주주총회의 특별결의에 의한다.

(3) 준비금

① 회사는 법률, 정관 또는 총회의 결의로써 자산이 자본액을 초과하는 금액 중에서 일정액을 회사에 보유하여야 하는데, 이때 유보된 금액을 말한다.

② 준비금에는 법정준비금과 임의준비금이 있다.

법정준비금

- 이익준비금 : 매 결산기 이익배당액의 1/10 이상을 자본의 2분의 1에 달할 때까지 적립한다.
- 자본준비금 : 자본거래에서 생긴 잉여금을 재원으로 하는 준비금으로, 적립한도 없이 자본거래에서 발행한 잉여금을 모두 적립한다.
- 법정준비금의 용도 : 결손전보 또는 자본전입

③ 이익배당과 주식배당

(1) 이익배당

① 요건 : 배당가능 이익이 존재할 때

② 위법배당은 무효이다.

③ 결산배당 : 매 영업연도 말에 결산을 하여 손익을 확정한 다음에만 가능하다.

④ 중간배당 : 정관규정이 있는 경우 이사회 결의로 연 1회에 한하여 가능하며, 종전과 달리 개정 상법은 금전배당 외에 현물로의 중간배당도 인정한다.

⑤ 배당금지급청구권 : 재무제표의 승인결의에 의해 발생하는 것으로, 승인 후 1개월 내 지급한다.

⑥ 배당금지급청구권의 소멸시효 : 소멸시효기간은 5년이다.

(2) 주식배당

① 요건 : 배당가능 이익이 존재할 때, 수권주식 수의 보유

② 효과 : 배당가능 이익의 사내유보로 자본이 증가하고 신용도를 유지하며, 주식 수 증가로 배당압력이 증가하고 주가가 하락한다.

③ 한도 : 이익배당총액의 2분의 1을 초과할 수 없다.

④ 배당절차 : 주주총회의 보통결의로 결정한다.

 유/사/기/출/문/제

기업이 배당수준을 결정할 때의 고려사항으로 가장 중요도가 떨어지는 것은?

① 자금조달계획 ② 당기순이익

③ 매출채권의 평균회수기간 ④ 기업이익의 안정성과 수익성

⑤ 동종업종의 평균배당 수준

| 해설 |

매출채권의 평균회수기간은 자금의 안정적인 유동성을 확보하기 위해 필요한 것으로, 배당수준과는 거리가 멀다.

| 정답 | ③

05 사채

① 사채 일반

(1) 사채제도의 개선

① 최근 개정 상법에는 상법 제정 이래 최초로 사채편에 대한 개정이 이루어졌다. 종전에 통상의 사채 외에 전환사채와 신주인수권부사채에 대한 규정만이 존재하였던 것을 개정하여 다양한 종류의 사채발행의 근거규정을 마련하였다.

② 일반적인 소비대차를 통한 자금조달에 별다른 제한이 없는 상황에서 사채 총액을 제한하는 것은 비합리적이며 그 밖에 최종 재무상태표상의 순자산액의 4배까지의 사채 총액 제한, 이전에 모집한 사채총액의 납입이 완료된 후가 아니면 다시 사채를 모집하지 못하는 재모집 제한, 1만원 이상의 사채금액 발행규정 및 권면액 초과상환에 대한 규제 등의 각종 규제는 입법정책으로 불필요하다는 판단에 따라 개정된 상법에서는 사채발행에 대한 제한을 폐지하였다.

(2) 사채의 이자지급과 상환

① 사채의 이자액은 사채계약에서 정한 이율로 결정한다.

② 사채의 이자지급청구권과 이권소지인의 공제액 지급청구권은 5년이다.

③ 개정 상법에서는 상환을 게을리 하는 경우 사채권자집회의 결의를 통해 사채총액에 대한 기한의 이익을 상실할 수 있도록 한 기존의 규정을 삭제하였다. 그러나 이자지급 지연 등 기한이익 상실 사유를 정할 수는 있다.

④ 사채의 상환청구권과 사채권의 수탁회사에 대한 상환액지급청구권은 10년간 행사하지 않으면 소멸시효가 완성된다.

② 특수사채

(1) 전환사채

① 일정한 요건에 따라 사채권자에게 사채를 사채 발행회사의 주식으로 전환할 수 있는 권리가 부여된 사채이다.

② 전환사채 발행에 관한 사항으로 정관에 규정이 없는 것도 이사회 결정으로 가능하다 (단, 주주 이외의 자에게 발행 시 주주총회 특별결의에 의한다).

③ 발행 시 등기사항에 해당한다.

④ 전환사채의 전환권은 일종의 형성권으로, 이익이나 이자의 배당에 관하여는 편의상 그 청구를 한 때가 속하는 영업연도 말에 전환된 것으로 본다.

(2) 신주인수권부사채

① 사채권자에게 신주인수권이 부여된 사채를 말한다.
② 이사회의 결정으로 가능하다(단, 주주 이외의 자에게 발행 시 주주총회 특별결의가 필요하다).
③ 발행 시 등기사항에 해당한다.
④ 신주인수권은 신주인수권을 행사하더라도 사채가 소멸되지 않는다.
⑤ 신주발행의 대가로 별도 출자가 필요하다.
⑥ 신주인수권행사에 의한 주식발행총액은 사채총액의 범위 내에서 회사가 조절할 수 있다.
⑦ 신주인수권행사에 따른 주주가 되는 시기는 신주발행가액의 전액을 납입한 때이다.

(3) 이익참가부사채

① 사채권자가 사채의 이율에 따른 이자를 받는 것 외에 배당가능 이익이 있는 경우에 이익배당에도 참가할 수 있는 사채이다.
② 이사회의 결정으로 가능하다(다만, 주주 이외의 자에게 발행 시 주주총회의 특별결의가 필요하다).
③ 발행 시 등기사항에 해당한다.
④ 개정 상법에서는 이익참가부사채를 명시함으로써 비상장법인도 이익참가부사채를 발행할 수 있게 되었다.

(4) 교환사채

① 주식이나 그 밖의 다른 유가증권으로 교환을 청구할 수 있는 권리가 부여된 사채이다.
② 이사회의 결의로 발행이 가능하다(주주 이외의 자에게 발행 시에도 이사회의 결의).
③ 개정 상법은 회사가 교환사채를 발행할 수 있도록 명시하여 종전과 달리 비상장법인 역시 교환사채를 발행할 수 있도록 하고 있다.
④ 사채 발행회사가 소유한 자기주식도 교환사채의 교환대상이 되나 전환사채에 있어서는 사채회사의 신주인이 전환대상이 된다.

사람은 오로지 가슴으로만 올바로 볼 수 있다. 본질적인 것은
눈에 보이지 않는다.

Antoine de Saint-Exupéry

PART **3**

세법 · 보험 · 증권
금융 · 파생상품
연금 · 부동산 · 채권
기타 시사상식

Test of Economic Sense And Thinking

세법

Test of Economic Sense And Thinking

01 조세의 분류와 세율

① 조세의 분류

(1) 국세와 지방세

① 국세 : 국가가 과세주체이며, 국가의 재정수입을 주요 목적으로 하는 조세이다.

> • 보통세 : 소득세, 법인세, 상속세, 증여세, 부가가치세, 개별소비세, 주세, 인지세, 증권거래세, 종합부동산세
> • 목적세 : 교육세, 농어촌특별세, 교통 · 에너지 · 환경세

② 지방세 : 지방자치단체가 과세주체이며, 지방자치단체의 재정수입을 주요 목적으로 하는 조세이다.

> • 보통세 : 취득세, 등록면허세, 레저세, 지방소비세
> • 목적세 : 지역자원시설세, 지방교육세

(2) 내국세와 관세

① 내국세 : 조세가 납부되거나 징수되는 장소를 중심으로 분류한 것으로, 주로 우리나라 국경 내에서 납부 또는 징수하는 조세이다.

> 국세 + 지방세

② 관세 : 우리나라 국경을 통과할 때 납부하거나 징수하는 조세이다. 통상적으로 국외에서 우리나라로 수입할 때 납부하거나 징수하는 수입관세를 말한다.

(3) 보통세와 목적세

① **보통세** : 조세 중 국가 또는 지방자치단체의 일반경비에 충당되는 것을 말한다.

> • 국세 : 소득세, 법인세, 상속세, 증여세, 종합부동산세 등
> • 지방세 : 취득세, 등록면허세, 재산세, 주민세 등

② **목적세** : 조세수입의 용도가 특정한 목적을 위하여 충당되는 것을 말한다.

> • 국세 : 교육세, 농어촌특별세, 교통·에너지·환경세
> • 지방세 : 지역자원시설세, 지방교육세

(4) 직접세와 간접세

① **직접세** : 입법상 조세부담의 전가를 예상하지 않은 조세로 세금을 부담하는 자와 납세의무자가 동일하다.

> 소득세, 법인세, 상속세 및 증여세, 종합부동산세 등

② **간접세** : 입법상 조세부담의 전가를 예상한 조세로 세금을 부담하는 자와 납세의무자가 다르다.

> 부가가치세, 주세, 개별소비세, 인지세, 증권거래세 등

(5) 인세와 물세

① **인세** : 소득이나 재산이 귀속되는 사람을 중심으로 인적 사정을 고려한 조세를 말한다.

> 소득세, 상속세, 종합부동산세 등

② **물세** : 인적 사정을 고려하지 않고 재산이나 수익 자체만을 고려한 조세를 말한다.

> 재산세, 부가가치세 등

(6) 종가세와 종량세

① **종가세** : 과세표준을 과세물건의 가액으로 하는 조세로, 과세의 공평을 기할 수 있으나 과세물건의 가액평가가 어렵다.

> 취득세, 등록면허세, 재산세, 인지세, 소득세, 법인세, 상속세 및 증여세, 부가가치세, 주세, 종합부동산세, 개별소비세 등

② 종량세 : 과세물건의 수량 또는 건수를 과세표준으로 하는 조세로, 과세는 간단하나 조세부담이 불공평하게 될 우려가 있다.

> 등록면허세 일부, 사업소세 일부, 지역개발세 일부, 인지세 일부, 주세 일부, 균등할 주민세 전체, 개별소비세 일부

(7) 독립세와 부가세

① 독립세 : 국가 또는 지방자치단체가 독립된 세원에 대하여 부과하는 조세를 말한다.

> 재산세, 양도소득세, 취득세, 등록세 등

② 부가세 : 다른 세목을 기준으로 부가하여 과세하는 조세를 말한다.

> 교육세, 지방교육세, 소득할 주민세, 농어촌특별세 등

유/사/기/출/문/제

다음 중 국세에 속하는 조세는?

① 주세   ② 취득세   ③ 자동차세

④ 레저세   ⑤ 등록면허세

| 해설 |

조세의 분류	
국세	소득세, 법인세, 상속세와 증여세, 부가가치세, 주세, 인지세, 증권거래세, 교육세, 농어촌특별세, 종합부동산세 등
지방세	취득세, 등록면허세, 레저세, 지방소비세, 지역자원시설세, 지방교육세 등

| 정답 | ①

2 세율

(1) 비례세율

① 단순비례세율 : 모든 과세대상에 동일세율을 적용한다(부가가치세).

② 차등비례세율 : 과세대상에 따라 차등세율을 적용한다(개별소비세, 주세, 증권거래세 등).

(2) 누진세율

① **단순누진세율** : 과세표준 전체에 대하여 높은 세율을 적용한다. 현행 세법상 단순누진세율을 채택한 세목은 없다.

② **초과누진세율** : 과세표준 증가에 따라 초과분에만 높은 세율을 적용한다(소득세, 법인세, 상속세, 증여세, 종합부동산세 등).

(3) 역진세율

① 과세표준이 증가함에 따라 점차 낮아지는 세율을 말한다.

② 현행 세법상 역진세율을 채택한 세목은 없다.

02 | 조세 관련 용어 및 국세부과원칙

① 조세 관련 용어

(1) 가산세

① 가산세란 세법에 규정하는 의무의 성실한 이행을 확보하고자 그 세법에 의하여 산출한 세액에 가산하여 징수하는 금액을 말한다. 다만 가산금은 이에 포함하지 아니한다.

② 가산세에는 신고불성실가산세와 납부불성실가산세가 있다.

(2) 가산금

① 국세 또는 지방세를 납부기한까지 납부하지 아니한 때에 국세징수법에 의하여 고지세액에 가산하여 징수하는 금액과 납기기한까지 납부하지 아니한 때에 그 금액에 다시 가산하여 징수하는 금액을 말하며, 납부의무 불이행에 대한 연체이자의 성격을 갖는다.

② **중가산금** : 납부기한 경과 후 다시 일정기한까지 납부하지 아니한 때에 그 금액에 다시 가산하여 징수하는 금액을 말한다.

(3) 징수방법

① **보통징수방법** : 세무공무원이 납세고지서를 당해 납세의무자에게 교부하여 국세 또는 지방세를 징수하는 것을 말한다.

재산세, 종합부동산세, 상속세, 증여세 등

② 신고납부방법 : 납세의무자가 그 납부할 과세표준액과 세액을 신고하고 동시에 신고한 세금을 납부하는 것을 말한다.

취득세, 등록면허세, 소득세(양도소득세), 법인세, 부가가치세 등

③ 특별징수방법 : 지방세의 징수에 있어서 그 징수의 편의가 있는 자로 하여금 징수하게 하고, 그 징수한 세금을 납입하게 하는 것을 말한다.

(4) 기타

① 원천징수 : 세법에 의하여 원천징수 의무자가 국세를 징수함을 말한다.

② 체납처분비 : 국세징수법 또는 지방세법 중 체납처분에 관한 규정에 의한 재산의 압류, 보관, 운반과 공매에 소요된 비용을 말한다.

③ 납세의무자 : 세법에 의하여 국세 또는 지방세를 납부할 의무가 있는 자를 말한다.

④ 납세자 : 납세의무자와 세법에 의하여 국세 또는 지방세를 징수하여 납부할 의무를 지는 자를 말한다.

⑤ 과세표준 : 세법에 의하여 직접적으로 세액산출의 기초가 되는 과세물건의 수량 또는 가액을 말한다.

⑥ 표준세율 : 지방자치단체가 지방세를 부과할 경우에 통상 적용하여야 할 세율로 재정상 기타 특별한 사유가 있다고 인정할 경우에는 이에 따르지 아니할 수 있는 세율을 말한다.

⑦ 과세요건 : 납세의무 성립에 필요한 법률상의 요건으로서 일반적으로 납세의무자, 과세대상, 과세표준, 세율을 말한다.

 유/사/기/출/문/제

다음 글에서 설명하는 용어는?

국가가 국민에게 부과 징수하는 금전 중에서 조세를 제외한 것을 통틀어 일컫는 것으로 수수료, 사용료, 특허료, 납부금 등이 여기에 속한다.

① 범칙금   ② 벌금   ③ 가산세
④ 부가세   ⑤ 과징금

| 해설 |

① 범죄처벌법·도로교통법규 등을 범하거나 위반했을 때 부과하는 벌금을 말한다.

② 범죄를 저지른 자에게 형벌로서 부과하는 금액을 총칭하여 말한다.

③ 납세자가 세액을 과소신고하는 등 과세위반에 대해 세법에 의해 산출한 세액에 가산하여 징수하는 금액이다.

④ 다른 세금에 부가해 과세하는 세금을 말한다.

참고 과태료와 범칙금

과태료는 주로 시청·군청·구청 같은 행정기관이, 범칙금은 경찰이 부과한다. 주정차 위반이나 쓰레기 무단 투기 같은 경우에는 과태료를 물고, 경범죄를 저질러 경찰에게 단속되면 범칙금을 문다. 교통법규를 어겼을 때는 상황에 따라 범칙금과 과태료가 달라진다. 속도 위반이나 차선 위반 등으로 경찰에게 직접 단속되면 범칙금을 내야 하지만, 무인 카메라에 단속되면 경찰은 운전자를 확인할 수 없기 때문에 1차로 차주에게 범칙금 통지서를 보낸다. 이때 차주가 범칙금을 내지 않으면 1만 원이 할증된 과태료로 전환되어 최종적으로 차주가 내야 한다.

| 정답 | ⑤

03 | 납세의무

① 납세의무의 성립, 확정, 소멸

(1) 납세의무의 성립

① 소득세, 법인세, 부가가치세 : 과세기간이 끝나는 때

② 상속세 : 상속이 개시되는 때

③ 증여세 : 증여에 의하여 재산을 취득하는 때

④ 인지세 : 과세문서를 작성하는 때

⑤ 증권거래세 : 해당 매매거래가 확정되는 때

⑥ 종합부동산세 : 과세기준일

⑦ 가산세 : 가산할 국세의 납세의무가 성립하는 때

⑧ 개별소비세 : 과세물품을 제조장으로부터 반출하거나 판매장에서 판매하는 때, 과세장소에 입장하거나 과세유흥장소에서 유흥음식행위를 한 때, 과세영업장소에서 영업행위를 한 때, 수입물품의 경우 세관장에서 수입신고를 하는 때

(2) 납세의무의 확정

① 신고납부제도 : 납세의무자의 신고로 세액이 확정된다(소득세, 법인세, 부가가치세, 증권거래세 등).

② 부과과세제도 : 과세할 관청의 처분에 의해 과세표준과 세액이 확정된다(상속세, 증여세).

③ 자동확정 : 납세의무 성립 시 특별한 절차 없이 확정된다(인지세, 원천징수하는 소득세, 법인세, 중간예납하는 법인세 등).

(3) 납세의무의 소멸

① 납부 : 세액을 정부에 납부하는 것

② 충당 : 국세 등을 국세환급금과 상계하는 것

③ 부과의 취소 : 유효하게 정해진 부과처분을 당초의 처분시점으로 소급하여 효력을 상실하게 하는 세무관서의 처분

④ 제척기간의 만료 : 국세부과권의 존속기간의 경과

⑤ 소멸시효의 완성 : 국세징수권을 일정기간 동안 미행사 시(5년)

② 수정신고, 경정청구, 기한 후 신고

(1) 수정신고

① 과세표준신고서에 기재된 과세표준 및 세액이 세법에 의하여 신고하여야 할 과세표준 및 세액에 미달하는 때

② 과세표준신고서에 기재된 결손금액 또는 환급세액이 세법에 의하여 신고하여야 할 결손금액 또는 환급세액을 초과하는 때

③ 과세표준수정신고서를 법정신고기한 경과 후 6개월 이내에 제출하는 경우에는 부과할 가산세의 50%, 6개월 초과 1년 이내의 경우 20%, 1년 초과 2년 이내의 경우 10% 경감

(2) 경정청구

① 과세표준신고서를 법정신고기한 내에 제출한 자의 당초 신고한 과세표준 또는 세액이 과다한 경우 법정신고기한 경과 후 3년 이내에 이를 정정하는 제도

② 과세표준신고서에 기재된 과세표준 및 세액이 세법에 의하여 신고하여야 할 과세표준 및 세액을 초과하는 때 또는 과세표준신고서에 기재된 결손금액 또는 환급세액이 세법에 의하여 신고하여야 할 결손금액 또는 환급세액에 미달하는 때

(3) 기한 후 신고

① 신고기한 내에 과세표준신고서를 제출하지 아니한 자

② 관할세무서장이 신고하지 아니한 과세표준과세액을 결정하여 통지하기 전까지 가능

③ 납부하여야 할 세액과 가산세를 신고와 함께 납부

---

04 | 상속세와 증여세

1 상속세

(1) 상속세의 의의

① 자연인의 사망을 원인으로 무상 이전되는 재산에 과세하는 세금이며, 상속재산은 물론 유증, 사인증여, 특별연고가 분여재산을 상속세의 과세대상으로 한다.

② 상속인 또는 수증자는 상속재산 중 각자가 받은 재산의 점유비율에 따라 상속세를 연대하여 납부할 의무가 있다. 연대납세의무의 범위는 각자 상속받은 재산을 한도로 한다.

(2) 상속재산과 과세가액

① 과세가액 = 상속재산가액 + 상속개시 전 증여재산가액 + 추정상속재산가액 − 과세가액불산입액 − 과세가액공제액

> - 상속재산가액 = 상속재산 + 의제상속재산 − 비과세상속재산
> - 의제상속재산이란 보험금, 피상속인 신탁재산, 퇴직금 또는 퇴직수당 등
> - 비과세상속재산이란 전사 등으로 인한 상속재산, 국가 등에 기부재산, 문화재 등
> - 증여재산가액은 상속인에게 10년 이내, 상속인 이외의 자에게 5년 이내에 증여한 재산
> - 추정상속재산가액이란 상속개시 전 1년 이내(2년이내) 재산 처분액 또는 채무부담액이 재산 종류별로 2억 원(5억 원) 이상이고 용도가 불명인 것
> - 과세가액불산입액 : 공익법인 등 출연재산
> - 과세가액공제액(법정공제액)
>   - 공과금 : 조세, 공공요금, 기타 공과금
>   - 장례비용 : 1,000만 원 한도(500만 원 미만인 경우는 500만 원)
>   - 채무 : 상속개시일 전 10년 이내에 피상속인이 상속인에게 진 증여채무 제외(상속개시일 전 5년 이내에 피상속인이 상속인 이외의 자에게 진 증여채무 제외)

② 상속세과세표준 = 과세가액 − 기초공제 − 배우자상속공제 − 기타 인적 공제 − 금융
재산상속공제 − 재해손실공제 − 감정평가수수료

- 기초공제 : 2억 원, 가업상속재산 1억 원 한도, 영농상속재산 2억 원 한도
- 배우자 공제 : 배우자가 실제 상속받은 재산(최저 5억 원 ~ 30억 원 한도)
- 기타 인적 공제

  - 자녀공제 : 자녀 1인당 3,000만 원
  - 미성년자공제 : 상속인(배우자 제외) 및 동거가족 중 미성년자 1인당 500만 원 × 20세에 달하기까지
    의 연수
  - 연로자공제 : 상속인(배우자 제외) 및 동거가족 중 60세 이상자 1인당 3,000만 원
  - 장애인공제 : 상속인(배우자 포함) 및 동거가족 중 장애인 1인당 500만 원 × 기대여명

- 금융재산상속공제 : 순금융자산 가액의 20%(2억 원 한도)
- 재해손실공제 : 신고기한 내에 상속재산의 재해손실액 − 보전액
- 감정평가수수료 : 500만 원 한도, 기타 비용을 고려하여 총 1,000만 원 한도

③ 산출세액 = 과세표준 × 세율

10~50%의 5단계 초과누진세율

④ 차감납부세액 = 산출세액 − 증여세액공제 − 외국납부세액공제 − 단기재상속세액공
제 − 신고세액공제 − 연부연납, 물납신청금액

- 증여세액공제 : 증여재산에 대한 증여세 산출세액
- 외국납부세액공제 : 외국상속재산에 대한 외국납부세액
- 단기재상속세액공제 : 10년 이내 재상속(100~10%로 단계적 공제)
- 신고세액공제 : (산출세액 − 징수유예액)의 10% 공제

 유/사/기/출/문/제

가업상속과 관련하여 현행 상속세제에 대한 내용으로 옳지 않은 것은?

① 상속세의 최고세율은 40%이다.
② 상속세는 일정한 경우 물납도 가능하다.
③ 상속세와 증여세는 같은 법에서 규정하고 있다.
④ 가업상속을 위한 상속세 공제한도는 최고 100억 원이다.
⑤ 15년 이상 경영한 중소기업을 상속하는 경우 일정부분을 공제받는다.

| 해설 |

상속세의 최고세율은 50%이다.

> **참고** 가업상속 공제
>
> 가업상속 재산가액의 100분의 70에 상당하는 금액이다. 다만, 그 금액이 100억 원을 초과하는 경우에는 100억 원을 한도로 하되, 피상속인이 15년 이상 계속하여 경영한 경우에는 150억 원, 피상속인이 20년 이상 계속하여 경영한 경우에는 300억 원을 한도로 한다.

| 정답 | ①

② 증여세

(1) 납세의무자

① 증여세의 납세의무자는 재산을 증여받은 자이다.

② 수증자가 영리법인인 경우에는 납세의무를 지지 않는다.

(2) 증여세의 계산

① 증여세과세가액 = 증여재산가액 − 증여세과세가액불산입재산 등 − 채무부담액

> • 증여재산가액 : 본래의 증여재산가액 또는 증여의제(추정)가액, 증여일 현재의 시가에 의해 평가(단, 시가산정이 어려우면 개별공시지가 등 보충적 평가방법으로 평가)
> • 증여세과세가액불산입재산 등 : 비과세(사회통념상 인정되는 피부양자의 생활비, 교육비 등) 과세가액 불산입재산(공익법인 등에 출연한 재산 등)
> • 채무부담액 : 증여재산에 담보된 채무인수액(증여재산 관련 임대보증금 포함)

② 과세표준 = 증여세과세가액 − 증여재산공제 − 감정평가수수료

> **증여재산공제**
> • 배우자 : 6억 원
> • 직계존비속 : 성년 3,000만 원(미성년은 1,500만 원)
> • 기타 친족 : 500만 원

③ 산출세액 = 과세표준 × 세율

> 10 ~ 50%의 초과누진세율

02장

보험

T e s t o f E c o n o m i c S e n s e A n d T h i n k i n g

---

01 손해보험

① 손해보험 일반

(1) 손해보험의 의의 및 원리

① 우연적 사고에 관련하는 경제상의 불안정을 제거 · 경감하고자 다수의 경제주체가 결합해서 합리적 계산에 따라 공동으로 준비하는 경제제도이다.

② 손해보험의 성립요소

> - 우연적인 사고의 존재 : 사고의 발생 여부, 시기, 규모의 전부 또는 일부가 불확실한 것
> - 경제상의 불안정 제거 · 경감 : 우연적 사고와 관련되는 경제상의 불안정을 제거 · 경감
> - 다수 경제주체의 결합 : 동질적인 위험에 노출되어 있는 다수의 경제주체
> - 공평한 보험료의 부담 : 보험가입자의 위험률에 따라 공평하게 보험료를 산출 · 부과
> - 사회적 경제제도 : 가정 및 기업의 안정성 유지

③ 손해보험의 원리

> - 위험부담의 원칙 : 다수의 경제주체가 하나의 위험집단을 구성하여 각자가 납입한 보험료에 의해 구성원의 일부가 입은 손해 보상(상부상조제도)
> - 대수의 법칙 : 동형 · 동질의 위험에 처한 다수의 사고를 장기간에 걸쳐 관찰해보면 발생 빈도에 관한 확률을 통계적으로 파악할 수 있다는 법칙
> - 급부 · 반대급부 균등의 법칙 : 위험집단의 구성원 각자가 부담하는 보험료는 지급보험금에 사고발생 확률을 곱한 것과 같다.
> - 수지상등의 원칙 : 수입보험료 총액과 지급보험금 총액이 균등해야 한다는 원칙
> - 이득금지의 원칙 : 피보험자가 보험에 의해 이득을 보아서는 안 된다는 원칙(적용 : 초과보험, 중복보험, 보험자대위 등)

(2) 손해보험 경영의 원칙

① 위험대량의 원칙 : 손해보험의 성립은 대수의 법칙에 기초하므로 될수록 많은 계약을

모집하여야만 기업의 안정은 물론 수입의 증대도 도모할 수 있다.

② 위험동질성의 원칙 : 많은 위험은 인수했더라도 그 종류와 정도가 평균의 법칙에 의해 동질적이고 평균화되어야 하며, 보험경영의 합리화를 위해서는 역선택을 방지하여야 한다.

③ 보험료적정의 원칙 : 적절한 보험료란 보험료의 수입과 보험금, 그리고 사업비의 지출이 균등하고 보험 기업에 타당한 이윤이 확보될 수 있는 수준을 말한다.

④ 위험분산의 원칙 : 위험의 선택을 신중하게 하고 위험을 합리적으로 보유하고 나머지는 재보험으로 다른 보험자에게 위험을 전가·분산하고 있다.

⑤ 보험급여 적정의 원칙 : 보험자는 손해사정과 보험금지급에 있어 신속하고도 합리적이어야 한다.

⑥ 투자다양화의 원칙 : 투융자 사업에는 안정성·수익성·유동성·공공성을 감안하여야 한다.

② 손해보험 관련 용어이해

(1) 도덕적 위험

① 보험사고의 발생가능성이 커지거나 손해의 정도를 증대시킬 수 있는 보험계약자나 피보험자의 불성실, 악의 또는 고의성을 도덕적 위험이라고 하고, 이를 인위적 위험이라고도 한다.

② 손해보험 종목 중 특히 상해보험이나 도난보험에서 도덕적 위험을 흔히 발견할 수 있다(방화, 사기, 살인, 고의적 위험 등).

 유/사/기/출/문/제

면책조항이 교통사고를 늘리는 상황과 밀접한 관련이 있는 개념은?

① 역선택　　　　② 정보의 비대칭성　　　　③ 보험사기
④ 도덕적 해이　　⑤ 주인 대리인 문제

| 해설 |

도덕적 해이(Moral Hazard)는 IMF 지원 금융과 더불어 대중과 친밀해진 대표적 경제 용어 중 하나이다. 먼저 이를 교과서적으로 정리하자면, 도덕적 해이란 '보험자가 관찰할 수 없는 피보험자의 행동'을 지칭하며 '불확실성과 불완전계약이 존재하는 상황에서 경제주체가 다른 사람에게 비용을 발생시키면서 자신의 효용을 극대화하는 행위'로 일반화할 수 있다. 이때 '도덕적'이라는 의미는 원래의 의미인 개인의 도덕감정이나 윤리의식이라기보다는 구체적 행동으로 인해 초래되는 이해득실의 측면을 나타낸다.

| 정답 | ④

(2) 역선택

① 보험회사에 불리한 보험사고 발생가능성이 매우 높은 위험물건을 보험계약자가 자진해서 보험에 가입하는 것을 말한다.

② 계약인수 시 풍수재 다발지역의 풍수해담보나 질병을 담보하는 상해보험이나 건강생활보험에 있어서 기왕증을 가진 자의 역선택에 유의하여야 한다.

③ 역선택이 많아지면 대수의 법칙에 의한 수지상등의 원칙이 무너진다.

언더라이팅(Underwriting)

보험의 목적에 대한 위험을 측정하여 계약의 인수 여부를 결정하는 일로서 도덕적 위험이나 역선택 방지를 위한 제도이다.

(3) 보험료와 보험금

① **보험료** : 보험료는 보험계약에서 보험자가 위험을 인수한 대가로서 보험계약자가 지급하는 금액이다. 보험료는 대수의 법칙에 따라 사고발생의 개연율에 의하여 산출되는 순보험료와 보험계약의 체결비용, 인건비, 그 밖의 사업비로서 부가되는 부가보험료를 포함한다.

② **보험금** : 보험금액은 보험자가 위험을 인수하여 보험사고가 생긴 때에 지급하는 금액이다. 손해보험계약에서 보험금액이란 보험자가 보험계약자와 합의하여 정한 손해보상책임의 최고한도액을 의미하고, 생명보험과 같은 정액보험에서는 보험자가 보험사고 발생시기에 지급하기로 약정한 금액이 보험금액이다.

(4) 보험기간, 보험료기간, 보험계약기간

① **보험기간** : 보험자의 책임이 시작되어 끝난 때까지의 기간으로서 이를 보장기간 또는 위험기간이라고도 한다. 보험기간은 다른 약정이 없는 한 최초의 보험료를 받은 때로부터 개시하여 그 종료일까지이다.

② **보험료기간** : 보험자는 일정한 기간을 단위로 그 기간 안에 생기는 보험사고의 발생률을 통계적으로 측정하여 그 위험률에 따라 보험료를 산정하게 되는데, 그 기간을 보험료 기간이라고 한다(통상 1년이 원칙임).

③ **보험계약기간** : 보험계약이 성립해서 소멸할 때까지의 기간을 말한다.

보험계약의 성립시기

보험계약의 성립시기는 보험자의 승낙이 있는 시점부터이고, 보장이 개시되는 시기는 제1회 보험료를 납입한 시점부터이다.

(5) 보험계약의 성립

① **청약** : 보험계약의 청약은 보험계약자가 보험자에 대해 일정한 보험계약을 맺을 것을 목적으로 하는 일방적 의사표시이다. 청약은 구두이든 서면이든 상관이 없으나 실무에서는 보험계약청약서를 이용하는 것이 보통이다.

② **승낙** : 보험자의 승낙은 계약의 성립을 목적으로 하는 의사표시로서 보험자가 보험계약자의 청약을 승낙하면 보험계약이 성립되어 당사자는 보험계약상의 권리의무를 지게 된다.

③ **승낙의 통지의무와 보험계약의 성립** : 보험자가 보험계약자에게서 보험계약의 청약과 함께 보험료 상당액의 전부 또는 일부의 지급을 받은 때에는 다른 약정이 없으면 30일 이내에 그 상대방에 대하여 낙부의 통지를 발송하여야 하고, 이를 게을리할 때에는 승낙한 것으로 보아 그 계약의 성립을 인정하고 있다.

(6) 보험약관

① **보통보험약관** : 보험자가 보험계약자와 보험계약을 체결하기 위하여 보험자가 미리 작성한 보험계약의 내용을 이루는 일반적·보편적·표준적인 계약조항을 말한다.

② **특별약관** : 당사자 간의 특별한 의사표시에 의하여 정해지며, 보통계약에 관한 특별조항이다.

보험약관의 해석원칙

• 계약당사자 의사존중의 원칙(개별약정 우선의 원칙)

• 신의성실의 원칙(객관적 해석의 원칙)

• 작성자 불이익의 원칙(보험자에게는 엄격하고 불리하게, 보험계약자에게는 유리하게 적용하는 원칙)

• 특별약관 우선의 원칙(강행법규 〉 당사자의 합의 〉 보통약관 〉 사실적 관습 〉 보험계약법(임의규정) 〉 민법)

③ 자동차보험

(1) 자동차보험의 의의

① 자동차를 소유, 사용 또는 관리하는 자가 그 자동차를 소유, 사용 또는 관리하는 과정에서 배상책임손해, 자기신체상태 또는 자기차량손해 등이 발생하였을 때 그 손해를 보상해줄 것을 목적으로 하는 보험이다.

② 자동차사고로 인한 손해 : 대인배상책임손해, 대물배상책임손해, 자기신체상해, 자기차량손해

(2) 자동차보험의 기능

① 개인과 기업의 안정 : 위험을 보험으로 인수 분산시켜 개인에게는 생활의 안정, 기업에는 경영의 안정을 도모한다.

② 자동차 소유자의 경제적 구제 : 피보험자를 경제적 파탄에서 구제한다.

③ 피해자의 보호 : 위자료, 상실수익, 치료비, 휴업손해 등에 대하여 자동차 보유자를 대신하여 피해자에게 보상한다.

④ 사고예방적 역할 : 보험회사의 교통사고에 대한 예방조치를 시행하고 우량물건은 할인하고 불량물건은 할증하는 적극적인 예방조치도 시행한다.

(3) 피보험자의 범위

① 보험증권에 기재된 피보험자(기명피보험자) : 자동차 소유자 본인

② 기명피보험자 및 기명피보험자의 배우자(피보험자동차에 탑승 중이었는지 여부를 불문)

③ 기명피보험자 또는 그 배우자의 부모 및 자녀자(피보험자동차에 탑승 중이었는지 여부를 불문)

④ 기명피보험자의 승낙을 얻어 피보험자동차를 사용 또는 관리 중인 자(그러나 자동차 정비업, 주차장업, 급유업, 세차업, 자동차판매업, 자동차탁송업 등 자동차를 취급하는 것을 업으로 하는 자가 업무로서 위탁받은 피보험자동차를 사용 또는 관리하는 경우에는 피보험자로 보지 아니함)

⑤ 전 각호의 피보험자를 위하여 피보험자동차를 운전 중인 자(운전보조자 포함)

> **🎙️ TIP**
>
> **가족운전자 한정특약에서의 운전을 할 수 있는 자**
> - 기명피보험자
> - 기명피보험자의 부모, 양부모

- 기명피보험자의 배우자(사실혼도 포함)
- 기명피보험자의 자녀(사실혼 관계에서 출생한 자녀, 양자, 양녀 포함)
- 기명피보험자의 며느리
- 기명피보험자 배우자의 동거 중인 부모, 양부모
- 기명피보험자 또는 그 배우자와 동거 중인 사위

 유/사/기/출/문/제

자동차보험의 '가족운전자 한정특약'에서 가족의 범위에 해당하지 않는 자는?

① 배우자　　　　　　② 동생　　　　　　③ 시부모

④ 양부모　　　　　　⑤ 친정부모

| 해설 |

자동차보험의 가족운전자 한정특약은 가입자의 부모, 배우자, 자녀 등 직계로 1촌 이내의 가족을 의미한다.

〈가족운전자 한정특약의 가족 범위〉

1. 기명피보험자의 부모와 양부모, 계부모
2. 기명피보험자 배우자의 부모 또는 양부모, 계부모
3. 법률상 배우자 또는 사실혼 관계에 있는 배우자
4. 법률상 혼인관계에서 출생한 자녀, 사실혼 관계에서 출생한 자녀, 양자 또는 양녀, 계자녀
5. 기명피보험자의 며느리 및 동거 중인 사위

| 정답 | ②

02　생명보험

① 생명보험 상품의 구성

(1) 생명보험의 기본원리

① 대수의 법칙 : 보험에서 사용되는 가장 기본적인 원리이며 보험경영의 근간을 이루는 개념이다. 즉, 어떤 사건의 발생비율은 1회나 2회의 관측으로는 측정이 어렵지만 관찰 횟수를 늘려가면 일정한 형태를 파악할 수 있다는 것이다.

② **수지상등의 원칙** : 보험료는 대수의 법칙에 의해 파악된 사고발생 확률에 기초하여 회사가 장래에 수입되는 보험료와 향후 보험가입자에게 지급될 보험금 등이 일치하도록 산출한다.

> 보험료총액 = 보험금액총액

③ **사망률과 생명표** : 대수의 법칙에 따라 어떤 연령대의 사람들이 1년에 몇 명 정도 사망(또는 생존)할 것인가를 산출하여 계산한 표가 생명표이다.

생명표의 종류

- **국민생명표** : 모든 국민을 대상으로 한 생명표
- **경험생명표** : 생명보험회사가 피보험자집단을 대상으로 작성한 생명표

참고 사망률 = 1년간의 사망자 수 ÷ 연초의 생존자 수

(2) 보험료의 구성

① 예정위험률 · 예정이율 · 예정사업비율을 예정기초율이라고 하며, 보험회사는 이를 기초로 보험료를 계산한다.

② 예정위험률에 의하여 산출된 보험료를 위험보험료, 예정이율에 의하여 산출된 보험료를 저축보험료라 하고, 이 두 가지를 합하여 순보험료라고 한다.

③ 예정사업비에 의하여 산출된 보험료를 부가보험료라고 하는데, 순보험료와 부가보험료를 합한 것을 영업보험료라고 한다.

자연보험료와 평준보험료

- **자연보험료(Natural Premium)** : 생명보험에서 피보험자가 매년 갱신조건부로 1년 정기보험을 계약할 경우 각 연도의 순보험료를 의미한다. 사망률은 연령이 증가할수록 높아지므로 보험료 역시 매년 상승하여 결국에는 가입자가 부담할 수 없을 정도의 고액이 된다. 이처럼 보험료가 매년 위험률 변화에 따라 변경되는 것을 자연보험료라고 한다.
- **평준보험료(Level Premium)** : 자연보험료를 전 보험기간에 걸쳐 평준화한 보험료를 의미하며, 전 보험기간에 걸쳐 수지상등이 되도록 정한 정액의 보험료를 의미한다. 우리나라 보험회사는 일반적으로 보험료 산출 시 평준보험료로 산출한다.

(3) 책임준비금

① 보험료적립금 : 결산시점에서 장래에 있을 보험금 및 제지급금의 지급을 위해 순보험료를 예정이율로 증식 · 적립한 것을 말한다.

② 미경과보험료적립금 : 결산월 이전에 납입응당일이 도래한 보험료 중 차기 이후의 기간에 해당하는 보험료로서 보험료 및 책임준비금 산출방법에 의하여 계산한 금액이다.

③ 지급준비금 : 보험금 등의 지급사유가 발생한 계약에 대하여 보험금, 환급금 또는 계약자배당금에 관한 분쟁 또는 소송이 계류 중인 금액이나 지급이 확정된 금액과 보험금지급액의 미확정으로 인하여 지급하지 아니한 금액이다.

④ 계약자배당준비금 : 보험회사가 계약자에게 배당하기 위하여 적립한 금액을 의미하며, 사업연도 중 계약자가 배당금을 찾아가지 않거나 규정상 배당금지급을 일정기간 이후에 지급하기로 한 경우 회계연도 말에 보험회사 내에 남아 있는 금액을 의미한다.

⑤ 계약자이익배당준비금 : 유배당보험의 계약자지분 중 당해 사업연도의 계약자배당준비금으로, 할당한 후의 잔여금액을 의미하며 보험업감독규정상 당해 회계연도 종료일부터 5년 이내에 계약자에 대한 계약자배당재원으로 사용하여야 한다.

(4) 주계약과 특약

① 주계약 : 보험계약에서 기본이 되는 중심적인 보장 내용을 주보험이라고 하고, 상품의 특성에 따라 주보험에 의무적으로 부가하는 특약을 합쳐 주계약이라고 하며, 상품의 가장 기본적인 특징을 나타내는 부분이다.

② 특약 : 특약은 특별보험약관의 준말로서 계약자가 필요로 하는 보장을 추가하거나 보험가입자의 편의를 도모하고자 주계약 이외의 보장을 확대하거나 보완하려고 추가적으로 부가하는 계약이다. 원칙적으로 주보험 자체만으로도 보험계약은 성립될 수 있으나 주보험만으로는 보험계약자들의 다양한 욕구를 모두 충족시키기에는 한계가 있다. 따라서 보험회사는 계약자들의 다양한 욕구를 수용할 수 있도록 여러 가지 특약을 개발하여 주계약에 부가하여 판매하고 있다.

② 생명보험 약관의 주요 내용

(1) 생명보험계약의 성립

① 보험계약은 보험계약자의 청약과 보험회사의 승낙으로 이루어진다.

② 보험계약의 청약은 보험을 청약하는 사람이 보험회사에 대하여 일정한 보험계약을 맺을 것을 목적으로 하는 일방적 의사표시로서 구두에 의하든 서면에 의하든 상관없으나 일반적으로 청약서를 이용한다.

③ 보험계약자는 청약을 한 날부터 15일 이내에 그 청약을 철회할 수 있다. 단, 진단계약, 단체(취급)계약 또는 보험기간이 1년 미만인 계약의 경우는 제외하며, 전화·우편·컴퓨터 등의 통신매체를 통한 보험계약의 경우에는 청약을 한 날부터 30일 이내에 그 청약을 철회할 수 있다.

(2) 약관의 교부 및 설명

① 보험회사는 계약을 체결할 때 계약자에게 약관을 교부하고 그 중요한 내용을 설명하여야 한다.

② 보험회사가 보험계약자에게 설명해야 할 약관의 중요한 내용은 보험종류에 따라 다르지만, 일반적으로 보험료와 납입방법, 보험회사의 보장개시일, 보험사고의 내용, 보험계약의 해지사유 또는 보험회사의 면책사유 등 계약당사자인 보험회사와 보험계약자의 권리·의무와 밀접한 관련이 있는 사항이다.

③ 보험회사가 보험계약자에게 보험약관을 전달하지 않았거나 약관의 중요한 내용을 설명하지 아니한 경우에는 청약일로부터 3개월 이내에 그 계약을 취소할 수 있다.

(3) 가입자의 계약 전 알릴 의무

① 보험계약자 또는 피보험자는 보험계약을 청약할 때 피보험자의 건강상태 등 위험을 측정하는 데 필요한 중요한 사항을 반드시 사실대로 알려야 하는데 이를 가입자의 계약 전 알릴 의무라고 한다.

② 계약 전 알릴 의무의 내용은 현재와 과거의 건강상태, 신체의 장해상태, 직업 등이며, 일반적으로 피보험자가 알려야 할 중요한 사항을 보험회사가 알았다면 계약의 청약을 거절하거나 보험가입금액을 제한하는 등 계약의 인수에 영향을 미칠 수 있는 사항을 의미한다.

③ 보험회사는 계약자 또는 피보험자가 고의 또는 중대한 과실로 중요한 사항에 대하여 사실과 다르게 알린 것을 알았을 경우에는 그 계약을 해지하거나 보장을 제한할 수 있다.

보험회사가 계약 전 알릴 의무 위반으로 계약을 해지할 수 없는 경우
- 보험회사가 계약 당시 계약 전 알릴 의무 위반사실을 알았거나, 중대한 과실로 인하여 알지 못하였을 때
- 보험회사가 그 사실을 안 날로부터 1개월이 지났거나 보장개시일로부터 보험금 지급사유가 발생하지 않고 2년(진단계약은 1년)이 지났을 때
- 계약체결일부터 3년이 지났을 때
- 보험회사가 계약청약 시 피보험자의 건강상태를 판단할 수 있는 기초자료에 의하여 승낙통지를 한 때
- 보험설계사 등이 보험계약자 또는 피보험자의 계약 전 알릴 의무 사항을 임의로 기재한 경우

(4) 보험금의 지급

① 보험금이란 보험사고가 발생하였을 때 보험회사가 그 손해를 보상하고자 지급하는 금전을 말한다. 보험자의 보험금 지급의무는 2년이 지나면 시효로서 소멸한다.

② 보험금 지급을 하지 않는 경우 : 피보험자가 고의로 자신을 해친 경우, 보험수익자가 고의로 피보험자를 해친 경우, 계약자가 고의로 피보험자를 해친 경우

> 〈예외로서 지급하는 경우〉
> • 피보험자가 심신상실 등으로 자유로운 의사결정을 할 수 없는 상태에서 자신을 해친 경우 : 재해사망보험금 지급
> • 계약의 보장개시일부터 2년이 경과된 후에 자살한 경우 : 재해 이외의 원인에 해당하는 보험금을 지급
> • 보험수익자가 보험금의 일부 보험수익자인 경우 : 그 보험수익자에 해당하는 보험금을 제외한 나머지 보험금을 다른 보험수익자에게 지급

유/사/기/출/문/제

현행법상 손해보험의 보험금지급조건에 대한 설명으로 옳지 않은 것은?

① 피보험자가 정신질환 등으로 자살했을 경우에는 생명보험과 손해보험 모두 보장하지 않는다.

② 생명보험은 질병이 발생했을 때 약관에서 정한 보험금을 지급하며, 손해보험은 실제 치료받은 금액을 지급한다.

③ 생명보험은 복수의 상품에 가입하면 각각 보험금을 중복하여 보상하지만, 손해보험은 여러 상품을 가입한 경우에도 실손 보상비에 대해서만 비례적으로 보상하므로 실손형 보험에 중복가입하면 손해다.

④ 치료비가 많이 드는 중대한 질병은 생명보험 상품이 유리하며, 작은 질병에 대한 잦은 치료비는 손해보험 상품이 유리하다.

⑤ 보험기간 중 진단확정된 질병 또는 재해로 장해분류표에서 정한 각 장해지급률에 해당하는 장해상태가 되었을 때 생명보험의 경우 장해보험금을 지급하며 손해보험의 경우 후유장해보험금을 지급한다.

| 해설 |

> 피보험자가 심신상실 등으로 자유로운 의사결정을 할 수 없는 상태에서 자신을 해침으로서 사망에 이르게 된 경우에는 재해사망보험금을 지급한다(단, 약관에서 정한 재해사망보험금이 없는 경우에는 재해이외의 원인으로 인한 사망보험금을 지급하고, 재해이외의 원인으로 인한 사망보험금이 없는 경우에는 '보험료 및 책임준비금 산출방법서'에서 정하는 바에 따라 회사가 적립한 사망 당시의 책임준비금을 지급).

| 정답 | ①

03장

증권

Test of Economic Sense And Thinking

01 재무비율분석

① 수익성 지표

(1) 총자본이익률(ROI)

① 생산활동에 투입된 자본의 효율적 운영에 대한 측정지표이다.

② 총자산(총자본)이익률이라고 한다.

③ 재무상태표와 손익계산서를 이용한다.

총자본이익률 = (당기순이익/총자본) × 100(%)
= (당기순이익/매출액) × (매출액/총자본)
= 매출액순이익률 × 총자본회전율

(2) 자기자본이익률(ROE)

자기자본이익률 = (당기순이익/자기자본) × 100(%)
= (당기순이익/매출액) × (매출액/자기자본)
= 매출액순이익률 × 자기자본회전율
= (당기순이익/매출액) × (매출액/총자본) × (총자본/자기자본)
= 매출액순이익률 × 총자본회전율 ÷ 자기자본비율
= ROI/자기자본비율

(3) 납입자본이익률

① 납입자본에 대한 수익성 측정지표이다.

② 투자자에게 지급되는 배당률의 산정을 목표로 한다.

납입자본이익률 = (당기순이익/납입자본) × 100(%)

(4) 매출액순이익률

① 매출액순이익률은 기업의 전반적인 경영활동을 측정하는 지표이다.

② 매출액영업이익률은 당기순이익 중에서 영업활동과 관계없는 비용을 제외한 진정한 기업의 경영활동 측정지표이다.

> • 매출액순이익률 = (당기순이익/매출액) × 100(%)
> • 매출액영업이익률 = (영업이익/매출액) × 100(%)

 유/사/기/출/문/제

다음 재무비율 중 수익성 지표에 해당하지 않는 것은?

① 매출액 경상이익률　　② 이자보상비율　　③ 금융비용 부담률

④ 매출액 영업이익률　　⑤ 고정장기복합률

| 해설 |

⑤는 고정자산/장기자본으로 자본흐름의 안정성을 판단하는 지표이다.

| 정답 | ⑤

② 안정성 지표

(1) 유동성 비율

① 단기 채무능력을 측정하는 지표이다.

② 200% 이상이 이상적인 수준이다.

> 유동비율 = (유동자산/유동부채) × 100(%)

(2) 부채비율

① 타인자본과 자기자본이 차지하는 비율을 측정하는 지표이다.

② 100% 이상이 이상적인 수준이다.

> 부채비율 = (타인자본/자기자본) × 100(%)

(3) 고정비율

① 자기자본이 고정자산에 얼마나 투입되었는가 하는 비율로, 자본사용의 적절성 평가를 측정하는 지표이다.

② 100% 이하가 이상적인 수준이다.

> 고정비율 = (고정자산/자기자본) × 100(%)

(4) 이자보상비율

① 기업의 부채사용에 대한 이자의 영향을 측정하는 지표이다.

② 이 비율이 높을수록 좋다.

> 이자보상비율 = (영업이익/이자비용) × 100(%)

③ 활동성 지표

(1) 총자산회전율

① 기업의 매출활동에서 보유하는 총자산을 몇 번이나 활용하는가를 측정하는 지표이다.

② 이 비율이 높을수록 좋은 영업활동이라 볼 수 있다.

> 총자산회전율 = 매출액/총자산 (회)

(2) 고정자산회전율

① 기업의 고정자산에 대한 활용 정도를 측정하는 지표이다.

② 매출액에 비해 고정자산이 적은 경우는 고정자산을 과소 투자한 것이다.

③ 매출액에 비해 고정자산이 많은 경우는 고정자산을 과대 투자한 것이다.

> 고정자산회전율 = 매출액/고정자산 (회)

(3) 재고자산회전율

① 재고자산은 기업이 판매목적으로 보유하는 자산으로 기업판매의 활용 정도를 측정하는 지표이다.

② 이 비율이 높으면 판매활동이 활발하고, 낮으면 판매활동에 문제가 있다.

> 재고자산회전율 = 매출액/재고자산 (회)

02 시장가치비율과 레버리지분석

① 시장가치비율

(1) 주당순이익(EPS)

① 주당순이익이 클수록 주식가격이 높은 것이 일반적이다.

② 배당성향이 높을수록 배당지급의 여력이 크다.

> **주당순이익과 배당성향**
> - 주당순이익(EPS) = 당기순이익/발행주식수
> - 배당성향 (현금배당/당기순이익) × 100(%)

(2) 주가수익비율(PER)

① 현재 주가가 주당순이익의 몇 배인가를 의미한다.

② 주가수익비율이 높다는 것은 주당순이익은 평균인데 주가가 높은 경우와 주가는 평균인데 주당순이익이 너무 낮은 경우이다.

③ 주가수익비율로 기업의 가치평가와 기업의 성장성, 수익성을 파악할 수 있다.

> **주가수익비율(PER)**
> PER = 주가/주당순이익
> - PER은 기업 수익력의 성장성·위험·회계처리방법 등 질적 측면이 총체적으로 반영된 지표로, 기업수익 1단위 이익에 대한 투자자의 대가지불액을 표시하는 지표이다.

(3) 주가순자산비율(PBR)

① 시장가치 대 장부가치의 비율이다.

② 주가순자산비율이 높으면 성장가능성이 높다는 것을 의미한다.

③ 다른 조건이 동일하다면 PBR이 낮은 기업은 저평가되어 있다.

> **주가순자산비율(PBR)**
> PBR = 주가/주당순자산
> - 보통주의 가치를 평가하는 방법으로 기업의 자산가치에 근거하여 평가하는 방법이다. 본래 대차대조표상에 보통주 1주에 귀속되는 주당순자산가치가 실질적으로 정확히 반영되면 PBR = 1이 된다.

(4) 주가현금흐름비율(PCR)

① PCR이 낮으면 저평가되어 있다.

② PER은 높지만 PCR이 낮으면 현재의 주가는 낮다.

> PCR = 주가/주당현금흐름

(5) 주가매출액비율(PSR)

① 주가매출액비율은 PER의 약점을 보완하기 위한 것이다.

② 주로 신생기업이나 벤처기업에 이용된다.

> PSR = 주가/주당매출액

 유/사/기/출/문/제

주식의 가치를 분석하기 위한 지표의 설명으로 적절하지 않은 것은?

① 주당순이익은 법인세 공제 후 순이익을 주식 수로 나눈 값이다.

② 주가수익비율은 수익성 측면에서 주가를 판단하는 지표이다.

③ 주식투자의 판단지표로 배당수익률은 고려대상이 아니다.

④ 주가순자산비율은 주가를 1주당 순자산가액으로 나눈 값이다.

⑤ 주가수익비율은 주가를 법인세 공제 후 1주당 순이익으로 나눈 것이다.

| 해설 |

주식투자의 판단 시에 배당수익률도 중요한 판단지표가 된다.

| 정답 | ③

---

(6) EVA, EV/EBITDA

① 경제적 부가가치(EVA)는 타인자본과 자기자본비용을 모두 고려한 진정한 가치중심 경영을 유도하기 위한 성과측정 수단이다.

> EVA = 영업상 이익 − 투하자본비용
> = 세후 순영업이익 − (투하자본 × 가중평균자본비용)
> = 투하자본 × (투자자본수익률 − 가중평균자본비용)

② EV(기업가치) = 시가총액 + 순차입금이다.

③ EBITDA는 이자비용, 법인세비용, 유형·무형자산 감가상각 차감 전 순이익이다.

경제적 부가가치(EVA) 측정방법의 공식으로 맞는 것은?

① (투자자본수익률 − 자기자본비용) × 투자자본

② (투자자본수익률 − 가중평균자본비용) × 투자자본

③ (투자자본수익률 − 자기자본비용) × 자기자본

④ (자기자본수익률 − 가중평균자본비용) × 타인자본

⑤ (자기자분수익률 − 가중평균자본비용) × 자기자본

| 해설 |

> EVA는 일정기간 기업이 본래의 영업 활동을 통하여 창출한 순가치의 증가분을 측정함으로써 투자자와 채권자의 정상적 기대에 부응하고도 어느 정도의 이익을 올릴지를 나타내는 지표이다. 이에 따라 EVA는 기업의 투자 의사 결정 및 업적 평가뿐만 아니라 주식투자 지표로서도 활용된다.
>
> > EVA = (투자자본수익률 − 가중평균자본비용) x 투자자본

| 정답 | ②

② 레버리지 분석

(1) 영업레버리지분석

① 고정자산의 보유 등에 따른 고정영업비용이 매출액의 변화에 따라 영업이익에 미치는 영향을 분석하는 것이다.

② 영업레버리지도는 고정영업비가 클수록, 매출량이 작을수록, 판매단가가 낮을수록, 단위당 변동비가 클수록 그 크기가 크게 나타난다.

> 영업레버리지도 = 영업이익이의 변화율/매출량의 변화율
> = (매출액 − 변동비용)/(매출액 − 변동영업비 − 고정영업비)

(2) 재무레버리지 분석

① 타인자본의 사용에 따른 고정금융비용이 영업이익의 변화에 따라 세후 당기순이익에 미치는 영향을 분석하는 것이다.

② 재무레버지리도는 영업이익이 작을수록, 고정재무비용이 클수록 그 크기가 크게 나타난다.

③ 주주들은 재무제버리지가 높은 기업에 대해서는 위험을 크게 느껴서 높은 기대수익률을 요구하게 된다.

$$재무레버리지도 = 주당순이익의 변화율/영업이익의 변화율$$
$$= 영업이익/(영업이익 - 이자)$$

(3) 결합레버리지분석

① 영업레버리지도와 재무레버리지도를 결합하여 고정영업비용 및 고정재무비용이 매출액의 변동에 따라 세후 순이익의 변동에 미치는 영향을 분석하는 것이다.

② 공식

$$결합레버리지도 = 주당순이익의 변화율/매출량의 변화율$$
$$= (매출액 - 변동비용)/(매출액 - 변동비용 - 고정비용 - 이자비용)$$

03 주식 및 기업공개

① 주식의 개념

(1) 주식회사의 의의

① 주식회사란 여러 사람이 자본을 모아 회사를 설립하면서 그 회사의 소유권을 나누어 가지는 형태의 회사이다.

② 주식회사는 주식을 발행하여 여러 사람으로부터 소규모의 자본을 모아 회사를 설립하고, 회사가 실패할 경우 주주의 경제적 책임은 출자한 자본에 한정토록 하는 자본주의 사회의 특수한 경제제도이다. 이는 회사 창업에 필요한 자금조달은 쉽게 하는 반면 실패 시의 위험부담은 통제함으로써 기업활동을 조장하여 산업생산을 획기적으로 증대시키는 역할을 하고 있다.

③ 주식회사는 자본이 5,000만 원 이상이어야 하며 이를 주식으로 분할하여야 하고 권면액은 균일하여야 한다. 주권상장법인 및 코스닥상장법인이 액면금액 5,000원 미만인 주식을 발행하는 경우 1주의 금액은 100원, 200원, 500원, 1,000원, 2,500원으로 해야 한다.

 TIP

유가증권

유가증권을 경제적 관점에서 광의로 해석하면 재산적 권리를 나타내는 증서로서 상품증권, 화폐증권 및 자본증권을 모두 포함하나, 증권시장에서 매매되는 유가증권은 가격 변동성과 대체성 및 환금성이 있는 자본증권으로 한정된다. 이러한 자본증권은 일정한 금액을 출자하였음을 표시한 주식과 기업 외부에 대한 채무 성격의 유가증권인 채권으로 구분할 수 있다.

증권거래법상의 유가증권은 국채 및 지방채, 특별한 법률에 의해 설립된 법인이 발행한 채권 및 출자증권, 사채권, 주식 또는 신주인수권을 표시하는 증서 및 증권예탁원이 발행한 KDR(주식예탁증서), 수익증권, CP(기업어음) 등이 있다.

(2) 주식의 종류

① **보통주** : 일반적인 주식을 말하며, 이익배당 및 잔여재산분배에서 최하위의 권리를 갖는 주식이다. 통상적으로 주식이라 함은 보통주를 말한다.

② **우선주** : 이익이나 이자의 배당 또는 잔여재산의 분배 등과 같은 재산적 이익을 받는 데에서 보통주에 비하여 우선적 지위가 인정되는 주식이다.

③ **무의결권 주식** : 주주로서의 기본적인 권리인 의결권이 없는 무의결권 주식도 발행되는데, 이는 경영지배가 아닌 배당에만 관심이 있는 투자자를 대상으로 발행된다. 의결권 없는 주식은 주주총회 시 정족수 계산에서 발행주식 총수에 산입하지 아니한다.

② 기업공개와 증자

(1) 기업공개

① 증권거래법 등에 따라 주식회사가 발행한 주식을 일반투자자에게 똑같은 조건으로 공모하거나 이미 발행되어 대주주가 소유한 주식의 일부를 매출하여 주식을 분산시키고 재무 내용을 공시함으로써 명실상부한 주식회사의 체제를 갖추는 것을 말한다.

② 우리나라에서는 기업공개절차를 담고 있는 증권거래법의 규정에 따라 주식회사는 기업공개 시 신주공모, 구주매출 또는 이 두 가지를 혼합하여 불특정다수의 일반 대중으로부터 청약을 받아 주식소유집중을 완화하고 있다.

(2) 증자

① 회사가 자본을 늘리고자 주식을 추가 발행하는 것으로, 일반적으로 신주의 발행을 통한 자금조달을 의미한다. 이 경우 자본금이 증가하며, 액면금액 이상의 초과금은 주식발행초과금으로 자본계정에 계상된다.

② 증자는 자본금의 증가와 함께 실질적인 재산의 증가를 가져오는 유상증자와 자본금은 증가하지만 실질재산은 증가하지 아니하는 무상증자의 두 가지 형태로 구분된다.

Tip

유상증자의 종류(배정방법)
- 주주배정 : 새로 발행되는 주식의 인수권을 기존 주주들의 보유지분에 비례하여 인수권리를 부여하는 방법으로 가장 일반적인 유상증자의 형태이다.
- 주주우선공모 : 상장법인이 신주를 모집하는 경우에 주주에게 우선청약의 기회를 부여하고 그 주주 등이 청약하지 아니한 주식을 다시 모집하는 방식이다.
- 제삼자 배정 : 제삼자에게 신주인수권을 부여하는 것으로, 회사의 협력관계나 거래처, 특별한 관계에 있는 자 등에게 신주인수권을 발행하는 방식이다. 우리사주제도가 대표적인 사례이다.
- 일반공모증자 : 제삼자 배정방식과 같이 신주발행 시 기존의 주주에게 배정하지 않고 일반 불특정 다수인을 대상으로 공개모집방식에 의하여 유상증자를 실시하는 방법이다.

참고 자사주

주식발행은 주주 등으로부터 자금을 조달하기 위한 것이고, 배당은 경영의 결과로 거둔 수익을 주주에게 되돌려주는 것이다. 배당이 이익을 현금으로 되돌려주는 것이라면, 자사주 매입은 배당금재원으로 시중에 유통되는 주식을 사서 주식 수를 줄임으로써 주당가치를 높이는 방법이다. 자사주란 회사가 보유한 자기주식을 말하는데, 총발행주식 수가 줄어드는 효과가 발생하므로 다수투자자로부터의 자금조달이라는 주식회사의 원리를 거스르는 측면이 있어 엄격히 한도를 제한하고 있다.

③ 주식 관련 주요 용어

(1) 손절매

① 주식의 시세가 매입가격보다 하락한 상태에서 손해를 보고 매도하는 것을 말한다.
② 주식을 매입한 후 예상과 달리 하락하면서 어느 정도를 벗어나면 당초의 전망이 틀렸음을 인정하고 추가손실 위험을 차단하는 것인데 개인투자자가 갖추어야 할 중요한 투자원칙의 하나로 꼽힌다.

(2) 관리종목

① 거래소가 기업의 경영상태가 크게 악화되어 상장폐지기준에 해당하는 종목 가운데 특별히 지정한 종목을 말한다.
② 현재 관리대상종목은 주로 최종부도 발생 또는 은행거래 정지, 회사정리절차 개시, 심각한 자본잠식, 거래량·주가수준·시가총액의 기준치 미달, 사업보고서 미제출, 최근 감사의견 부적정, 주된 영업활동 정지, 주식분포상황 기준치 미달 등이다.

(3) 액면분할과 액면병합

① 주식의 액면가를 일정비율로 나누는 것으로, 상장사들은 주주총회의 의결을 거쳐 액면가를 100원, 200원, 500원, 1,000원, 2,500원, 5,000원 중 하나로 정할 수 있다.

② 액면분할은 주당 가격이 과도하게 높아 소액투자가 어려워지는 경우 또는 자본금이 적어 유통물량이 너무 과소하여 원활한 매매가 어려워지는 경우에 실시하는 것이 일반적이며, 반대로 액면가를 높이는 것을 액면병합이라고 한다.

(4) 분식결산

① 기업이 회사의 실적을 좋게 보이려고 고의로 자산이나 이익 등을 크게 부풀려 회계장부를 조작하는 것을 말한다.

② 회사의 재무상태가 거짓으로 만들어지기 때문에 투자자나 채권자의 판단을 흐리게 할 수 있어 엄격히 금지된다.

(5) 프로그램매매

① 일반적으로 시장분석, 투자시점판단, 주문제출 등의 과정을 컴퓨터로 처리하는 거래기법을 통칭한다.

② 프로그램매매는 투자전략을 컴퓨터에 미리 입력한 후 시장상황에 따라 매매시점을 포착해 사전에 결정된 매매프로그램을 일괄수행하는 거래로 개인투자자들이 이러한 시스템을 구축하기는 쉽지 않기 때문에 대부분 기관투자자에 의해 이루어진다.

(6) 우리사주조합

① 종업원이 자기 회사의 주식을 보유하여 기업의 경영과 이익분배에 참여하게 함으로써 종업원의 근로의욕을 높이고 재산형성을 촉진하고자 만든 종업원지주제의 일환으로 결성된 조직을 우리사주조합이라고 한다.

② 종업원은 우리사주조합을 통하여 자사주를 구입하는 경우 세제상의 혜택을 받을 수 있고, 주식구입에 필요한 자금을 융자해주는 금융상의 혜택도 활용할 수 있다.

③ 우리사주조합을 통해 받은 주식의 경우 시세차익을 노려 금방 팔아치우는 등의 부작용을 막기 위해 개인별 배정한도, 보유기간, 매각대상 등 엄격한 제한이 가해지는 것이 보통이다.

(7) 스톡옵션(주식매입선택권)

① 흔히 자사주식매입선택권이라고 하는데, 기업에서 임직원에게 자사의 주식을 일정 한도 내에서 액면가 또는 시세보다 훨씬 낮은 가격으로 매입할 수 있는 권리를 부여한 뒤 일정기간이 지나면 임의로 처분할 수 있는 권한을 부여하는 것이다.

② 해당 기업의 경영상태가 양호해져 주가가 상승하면 자사주식을 시세보다 낮은 가격에 소유한 임직원은 이를 매각함으로써 상당한 차익금을 남길 수 있기 때문에 사업전망이 밝은 기업일수록 스톡옵션의 매력은 높아지기 마련이다. 그러므로 벤처기업이나 새로 창업하는 기업들뿐만 아니라 기존의 기업들도 통상 향후의 경영성과에 연동하여 매수가격이나 취득수량을 정함으로써 임직원의 근로의욕을 진작시킬 수단으로 활용하기도 한다.

04 주식의 유통

① 상장

(1) 상장의 개념

① 유가증권을 거래소에서 매매할 수 있도록 하는 것을 상장이라 하고 매매대상으로 인정된 증권을 상장증권이라 하며 상장증권을 발행한 회사를 상장회사라고 한다.

② 거래소에서 매매거래 대상으로 선정되는 상장증권은 일정한 기준에 따라 상장심사를 거쳐야 하는데, 이는 유가증권의 원활한 유통과 공정한 가격형성을 통해 투자자를 보호하기 위해서이다.

③ 상장요건은 설립경과기간 · 자본규모 · 주식분산 · 재무상태 · 기업지배구조 등을 고려하게 되는데, 코스닥시장은 성장성이 높은 기업을 육성하고자 유가증권시장보다 다소 완화된 기준을 적용한다.

(2) 상장의 효과

① 상장된 유가증권의 가치는 해당 상장회사의 공신력 제고, 주식의 유동성 증가에 따른 주가의 상승, 기업자금조달의 용이, 담보가치의 향상, 회사의 홍보 및 지위향상, 종업원 사기진작, 소유주식의 분산 등 여러 가지 상장의 효과가 있다.

② 반면에 다수의 소액투자자의 경영간섭, 외부에서의 경영권 위협, 공시의무 및 위반시 제재, 적정배당에 대한 압력, 기업비밀의 노출 등에 직면할 수 있고, 경우에 따라 시장에서의 기업평가가 예상보다 못하면 회사경영에 심각한 장애가 나타날 수도 있다.

③ 세계시장의 통합이 진전됨에 따라 특정국가의 기업이 다른 나라에 상장되는 경우가 많아지고 있다. 주로 세계적인 금융중심지인 뉴욕 · 런던 등에 외국기업의 상장이 활발한데, 최근 우리나라 기업들도 이들 지역의 증권거래소에 적극 진출하고 있다. 대

부분 예탁증서(DR) 발행을 통해 해외에서 자금을 조달하는 형태를 취하고 있으나 최근 국내증시와 외국증시에 동시 상장하는 사례도 나타나고 있다.

> **예탁증서(DR)**
> 기업이 해외에서 주식을 발행하여 자금조달을 하고자 하는 경우 국내 보관기관에 주식을 보관시키고 외국의 예탁기관으로 하여금 해외 현지에서 증권을 발행하여 유통시키는 원주와의 상호전환이 가능한 권리가 주어진 주식대체증서이다. 이러한 DR의 발행은 국내기업이 발행한 주식을 외국으로 직접 반출하여 유통시키는 경우에 생길 수 있는 국가 간 통화, 언어, 법률, 거래관습 차이 등에서 오는 문제점을 해소할 수 있는 장점이 있다.

② 매매거래

(1) 매매거래 일반

① 주식의 매매거래는 매매계약을 체결한 날로부터 사흘째 되는 날에 결제가 이루어지는 보통경제거래에 따른다.

② 매매거래의 단위는 호가단위라고 하는데, 호가는 매매시장에서 유가증권의 가격대별로 5원에서 1,000원까지 6단계(코스닥시장은 5원에서 100원까지 4단계)로 구분된다.

③ 매매수량단위는 주문건수를 전산처리용량이 감당할 수 있는 수준 이내로 통제하기 위하여 최소 10주(주가가 10만 원 이상인 경우는 1주)로 하고 있다. 코스닥시장의 매매수량단위는 1주 단위로 되어 있는데, 이는 자본금과 유통주식이 적은 코스닥기업의 규모를 감안한 것이지만 많은 기업이 액면분할을 해서 유통주식 수를 늘리는 효과가 있다.

④ 매매거래 관련 기본개념

위탁증거금	• 증권회사가 매매거래의 위탁을 받고 고객의 주문이 진실하다는 증표로서 증권회사가 고객에게서 징수하는 증거금이다. 고객은 주문시점 계좌에 증거금 해당액을 보유하고 있어야 하며 나머지는 결제가 종료되는 시한인 사흘째 되는 날까지 입금하면 된다.
위탁수수료	• 매매거래가 성립되었을 때 증권회사가 투자자에게서 받는 수수료이다. 요율은 증권회사가 자율적으로 결정한다.
신용거래	• 고객이 증권회사로부터 매수 시 현금, 매도 시 주식을 빌려 결제하는 매매거래를 말한다. • 신용거래는 증권주나 관리·감리종목을 대상종목에서 제외하고 종목별로 한도가 설정된다.
매매계약의 체결	• 가격우선의 원칙 : 매도자의 경우 싸게 팔려는 사람에게 우선권을 주고, 매수자의 경우에는 반대로 비싸게 사려는 사람에게 우선권을 준다.

	• 시간우선의 원칙 : 같은 값으로 매수 또는 매도 주문이 복수일 때에는 먼저 주문을 접수한 사람이 우선권을 갖는다. • 대량우선의 원칙 : 동시에 접수된 호가 및 시간의 선후가 분명하지 아니한 호가로서 가격이 동일한 경우에는 주문수량이 많은 거래원이 적은 거래원에 우선한다.
매매결제	• 매매가 성립되면 모든 결제는 거래 성립일로부터 사흘째 되는 날에 증권회사에서 결제가 이루어진다. 즉, 매수한 사람은 위탁증거금을 뺀 자금과 소정의 위탁수수료를 지불한 후 주식을 받고, 매도한 사람은 위탁수수료와 증권거래세를 공제한 후에 매도대금을 받는다.
명의개서	• 주식을 산 사람은 발행회사가 지정한 기관에서 명의개서를 하여야 하며 주주로서의 권리를 갖는다. 증권회사를 통한 매수·매도는 주식을 인출하지 않는 한 실질주주제도에 의하여 별도의 지시가 없더라도 명의개서가 이루어진다.

Tip

동시호가

매매체결원칙 중 시간우선의 원칙이 적용되지 않는 경우로서 동시에 접수된 호가 또는 시간의 선후가 분명치 않은 호가를 말한다. 일정시간 동안 접수된 호가는 접수된 시간을 불문하고 모두 동시호가로 취급하는데, 그 대표적인 경우는 매매거래 개시 전, 매매거래 마감 전 또는 거래소에서 특정사유로 매매를 일정시간 중단시켰다가 매매를 재개하였을 때가 있으며, 이때에는 가격우선과 수량우선의 원칙만 차례대로 적용된다. 이러한 동시호가 처리의 목적은 거래를 원활하게 하거나 특정거래에 의해 가격이 왜곡되지 않도록 하려는 데 있다.

참고 시간 외 종가매매

시간 외 시장의 매매거래시간 동안 호가를 접수받아 당일 종가로 매매거래를 성립시키는 제도로서, 대주주간 지분조정과 같이 대량거래를 하면서 주가왜곡을 막기 위한 것이다. 종가로만 체결되기 때문에 호가순위는 시간우선원칙이 적용된다.

(2) 매매거래의 관리

① 배당락 : 배당 기준일이 지나 배당을 받을 수 있는 권리가 없어지는 것을 말한다. 배당은 회사 결산일 현재의 주주에게 지급되는 것이므로 주주명부가 폐쇄되기 전까지 명의개서를 할 수 없으면 설사 주식을 매입했더라도 배당을 받을 수 없다. 따라서 배당기준일 다음 날의 주가는 전일보다 배당만큼 낮아지는 것이 보통이다.

② 권리락 : 배당락과 유사한 개념으로서 기업이 증자를 하는 경우 새로 발행될 주식을 인수할 수 있는 권리를 확정하기 위한 신주배정기준일을 정하는데 그 기준일의 익일 이후에 결제되는 주식에는 신주인수권이 없어지는 것을 말한다. 따라서 거래소에서 신주배정기준일 전일에 실제로 당해 종목에 권리락 조치를 취함으로써 주가가 합리적으로 형성되도록 관리한다.

③ 가격폭 제한 : 거래소는 유가증권의 공정한 가격형성과 급격한 시세변동에 따른 투자자의 피해방지 등 거래질서를 확립하고자 하루에 변동할 수 있는 증권가격의 상하한 폭을 일정한 범위로 제한한다. 현재 가격제한폭은 전일 종가에서 상하 15%이다.

유/사/기/출/문/제

우리나라의 주식시장 매매제도에 대한 설명으로 옳은 것은?

① 개장시간은 오전 10시이다.
② 유가증권시장의 가격 제한폭은 전일 종가 대비 상하 15%이다.
③ 코스닥시장에는 가격제한 폭이 없다.
④ 점심시간에는 휴장한다.
⑤ 동시호가는 폐장 시간에만 적용된다.

| 해설 |

① 우리나라 주식시장의 개장시간은 오전 9시이며 폐장시간은 오후 3시이다.
③ 코스닥시장의 가격제한폭도 전일 종가 대비 상하 15%이다.
④ 우리나라 증권시장의 경우 점심시간에도 휴장하지 않는다.
⑤ 동시호가는 개장 · 폐장 때 적용된다. 즉, 개장 전에 낸 사자 팔자 주문은 9시 정각에 단일가격으로, 폐장 전 10분간 들어온 주문은 폐장 시 동시호가로 한꺼번에 체결된다.

| 정답 | ②

④ 매매거래중단제도(Circuit Breaker) : 종합주가지수가 전일보다 10% 이상 하락한 상태가 1분 이상 지속되면 모든 주식의 매매거래가 20분간 정지되고 이후 10분간의 동시호가 접수를 거쳐 매매거래가 재개된다. 다만 장종료 40분 전부터는 중단하지 아니하며 당일 중 최초로 중단요건에 해당하는 경우에만 적용한다(1일 1회).

TIP

사이드 카(Sidecar)

선물시장이 급변할 경우 현물시장에 대한 영향을 최소화함으로써 현물시장을 안정적으로 운용하고자 도입한 프로그램 매매호가 관리제도이다.

주식시장에서 주가의 등락폭이 갑자기 커질 경우 시장에 미치는 영향을 완화하기 위해 주식매매를 일시 정지시키는 제도인 서킷브레이커(circuit breaker)와 유사한 개념이다. 한국에서는 주가지수 선물시장을 개설하면서 도입하였는데, 선물가격이 전일 종가 대비 5% 이상(코스닥은 6% 이상) 상승 또는 하락해 1분간 지속될 때 발동하며, 일단 발동되면 발동 시부터 주식시장 프로그램 매매호가의 효력이 5분간 정지된다. 그러나 5분이 지나면 자동적으로 해제되어 매매 체결이 재개되고, 주식시장 후장 매매 종료 40분 전(14시 20분) 이후에는 발동할 수 없다. 1일 1회에 한해서만 발동할 수 있도록 되어 있다.

증권거래제도로서 '사이드 카'에 대한 설명으로 옳지 않은 것은?

① 선물시장이 급변할 경우 현물시장을 안정적으로 운용하고자 도입한 프로그램 매매호가 관리제도이다.

② 선물가격이 전일 종가 대비 5% 이상 상승 또는 하락한 상태가 5분 이상 지속될 경우 발동한다.

③ 일단 발동되면 발동 시부터 주식시장 프로그램 매매호가의 효력이 5분간 정지된다.

④ 주식시장 후장 매매종료 40분 전 이후에는 발동할 수 없다.

⑤ 1일 1회에 한해서만 발동할 수 있다.

| 해설 |

②의 경우 5분이 아니라 1분이다.

| 정답 | ②

③ 공시제도와 불공정거래행위 방지제도

(1) 공시제도

① 일반투자가들이 정확한 주식투자 판단을 할 수 있도록 주가에 영향을 미칠 수 있는 재무상태나 주요 계약 또는 의사결정사항, 영업실적 등의 공개를 의무화하여 투자자로 하여금 정확한 투자결정을 할 수 있도록 도움을 주는 데 그 목적이 있다. 또한 중요한 기업의 정보를 공개하도록 함으로써 기업에 관계된 일부 특정인의 불공정거래 가능성을 사전에 방지하는 효과도 있다.

② 공시정보의 대상은 정보이용자 모두를 뜻하는데, 주로 투자자·채권자·재무분석자·경영자·종업원·공급업자·정부기관 등이다.

③ 공시는 발행시장공시와 유통시장공시로 나눌 수 있는데, 발행시장에서는 신주발행 시 일회성으로 그치지만 유통시장에서는 사업보고서, 주요 경영사항, 주요 주주 등과 거래 내용, 장래계획에 대한 사항 등 정기적·계속적으로 이루어지는 정기공시와 기업 내용의 변동사항에 대한 수시공시로 이루어진다.

(2) 불공정거래행위 방지제도

① 내부자거래금지 : 회사의 임직원 또는 주요 주주 등 내부자 및 준내부자, 정보수령자가 상장법인 신고사항 중 중요한 미공개정보를 이용하여 당해 기업의 유가증권을 매매하는 것을 말하는 것으로, 법으로 엄격히 금지하고 있다.

② **공매도금지** : 상장법인의 임직원 또는 주요 주주가 주식 등을 소유하지 않고서는 이를 매도할 수 없게 하는 제도이다.

 유/사/기/출/문/제

공매도에 대한 설명으로 옳지 않은 것은?

① 공매도전략은 주가 하락을 예상한 투자전략이다.
② 선물을 매입하는 전략과 함께 구사할 수 있는 전략이다.
③ 공매도전략은 주가 하락을 장기간 지속시키는 결과를 가져온다.
④ 결제 불이행이 발생하면 시장체계에 혼란이 온다.
⑤ 결제 불이행을 막기 위해 일정한 담보를 제공하여야 한다.

| 해설 |

공매도의 취지는 주가가 본질가치에 빨리 접근하도록 함으로써 거래를 활성화하자는 것이므로, 주가하락을 장기간 지속시키는 경우와는 거리가 멀다.

참고 **공매도**

말 그대로 '없는 것을 판다'라는 뜻으로, 주식이나 채권을 가지고 있지 않은 상태에서 매도주문을 내는 것을 말한다. 이렇게 없는 주식이나 채권을 판 후 결제일이 돌아오는 사흘 안에 주식이나 채권을 구해 매입자에게 돌려주면 된다. 약세장이 예상되는 경우 시세차익을 노리는 투자자가 활용하는 방식이다. 예를 들어 A종목을 갖고 있지 않은 투자자가 이 종목의 주가하락을 예상하고 매도주문을 냈을 경우 A종목의 주가가 현재 30,000원이라면 일단 20,000원에 매도한다. 사흘 후 결제일 주가가 24,000원으로 떨어졌다면 투자자는 24,000원에 주식을 사서 결제해주고 주당 6,000원의 시세차익을 얻는다. 예상대로 주가가 하락하면 많은 시세차익을 낼 수 있지만, 예상과 달리 주가가 상승하면 공매도한 투자자는 손해를 본다. 또 주식을 확보하지 못해 결제일에 주식을 입고하지 못하면 결제불이행 사태가 발생할 수도 있다. 국내 증권회사의 경우 원칙적으로 개인이든 기관이든 공매도를 허용하고 있지 않지만 일부 예외적으로 증권시장의 안정성 및 공정한 가격형성을 위하여 대통령령으로 정하는 방법에 따르는 경우에는 공매도를 허용한다(자본시장과 금융투자업에 관한 법률 제180조 1항). 또한 증권시장에서 매수계약이 체결된 상장증권을 해당 수량의 범위에서 결제일 전에 매도하는 경우, 전환사채·교환사채·신주인수권부사채 등의 권리 행사, 유·무상증자, 주식배당 등으로 취득할 주식을 매도하는 경우로서 결제일까지 그 주식이 상장되어 결제가 가능한 경우 등에는 이를 공매도로 보지 아니한다(동조 2항).

| 정답 | ③

③ **단기매매금지** : 내부자가 내부정보를 이용하여 6개월 이내 단기매매로 이득을 얻은 경우 그 이익금을 당해 법인에 반환하도록 청구할 수 있다. 반환청구자는 1차적으로 당해법인이며, 당해 법인이 2개월 내 단기매매차익 반환을 청구하지 않은 경우 주주 또는 금융위원회가 대위청구할 수 있다.

④ **시세조종 등의 금지** : 누구든지 거래가 성황을 이루고 있는 것으로 오인하게 기타 그릇된 판단을 유발하도록 하는 행위를 해서는 안 된다. 또한 부당한 이득을 취하려고 고의로 허위사실 등을 유포하거나 불완전한 문서를 이용하는 등의 행위도 금지된다.

05 | 주식투자분석

① 주가지수

(1) 주가지수 일반

① 주가지수란 증권시장에서 형성되는 개별주가를 총괄적으로 묶어 전체적인 주가변동을 나타내는 지표이다.

② 주가지수는 기준시점의 주가수준을 100으로 하여 비교시점의 주가변화를 측정하기 위해 사용한다.

③ 우리나라는 1983년 초부터 종합주가지수의 산출방식을 변경하여 1980년 1월 4일을 기준시점으로 하는 시가총액방식의 주가지수를 산출하여 발표하고 있다.

주가평균식과 시가총액식

- **주가평균식** : 대상종목의 주가합계를 대상종목 수로 나누어 산출하는데, 유 · 무상증자, 액면분할, 감자 등 시장 외적인 요인이 발생하면 대상종목 수를 조정하게 된다. 다우존스산업평균지수, 니케이 225지수 등이 있다.
- **시가총액식** : 비교시점의 시가총액을 기준시점의 시가총액으로 나누어 산출하는데, 현재 우리나라의 거래소에서 발표되는 주가지수는 모두 시가총액식이다. 종합주가지수, 코스닥지수, 나스닥지수, S&P 500 지수 등이 있다.

④ 우리나라에서 발표되는 주가지수는 시장 전체를 나타내는 종합주가지수와 주요 종목에 대해서만 평가하는 KOSPI 200, IT지수, 배당지수(KODI), 업종별 지수 등이 있다.

⑤ 코스닥시장에서는 1996년 7월 1일을 100으로 하여 주가지수를 산출·발표하고 주요 종목지수는 코스닥 50과 스타지수를 산출하고 있다.

(2) 한국종합주가지수

① 유가증권시장에서 상장된 전 종목의 주가변동을 종합한 우리나라의 대표적인 주가지수이다.

② 기준시점의 시가총액과 비교시점의 시가총액을 비교하는 시가총액식주가지수로 거래소가 산출하는데, 1980년 1월 4일을 100으로 정하고 이에 대비한 매일의 주가지수가 발표되고 있다.

③ 종합주가지수는 증권시장에 상장된 상장기업의 가치가 기준시점과 비교시점을 비교하여 볼 때 얼마나 변동되었는지를 나타내는 지표이다.

(3) KOSPI 200지수

① 유가증권시장에 상장되어 있는 주식 중 시장대표성, 유동성 및 업종대표성 등을 고려해 선정된 200종목을 대상으로 산출되는 지표를 말한다.

② 1990년 1월 3일을 기준시점으로 하여 이때의 기준지수를 100으로 정하고 이에 대비한 주가를 매일 발표하고 있다.

③ 증권거래소는 매년 6월에 지수구성종목을 정기적으로 심의변경하며 이 밖에 지수구성종목의 상장폐지, 관리종목지정 또는 합병 등 특별한 사유가 발생한 경우에도 지수구성종목을 변경한다.

 유/사/기/출/문/제

다우존스 공업평지수와 코스피지수에 대한 설명으로 옳지 않은 것은?

① 코스피지수는 벤처 및 중소기업 주가의 변화를 민감하게 반영한다.

② 코스피지수는 주가와 주식 수를 함께 감안한 시가총액 방식을 이용해 산출한다.

③ 코스피지수는 시장 전체의 가치변화를 정확히 반영한다.

④ 다우존스 공업평균지수는 지수산출 대상 종목의 주가를 단순평균하여 산출한다.

⑤ 다우존스 공업평균지수는 시장 분위기의 변화를 상대적으로 더 잘 반영한다.

| 해설 |

①의 벤처 및 중소기업 주가의 변화를 민감하게 반영하는 것은 코스닥지수이다.

참고 다우존스 공업평균지수 : 1884년 미국의 《월스트리트 저널(Wall Street Journal)》 편집장인 찰스 다우(Charles H. Dow)가 창안한 것이다. 뉴욕증권시장에 상장된 주식 가운데 가장 신용 있고 안정된 30개 종목을 표본으로 시장가격을 평균하여 산출하는 주가지수로, 'DJIA' 또는 'Dow'라고도 부른다.

참고 코스피지수 : 증권거래소에 상장된 주식의 증권시장지표 중에서 주식의 전반적인 동향을 가장 잘 나타내는 대표적인 지수이다. 시장 전체의 주가 움직임을 측정하는 지표로 이용되며, 투자성과 측정, 다른 금융상품과의 수익률 비교척도, 경제상황 예측지표로도 이용된다. '종합주가지수 = 비교시점의 시가총액 / 기준시점의 시가총액 × 100'으로 나타낸다.

참고 코스닥지수 : 코스닥지수는 코스닥 시장에 상장된 기업의 주가에 주식 수를 가중한 시가총액지수이다. 파세식 주가지수로, 1996년 7월 1일을 기준치 1000으로 한다. 1997년 1월 3일부터 실시간으로 산출·발표되고 있다.

| 정답 | ①

② 주식의 투자수익

(1) 주식투자수익의 의의

① 주식투자란 일반적으로 개인이나 조직이 주식을 매입하여 일정기간 보유하는 행위를 일컫는 것으로, 현재의 재산을 증식하여 미래시점보다 큰 수익을 얻는 것을 목표로 한다. 이러한 주식투자로 인한 수익은 매매차익과 배당수익으로 구분된다.

② 매매차익 : 싸게 사서 비싸게 팔 때 발생하는 수익이다. 확정금리를 지급받는 은행예금과 달리 확정된 차익이 아니므로, 투자원금의 손실가능성을 보상하기 위해 은행예금이나 채권투자에 비해 기대수익이 더 높은 것이 일반적이다.

③ 배당수익 : 기업이 일정기간에 창출한 수익에 대하여 그 기업에 투자한 투자자로서의 이익배분권리에 따른 수익이다.

(2) 주가 및 주식투자수익률의 변동요인

① 시장 전체 변동요인

경제적 요인	경기, 물가, 금리, 재정수지, 무역수지, 환율, 기술혁신, 해외 요인 등
경제 외적 요인	국내정세, 국제정세
주식시장내부요인	투자자동향, 신용거래규모, 차익거래규모, 규제변화, 지분이동

② 기업의 개별요인 : 증자, 감자, 인수합병, 배당정책, 임원인사, 신제품개발, 생산/수익 동향, 주주구성변화 등

(3) 주식시장의 상승신호

① 경기선행지수 : 현실의 경기보다 한발 앞서가는 것들을 모아서 만든 지수이다. 이러한 경기선행지수는 구인구직비율, 기계류내수출하지수, 수출입물가비율, 건설수주액 등이 있다.

② 기업경기실사지수(BSI) : 기업가들이 경기에 대한 판단, 투자확대, 장래전망 등을 설문을 통해 조사한 것으로, 중요한 경기예측지표로 사용된다. 기업경기실사지수가 100 이상이면 경기가 좋아질 것으로 보는 기업가가 더 많다는 뜻이므로, 주가도 오를 가능성이 높다고 볼 수 있다.

 유/사/기/출/문/제

주식가격 움직임에 대한 설명으로 옳지 않은 것은?

① 모든 정보가 공개되고 주가에 충분히 반영된다면 주가는 내재가치와 일치한다.
② 경영의 목표는 현재의 주가를 극대화하는 것이다.
③ 주주가치의 극대화란 주가를 극대화함으로써 달성된다.
④ 주가는 현금흐름의 크기, 타이밍, 변동성에 의해 영향을 받는다.
⑤ 투자자의 행동에 따라서 주가는 단기적으로 내재가치에서 벗어날 수 있다.

| 해설 |

경영의 목표는 장기적으로 기업가치를 극대화하는 것으로, 기업가치가 높아진다면 그것이 주가에 반영이 되어 주가가 상승한다. 다만 단순히 주가를 극대화하는 것이 경영목표가 될 수는 없다.

| 정답 | ②

금융

Test of Economic Sense And Thinking

01 금융시장

① 금융시장

(1) 금융과 금융시장

① 금융이란 자금의 융통, 즉 돈을 빌려주고 빌리는 행위를 말한다.

② 금융시장이란 기업, 가계, 정부, 금융기관 등 경제주체들이 금융상품을 거래하여 필요한 자금을 조달하고 여유자금을 운용하는 조직화된 장소를 말한다.

(2) 금융시장의 기능

① **자금의 중개** : 금융시장의 가장 중요한 기능은 자금잉여부문의 여유자금을 흡수하여 자금부족부문, 특히 투자수익이 높은 기업에 투자자금을 저렴하게 공급함으로써 거시적인 측면에서 국민경제의 후생을 증대시키는 것이다. 또한 금융시장은 가계에 미래소비를 위해 저축한 여유자금을 금융자산에 투자하거나 현재소비를 위해 필요한 자금을 빌릴 기회를 제공하므로, 소비자인 가계의 효용을 높이는 데에도 기여한다.

② **금융자산가격의 결정** : 금융시장은 수요자와 공급자 간에 끊임없이 적정가격을 찾아가는 과정을 거쳐 금융자산의 가격을 결정하는 기능을 수행한다.

③ **유동성 제공** : 금융시장이 발달하면 투자자들이 필요할 경우 언제든지 시장에 보유자산을 매각하여 자금을 회수할 수 있기 때문에 금융자산의 유동성이 높아지므로, 기업 입장에서는 금융자산을 더 비싸게 매각함으로써 자금조달비용을 낮추는 효과가 발생한다.

④ **정보비용의 절감** : 금융시장은 탐색비용이나 정보비용 등 금융거래에 따라 발생하는 비용과 시간을 줄여준다.

탐색비용과 정보비용

• 탐색비용 : 금융거래 의사를 밝히고 거래 상대방을 찾는 데 드는 비용
• 정보비용 : 금융자산의 투자가치를 평가하고자 필요한 정보를 얻는 데 소요되는 비용

⑤ 위험관리 : 금융시장은 시장참가자들에게 다양한 금융상품과 금융거래기회를 제공함
으로써 위험관리를 도와준다.

⑥ 시장규율 : 금융시장은 시장에 참가하는 기업과 정부를 감시하고 평가하는 규율기능
을 제공하는데, 이는 최근에 금융시장의 중요한 역할로서 부각되고 있다.

(3) 금융시장의 유형

① 단기금융시장과 자본시장 : 금융시장은 거래되는 금융상품의 만기를 기준으로 보통 만
기 1년 이내의 금융자산이 거래되는 단기금융시장과 1년 이상의 장기채권이나 만기가
없는 주식이 거래되는 자본시장으로 구분된다.

단기금융시장과 자본시장

• 단기금융시장 : 기업, 개인 또는 금융기관이 일시적인 여유자금을 운용하거나 부족자금을 조달하는 데
활용된다. 우리나라에는 콜, 기업어음, 양도성예금증서, 환매조건부채권매매, 표지어음, 통화안정증권 시
장이 이에 포함된다.
• 자본시장 : 기업, 정부 등 자금부족부문이 장기적으로 필요한 자금을 조달하는 데 활용된다. 주식시장과
채권시장을 포함한다.

② 발행시장과 유통시장 : 금융시장은 거래단계에 따라 장·단기금융상품이 새로이 발행
되는 발행시장과 이미 발행된 장·단기금융상품이 거래되는 유통시장으로 구분된다.
발행시장을 제1차시장, 유통시장을 제2차시장이라고도 한다. 국채·회사채 등 채권
과 주식이 처음 발행되는 과정을 발행시장이라 할 수 있고, 유통시장이라 하면 이들
유가증권과 파생금융상품이 상장되어 거래되는 거래소와 비상장으로 거래되는 장외
시장 등이 포함된다.

발행시장과 유통시장

- 발행시장 : 투자자의 신규자금이 발행자에게 공급되는 기능을 함
- 유통시장 : 이미 발행된 회사채나 주식을 쉽게 현금화할 수 있게 유동성을 높임으로써 발행시장이 활성화되는 역할을 수행하고, 금융상품의 유통가격 결정을 통하여 새로 발행되는 금융상품의 가격을 책정하는 데 중요한 지표를 제공한다.

③ 거래소시장과 장외시장 : 금융시장은 금융상품의 거래장소와 거래방법에 따라 거래소시장과 장외시장으로 구분된다.

거래소시장과 장외시장

- 거래소시장 : 시장참가자가 특정 금융상품에 대한 매수 · 매도 주문을 중앙집중적 장소인 거래소에 보내고 거래소는 이를 경쟁입찰원칙 등 표준화된 규칙에 의해 처리하는 조직화된 시장으로, 장내시장이라고도 부른다. 우리나라의 거래소시장으로는 한국거래소가 있다.
- 장외시장 : 거래소 이외의 장소에서 상장 또는 비상장 유가증권의 거래가 이루어지는 시장을 말한다. 매매당사자 간의 개별적인 접촉에 의해 거래가 이루어지는 직접거래시장과 딜러/브로커 상호 간 또는 딜러/브로커와 고객 간의 쌍방거래로 이루어지는 점두시장으로 구분된다. 이들 시장은 거래정보의 투명성이나 거래 상대방의 익명성이 낮은 편이며, 장외채권시장과 제3주식시장 등이 있다.

딜러와 브로커

딜러는 자기계산으로 고객과 금융상품을 매매하여 저가로 매수하여 고가로 매도할 때의 가격차이가 수입이 되지만, 브로커는 고객 간의 매매사무를 단순 대행해주고 그 대가로 수수료를 받는 자를 말한다.

02 | 금리와 금리정책

① 금리

(1) 금리의 의의

① 금융시장에서 자금수요자가 자금공급자에게 돈을 빌린 데에 대한 대가로서 지급하는 이자율을 의미한다.

② 금리는 자금에 대한 수요가 늘어나면 상승하고 공급이 늘어나면 하락하므로 끊임없이 변동한다.

③ 금리의 변동은 자금의 수요·공급 규모를 결정하는 한편 자금을 필요한 부문에 적절히 배분하는 역할을 수행한다.

(2) 금리의 종류

① **금융시장에 따른 금리** : 중앙은행의 공정할인율, 금융기관의 예금 및 대출 금리, 채권의 수익률, 콜시장의 금리, 사채시장의 금리 등이 있는데, 자금의 용도, 기간, 위험요소, 차입자의 신용도 등에 따라 금리수준이 다르게 결정되고 이름까지 다른 경우가 많다.

> **중앙은행의 공정할인율(재할인율)**
> 중앙은행이 시중은행이 보유한 어음을 할인해줄 때 적용하는 금리로, 일반은행이 할인한 어음을 다시 할인한다는 뜻에서 재할인율이라고도 한다.

② **명목금리와 실질금리** : 실질금리는 명목금리에서 물가변동의 대표적 지수인 소비자물가지수의 상승률을 차감하여 계산하는 것이 보통인데, 명목금리가 높더라도 물가 상승폭이 커 실질금리가 낮으면 기업의 투자는 활발해진다.

③ **표면금리와 실효금리** : 표면금리란 겉으로 나타난 금리를 말하며, 실효금리는 실제로 지급하거나 부담하는 금리를 말한다. 표면금리가 동일한 예금일지라도 단리·복리 등의 이자계산방법이나 과세 여부 등에 따라 실효금리는 서로 달라진다. 대출의 경우에도 역시 이자계산방법, 대출금회수방법, 대출과 연계된 예금의 유무 등에 따라 실효금리가 달라진다.

② 금리정책(한국은행 금융통화위원회)

(1) 금리정책의 의의

① 중앙은행이 직간접적으로 금리를 조절하는 제반 정책을 말한다.

② 경제성장, 물가, 국제수지, 고용 등 여러 가지 국민경제상의 목표달성을 위한 중요한 정책수단 중의 하나이다.

③ 매월 초 한국은행 내 최고의사결정기구인 금융통화위원회가 그달의 금리정책 운용방향을 결정한다.

④ 대표적인 단기금융시장인 콜시장에서 거래되는 1일짜리 콜 거래 목표금리수준을 전월 수준으로 유지할지 아니면 변경할지를 공표한다.

⑤ 현재의 국내 경제현황을 진단하고 앞으로의 국내외 경제 여건 변화 등을 전망하여 달성하고자 하는 통화정책목표에 맞는 금리수준을 정하게 된다.

(2) 금리정책의 효과

① 중앙은행이 국채를 사고파는 공개시장조작으로 콜시장에 공급하는 자금의 양을 조절할 수 있으므로 콜금리가 변동하고, 이는 점차 장기금리로 파급되어 결국에는 기업 등 경제주체의 의사결정에 영향을 미쳐 실물경제를 바람직한 방향으로 끌어갈 수 있다는 메커니즘을 전제로 한다.

② 실물에 미치는 효과는 통상 콜금리 결정 후 6개월 이상이 지나야 나타나고, 투자심리라든가 국제 금융환경 변화 등으로 제대로 나타나지 않을 수도 있는 등 불확실성도 높다.

③ 중앙은행의 금리목표 공표는 단기금융시장금리, 금융기관의 예금 및 대출금리, 채권금리 및 주가, 환율 등에 즉시 영향을 주고, 나아가 각 경제주체의 합리적 기대가 형성되면 부동산 등 실물자산 가격에도 일정한 파급효과를 낸다.

03 금융기관과 금융상품

① 금융기관

(1) 금융기관의 의의

① 금융시장에서 자금의 수요자와 공급자 사이에서 자금의 중개기능을 수행하는 경제주체를 말한다.

② 자금의 공급자인 가계와 자금의 수요자인 기업에 적절한 금융수단을 제공함으로써 이들의 저축 및 차입 수요를 충족시키는 역할을 담당한다.

(2) 금융기관의 역할

① 유동성 제고를 통한 자산전환

② 거래비용 절감 및 위험분산

③ 지급제도 등 금융서비스 제공

(3) 금융기관의 종류

① **은행** : 은행은 가계나 기업 등 일반 국민으로부터 예금 · 신탁을 받거나 채권을 발행하여 조달한 자금을 자금수요자에게 대출해주는 업무를 주로 취급하는 대표적인 금융기관이다.

은행의 업무

- **고유업무** : 예 · 적금의 수입 또는 유가증권이나 그 밖의 채무증서의 발행, 자금의 대출 또는 어음의 할인, 내국환 · 외국환
- **부수업무** : 채무 보증 또는 어음의 인수, 상호부금, 팩토링, 보호예수, 수납 및 지급대행, 전자상거래와 관련한 지급대행, 지방자치단체의 금고대행, 은행업과 관련된 전산시스템 및 소프트웨어의 판매 및 대여, 금융관련 연수 및 도서 · 간행물 출판업무, 조사 · 연구업무, 업무용 부동산의 임대, 수입인지 · 복권 · 상품권 등의 판매 대행, 은행의 인터넷 홈페이지, 서적, 간행물 및 전산 설비 등 물적 설비를 활용한 광고대행, 기타 금융위원회가 정하여 고시하는 업무
- **겸영업무** : 타 법령에 따른 인허가 등이 필요한 업무와 필요로 하지 않는 기타업무로 구분된다. 금융위원회 인허가 또는 등록을 필요로 하는 겸영업무로는 유가증권의 인수 · 매출 및 모집 · 매출 주선, 환매조건부채권매매, 집합투자업, 투자자문업, 투자매매업, 투자중개업, 신탁업, 방카슈랑스, 신용카드업 등이 있다. 기타업무에는 타 법령에서 은행이 운영할 수 있도록 한 업무와 기업 인수 · 합병의 중개 · 주선 또는 대리 업무, 증권의 투자 및 대차거래 업무, 상업어음 및 무역어음의 매출 업무 등이 있다.

② **증권회사** : 주식, 국 · 공채, 회사채 등 유가증권의 매매 · 인수 · 매출을 전문적으로 취급하는 기관이다. 직접금융시장에서 기업이 발행한 증권을 매개로 하여 투자자의 자금을 기업에 이전시키는 기능, 즉 기업과 투자자를 직접 연결시킨다는 점에서 저축자의 예금을 받아 기업에 대출하는 은행과는 업무성격이 다르다.

랩어카운트(Wrap Account)

증권회사가 투자자의 투자성향과 투자목적 등을 정밀하게 분석하고 진단한 후 고객에게 맞도록 주식, 채권, 수익증권, 뮤추얼펀드 등의 다양한 투자수단을 대상으로 가장 적합한 포트폴리오를 추천하고, 그 포트폴리오를 운용하여 수수료가 아닌 일정한 보수를 받는 종합자산관리계좌를 말한다.

③ **보험회사(생명보험회사 및 손해보험회사)** : 보험회사는 다수의 보험계약자에게서 보험료를 받아 이를 대출, 유가증권, 부동산 등에 투자하여 보험계약자의 노후, 사망, 질병, 사고 시 보험금을 지급하는 업무를 한다.

생명보험회사와 손해보험회사

- 생명보험회사 : 보험사고 발생 시 실제 손해액과 관계없이 미리 정해진 금액으로 보상하는 정액보상을 하는 금융기관이다.
- 손해보험회사 : 화재, 자동차사고, 해상사고 등에 따른 사람의 신체에 관한 손해, 재산상의 손해, 배상책임에 의한 손해를 대비한 보험의 인수·운영을 주된 업무로 하는 금융기관이다. 실제 손해액만큼만 보상하는 실손보상을 한다.

④ 상호저축은행 : 일정 행정구역 내에 소재하는 서민 및 영세 상공인에게 금융편의를 제공하도록 설립된 대표적인 지역밀착형 서민금융기관이다. 주요 업무로는 일정기간 부금을 납입받고 그 기간의 중도 또는 만료가 되는 시점에서 부금 납입자에게 일정한 금액을 지급하는 신용부금업무였으나, 지금은 일반은행과 거의 같은 업무를 하고 있다.

⑤ 투자신탁운용회사 : 투자신탁운용회사는 다수의 고객에게서 위탁받은 장·단기자금을 공동기금으로 조성하고, 이를 채권·주식 등 유가증권에 투자함으로써 발생한 수익을 고객들에게 되돌려주는 증권투자대행기관이다. 따라서 주식·채권 등의 유가증권 투자에 관하여 전문지식이 부족하거나 시간적 여유가 없는 투자자, 직접적인 증권투자가 어려운 소액 투자자가 이용하기에 적합한 금융기관이다.

② 금융상품

(1) 수신상품

① 예금 : 은행이 전통적으로 취급하는 수신상품으로, 그 기능에 따라 크게 요구불성예금과 저축성예금으로 나뉜다.

요구불성예금	• 고객이 언제든지 인출할 수 있도록 유동성이 가장 중요한 선택기준이 되는 상품이다. 따라서 수익은 작지만 언제든지 인출할 수 있는 특성이 있어 높은 안전성이 확보되어 있다.
저축성예금	• 결제서비스 또는 단기예치보다는 상당기간의 저축을 통하여 높은 수익을 기대하는 자금의 운용에 적합한 수신상품을 말한다. 과거에는 정기예금과 정기적금으로 구분되었으나 최근에는 정보기술의 발달로 통합되는 추세이다.
시장성 상품 및 특수목적부 상품	• 시장성 상품 : 단기금융시장에서 거래되는 유가증권과 같은 금융상품을 매개로 예금거래가 발생하는 것을 말하는데, 은행에서는 CD·RP·표지어음 등이 있다. • 특수목적부 상품 : 일반 수신상품에 정부정책적 차원에서 특수한 조건을 부가하여 별도의 상품으로 판매하는 것을 일컫는데, 주로 정기예금이나 정기적금에 세제혜택이 부여되어 있거나 아파트 청약권이 부여된 상품들이 대표적이다.

② 비은행금융기관의 예수금 : 상호저축은행에서 취급하는 각종 예·적금 및 부금, 신용협동기구 및 우체국에서 취급하는 예수금은 물론 종합금융회사나 증권회사 등에서도 단기예치 목적의 수신상품을 취급하며, 시장성 상품도 각 기관이 취급할 수 있도록 허용된 범위 내에서 은행과 유사한 방법으로 판매되고 있다. 증권회사 CP, 종합금융회사 발행어음도 이에 포함된다.

③ 실적배당상품

은행신탁상품	• 은행신탁이란 위탁자가 주식·채권 등에 직접 투자하기보다는 투자를 전문적으로 하는 회사에 재산을 대신해서 관리·운용해줄 것을 위탁하는 넓은 의미의 신탁의 일종이다. • 특정금전신탁 : 신탁재산운용대상을 특정주식이나 대출 등으로 고객이 구체적으로 정한다. • 불특정금전신탁 : 수탁자인 은행에 일임하고 신탁종료 시에 금전으로 환급할 것을 약정하는 것으로, 주로 고수익을 목적으로 한다.
단기실적배당상품	• MMA : 여러 고객이 투자한 자금을 모아 주로 양도성예금증서, 기업어음, 잔존만기 1년 이하의 국채 및 통화안정증권 등 금융자산에 투자하여 얻은 수익을 고객에게 배당하는 초단기형 채권투자신탁상품으로, 환매수수료가 없어 은행의 보통예금처럼 자유롭게 입·출금이 가능하다. • CMA(어음관리계좌) : 투자자에게서 자금을 예탁받아 이를 주로 기업어음(CP) 등과 같은 단기금융자산으로 운용하여 그 운용수익을 투자자에게 지급하는 상품으로, 현재 종합금융회사가 이를 취급하는데 증권회사의 MMF 및 은행의 MMDA와 경쟁상품이다.
변액보험	• 고객이 납입한 보험료를 모아 펀드를 구성한 후 주식·채권 등 유가증권에 투자하여 발생한 이익을 배분하는 실적배당형 보험을 말한다.
수익증권 및 뮤추얼펀드	• 수익증권 : 계약형 투자신탁이라고도 하는데, 이는 위탁자인 투자신탁운용회사와 수탁자인 은행, 수익자인 고객 간의 신탁계약에 의해 이루어진다. • 뮤추얼펀드 : 회사형 투자신탁이라고도 하는데, 증권투자 전문가가 투자자들에게서 자금을 모아 주식회사인 투자회사를 조직하고 일반투자자는 그 주주가 되어 재산은 관리협정에 따라 보관자에게 예탁하는 형태이다.
부동산투자신탁 (REITs)	• 불특정다수인에게서 금전을 수탁 또는 납부받아 이 금전으로 부동산을 매입, 개발, 관리, 처분하거나 부동산 관련 채권, 유가증권 등에 투자하고 그 수익을 수익자나 투자자에게 교부하는 투자상품을 말한다.

(2) 대출상품

① 일반대출상품 : 통상 기업이 주요 차입자로서 상업어음할인, 무역금융 등 단기운전자금과 장기시설자금을 취급하며, 가계의 경우 부동산담보대출, 예·적금담보대출, 주택관련대출과 일부 신용대출이 있다.

② 한국주택금융공사의 모기지론 : 주택을 담보로 주택저당증권(MBS)을 발행하여 10년 이상 20년까지 장기자금을 대출해주는 제도이다. 주택담보인정비율은 집값의 70%까지 대출받을 수 있으며 대출한도는 3억 원까지이다.

04 프로젝트파이낸싱, 주택저당증권유동화, REITs

① 프로젝트파이낸싱(FP)

(1) FP의 의의

① 협의로는 투자사업의 사실상 소유주인 모기업의 자산과 분리된 프로젝트 자체의 경제성에 기초하여 소요자금을 조달하는 금융기법으로, 자금공여자가 특정 프로젝트의 수익에 의한 현금흐름을 1차적 대출금 회수원으로 하고 그 프로젝트의 자산을 담보로 하는 금융을 의미한다.

② 일반적으로 모기업에서 독립된 계획사업의 미래현금 흐름과 수익 등 경제성을 상환재원으로 삼고, 계획사업의 자산 및 모기업과 이해관계자의 장기운용계약 등을 담보하여 모기업은 제한된 상환책임만을 부담하면서 계획사업 추진에 소요되는 대규모 자금을 조달하는 것이다.

③ 통상 프로젝트파이낸싱은 융자은행이 대형 프로젝트사업자금 제공 때 모회사의 보증 없이 차주인 사업실행회사에 자금을 빌려준 뒤 향후 사업 자체에서 발생하는 수익으로 대출금을 상환받는 금융형태로 이루어진다.

(2) FP의 특징

① 재무상태표 외 금융으로서 실질상의 차주인 프로젝트 스폰서사에 허용되는 수준 이상의 부채를 수용할 수 있게 한다.

② 프로젝트 스폰서사의 입장에서 프로젝트파이낸싱은 스폰서사에 부채수용력의 제고, 프로젝트 위험의 감소 및 세제상의 혜택 등 경제적 이점을 준다.

③ 자금공여자의 입장에서 경제성 있는 특정 프로젝트에 대한 대출이 투자의 안정성과 수익성 면에서 더 유리하다.

유/사/기/출/문/제

프로젝트파이낸싱을 설명한 것으로 옳지 않은 것은?

① 특수목적회사를 설립한다.
② 대출과 출자를 병행할 수 있다.
③ 대출이자는 사업주의 신용도에 따라 결정된다.
④ 프로젝트 자체의 미래 현금흐름을 평가하는 것이 더욱 중요하다.
⑤ 대규모 프로젝트를 수행할 때 자금조달의 유용한 수단이 된다.

| 해설 |

프로젝트파이낸싱은 사업주의 신용을 고려하여 대출하는 것이 아니라 사업 그 자체의 수익성만 고려한다.

| 정답 | ③

② 주택저당증권유동화(MBS)

(1) 지분형 MBS(주택저당이체증권)

① 저당대출에서 발생하는 현금흐름에 대한 지분과 저당대출의 소유권을 모두 투자자에게 매각하는 방식이다.
② 주택저당채권의 집합물을 담보로 하며 관련 위험이 투자자에게 이전된다.
③ 발행에 따른 초과 담보제공이 필요 없고, 고위험에 따른 고수익이 제공된다.

(2) 채권형 MBS(주택저당담보부채권)

① 저당대출의 현금흐름과 소유권을 발행기관이 가지면서, 저당대출을 담보로 하여 자신의 부채로 발행하는 유동화 방법을 말한다.
② 주택저당채권의 집합물을 담보로 하여 발행기관이 자기의 신용으로 발행하는 주택저당채권이다.

(3) 지분 · 채권혼합형 MBS(저당대출원리금이체채권)

① 지분형과 채권형의 특성이 결합된 형태의 유동화 방법을 말한다.
② 저당대출집합의 현금흐름은 지분형 MBS와 마찬가지로 투자자에게 이체된다.
③ 저당대출의 소유권은 채권형 MBS와 마찬가지로 발행기관이 가진다.

(4) 다계층채권(CMO)

① 주택저당채권의 집합을 담보로 발행된 다계층의 채권을 말한다.

② 우리나라에서 발행된 주택저당증권의 대부분은 다계층저당채권이다.

③ 발행자는 저당채권집합에 대한 소유권을 갖고 이를 담보로 다양한 채권을 발행한다.

④ 조기상환의 위험은 증권소유자가 부담하게 된다.

⑤ 위험의 분산과 다양한 투자욕구를 충족하고자 하나의 주택저당채권의 집합에서 만기와 이자율을 다양화한 여러 가지 종류의 채권을 발행한다.

③ 부동산투자회사제도(REITs)

(1) 부동산투자회사의 의의와 구조

① 의의 : 자산을 부동산에 투자하여 운용하는 것을 목적으로 부동산투자회사법에 의해 설립된 회사로서, 부동산의 운용에서 경영진의 창의적이고 전문적인 경영능력을 바탕으로 우수한 현금흐름과 미래 현금흐름의 증대를 창출해나가는 종합부동산회사이다.

② 구성

- 인가 : 국토해양부장관
- 회사형태 : 상법상의 주식회사
- 설립자본금 : 10억 원 이상
- 영업자본금 : 영업인가일부터 6개월 후에는 자본금 100억 원 이상
- 주식의 분산 : 주주 1인과 그 특별관계자는 최저자본금 준비기간이 끝난 이후에는 부동산투자회사의 발행 주식 총수의 100분의 30을 초과하여 주식을 소유하지 못한다.
- 현물출자 : 부동산투자회사는 영업인가 전에는 현물출자를 받는 방식으로 신주를 발행할 수 없다.

③ 자산의 투자 · 운용 방법

- 부동산의 취득, 관리, 개량 및 처분
- 부동산개발사업
- 부동산의 임대차사업
- 증권의 매매
- 금융기관의 유치
- 지상권 · 임차권 등 부동산 사용에 관한 권리의 취득, 관리, 처분

 유/사/기/출/문/제

글로벌 금융위기의 원인과 거리가 먼 것은?

① 원자재 가격의 급등

② 미국 주택가격의 급등

③ 금융기관에 대한 적절한 규제부족

④ 팽창 위주였던 미국의 통화정책

⑤ 미국의 막대한 경상적자로 대표되는 글로벌 불균형

| 해설 |

원자재 가격의 급등은 글로벌 금융위기의 직접적인 원인으로 보기 어렵다.

| 정답 | ①

05 | 외환시장과 국제금융시장

1 외환시장 일반

(1) 외환시장의 의의

① 외환의 매입자와 매도자, 그리고 이들의 매매를 중개하는 브로커들을 연결하는 통신망을 통해서 외환의 거래가 이루어지는 기능적인 의미에서의 시장 또는 추상적인 거래메커니즘을 말한다.

② 외환시장은 현물환시장, 선물환시장, 통화선물시장, 통화옵션시장 및 통화스와프시장으로 나누어지며, 통화선물시장과 통화옵션시장의 일부를 제외한 거의 대부분의 시장은 특정 거래소를 경유하지 않고 전화·텔렉스 등을 이용하여 거래자 간에 거래가 이루어지는 장외시장이다.

(2) 외환시장의 특성

① 외환시장은 거래건수나 거래금액 면에서 볼 때 개인이나 기업 등의 실수요자를 대상으로 하는 거래보다 외국환은행 간의 거래가 훨씬 높은 비중을 차지하는 시장이다.

② 은행 간 시장은 최소거래단위가 100만 달러이고, 표준거래단위는 500만 달러 내외이며, 통상거래단위가 수백만 달러에 이르는 도매시장이다.

③ 외환시장은 하루 24시간 거래가 이루어지는 시장이다.

(3) 현물환시장

① 현물환거래가 이루어지는 시장을 말하며, 현물환거래에서는 거래일로부터 둘째 영업일에 결제가 이루어진다.

② 우리나라는 1997년 12월 이후 자유변동환율제도를 채택하고 있다.

③ 주식시장과 달리 외환시장에는 일일가격변동제한폭이 없으며 대고객 거래 및 은행, 기업의 회계처리의 기준이 되는 매매기준환율로는 전날 외국환중개회사의 중개로 거래된 현물환 거래가격을 거래량에 따라 가중평균한 값을 사용하고 있다.

④ 매매기준환율은 원/달러 환율에만 사용되며, 원화와 기타 통화 간의 환율로는 원/달러 환율과 달러 기타 통화 간의 환율을 곱하여 산정한 교차환율을 사용한다.

⑤ 동일한 현물환시장에서 은행들이 제시하는 환율이 서로 다른 경우 고객들은 매도율이 상대적으로 낮은 은행에서 외환을 매입하여 매입률이 상대적으로 높은 은행에 매도함으로써 위험을 전혀 부담하지 않고 이익을 얻을 수 있다.

(4) 선물환시장

① 선물환거래란 2영업일 이후의 미래의 특정시점에 특정통화를 특정비율로 교환할 것을 현재 시점에서 미리 약정한 거래를 말하며 선물환거래가 이루어지는 시장을 선물환시장이라고 한다.

② 선물환시장의 주요 참가자는 헤저와 투기자 및 차익거래자로 나누어 볼 수 있다.

③ 헤저는 딜러, 무역업자, 다국적 기업의 외환관리자 등으로서, 이들은 영업활동의 결과 발생하는 환 포지션을 제거하고자 헤징거래를 수행하는 자들을 말한다.

④ 투기자들은 차별적인 정보를 이용하여 적극적으로 환율을 예측함으로써 시세차익을 노리고자 환투기를 수행하는 자들을 말한다.

⑤ 차익거래자들은 동일한 시점에서 시장 간의 가격차이를 이용하여 위험을 전혀 부담하지 않고 이익을 추구하는 자들을 말한다.

(5) 환위험관리방법

① **상계** : 다국적기업의 본사와 지사 간의 거래에서 일정기간마다 외환채권과 외환채무를 서로 상쇄하고 잔액만을 수취 또는 지불하는 방법을 말한다.

② **매칭** : 외화표시 현금유입과 현금유출의 금액과 시기를 일치시킴으로써 환위험을 제거하는 방법을 매칭이라고 한다. 매칭은 다국적기업의 사내거래뿐만 아니라 제삼자와의 거래에서도 사용할 수 있다.

③ **리딩** : 자산 또는 부채를 당초 약정일보다 앞당겨 수취 또는 지불하는 것을 말한다.

④ **래깅** : 자산 또는 부채를 당초 약정일보다 늦추어 수취 또는 지불하는 것을 말한다.

⑤ **자산/부채관리(ALM)** : 외국통화표시 자산과 부채의 금액을 일치시켜 환위험을 제거하는 것을 말한다.

⑥ **결제통화 변경** : 결제통화를 변경하여 환위험을 관리할 수도 있다.

② 국제금융시장

(1) 국제금융시장의 의의

① 국제금융, 즉 국제 간에 자금의 대차가 이루어지는 시장을 말한다.

② 전통적으로 국제무역 및 해외투자활동을 뒷받침하는 기능을 주로 수행하였으나, 최근에는 금융자산의 효율적인 운영으로부터 이익을 얻고자 하는 투자자들의 적극적인 참여로 그 기능이 크게 다양화되고 있다.

(2) 국제시장의 유형

① **유로통화시장** : 표시통화국 정부의 규제 · 관할권이 거의 미치지 않는 지역에서 예금과 대출이 이루어지는 시장을 유로통화시장이라고 하며, 유로달러시장이 전체의 75% 이상을 차지하고 있다.

② **외국채시장** : 외국인이 현지통화로 채권을 발행하여 현지에서 유통시키는 채권을 외국채라 하며 외국채는 발행지역에 따라 고유한 별명을 지니는데 뉴욕시장에서 발행되는 외국채는 양키본드, 동경에서 발행되는 외국채는 사무라이본드, 런던에서 발행되는 외국채는 불독본드, 우리나라에서 발행되는 외국채는 아리랑본드라고 부른다. 외국채는 현지에서 현지통화로 발행되어 현지의 투자자에게 판매되기 때문에 발행 및 유통절차에 관하여 현지정부의 규제와 감독을 받는다.

③ **유로채시장** : 표시통화국 정부의 규제 · 관할권 이외의 지역에서 발행 · 유통되는 채권을 유로채라 하며, 유로채시장은 국내의 채권시장이나 외국채시장과 달리 정부로부터 규제나 감독을 거의 받지 않는 자유로운 시장이기 때문에 증권거래위원회의 까다로운 공시규정을 따르지 않아도 된다.

④ **국제주식시장** : 해외의 증권거래소에 주식 또는 주식예탁증서를 상장하는 것을 해외시장이라고 한다.

05장

파생상품

Test of Economic Sense And Thinking

01 | 파생상품 일반

① 파생상품의 개요

(1) 파생상품의 기본분류

① 선물(Futures)

② 옵션(Options)

③ 스와프(Swap)

④ 선도(Forward)

(2) 거래의 종류

① 헤지거래 : 현물시장에서의 가격변동위험을 회피할 목적으로 선물시장에 참여하여 현물시장에서와 반대포지션을 취하는 거래

② 투기거래 : 선물시장에만 참여하여 선물계약의 매입 · 매도 중 한 가지 포지션에만 거래함으로써 이득을 얻고자 하는 거래

③ 차익거래 : 현물과 선물의 일시적 가격평가 차이를 이용하여 현물과 선물 중 고평가된 쪽은 매도하고 저평가된 쪽은 매수함으로써 거의 위험 없는 이들을 취하고자 하는 거래

④ 스프레드거래 : 선물시장에서 두 개의 선물 간의 가격차이를 이용하여 한쪽은 매수하고, 동시에 한쪽은 매도하여 이득을 얻고자 하는 거래

 유/사/기/출/문/제

파생상품의 거래유형으로 옳은 것끼리 묶인 것은?

① 차익거래, 헤지거래, 투기거래　　② 차익거래, 현물거래, 선물거래

③ 차익거래, 합성거래, 헤지거래　　④ 헤지거래, 현물거래, 선물거래

⑤ 합성거래, 투기거래, 현물거래

| 해설 |

파생상품의 거래유형

- **차익거래** : 일반적으로 차익거래라 함은 동일한 물건이 두 시장에서 서로 다른 가격으로 거래되는 경우 높은 가격으로 거래되는 시장에서는 매도하고 동시에 낮은 가격으로 거래되는 시장에서는 매수하여 이익을 취하는 거래를 말한다. 선물거래에서 차익거래라 함은 선물가격이 현물을 기초로 산출되는 이론가격에서 크게 벗어나는 경우에 선물과 현물 중 상대적으로 가격이 높은 것을 매도하고 동시에 가격이 낮은 것을 매수한 후 양 가격이 정상적인 관계에 돌아왔을 때 반대매매하여 이익을 얻는 거래를 의미한다.
- **헤지거래** : 현재 주식을 보유하고 있거나 보유할 예정인 투자자가 주식의 가격변동요인에서 오는 위험을 회피하고자 현물의 가격변동과 반대되는 손익구조를 지닌 선물 포지션을 취함으로써 현물 보유 포지션에 따른 리스크를 축소시키려는 선물거래를 말한다. 주식시장에서 매수 포지션을 취하고 있다면 주가 하락에 따른 리스크를 감소시키려고 선물을 매도하게 되는데, 이를 매도헤지(Short Hedge)라고 부른다. 반대로 주식시장에서 매도 포지션을 취하고 있어 주가 상승에 따른 리스크를 감소시키려면 선물을 매수해야 되는데, 이를 매수헤지(Long Hedge)라고 부른다.
- **투기거래** : 현물을 보유하지 않고 장래의 가격변동을 예측하여 선물거래를 함으로써 시세변동에 따른 이익획득을 목적으로 하는 거래이다. 선물거래는 거래대금의 일정률인 증거금만으로 거래가 가능하고 언제든지 반대매매에 의해 포지션을 해소할 수 있기 때문에 투기목적의 거래에 쉽게 이용될 수 있다.

| 정답 | ①

② 파생상품의 구성

(1) 선도거래

① 미래 약정일에 미리 정한 가격으로 자산을 사거나 팔아야 하는 의무가 부여되는 계약으로, 계약당사자 간의 합의에 의해 거래조건이 결정된다.

② 제로섬 게임

(2) 선물환거래

① 선물환거래는 과거부터 고객과 은행 사이의 일대일 계약으로서 환위험관리에 유용하게 쓰이는 계약이다.

② 위험회피효과, 기업의 파산위험 감소효과가 있다.

③ 계약불이행 위험이 존재한다.

(3) 차액결제선도계약(NDF)

① NDF는 만기에 계약원금의 교환 없이 계약선물환율과 계정환율 간의 차이만을 지정통화로 정산하는 선물환계약이다.

② 홍콩 · 싱가포르 등의 역외시장에서 차액결제선물환 거래가 활발히 거래된다.

③ 단순히 차액만을 결제하므로 결제위험이 적다.

④ 통화당국의 외환규제를 우회할 수 있다.

(4) 선물거래

① 선물거래는 기본적으로 만기시점을 정해놓고 만기시점에서 기초자산을 미리 정한 가격에 매도하거나 매수하기로 계약하는 거래이다.

② 만기결제 또는 중도에 반대매매로 청산된다.

③ 결제이행 보증을 위한 제도구비 : 증거금제도, 일일정산제도, 미결수량 제한

④ 만기시점의 결제방식 : 현물인수도방식과 현금결제방식

선물거래의 경제적 기능

- 가격변동위험의 전가
- 현물시장에서의 유동성 확대
- 효율성 증대
- 미래시장가격에 대한 정보제공
- 새로운 투자수단 제공
- 거래비용의 절약

02 옵션

① 옵션 일반

(1) 옵션의 정의

① 옵션은 일정한 자산을 미래 약정된 기간 또는 그 이전에 약정된 가격으로 사거나 팔 수 있는 권리이다.

② 구분해설

• 일정한 자산 : 기초자산	• 약정된 기간 : 만기
• 약정된 가격 : 행사가격	• 살 수 있는 권리 : 콜옵션
• 팔 수 있는 권리 : 풋옵션	• 수수료 : 옵션가격

(2) 권리행사의 가능시점

① 유럽식 옵션 : 특정일자(만기)에만 권리를 행사할 수 있는 옵션

② 미국식 옵션 : 특정일자(만기)나 이전 언제라도 권리행사가 가능한 옵션
③ 버뮤다옵션 : 유럽식 옵션과 미국식 옵션의 중간형태로, 미리 정한 특정일자들 중에서 한 번 행사가 가능한 옵션

② 옵션의 가격

(1) 옵션의 가격

① 콜옵션, 풋옵션 모두 그 가치는 0보다 작을 수 없다.
② 콜옵션의 가치는 기초자산의 가치보다 클 수 없다.
③ 풋옵션의 가격은 행사가격을 무위험수익률로 할인한 현재가치에서 기초주식의 가격을 차감한 값보다 크다.

(2) 옵션가격의 결정요인

① 기초자산가격, 변동성, 잔존기간, 무위험이자율과 옵션가격은 비례관계이다.
② 행사가격과 옵션가격은 반비례관계이다.

 유/사/기/출/문/제

옵션에 대한 설명으로 적절하지 않은 것은?

① 옵션거래자는 항상 계약이행에 대한 권리를 가진다.
② 옵션의 가치는 내재가치와 시간가치로 구성된다.
③ 일반적으로 옵션프리미엄의 변화율이 기초자산가격의 변화율보다 크다.
④ 옵션매수자는 기초자산에 대하여 복권을 구입한 것과 유사한 손익이 발생한다.
⑤ 복권은 추첨일 이전에 그 가치가 변하지 않지만 옵션의 가치는 자주 변동한다.

| 해설 |

옵션이란 미래 특정시점에 특정한 상품을 사거나 팔 수 있는 권리를 말한다.

참고 옵션

일정한 물품·재산을 일정한 금액으로 일정한 기간 안에 매매하거나 매매하지 않을 수 있는 선택권으로, 증권시장에서는 선택권부거래를 가리킨다. 매입(또는 매출) 선택권의 매입자는 계약 내용에 따라 일정기간 안에 계약할 때의 가격으로 주식을 팔 수 있는 권리 또는 살 수 있는 권리를 취득할 수 있는데, 그 선택권의 매매에 대한 거래를 가리킨다. 크게 나누면 풋옵션(put option)과 콜옵션(call option)이 있다. 풋옵션을 매출선택권이라 하고 그 매입자는 일정기간 안에 언제라도 풋옵션의 매출자에게 계약가격으로 특정수량의 주식을 팔 수 있는 권리가 있으며, 매출자는 권리가 행사되었을 경우 언제라도 그에 응해야 한다. 콜옵션은 그 반대이며 매입선택권이라고 한다.

| 정답 | ①

03 통화스와프와 신용부도스와프

① 통화스와프

(1) 의의

① 통화를 약정된 환율에 따라 일정한 시점에서 상호 교환하는 외환거래를 말한다.

② 두 거래 당사자가 약정된 환율에 따라 일정한 시점에서 통화를 서로 교환하는 외환거래를 가리킨다. 상대국 통화를 사용하여 환시세의 안정을 도모하는 것이 목적인데, 단기적 환헤지보다는 주로 중장기적 환헤지의 수단으로 이용된다.

③ 자국 통화를 맡겨놓고 상대국 통화를 빌려오는 것이므로 내용상으로는 차입이지만 형식상으로는 통화교환이다.

(2) 특징(장점)

① 국가 간의 통화스와프 협정은 두 나라가 자국 통화를 상대국 통화와 맞교환하는 방식으로 이루어지며, 어느 한쪽에 외환위기가 발생하면 상대국이 외화를 즉각 융통해줌으로써 유동성 위기를 넘기고 환시세의 안정을 꾀할 수 있다. 변제할 때는 최초 계약 때 정한 환율을 적용함으로써 시세변동의 위험을 피할 수 있다.

② 차입비용을 절감하고 자금관리의 효율성을 높이며, 새로운 시장에 대한 접근 수단 등의 기능을 한다. 이 밖에 장부 외 거래의 성격을 지녀 금융기관으로서는 자본 및 부채 비율에 제한을 받지 않고 이용할 수 있는 이점도 있다. 국제통화기금(IMF)에서 돈을 빌릴 경우에는 통제와 간섭이 따라 경제주권과 국가 이미지가 훼손되지만, 통화스와프는 이를 피하여 외화 유동성을 확보하는 장점이 있다.

 유/사/기/출/문/제

통화스와프에 관한 내용으로 맞는 것은?

① 계약기간은 1년이다.

② 차입비용이 과다하다는 단점이 있다.

③ 변제 시에는 변제시점의 환율을 적용한다.

④ 스와프는 단기적 환헤지보다는 주로 중장기적 환헤지의 수단으로 이용된다.

⑤ 통화스와프는 독립성 면에서 IMF보다 좋지 않다.

| 해설 |

① 계약기간은 당사국끼리 달리 정할 수 있다.

② 스와프계약은 차입비용의 절감과 자금관리의 효율성을 높일 수 있다는 장점이 있다.

③ 변제 시에는 최초 계약한 때에 정한 환율로 변제한다.

⑤ 국제통화기금(IMF)에서 돈을 빌릴 경우에는 통제와 간섭이 따라 경제주권과 국가 이미지가 훼손되어 독립성이 떨어진다.

| 정답 | ④

② 신용부도스와프(Credit Default Swap : CDS)

(1) 의의

① 특정한 채권이나 금융자산을 기초로 하여 약정하는 일종의 파생상품에 해당한다.

② 위험에 대비하는 일종의 보험과 유사한 성격을 가진 상품으로, 보험료에 해당하는 CDS 프리미엄을 수수료로 지불해야 한다.

③ 채권발행자가 판매하는 것이 일반적이다.

④ CDS 프리미엄은 채권의 부도위험도에 비례하며, 프리미엄이 높다고 하여 더 많은 손실을 보전받는 것은 아니다.

(2) 내용

① 부도에 빠지는 것을 막기 위한 파생금융상품을 말한다.

② 대출이나 채권 발행을 통해 자금을 조달한 채무자의 부도 위험만을 별도로 분리하여 이를 시장에서 거래한다.

③ 대개 채권투자자는 채권발행자의 신용도 하락에 따른 채권가격 하락에 대비하여 일종의 보험으로 CDS를 매수한다.

④ 채권투자자가 CDS 프리미엄(수수료)을 주고 샀다면 채권 원금을 지급할 수 없는 상황이 오더라도 CDS 매도자(신용보장자)에게서 원금을 100% 보전받을 수 있다.

06장

연금

Test of Economic Sense And Thinking

01 공무원연금제도 등

① 성립과정 및 적용대상

(1) 성립과정

① 공무원연금제도 : 1960년에 공무원연금법이 제정되어 한국에서 최초로 사회보험방식에 의한 공적 연금제도로서 제도화되었다.

② 군인연금제도 : 1963년에 군인연금법이 제정 · 실시되어 퇴직 · 사망 시에 대처하며 1995년에 군인복지기금법이 제정되었다.

③ 사립학교교직원연금제도 : 1973년에 법이 제정되어 1975년부터 시행되었다. 1978년부터는 적용범위가 사무직원에게도 확대 · 적용되었다.

(2) 적용대상

① 공무원 : 국가 및 지방공무원, 교육공무원, 경찰 · 소방공무원, 군속 · 법관 · 검사 등이 되고, 1980년부터는 정부기관에 근무하는 상용갑급직과 임시직공무원도 포함되었다.

② 군인 : 장기복무하사관, 준하사관, 장교가 대상이다(단기하사는 제외).

③ 사립학교 교직원 : 사립학교의 교원과 사무직원이 대상이다.

② 재원과 관리운영체계

(1) 재원

① 공무원연금과 군인연금 : 국고에서 부담금의 7%, 가입자인 공무원의 기여금은 보수월액의 7%로 하며 2자방식으로 가입하여 월보수 14% 상당의 재원을 갹출하고 있다.

② **사립학교 교직원연금** : 교원과 사무직원의 경우 각각 1,000분의 70을 부담하고, 법인은 교원과 사무직원분에 대하여 각각 7,000분의 4,117과 7,000분의 7,000을 부담하며, 국가는 법인이 부담하여야 할 교원분의 7,000분의 2,883을 부담하고 있다.

③ 그 외에도 기금운용의 수익금과 국가의 보조금이 있으며, 재원의 운영은 적립방식으로 한다.

(2) 관리운영체계

① **공무원연금** : 정책결정은 행정안전부 인사국에서, 집행은 공무원 연금관리공단에서 한다.

② **군인연금** : 국방부에서 직접 관리 · 운영한다.

③ **사립학교교직원연금** : 정책결정은 교육과학기술부에서, 집행은 사립학교교직원연금관리공단에서 한다.

 유/사/기/출/문/제

현재 공무원연금의 적자가 커져 정부는 연금 수급구조를 개혁하고자 고심하고 있다. 이에 대한 적절한 대응책으로 보기 어려운 것은?

① 연금지급개시 연령을 다소 앞당긴다.
② 연금을 받을 수 있는 기간을 줄인다.
③ 공무원 본인의 자기부담금을 높인다.
④ 급여산정을 퇴직 전 3년 평균보수에서 전체 재직기간 평균으로 바꾼다.
⑤ 연금을 받을 수 있는 최소근무기간을 현행 20년에서 25년으로 늘린다.

| 해설 |

연금의 적자를 줄이려면 기본적으로 수입액을 늘리고, 지출액을 줄이며, 지급기간을 단축하고, 기준을 작게 하기 위해 급여산정기준을 전체 재직기간 평균으로 바꾸는 것이 옳은 방향이다. ①과 같이 연금지급개시 연령을 앞당기면 연금을 받을 기간이 늘어나 오히려 적자가 더욱 커질 것이다.

| 정답 | ①

02 국민연금

① 국민연금법의 목적 및 용어

(1) 국민연금법의 목적

국민의 노령, 장애 또는 사망에 대하여 연금급여를 실시함으로써, 국민의 생활 안정과 복지 증진에 이바지하는 것을 목적으로 한다.

(2) 용어 해설

① "근로자"란 직업의 종류가 무엇이든 사업장에서 노무를 제공하고 그 대가로 임금을 받아 생활하는 자(법인의 이사와 그 밖의 임원을 포함함)를 말한다. 다만, 대통령령으로 정하는 자는 제외한다.

② "사용자(使用者)"란 사업주나 사업경영자를 말한다.

③ "소득"이란 일정한 기간 근로를 제공하여 얻은 수입에서 대통령령으로 정하는 비과세소득을 제외한 금액 또는 사업 및 자산을 운영하여 얻는 수입에서 필요경비를 제외한 금액을 말한다. 이 경우 국민연금가입자(이하 "가입자"라 함)의 종류에 따른 소득 범위는 대통령령으로 정한다.

④ "평균소득월액"이란 매년 사업장가입자 및 지역가입자 전원(全員)의 기준소득월액을 평균한 금액을 말하며, 그 산정방법은 대통령령으로 정한다.

⑤ "기준소득월액"이란 연금보험료와 급여를 산정하기 위하여 가입자의 소득월액을 기준으로 하여 대통령령으로 정하는 금액을 말하며, 그 결정방법 및 적용기간 등에 관하여는 대통령령으로 정한다.

⑥ "사업장가입자"란 사업장에 고용된 근로자 및 사용자로서 제8조에 따라 국민연금에 가입된 자를 말한다.

⑦ "지역가입자"란 사업장가입자가 아닌 자로서 제9조에 따라 국민연금에 가입된 자를 말한다.

⑧ "임의가입자"란 사업장가입자 및 지역가입자 외의 자로서 제10조에 따라 국민연금에 가입된 자를 말한다.

⑨ "임의계속가입자"란 국민연금 가입기간이 20년 미만인 가입자가 제13조 제1항에 따라 가입자로 된 자를 말한다.

⑩ "연금보험료"란 국민연금사업에 필요한 비용으로서 사업장가입자의 경우에는 부담금 및 기여금의 합계액을, 지역가입자·임의가입자 및 임의계속가입자의 경우에는 본인이 내는 금액을 말한다.

⑪ "부담금"이란 사업장가입자의 사용자가 부담하는 금액을 말한다.

⑫ "기여금"이란 사업장가입자가 부담하는 금액을 말한다.

⑬ "사업장"이란 근로자를 사용하는 사업소 및 사무소를 말한다.

② 국민연금 급여

(1) 국민연금 급여의 유형

① 노령연금 : 가입기간이 10년 이상인 가입자 또는 가입자였던 자에 대하여는 60세(특수직종근로자는 55세)가 된 때부터 그가 생존하는 동안 노령연금을 지급한다. 가입기간이 10년 이상인 가입자 또는 가입자였던 자로서 55세 이상인 자가 소득이 있는 업무에 종사하지 않는 경우 본인이 희망하면 60세가 되기 전이라도 본인이 청구한 때부터 생존하는 동안 일정한 금액의 연금을 받을 수 있다. 개정된 국민연금법에서는 소득활동에 따른 노령연금액에 차등을 두고 있는데 규정에 따른 노령연금액에서 부양가족연금액을 제외한 금액에 수급권자의 연령별로 다음의 비율을 곱한 금액을 지급한다.

⊙ 60세(특수직종근로자는 55세) : 1천분의 500

⊙ 61세(특수직종근로자는 56세) : 1천분의 600

⊙ 62세(특수직종근로자는 57세) : 1천분의 700

⊙ 63세(특수직종근로자는 58세) : 1천분의 800

⊙ 64세(특수직종근로자는 59세) : 1천분의 900

② 장애연금 : 장애연금은 가입 중에 발생한 질병 또는 부상으로 인하여 그 완치 후에도 신체 또는 정신상의 장애가 있는 자에 대하여는 그 장애가 존속하는 동안 장애 정도에 따라 장애연금을 지급한다.

③ 유족연금 : 노령연금수급권자, 가입기간이 10년 이상 가입자였던 자, 장애등급이 2급 이상에 해당하는 장애연금수급권자가 사망한 때에는 그 유족에게 유족연금을 지급한다. 다만 가입기간이 1년 미만인 가입자가 질병이나 부상으로 인하여 사망한 경우에는 가입 중에 발생한 질병이나 부상으로 사망한 경우에 한한다.

④ 반환일시금 : 가입자 또는 가입자였던 자가 다음에 해당하게 된 때에는 본인 또는 그 유족의 청구에 의하여 반환일시금을 지급받을 수 있다.

- 가입기간이 10년 미만인 자가 60세에 달할 때
- 가입자 또는 가입자였던 자가 사망한 때
- 가입자 또는 가입자였던 자가 국적을 상실하거나 국외에 이주한 때

(2) 급여 관련 사항

① 급여는 그 지급받을 권리를 가지는 자의 청구에 의하여 공단이 지급한다.

② 연금액은 그 지급사유에 따라 기본연금액과 가급연금액을 기초로 하여 산정한다.

③ 연금의 월지급액은 연금수급 전년도를 기준으로 하여 가입자였던 최종 5년간의 표준소득월액의 평균액과 가입기간 중의 표준소득월액의 평균액을 물가에 연동하여 조정한 각각의 금액 중 많은 금액을 초과하지 못한다.

④ 연금은 그 지급하여야 할 사유가 발생한 날이 속하는 달의 다음 달부터 수급권이 소멸하는 날이 속하는 달까지 지급한다.

⑤ 급여의 수급권자가 사망한 경우에 아직 지급되지 아니한 것이 있을 때에는 수급권자의 사망 당시 수급권자에 의하여 생계를 유지하고 있던 자의 청구에 의하여 그 미지급 급여를 지급받는다.

⑥ 급여를 지급받을 자의 순위는 배우자, 자녀, 부모, 손자녀, 조부모의 순서로 한다.

⑦ 수급권자에게 둘 이상의 급여의 수급권이 발생한 때에는 선택에 의하여 그중 하나만을 지급하고 다른 급여의 지급은 정지된다.

 유/사/기/출/문/제

국민연금의 기금운용에 대한 설명으로 옳지 않은 것은?

① 국민연금기금은 연금보험료, 기금 운용 수익금, 적립금, 공단의 수입지출 결산상의 잉여금을 재원으로 한다.

② 기금의 관리·운용에 대한 감독은 기획재정부장관이 담당한다.

③ 기금의 관리·운용에 대한 심의·의결은 기금운용위원회가 담당한다.

④ 기금의 운용에 관한 사항을 심의·평가하기 위하여 운용위원회에 국민연금기금운용실무평가위원회를 둔다.

⑤ 보건복지부장관은 연금보험료 등의 징수에 소요되는 비용을 국민연금기금운용위원회의 의결을 거쳐 기금에서 건강보험공단에 출연할 수 있다.

| 해설 |

국민연금 기금의 관리·운용에 대한 감독은 보건복지부장관이 한다.

| 정답 | ②

03 주택연금(역모기지론)

의의	주택을 담보로 금융기관에서 일정기간 일정금액을 연금식으로 지급받는 장기주택저당대출이다. 주택은 있으나 특별한 소득원이 없는 경우, 고령자가 주택을 담보로 사망할 때까지 자택에 거주하면서 노후 생활자금을 연금 형태로 지급받고, 사망하면 금융기관이 주택을 처분하여 그동안의 대출금과 이자를 상환받는 방식이다. 부동산을 담보로 주택저당증권(MBS)을 발행하여 장기주택자금을 대출받는 제도인 모기지론과 자금 흐름이 반대이기 때문에 이런 이름이 붙었다.
가입조건	• 부부 모두 60세 이상 • 주택가격은 9억 원 이하이면서 1가구 1주택을 소유한 사람 • 아파트, 단독주택, 다가구주택이 대상(오피스텔, 상가주택, 실버주택, 상가, 판매나 영업시설, 전답 등은 제외)

 유/사/기/출/문/제

은행에 주택을 담보로 맡기고 매달 일정액을 받는 연금상품은?

① 주택연금 ② 담보연금 ③ 노령연금
④ 정액연금 ⑤ 은행연금

| 해설 |

주택연금은 자신의 집을 담보로 맡기고, 금융회사로부터 노후 생활자금을 매달 연금 형태로 지급받는 대출제도다. 주택 한 채를 가진 것 외에 별다른 소득이 없는 노년층을 위해 2007년 7월 도입되었다.

| 정답 | ①

07장

부동산

Test of Economic Sense And Thinking

---

01 용도지역, 용도지구, 용도구역

① 용도지역

(1) 용도지역의 의의

① 토지의 이용 및 건축물의 용도 · 건폐율 · 높이 등을 제한함으로써 토지를 경제적 · 효율적으로 이용하고 공공복리의 증진을 도모하기 위하여 서로 중복되지 않게 도시 · 군관리계획으로 결정하는 지역을 말한다.

② 용도지역은 크게 도시지역, 관리지역, 농림지역, 자연환경보전지역으로 나뉜다.

③ 용도지역의 중복지정은 불가하며 미지정은 가능하다.

(2) 용도지역의 구분

① 도시지역 : 인구와 산업이 밀집되어 있거나 밀집이 예상되어 당해 지역에 대하여 체계적인 개발, 정비, 관리, 보전 등이 필요한 지역

- 주거지역 : 전용 제1종 · 제2종, 일반 제1종 · 제2종 · 제3종, 준주거지역
- 상업지역 : 근린, 유통, 일반, 중심
- 공업지역 : 전용, 일반, 준
- 녹지지역 : 보전, 생산, 자연

② 관리지역 : 도시지역의 인구와 산업을 수용하기 위하여 도시지역에 준하여 체계적으로 관리하거나, 농림업의 진흥, 자연환경 또는 산림의 보전을 위하여 농림지역 또는 자연환경보전지역에 준하여 관리가 필요한 지역

보전관리지역	자연환경보호, 산림보호, 수질오염방지, 녹지공간 확보 및 생태계 보전 등을 위하여 보전이 필요하나, 주변의 용도지역과의 관계 등을 고려할 때 자연환경보전지역으로 지정하여 관리하기가 곤란한 지역

생산관리지역	농업 · 임업 · 어업 생산 등을 위하여 관리가 필요하나, 주변의 용도지역과의 관계 등을 고려할 때 농림지역으로서 지정하여 관리하기가 곤란한 지역
계획관리지역	도시지역으로 편입이 예상되는 지역 또는 자연환경을 고려하여 제한적인 이용 · 개발을 하려는 지역으로서 계획적 · 체계적인 관리가 필요한 지역

③ **농림지역** : 도시지역에 속하지 아니하는 농지법의 농업진흥지역 또는 산지관리법의 보전산지 등으로서 농림업을 진흥시키고 산림을 보전하기 위하여 필요한 지역

④ **자연환경보전지역** : 자연환경, 수자원, 해안, 생태계, 상수원 및 문화재의 보전과 수산 자원의 보호 · 육성 등을 위하여 필요한 지역

② 용도지구

(1) 용도지구 의의

① 국토해양부장관 또는 시 · 도지사, 대도시 시장이 도시 · 군관리계획으로 결정하며 중 복지정이 가능하다.

② 용도지역의 제한을 강화 또는 완화 적용하여 용도지역의 기능을 증진시키고 미관 · 경관 · 안전 등을 도모한다.

(2) 용도지구의 구분

① **경관지구** : 경관을 보호 · 형성하기 위하여 필요한 지구

② **미관지구** : 미관을 유지하기 위하여 필요한 지구

③ **고도지구** : 쾌적한 환경 조성 및 토지의 효율적 이용을 위하여 건축물 높이의 최저한 도 또는 최고한도를 규제할 필요가 있는 지구

④ **방화지구** : 화재의 위험을 예방하기 위하여 필요한 지구

⑤ **방재지구** : 풍수해, 산사태, 지반의 붕괴, 그 밖의 재해를 예방하기 위하여 필요한 지구

⑥ **보존지구** : 문화재, 중요 시설물 및 문화적 · 생태적으로 보존가치가 큰 지역의 보호와 보존을 위하여 필요한 지구

⑦ **시설보호지구** : 학교시설 · 공용시설 · 항만 또는 공항의 보호, 업무기능의 효율화, 항 공기의 안전운항 등을 위하여 필요한 지구

⑧ **취락지구** : 녹지지역 · 관리지역 · 농림지역 · 자연환경보전지역 · 개발제한구역 또는 도시자연공원구역의 취락을 정비하기 위한 지구

⑨ **개발진흥지구** : 주거기능 · 상업기능 · 공업기능 · 유통물류기능 · 관광기능 · 휴양기능 등 을 집중적으로 개발 · 정비할 필요가 있는 지구

⑩ 특정용도제한지구 : 주거기능 보호나 청소년 보호 등의 목적으로 청소년 유해시설 등 특정시설의 입지를 제한할 필요가 있는 지구

③ 용도구역

(1) 용도구역의 의의
① 용도지역 및 용도지구의 제한을 강화 또는 완화하여 도시 · 군관리계획으로 따로 정하는 지역을 말한다.
② 용도구역의 목적은 시가지의 무질서한 확산방지, 계획적이고 단계적인 토지이용의 도모, 토지이용의 종합적 조정 · 관리 등이다.

(2) 용도구역의 구분
① 개발제한구역 : 국토해양부장관은 도시의 무질서한 확산을 방지하고 도시 주변의 자연환경을 보전하여 도시민의 건전한 생활환경을 확보하기 위하여 도시의 개발을 제한할 필요가 있거나 국방부장관의 요청이 있어 보안상 도시의 개발을 제한할 필요가 있다고 인정되는 경우에는 개발제한구역의 지정 · 변경을 도시 · 군관리계획으로 결정할 수 있다.
② 도시자연공원구역 : 시 · 도지사 또는 대도시 시장은 도시의 자연환경 및 경관을 보호하고 도시민에게 건전한 여가 · 휴식공간을 제공하기 위하여 도시지역 안의 식생이 양호한 산지의 개발을 제한할 필요가 있다고 인정하는 경우에는 도시자연공원구역의 지정 또는 변경을 도시 · 군관리계획으로 결정할 수 있다.
③ 시가화조정구역 : 국토해양부장관은 직접 또는 관계 행정기관의 장의 요청을 받아 도시지역과 그 주변지역의 무질서한 시가화를 방지하고 계획적 · 단계적 개발을 도모하기 위하여 일정기간 시가화를 유보할 필요가 있다고 인정되는 경우에는 시가화조정구역의 지정 또는 변경을 도시 · 군관리계획으로 결정할 수 있다. 시가화유보기간은 5년 이상 20년 내의 범위 안에서 국토해양부장관이 정하며 기간만료 다음 날 효력이 상실된다.
④ 수산자원보호구역 : 농림수산식품부장관은 직접 또는 관계 행정기관 장의 요청을 받아 수산자원의 보호 · 육성을 위하여 필요한 공유수면이나 그에 인접된 토지에 대하여 수산자원보호구역의 지정 또는 변경을 도시 · 군관리계획으로 결정할 수 있다.

02 | 토지거래허가제도

① 토지거래허가구역의 지정

(1) 토지거래허가의 의의

① 토지거래계약의 허가제도란 국토해양부장관이 토지에 대한 투기적인 거래가 성행하거나 지가가 급상승하는 지역과 그러한 우려가 있는 지역을 토지거래허가구역으로 지정하고 토지거래허가구역 안에서 시·군·구청장의 허가를 받지 않고 체결한 계약은 효력이 발생하지 않게 하는 제도이다.

② 토지거래허가구역에서 일정규모를 초과하는 토지거래를 하는 당사자는 시·군·구청장에게 허가신청을 하여야 한다.

③ 허가신청을 받은 시·군·구청장은 민원사무처리에 관한 법률에 의한 처리기간 내에 허가 또는 불허가처분을 하여야 한다.

(2) 허가구역의 지정대상 지역

① 광역도시계획, 도시·군기본계획, 도시·군관리계획 등 토지이용계획이 새로이 수립되거나 변경되는 지역

② 법령의 제·개정 또는 폐지나 그에 의한 고시·공고로 인하여 토지이용에 대한 행위제한이 완화되거나 해제되는 지역

③ 법령에 의한 개발사업이 진행 중이거나 예정되어 있는 지역과 그 인근지역

④ 그 밖에 국토해양부장관이 투기우려가 있다고 인정하는 지역 또는 관계 행정기관의 장이 특별히 투기가 성행할 우려가 있다고 인정하여 국토해양부장관에게 요청하는 지역

(3) 허가대상 토지

① 허가대상이 되는 토지거래계약은 일정규모의 면적을 초과하는 토지로서 그 토지에 대하여 유상으로 소유권, 지상권의 이전 또는 설정계약을 말한다.

② 허가를 받아야 하는 토지거래의 규모는 일정 지역별 기준면적을 초과하는 경우에 한한다. 다만 국토해양부장관은 거래실태 등을 비추어보아 기준면적이 타당하지 않다고 인정되는 때에는 10% 이상 300% 이하의 범위에서 기준면적을 따로 정할 수 있다.

기준면적

도시지역 내	도시지역이 아닌 지역
• 주거지역 : 180제곱미터 • 상업지역 : 200제곱미터 • 공업지역 : 660제곱미터 • 녹지지역 : 100제곱미터 • 용도미지정지역 : 90제곱미터	• 농지 : 500제곱미터 • 임야 : 1,000제곱미터 • 기타 : 250제곱미터

② 토지거래계약의 효력

(1) 유동적 무효

① 토지거래허가구역에서 허가를 받지 않고 체결한 토지거래계약은 유동적 무효 상태이다.

② 유동적 무효는 처음에는 효력을 발생하지 못하나 나중에 허가 또는 추인을 받음으로써 소급하여 유효해진다.

③ 유동적 무효에는 무권대리, 토지거래허가구역에서의 토지거래, 정지조건부대리가 있다.

④ 토지거래허가구역 내에서 중간생략등기가 이루어진 경우 제삼자 간의 합의가 있더라도 각각의 단계마다 허가를 받지 않은 경우 그 등기는 무효이다.

(2) 의제

① 농지취득자격증명의 의제 : 농지에 대하여 토지거래계약 허가를 받은 경우에는 농지법에 의한 농지취득자격증명을 받은 것으로 본다.

② 검인의 의제 : 토지거래계약허가증을 교부받은 경우에는 부동산등기특별조치법에 의한 검인을 받은 것으로 본다.

03 용적률과 건폐율

1 용적률

(1) 용적률의 의의

① 용적률이란 대지면적에 대한 연면적의 비율이다.

② 연면적이란 건물 각 층의 바닥면적의 합계를 말한다. 다만 지하층과 지상의 주차용으로 사용하는 면적은 연면적에서 제외된다.

(2) 용적률의 최대한도

① 용적률의 최대한도는 국토의 계획 및 이용에 관한 법률의 용적률 기준에 의한다.

② 다만 건축법에서 그 기준을 완화 또는 강화하여 적용하도록 규정한 경우에는 그에 의한다.

 유/사/기/출/문/제

어느 대지 위에 바닥면적이 500제곱미터인 10층 높이의 건축물이 서 있다. 이 건물의 현재 용적률은 200%라고 할 때 이 건물이 들어서 있는 대지의 전체 면적은?

① 2,000제곱미터   ② 2,500제곱미터   ③ 3,000제곱미터

④ 3,500제곱미터   ⑤ 5,000제곱미터

| 해설 |

용적률이란 대지면적에 대한 건축물 연면적의 비율이다. 하나의 대지에 둘 이상의 건축물이 있는 경우의 연면적은 이들의 합계로 한다. 용적률을 규정한 목적은 시가지 내에 고층의 건축물을 건축함으로써 대지 내에 많은 공지를 확보함과 동시에 도시 전체에 많은 공지 공간을 확보하려는 데 있다. 건축법에 의하면, 용적률의 최대한도는 대통령령이 정하는 기준에 따라 해당 지방자치단체의 조례로 정한다고 되어 있다. 그러므로 '용적률 = 건물연면적/대지면적'이므로, '200% = (500 × 10)/대지면적'에서 대지면적은 2,500제곱미터가 된다.

참고 건폐율

일정한 토지에 대한 건축물의 많고 적은 정도를 나타내는 개념이다. 건축면적률·건축용적률·호수밀도 등의 지표가 있다. 건축면적률은 건폐율이라고도 하며 부지면적에 대한 건축면적(한 대지 안에 둘 이상의 건축물이 있는 경우에 이들 건축면적의 합계값)의 비율을 말한다.

| 정답 | ②

② 건폐율

(1) 건폐율의 의의

① 건폐율이란 대지면적에 대한 건축면적의 비율을 말한다.

② 대지면적이란 건축할 수 있는 대지의 면적을 말한다.

③ 건축면적은 건축물 외벽의 중심선으로 둘러싸인 부분의 수평투영면적을 말한다.

④ 건축면적이란 면적이 가장 넓은 층의 면적이다.

(2) 건폐율의 최대한도

① 건폐율의 최대한도는 국토의 계획 및 이용에 관한 법률에 의한 건폐율의 기준에 의한다.

② 건축법에서 그 기준을 완화 또는 강화하여 적용하도록 규정한 경우에는 그에 의한다.

04 경매와 공매

① 부동산경매

(1) 경매 일반

① 경매란 매도인이 다수의 신청인에게 매수신청을 하게 하고 최고가격을 제시한 신청인에게 매도하는 매매방법을 말한다.

② 매수신청이란 동일한 계약에 대하여 다수인이 서로 경쟁하게 하여 그 가운데에서 가장 유리한 내용으로 신청한 자와 계약을 체결하는 방법으로, 각 경쟁자는 다른 경쟁자의 신청 내용을 알 수 없다.

(2) 경매의 종류

① 강제경매 : 민사집행법상의 강제집행의 일종으로, 법원에서 채무자의 부동산을 압류·매각하여 그 대금으로 채권자의 금전채권의 변제에 충당시키는 절차이다.

② 임의경매 : 담보권실행을 위한 경매를 의미하는 것으로, 저당권이나 유치권 등 담보물권과 담보가등기 등을 위한 강제적 환가방법을 의미한다.

(3) 입찰에 참여할 수 없는 자

① 행위무능력자   ② 채무자

③ 소유자   ④ 재매각에 있어 전 낙찰자

⑤ 집행관 및 그 친족   ⑥ 감정인 및 친족

(4) 경매배당순서

① 1순위 : 강제집행비용, 제3취득자의 비용상환청구권

② 2순위 : 주택임대차보호법상 소액보증금 중 일정범위, 상가건물임대차보호법상 소액 보증금 중 일정범위, 근로기준법에서 정한 회정 3월분의 임금과 최종 3년간의 퇴직 금, 재해보상금

③ 3순위 : 국세 및 지방세 중 경매부동산에 대하여 부과된 국세와 가산금 및 지방세와 가산금

④ 4순위 : 우선변제권을 갖춘 채권

⑤ 5순위 : 근로기준법에 의한 임금 · 퇴직금 · 재해보상금 기타 근로 관계로 인한 채권 중 최우선변제 대상 채권을 제외한 채권

⑥ 6순위 : 국민건강보험법에 의한 건강보험료와 징수금, 국민연금법에 의한 연금보험료 와 징수금, 산업재해보상보험법에 의한 보험료와 징수금

⑦ 7순위 : 우선변제권이 인정되지 않는 일반채권

(5) 입찰방식

① 기일입찰 : 매각기일에 입찰법정에서 입찰자들에게 입찰표에 입찰가격을 기재하여 봉 합하여 제출하게 한 후 그중에서 최고가(최저매각가격 이상이어야 함)로 입찰한 자에 게 낙찰되게 하는 방식이다.

② 기간입찰 : 입찰기간을 정하여 그 기간 내에 입찰표를 직접 또는 우편으로 법원에 제 출하게 한 후 매각기일에 최고가 입찰자에게 낙찰시키는 방식이다.

③ 호가경매 : 다수의 매수신고인이 모여 구두로 매수신청가격을 부르고 최후의 입찰자 1 인이 남을 때까지 호가를 올려 부르는 방식으로 낙찰자가 결정하는 방식이다.

(6) 인도명령

① 인도명령이란 낙찰된 부동산의 점유자로 하여금 매수인에게 부동산을 인도하라고 법 원이 명하는 것이다.

② 매수인은 대금을 납부한 후에 점유자에게 부동산에 대한 인도를 요구할 수 있다.

③ 점유자가 인도를 거부한 경우 점유자를 상대로 법원에 인도명령을 신청할 수 있다.

④ 인도명령은 경락대금 납부 후 6개월 이내에 신청해야 하며, 인도명령에 의해 부동산 을 인도할 수 있도록 강제집행할 수 있다. 다만 대금납부 후 6개월이 넘으면 인도명령 을 신청할 수 없고 명도소송을 하여야 한다.

명도소송

- 명도란 토지, 건물 또는 선박을 점유한 사람이 그 점유를 타인의 지배하에 옮기는 것을 말한다.
- 명도소송이란 매수부동산의 인도를 거부하는 점유자를 강제로 퇴거시키고자 하는 소송을 말한다. 매수인이 대금납부 후 6개월 이내에 인도명령을 신청할 수 있지만, 6개월이 넘으면 명도소송을 신청해야 한다.

 유/사/기/출/문/제

경매제도에 대한 설명으로 옳지 않은 것은?

① 경매란 가장 높은 가격을 써낸 사람이 낙찰된다.
② 적정가격에 대한 확신이 없을 때 사용할 수 있다.
③ 매도자와 매수자가 동시에 가격을 부르는 것을 이중경매라고 한다.
④ 가치분석과 시장수급에 대한 예측력이 중요한 성공요소이다.
⑤ 증권거래소의 주식이나 채권도 경매방식에 의해 거래된다.

| 해설 |

경매라고 해서 언제나 높은 가격을 써낸 사람이 낙찰되는 것은 아니다. 공사입찰의 경우에는 최저가격이나 차상위가격에도 낙찰된다. 물론 부동산경매 등의 경우 최고가 낙찰경매가 일반적이다.

| 정답 | ①

② 공매

(1) 공매의 의의

① 금융기관이나 한국자산관리공사 등에서 부동산을 일반경쟁방법 등에 의해 공개적으로 매각하는 것을 말한다.
② 일반적으로 공매라 함은 한국자산관리공사의 공매를 의미한다.

(2) 한국자산관리공사의 공매

① 국세압류자산과 유입자산, 수탁재산 등으로 구분하여 실시한다.
② 국세압류자산 중 500만 원 미만의 재산을 제외한 모든 재산은 공매를 통해 처분하고 있다.

08장

채권

Test of Economic Sense And Thinking

01 채권의 개념과 구분

1 채권의 개념과 관련 용어

(1) 채권의 개념

① 채권은 정부, 공공기관, 특수법인과 민간기업이 비교적 장기로 불특정 다수에게서 거액의 자금을 조달하려고 정해진 이자와 원금의 지급을 약속하며 발행하는 유가증권으로서 일종의 차용증서이다.

② 채권표면에는 이자가 미리 확정되어 표시되고, 채권을 보유한 자에게 돈을 돌려주어야 할 기간도 1년, 3년 등으로 정해져 기재된다.

③ 채권은 보통의 차용증서와 달리 법적 제약과 보호를 받는다.

(2) 채권 관련 주요 용어

① **액면** : 채권 1장마다 권면에 표시되어 있는 1만 원, 10만 원, 100만 원 등의 금액을 지칭한다.

② **단가** : 유통시장에서 채권의 매매단가는 적용수익률로 계산한 액면 1만 원당 단가를 말한다.

③ **표면이율** : 액면에 대한 1년당 이자율을 의미한다. 할인채의 경우는 할인율로 표시한다.

④ **잔존기간** : 기발행된 채권의 중도매매 시 매매일로부터 원금상환까지의 기간을 말한다.

⑤ **채권수익률** : 이율은 액면에 대한 이자의 비율이고, 수익률은 투자원본에 대한 수익의 비율로서 통상 만기수익률을 의미하며 투자자가 최종상환일까지 채권을 보유한 경우 받게 되는 1년당 전체 수익을 투자원본으로 환산하였을 때의 비율을 말한다.

⑥ **경과이자** : 발행일 또는 직전이자지급일로부터 매매일까지의 기간 동안 표면이율에 의해 발생한 이자를 말한다.

② 채권의 종류

(1) 발행주체에 따른 분류

① **국채** : 정부가 발행

② **지방채** : 지방자치단체가 발행

③ **특수채** : 정부투자기관 및 공기업 등이 발행

④ **회사채** : 일반 주식회사가 발행

> **참고** 특히 금융회사가 발행하는 채권을 금융채라고 한다.

(2) 이자지급방식에 따른 분류

① **할인채** : 통상 선이자가 적용되는 채권이다. 이자를 먼저 지급하는 것이므로, 만기가 길면 액면금액에 비해 실제 조달하는 자금규모가 너무 적어진다. 따라서 통상 1년 이내의 단기채에 채택되는 방식으로, 통화안정증권이 대표적이다.

② **복리채** : 만기에 일시 지급하는 채권이다. 누적된 이자를 만기에 원금과 함께 지급하기 때문에 만기가 너무 길면 원리금을 일시에 상환하는 부담이 커지고 투자자 입장에서도 상환불능위험이 커지므로 3년 내외의 만기가 적당하다.

③ **이표채** : 분기나 반기 등 일정한 주기에 따라 금리를 지급받을 수 있는 채권이다. 장기채는 거의 대부분 이표채 방식을 채택하는데, 이자가 정기적으로 지급되므로 만기상환부담이 줄고 투자자로서는 이자를 생활비에 충당할 수 있는 장점이 있다.

(3) 신용등급에 따른 분류

① 발행주체의 신용등급에 따라 투자적격등급 또는 투자부적격등급으로 구분되며 신용등급이 매우 낮은 채권을 정크본드라고 부른다.

② 신용등급은 신용평가기관마다 약간씩 다르게 운용된다.

(4) 만기에 의한 분류

① 만기를 기준으로 채권을 구별하는 것은 나라마다 상이한데, 우리나라에서는 10년 이상의 장기채가 거의 없고 3년에서 5년 정도의 중기채가 많다.

② 대표적인 장기채로는 미국의 디즈니에서 100년 만기 채권을 발행한 바 있고 영국의 국채 가운데 만기가 없이 영구히 이자만 지급되는 영구채라는 특이한 채권이 있다.

 유/사/기/출/문/제

채권시장에 대한 설명으로 옳은 것은?

① 우리나라 채권시장은 회사채가 차지하는 비중이 가장 크다.

② 채권투자자는 대부분 개인이다.

③ 같은 채권이라면 단기채가 장기채에 비해 금리가 낮다.

④ 채무불이행 위험이 높을수록 채권수익률은 내려간다.

⑤ 채권도 주식처럼 거래소에서 주로 거래된다.

| 해설 |

① 우리나라 채권시장은 회사채보다는 국공채가 차지하는 비중이 더 크다.

② 채권투자자의 대부분은 기관투자가이다.

④ 채무불이행 위험이 높을수록 채권수익률(금리)은 높아진다.

⑤ 채권은 장외시장, 즉 기관투자가들끼리 주로 거래한다.

| 정답 | ③

---

02 채권투자분석

① 채권수익률

(1) 채권수익률의 의의

① 예금의 이자율과 같은 개념으로, 채권의 투자성과를 평가할 때 보편적으로 사용하는 척도이다.

② 채권수익률은 채권투자에서 얻는 현금흐름의 현재가치와 채권의 시장가격을 일치시켜주는 할인율로서 채권에 투자했을 때 일정기간에 발생된 투자수익을 투자원본으로 나누어 투자기간으로 환산하는 것을 말한다.

(2) 채권가격

① 채권의 가격은 채권수익률, 액면가격, 표면이자율, 만기 등에 따라 결정된다.

② 만기 시 일시상환채권 : 만기까지 남은 잔존기간에 따라 연 단위 기간은 복리로 연 단위 미만 기간은 단리로 할인하여 채권가격을 산정한다.

Tip

채권가격의 정리(말킬의 법칙)

• 채권가격은 채권수익률과 반대방향으로 움직인다.
• 채권의 잔존기간이 길수록 동일한 수익률 변동에 대한 가격변동폭은 커진다.
• 채권의 잔존기간이 길어짐으로써 발생하는 가격변동률은 체감한다.
• 동일한 크기의 수익률변동이 발생하더라도 채권가격의 변동폭은 수익률이 하락할 때와 상승할 때가 동일하지 않다.
• 표면이율이 높을수록 동일한 크기의 수익률 변동에 대한 가격변동률은 작아진다.

② 채권수익률의 종류와 결정요인

(1) 채권수익률의 종류

① **표면수익률** : 표면수익률은 명목수익률이라고도 한다. 채권의 표면에 기재된 수익률로 재투자 개념이 없고 단리로 총수령하는 이자의 연이자율을 말한다.

② **발행수익률** : 발행시장에서 채권이 발행되어 처음 매출될 때 매출가액으로 매입하는 경우 이 매입가격으로 산출된 채권수익률로서 매출액에 응모하는 사람이 얻을 수 있는 수익률이란 뜻에서 이를 응모자 수익률이라고도 한다.

③ **유통수익률(만기수익률, 내부수익률, 시장수익률)** : 채권시장에서 대표되는 수익률로서 발행된 채권이 유통시장에서 계속 매매되면서 시장의 여건에 따라 형성되는 수익률이다. 이는 자본이득이나 자본손실은 물론 이자의 재투자수익까지도 감안하여 산출되는 채권의 예상수익률인 만기수익률이다.

④ **연평균수익률** : 만기가 1년 이상인 채권에서 만기까지의 총수익을 원금으로 나눈 후 단순히 해당 연수로 나눈 단리수익률을 말한다. 이는 실효수익률과 다른 연 단위 산출평균수익률이다.

⑤ **실효수익률** : 채권의 수익을 측정할 때 채권의 원금·표면이자·재투자수익 등 세 가지 모두를 계산하여 투자수익의 증가율을 나타내는 지표이다. 이 지표는 일정 투자기간 중에 실제로 실현된 이자수입, 이자의 재투자수입과 자본수익의 합계액인 실현 총이익에 대한 매입가격의 비율을 의미한다.

⑥ **세전수익률** : 일정기간의 채권투자로 얻은 수익에서 보유기간 동안의 경과이자에 대한 세금을 공제하기 전의 수익률을 말하며, 세후수익률이란 이자에 대한 세금을 공제한 후의 수익률을 말한다.

(2) 채권수익률의 결정요인

① 채권수익률에 가장 큰 영향을 미치는 외적 요인으로는 채권의 수급이 있다.

② 채권의 내적 요인을 보면 채권의 잔존만기가 길수록 수익률이 높아지는 것이 일반적이다. 또한 채무불이행위험이 높거나 쉽게 현금화하기 어려워 유동성이 낮을수록 프리미엄이 필요하므로 채권수익률은 높아진다.

(3) 채권투자위험

① **채무불이행위험** : 채권발행자의 이자, 원금상환 불이행위험

② **가격변동위험** : 채권투자 후 만기수익률이 투자 시의 예측과 다르게 나타날 경우의 위험

③ **재투자위험** : 이자율변동에 따른 채권가격변동위험과 재투자위험은 상쇄되는 경향이 있지만, 이들의 불완전한 상쇄에 의해서 발생하는 위험

④ **유동성위험** : 보유채권 매각 시 수요부족 및 적정가격을 받지 못할 수 있는 위험

⑤ **인플레이션위험** : 명목이자율은 실질이자율과 물가상승률의 합으로 나타나는데 예상 물가 상승률 변동에 따른 위험

⑥ **환율변동위험** : 달러표시채권의 투자 후 달러의 가치가 상승하면 달러가격에 의한 채권가격에는 변화가 없더라도 원화에 의한 채권의 가치는 증가하게 되고, 반대로 달러 가치의 원화에 의한 채권의 가치를 감소시키는 위험

⑦ **수의상환위험** : 투자자의 입장에서 원금이 만기 이전에 투자자의 의도와 무관하게 상환되는 데 따른 당초의 기대수익률 변동위험

 유/사/기/출/문/제

괄호 안에 순서대로 들어갈 말로 옳은 것은?

> 채권이자율이 (   )하고 있다면, 이는 채권에 대한 수요는 (   )하고 채권가격은 (   )한다는 것을 말한다.

① 상승, 증가, 증가 　　② 상승, 증가, 불변 　　③ 하락, 감소, 증가

④ 상승, 감소, 하락 　　⑤ 하락, 증가, 하락

| 해설 |

채권이자율과 채권가격은 반비례한다. 그러므로 채권이자율이 상승하고 있다면 채권가격은 하락하며, 채권가격이 하락하고 있으므로 채권수요는 줄어들고 있는 것이다.

| 정답 | ④

09장 기타 시사상식

Test of Economic Sense And Thinking

① 에코플레이션

(1) '생태학(ecology)'과 '인플레이션(inflation)'의 합성어로 생태적 요인에 따른 인플레이션을 의미한다.

(2) 이는 기후변화로 인한 가뭄 · 산불 · 허리케인의 잦은 발생으로 기업의 제조원가가 상승해 결과적으로 소비재 가격이 인상되는 것을 말한다.

(3) 제조업체들이 환경 친화적 생산기법을 도입하지 않는다면 영업이익이 감소할 수 있다는 것이다.

(4) 세계자원연구소와 컨설팅회사인 AT커니의 보고서는 친환경적인 생산기법을 도입하지 않으면 2013년까지 13~31%, 2018년까지 19~47%까지 영업이익이 감소할 것이라고 예상하였다.

유/사/기/출/문/제

에코플레이션에 대한 설명으로 적당하지 않은 것은?

① 생태학과 인플레이션의 합성어이다.
② 환경기준강화에 따른 물가 상승 현상이다.
③ 친환경생산기법 도입과 영업이익의 관계를 설명한다.
④ 기후변화에 대한 대책을 수립할 필요성을 설명한다.
⑤ 미래의 환경변화로 영업이익 감소에 대한 대비책으로 기술혁신과 생산규모의 조정이 필요하다고 설명한다.

| 해설 |

에코플레이션(Ecoflation)이란 'Ecology(생태학)'와 'Inflation(인플레이션)'의 합성어로, 기후변화(환경변화)에 의해 발생하는 인플레이션을 뜻하는 단어이다. 가뭄과 산불, 태풍, 홍수 등의 피해는 기업들의 제조원가 상승을 유발하여 소비재 가격 상승(전반적인 물가 상승)으로 이어진다. 예컨대 가뭄이 심화되어 곡물생산의 공급량이 줄어들면, 시장이 수요량을 따라가지 못해 가격이 상승할 것이다. 따라서 영업이익 감소를 방지하려면 친환경적 생산기법을 조속히 도입 · 실천하여야 한다.

| 정답 | ⑤

② 에코버블

(1) '메아리처럼 반복된 거품'이라는 뜻으로, 경기침체와 금융위기가 진행되는 가운데 단기간의 금리 급락과 유동성의 증가로 주식시장이 반등한 후, 다시 증시가 폭락하는 경우를 말한다.

(2) 에코버블은 유동성의 힘에 의해 주가가 상승하지만 경기지표가 이를 받쳐주지 못하면 전 저점을 뚫고 다시 폭락하게 된다.

③ 한국은행 기준금리 대상

(1) 2008년 3월부터 기준금리, 즉 정책금리 수단이 7일물 환매조건부채권금리로 바뀌었다.

(2) 목표금리제에서 기준금리제를 도입하여 시행하고 있다.

 유/사/기/출/문/제

다음 중 한국은행 기준금리의 대상이 되는 금리는?

① 3년 만기 국고채 　　② 3년 만기 회사채 　　③ 5년 만기 국고채

④ 환매조건부채권 7일물 　　⑤ 양도성예금증서 91일물

| 해설 |

우리나라는 1999년부터 콜금리가 기준금리역할을 해왔으나 2008년 3월부터 7일물 환매조건부채권(RP) 금리를 기준으로 하는 한은 기준금리제를 도입해 시행하고 있다.

| 정답 | ④

④ 이스털린의 역설

 유/사/기/출/문/제

다음은 무엇에 대한 설명인가?

소득이 늘어나면 개인이 느끼는 행복감도 높아진다. 하지만 사회 전체 차원에서는 소득이 높다고 해서 행복하다고 생각하는 사람의 비율이 그만큼 증가하지 않는다. 국민소득과 행복수준이 반드시 정비례하는 것은 아니며, 가난한 나라의 국민이 느끼는 행복감이 부유한 나라의 국민과 비교해 별 차이가 없거나 오히려 더 높게 나타난다.

① 파스칼의 원리 　　② 매카시 　　③ 이스털린의 역설

④ 스미스의 보이지 않는 손 　　⑤ 레온티에프의 역설

| 해설 |

① 파스칼의 원리는 밀폐된 용기 내에서 유체의 압력은 줄지 않고 그대로 모든 방향으로 전달되고, 유체와 접촉한 면에 수직으로 작용한다는 것이다.

② 매카시는 1950년대 초 미국 정부의 고위직에 공산주의자들이 침투해 체제전복을 꾀하고 있다는 근거 없는 고발을 해 미국 전역을 떠들썩하게 만들었던 매카시 선풍의 장본인이다.

④ '보이지 않는 손'은 자유시장경제에서 수요와 공급의 원리에 따라 가격이 결정되는 원리를 말한다. 애덤 스미스가 정부의 개입에 반대하는 입장에서 이러한 논리를 주창하였다.

⑤ 레온티에프의 실증연구는 미국이 노동집약적인 방법으로 생산되는 상품을 주로 수출하고, 자본집약적인 방법으로 생산되는 상품을 주로 수입하고 있음을 시사하였다. 자본이 풍부한 미국이 자본집약적인 상품을 주로 수입하고 있다는 이 역설현상에 레온티에프의 역설이라는 이름을 붙였다.

| 정답 | ③

⑤ 무어의 법칙과 황의 법칙

(1) 무어의 법칙

① 반도체집적회로의 칩 하나당 소자의 수는 약 18개월에 두 배가 된다는 경험치이다.

② 1965년 페어차일드 사의 연구부장이던 고든 무어가 《일렉트로닉스》지에 기고한 내용에 따르면, 1959년에 발명한 집적회로의 5년간 데이터를 분석하였더니 '실리콘칩상의 회로 부품은 18개월마다 두 배가 되었고, 그 경향은 앞으로도 계속될 것'이라고 예측하였다.

③ 그 뒤 소자의 수가 배로 증가하는 기간은 18개월에서 24개월로 수정되었지만, 반도체의 집적도가 일정기간마다 배로 증가한다는 무어의 법칙은 현재까지 거의 40년간 실증되고 있다.

(2) 황의 법칙

① 황의 법칙(Hwang's Law)은 한국의 삼성전자 기술총괄사장이었던 황창규가 제시한 이론이다.

② 2002년 2월 미국 샌프란시스코에서 열렸던 ISSCC(국제반도체회로 학술회의)에서 그는 '메모리 신성장론'을 발표하였는데, 무어의 법칙과 달리 메모리반도체의 집적도가 1년에 두 배씩 늘어난다는 이론이었다.

③ 그는 이에 맞는 제품을 개발하여 이론을 입증하는 데 성공하였다.

'무어의 법칙' 또는 '황의 법칙'과 관련 있는 산업은?

① 건축산업   ② 바이오산업   ③ 반도체산업

④ 하이브리드카   ⑤ 휴대전화 산업

| 정답 | ③

⑥ 토지의 공개념

(1) 토지공개념 제도란 사유재산제도에 국가가 직간접적으로 통제를 가하는 것을 말한다. 부동산의 개인 소유권에 대해서는 개인에게 있음을 인정하지만, 국가가 사용권을 통제하는 제도이다.

(2) 국민의 복지향상과 사회정의를 실현하고자 토지에 대한 개인의 재산권을 인정하지만, 경우에 따라서는 사익보다 공익을 우선하여 이용되도록 규제하지 않을 수 없다는 것이다.

(3) 우리나라에서는 경제개발을 수행하는 과정에 토지에 대한 신화가 만들어졌다. 토지와 연관된 금융관행 등 민간 및 기업 모두가 토지에 대한 사적 권리만을 주장할 뿐 토지의 효율적이고 유용한 이용에 대한 개념이 자리할 곳이 없었다. 이는 결과적으로 토지와 주택가격의 급상승, 기업의 임대 비용 증가를 초래하여 결국 경쟁력을 떨어뜨린다. 외국기업이 국내에 진출하려고 해도 엄청난 토지비용으로 투자를 꺼린다는 사실도 우리나라에서 생산력을 높일 수 있는 가능성을 줄인다.

토지공개념과 밀접한 관련이 있으며 사회적 빈부격차 발생방지를 위해 토지의 불로소득을 모두 세금으로 환수하도록 주장한 학자는?

① 프리드먼   ② 케인스   ③ 마셜
④ 마르크스   ⑤ 헨리 조지

| 해설 |

헨리 조지는 단일토지세를 주장한 《진보와 빈곤(Progress and Poverty)》(1879)이 각국어로 번역되어 수백만 부가 팔림으로써 유명해졌다. 리카도적인 지대론(地代論)에 입각하여, 인구의 증가나 기계 사용에 따른 이익은 토지의 독점적 소유자에게 거의 흡수되어버리는 결과, 빈부의 차가 커지고 지대는 상승하여 이자 임금은 하락한다고 주장하였다. 따라서 토지 공유의 필요성을 설파하고, 그 방법으로 모든 지대를 조세로 징수하여 사회복지 등의 지출에 충당해야 한다고 역설하였다. 이 세수(稅收)는 전체 재정지출을 충당하고도 남는다고 전제하여, 다른 조세는 철폐할 것을 주장하였다.

| 정답 | ⑤

우리가 중대한 일에 대해 침묵하는 순간 우리의 삶은 종말을 고하기
시작한다.
　　　　　　　　　　　　　　　　　　　　　　- 마틴 루터 킹

경제이해력 적중문제

Test of Economic Sense And Thinking

01 경제기초영역

Test of Economic Sense And Thinking

01 경제생활이란 대가를 지불해야만 하는 것이라는 관점에서 볼 때 경제생활의 출발점은?

① 형평성　　　　　　② 효율성　　　　　　③ 희소성
④ 유용성　　　　　　⑤ 기회비용

 우리의 사회생활 중 대가를 치르는 일과 연결된 활동을 경제활동이라 하는데, 경제활동은 자원의 희소성으로 말미암아 항상 선택의 문제에 직면하고 이로써 경제의 기본문제가 발생한다. 재화와 용역에 대한 욕구에 비해 이를 충족시킬 수단(자원)이 부족하기 때문에 경제문제가 발생하는 것이다. 또한 경제적 가치는 희소성에서 비롯된다. 충족시켜야 할 욕구는 많은데 그 수단이 부족하다는 사실은 우리로 하여금 무엇인가를 선택하게 한다. 이러한 선택은 욕구를 만족시키고자 한정된 자원을 어떻게 활용할 것인지에 대한 의사결정을 요구한다. 모든 경제주체가 경제활동에서 결정해야 할 문제는 크게 세 가지로 나눌 수 있다.

· 무엇을 얼마나 생산할 것인가?
· 어떻게 생산할 것인가?
· 누구를 위하여 생산할 것인가?

02 어떤 사람이 돈 10,000원으로 1,000원짜리 펜과 2,000원짜리 노트를 사려고 하는데, 펜 6자루와 노트 2권을 사려고 하다가 펜 4자루와 노트 3권을 사기로 최종 결정하였다. 이때 노트 1권에 대한 기회비용은?

① 펜 1자루　　　　　② 펜 2자루　　　　　③ 펜 3자루
④ 펜 4자루　　　　　⑤ 펜 5자루

 노트 1권을 더 구입하려면 펜 2자루를 포기해야 한다. 이 노트 1권을 더 구입하려고 포기하는 펜 2자루를 노트 1권의 기회비용이라고 한다. 기회비용이란 어떤 경제적 선택의 결과로 포기되는 여러 활동의 가치 중에서 가장 높은 값을 그 경제적 선택의 기회비용이라 한다. 모든 경제활동에는 기회비용이 따르는데, 모든 경제적 선택은 어떤 것의 가치와 그것의 기회비용을 비교함으로써 이루어진다.

03 희소성의 법칙이란?

① 모든 재화의 수량이 어떤 절대적 기준에 미달한다는 원칙
② 몇몇 중요한 재화의 수량이 어떤 절대적 기준에 미달한다는 법칙
③ 인간의 욕망에 비해 재화의 수량이 부족하다는 법칙
④ 인간의 생존에 필요한 재화가 부족하다는 법칙
⑤ 사용가치와 교환가치가 다르다는 법칙

 인간의 욕망은 무한한 데 비하여 이를 충족시킬 경제적 자원은 제한되어 있어서 경제문제가 발생하는 것을 희소성의 법칙이라고 한다. 재화가 무한히 많으면 희소성의 법칙이 성립하지 않아 경제문제가 발생하지 않는다.

희소성의 법칙

사회구성원들의 욕망에 비하여 그 욕망을 충족시킬 수단인 자원이 상대적으로 부족한 현상을 말한다.

04 자본주의 경제하에서는 국민경제의 기본문제가 주로 다음 어느 것에 의해서 해결되는가?

① 전통과 관습
② 가격기구
③ 통제와 계획
④ 국가계획
⑤ 가격과 정부의 개입

 자본주의 경제하에서는 생산물 선택의 문제, 생산방법 선택의 문제, 소득분배 문제 등 국민경제의 기본문제가 시장에서 형성되는 가격기구를 통해서 해결된다. 애덤 스미스는 개별 경제주체가 자신의 이익을 추구하여 합리적으로 경제행위를 수행할 때, 경제사회는 '보이지 않는 손'에 의해 조화를 이루면서 발전한다고 주장하였다.

05 현대 수정자본주의 제도하에서 국민경제가 해결해야 할 가장 중요한 문제는?

① 생산방법 ② 생산량
③ 소득의 분배 ④ 자원의 배분
⑤ 생산의 종류

)) 현대 수정자본주의하에서 우선적으로 해결할 문제는 소득의 분배에 관한 것이다.

수정자본주의

노동자와 자본가의 계급대립과 공황·실업·전쟁 같은 자본주의체제의 여러 모순을 국가의 경제활동에 대한 개입과 경제제도 수정 등에 의하여 개량하거나 완화함으로써 사회주의혁명 등에 의한 자본주의체제 붕괴를 예방하고 체제의 영속화를 도모하고자 하는 사고방식 또는 그러한 여러 정책을 시행하는 자본주의 경제체제이다.

역사적으로는 제1차세계대전 후 독일에서 시도된 노사협조적 경영관리방식과 1930년대 미국에서 취한 뉴딜정책, 제2차세계대전 후 영국의 사회보장제도에 의한 복지국가 정책 등이 선구적이다. 수정자본주의 이론에는 자본주의의 결함이 어디에 있으며, 어떻게 수정해야 할 것이냐에 대해 몇 가지 견해가 있는데, 기초적인 것으로 다음의 두 가지가 있다.

① 경영자혁명론에 연유하는 계급대립의 완화해소론이다. 대기업에서는 주식 소유자가 널리 대중적으로 분산되어 있고 자본 소유에 바탕을 두는 소수의 지배는 후퇴하며 기업은 자본을 거의 소유하지 않는 전문경영자에 의해 운영되고 있다. 전문경영자는 기업을 둘러싼 이해관계에 대해 중립적 존재로서 사회적 책임을 자각하고 주주·경영자·노동자의 협조관계를 중요시하는 기업경영을 하게 되므로 자본 소유와 비소유에 바탕을 두는 계급대립은 차츰 없어진다는 것이 이 주장의 기초적 인식이다. 최근의 것으로는 J. K. 갤브레이스(J. K. Galbraith)의 테크노스트럭처론이 있다.

② 국가의 경제활동과 사기업에 대한 일정한 규제를 통하여 실업·빈곤·공황 등의 여러 모순을 회피함과 동시에 사회보장이나 조세정책에 의하여 소득의 불평등을 완화하고자 하는 케인스경제학의 주장이다.

이들 논의는 경영자나 국가를 계급대립이나 이해관계에 대하여 중립적이고, 대립이나 모순을 조정할 수 있는 제삼자적인 능력을 지니는 것으로 본다는 점에서 공통된다. 즉, 자본주의체제를 원칙적으로 유지하면서 자본주의의 여러 결함을 민주주의 방식으로 극복하고자 하는 사상이다.

06 다음 내용을 종합하여 개념을 정의한다면?

> • A는 집 주변 공한지를 이용하여 지난해 작황 소득이 좋았던 고구마를 심기로 했다.
> • B는 생산공장을 확장하면서 노동인력과 기계설비 양자를 놓고 선택의 고민을 하던 중 장기적으로 보아 인건비 상승이 우려되어 당장은 투자비가 더 들지만 기계설비 쪽을 선택하였다.

① 시장지배　　　　　　　② 시장실패
③ 수요공급　　　　　　　④ 가격기능
⑤ 외부효과

 A가 고구마를 심기로 한 것은 무엇을 얼마만큼 생산할 것인가 하는 문제이며, B가 기계설비를 선택한 것은 어떻게 생산할 것인가 하는 경제의 기본문제이다. 경제주체가 경제생활의 향상을 자유롭게 추구할 권리가 부여된 사회에서는 시장가격의 기능에 의해 경제의 기본문제가 자연스럽게 해결된다.

07 다음 글을 읽고 판단할 때 선성장 후분배 정책이 빚어낸 상황이라고 추론하기 힘든 것은?

> 우리나라는 지난 30여 년 동안 효율성을 중시하는 선성장 후분배의 경제정책을 고수해왔다. 그 결과 연평균 7%를 넘는 고도성장을 계속하여 1960년부터 1990년 사이에 국민총생산은 약 7배 성장하였다. 이 기간 세계 200여 나라 가운데 가장 빠른 경제성장을 기록했다는 평가도 있다.

① 인구의 도시집중　　　　② 사회보장제도의 정착
③ 대량소비사회의 도래　　④ 물질만능의 가치 확산
⑤ 소득격차의 확대

 효율성을 중시하는 경제정책은 소득격차의 문제를 가져온다. 사회보장제도는 성장과 관계 깊은 것이 아니라 분배와 관계가 깊다. 즉, 효율성과 관계가 깊은 것이 아니라 형평성과 관계가 깊은 것이다.

08 시간의 경제적 가치를 인정하는 행동으로 보기 가장 어려운 것은?

① 바쁜 사업가가 버스 대신 비행기를 이용하는 것
② 집을 살 때 시간을 들여 합리적 선택을 하는 것
③ 주차비용이 인상됨에 따라 자가용 사용 횟수를 줄이는 것
④ 은행에서 창구에 줄서기보다는 현금자동인출기를 이용하는 것
⑤ 여러 가지 상품을 한 곳에서 살 수 있는 쇼핑센터를 이용하는 것

 ③은 비용만을 생각한 경제행위이다. 시간을 생각한다면 주차비용이 인상되어도 자가용 사용 횟수를 줄이지 않을 것이다.

09 다음 〈보기〉에서 합리적 소비를 하고자 할 때 알아야 할 것으로 묶인 것은?

> **보기**
>
> ㄱ. 재화가격 　　　　　　　　　ㄴ. 시장수요량
> ㄷ. 한계효용 　　　　　　　　　ㄹ. 재화공급량
> ㅁ. 소비지출액 　　　　　　　　ㅂ. 총효용

① ㄱ, ㄴ, ㄷ 　　　　　② ㄱ, ㄴ, ㅁ 　　　　　③ ㄱ, ㄷ, ㅁ
④ ㄴ, ㄷ, ㄹ 　　　　　⑤ ㄴ, ㄷ, ㅁ

 합리적인 소비는 한계효용균등의 법칙에 따라 하는 소비로, 각 상품의 소비에 지출하는 비용 1원어치의 한계효용이 서로 같도록 소비할 때 소비자는 가장 큰 총효용을 얻게 되어 합리적인 소비를 하게 된다. 따라서 합리적 소비를 하고자 할 때는 재화가격, 소비지출액과 한계효용을 알아야 한다.

〈합리적 소비〉

1. 경제성장과 소비

(1) 생산 능력이 있는 경우의 소비 증가

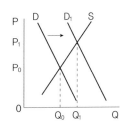

① 상품에 대한 총수요 증가($Q_0 \to Q_1$)

② 기업의 생산활동 촉진

→ 경제 활성화에 기여

③ 수요 증가에 대응하여 공급 증가 가능

(2) 생산 능력이 없는 경우의 소비 증가(과소비)

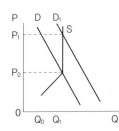

① 상품에 대한 수요는 증가하나 생산 능력이 따라가지 못하므로 물가 상승($P_0 \to P_1$)

→ 인플레이션

② 국민경제의 건전한 발전 저해

2. 합리적 소비 지출

(1) 자원의 희소성과 가계의 선택

① 가계의 소득은 한정되어 있으므로 가계의 소비에도 희소성의 원칙이 적용됨

② 만족의 크기를 가장 크게 하기 위한 선택의 문제

→ 합리적 소비의 문제가 대두됨

(2) 합리적 소비

① 소득의 범위 내에서 한 시점에서뿐만 아니라 먼 장래까지 감안하여 가계의 만족을 극대화하려는 소비 행위

② 합리적 소비 방법

㉠ 상품을 구입함으로써 얻는 만족과 그에 따르는 기회비용을 고려

㉡ 가계부 기록의 생활화 : 예산을 통한 자원의 효율적 배분, 소비 지출에 대한 평가

3. 개인의 생애주기에 따른 소비 지출

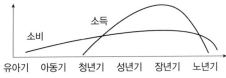

노년기에는 소득이 감소하므로 이에 대비하여 저축이 필요함

① 생애주기 : 가정 형성기 → 가정 확대기

→ 가정 축소기

② 생애주기와 소득 : 일정한 시기에만 소득이 생김 → 노후를 대비한 저축 필요

③ 생애주기와 소비 : 꾸준히 증가하다가 노년기에는 감소

10 소득이 한정되어 있는 경우, 합리적인 소비자는 가격이 오른 재화의 소비량을 줄이고 가격이 내린 재화의 소비량은 늘린다. 이러한 법칙은?

① 수요법칙   ② 공급법칙
③ 한계효용체감의 법칙   ④ 한계효용균등의 법칙
⑤ 한계생산체감의 법칙

 수요법칙이란 소득이 한정되어 있는 경우 합리적인 소비자는 가격이 오른 재화의 소비량을 줄이고 가격이 내린 재화의 소비량을 늘린다는 법칙이다.

11 정부가 A 상품에 대해서 가격을 올릴 때, 이 가격정책이 최대의 효과를 나타낼 수 있는 경우는?

① 수요의 탄력성이 0일 때   ② 수요의 탄력성이 1일 때
③ 수요의 탄력성이 1보다 작을 때   ④ 수요의 탄력성이 1보다 클 때
⑤ 수요의 탄력성이 무한대일 때

 수요의 가격탄력성이 탄력적일수록 가격변화에 따라 판매량의 변동률이 커지므로 수요의 탄력성이 무한대일 때가 가장 큰 효과를 나타낸다.

〈수요의 가격탄력성과 기업의 총수입 관계〉

수요의 탄력성	가격변동률과 수요량의 변동률	가격하락 시	가격상승 시
탄력적	가격변동률 〈 수요량의 변동률	총수입 증가	총수입 감소
단위탄력적	가격변동률 = 수요량의 변동률	총수입 불변	총수입 불변
비탄력적	가격변동률 〉 수요량의 변동률	총수입 감소	총수입 증가

12 사치품의 가격을 인상한 경우 이 상품의 공급자에게 미치는 영향은?

① 판매량 감소, 수입 감소   ② 판매량 감소, 수입 증가

③ 판매량 증가, 수입 감소   ④ 판매량 증가, 수입 증가

⑤ 변화 없음

 사치품의 경우 수요의 가격탄력성이 큰 상품이므로, 가격을 인상하면 가격변동률보다 수요량의 변동률이 크다. 그러므로 판매량이 감소하고 판매수입도 감소한다.

13 수요의 탄력성에 영향을 미치는 요인을 설명한 것 중 잘못된 것은?

① 대체재가 많을수록 탄력성은 크다.

② 재화의 가격이 소득에서 차지하는 비중이 클수록 탄력성은 크다.

③ 일상생활에서 중요할수록 탄력성은 크다.

④ 재화의 용도가 다양할수록 탄력성은 크다.

⑤ 단기보다 장기적으로 볼 때 수요의 탄력성은 크다.

 수요탄력성은 일반적으로 사치품일수록 크고, 필수품일수록 작아진다.

〈수요의 가격탄력도 결정요인〉

대체재의 수	대신하여 사용할 수 있는 재화가 많이 존재할 때 재화의 가격이 상승하면 대체재로 수요가 옮겨가므로 해당 재화의 수요량은 급격히 감소한다. 즉, 대체재의 수가 많으면 탄력적이 될 것이나 대체재가 없는 경우는 비탄력적이다.
소득에서 차지하는 비중	가계지출 중 차지하는 비용이 작은 상품은 가격변화에 둔하여 비탄력적인 반면 비중이 큰 재화는 가격변화에 민감하여 탄력적이다.
상품의 필요성	식료품이나 수돗물, 전기와 같은 생활필수품은 가격이 상승하여도 꼭 사용하여야 하는 재화이므로 수요량의 변화가 거의 일어나지 않아 비탄력적이고, 자동차나 여행 같은 사치재는 가격이 상승하면 수요량이 크게 감소하므로 탄력적이다.
측정기간	가격의 변화가 있을 때 많은 개인이 그에 따른 조정을 하는 데에는 시간이 걸린다. 단기보다는 장기에 수요의 가격탄력도가 커진다.
용도의 다양성	재화의 용도가 다양할수록 대체재가 존재할 가능성이 증가하므로 탄력적이다.

정답   10 ① ＊ 11 ⑤ ＊ 12 ① ＊ 13 ③

14　다음 중 경제적 지대에 대한 설명으로 옳은 것은?

① 지대추구행위는 효율성과 형평성을 높이므로 사회복지를 증진시킨다.
② 지대추구행위는 수요 측면의 확대를 도모하는 행위를 말한다.
③ 공급곡선이 수직선에 가까워질수록 경제적 지대는 줄어든다.
④ 일반적으로 전용수입이 커지면 경제적 지대도 증가한다.
⑤ 생산요소시장이 완전경쟁적이면 경제적 지대는 발생하지 않는다.

 생산요소공급의 탄력도가 클수록 전용수입이 커지며, 완전탄력적이면 요소소득이 모두 전용수입이 되고, 완전
비탄력적이면 요소소득이 모두 경제적 지대가 된다.

경제적 지대

한 요소가 현재의 용도에서 다른 용도로 옮겨가지 않도록 지불해야 하는 보수를 그 요소의 이전수입이라
한다. 한 요소의 경제적 지대란 그 요소가 받는 총보수에서 이전수입을 뺀 것이다.

15　다음 〈보기〉에서 통화공급의 감소 요인만을 고른다면?

┌─ 보기 ─────────────────────────────────┐
ㄱ. 초과지급준비율이 하락할 때　　　　　ㄴ. 본원통화가 감소할 때
ㄷ. 중앙은행의 재할인율이 하락할 때　　　ㄹ. 법정지급준비율이 하락할 때
└──────────────────────────────────────┘

① ㄱ　　　　　　　　② ㄴ　　　　　　　　③ ㄷ
④ ㄹ　　　　　　　　⑤ ㄱ, ㄹ

 〈통화량 증가 요인과 감소 요인〉

통화량 증가 요인	통화량 감소 요인
• 본원통화 증가	• 본원통화 감소
• 국·공채 매입	• 국·공채 매각
• 재할인율 인하	• 재할인율의 인상
• 지급준비율 인하	• 지급준비율 인상

16 재정정책에 대한 설명으로 옳지 않은 것은?

① 고전학파 모형에 따르면 구축효과는 국·공채발행의 경우에는 나타나지만 조세정책의 경우에는 나타나지 않는다.

② 구축효과는 재정정책에 대응하는 이자율의 변동 정도에 따라 다르게 나타난다.

③ 가계·기업·정부로 구성된 케인스 단순모형에서 정부지출승수와 투자승수는 동일하다.

④ 사회보장이전지출은 재정의 자동안정화 장치에 속한다.

⑤ 케인스의 재량적 재정정책은 총수요를 변화시킴으로써 국민소득을 변화시키는 총수요관리정책의 성격을 가진다.

 확대재정정책의 결과 이자율이 상승함에 따라 민간투자가 감소하는 효과가 구축효과이므로 국·공채발행의 경우와 마찬가지로 조세감면정책은 확대재정정책이므로 구축효과가 나타난다.

구축효과(Crowding-Out Effect)

정부의 재정적자 또는 확대 재정정책으로 이자율이 상승하여 민간소비와 투자활동을 위축하는 효과이다. 1930년대 대공황을 탈출하기 위해 영국의 경제학자 존 M. 케인스(John M. Keynes)가 주창한 재정정책은 이후 통화정책과 함께 경기조절정책으로 활용되었다.

재정정책은 불황기에는 재정지출을 확대하거나 국민으로부터 세금을 적게 거두어들여 총수요를 일으키고, 호황기에는 재정지출을 축소하거나 세금을 많이 거두어들여 총수요를 둔화시키는 정책이다. 이를 통해 경기가 지나치게 침체되거나 과열되는 것을 방지하여 경기변동의 흐름을 안정적으로 유지한다.

재정지출을 확대할 경우 재원 마련 방법에 따라 효과가 다르게 나타난다. 정부가 국채를 발행하여 채권시장에 매각하여 재원을 조달하는 방법이 있다. 이 경우 채권시장의 공급이 확대되어 금리가 상승한다. 금리상승은 기업의 투자위축을 발생시키는데 이것이 구축효과이다. 금융기관 내의 자금이 풍부하고 자금이 금융기관 내에서만 도는 상황에서는 재정지출에 의한 금리 상승은 크지 않아 구축효과는 미미하다.

17 시장실패를 초래한 원인으로 적합하지 않은 것을 고른다면?

① 외부효과 발생에 대비하지 못하였다.

② 기업 간에 과열경쟁이 행하여진다.

③ 정부 또는 지방자치단체가 공기업을 운영하였다.

④ 경제주체들 간에 불공정거래가 자행되었다.

⑤ 시민들에 의하여 법규위반과 탈법이 자행되었다.

 시장의 실패는 시장이 자원의 효율적 배분에 실패하는 현상을 말한다. 시장실패의 원인으로는 독과점, 외부효과, 공공재, 비대칭적인 정보 등을 들 수 있다. 즉, 기업 간의 불공정거래는 시장실패의 원인이 되나 과열경쟁이 시장실패의 원인은 아니다.

18 실업자가 늘고 경기가 좋지 않아 기업의 부도율이 올라간다. 정부는 재정정책으로 대처하려 한다. 적당한 재정정책은?

① 정부발주 각종 사업을 일시 중단하거나 지체시킨다.

② 흑자예산을 편성한다.

③ 정부의 공공부문 공사를 늘린다.

④ 부가가치 세금을 올린다.

⑤ 부과된 세금을 조기에 거둬들인다.

 정부의 공공부문 공사를 늘리면 정부지출이 증가하여 국민경제가 확대되므로 경제침체 시의 재정정책으로 적당하다.

19 4년 동안 대학교육 서비스를 받는 것의 사회적 비용(기회비용)에 포함되지 않는 것은?

① 등록금과 수업료
② 교재구입대금
③ 의료비
④ 정부의 대학생 1인당 지원금액
⑤ 고졸 취업자가 처음 4년 동안 받는 평균적 임금 총액

기회비용은 어떤 선택을 함으로써 포기하여야 하는 가장 큰 가치이다. 의료비는 대학교육을 받지 않아도 지출되는 비용이므로 선택에 대하여 포기하여야 하는 기회비용이 아니다.

20 다음 그림을 보고 환율 변동의 원인과 이로 인한 영향을 바르게 연결한 것은?

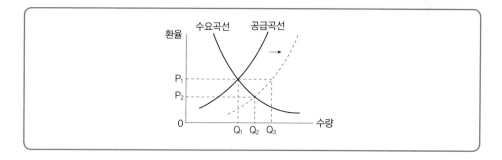

① 차관도입의 증가 – 물가 상승
② 국내기업의 해외투자 감소 – 외채상환 부담 증가
③ 수출의 증가 – 해외여행 경비 증가
④ 외국자본 도입 증가 – 외채상환 부담 감소
⑤ 수입 증가 – 외채상환 부담 감소

그림은 외화의 공급 증가에 따른 환율 하락을 나타낸다. 외화공급 증가를 가져오는 원인으로는 수출 증가, 외자 도입 증가, 외국인의 투자 증가 등이 있고, 그 결과 환율이 하락하면 원화의 가치가 상승하므로 수출 감소·수입 증가로 국제수지 악화, 차관 기업의 원리금 상환 부담 감소, 수입 원자재의 국내가격 하락으로 물가 하락을 가져온다.

21 다음 〈보기〉에서 경제현상에 대한 설명으로 올바른 것을 모두 고른다면?

> ● 보기 ●
> ㄱ. 자원량이 절대적으로 부족한 것을 희소성이라고 한다.
> ㄴ. '로빈슨 크루소'에게도 경제의 기본문제는 있다.
> ㄷ. 은행에 예금하는 행위도 생산활동의 하나이다.
> ㄹ. 기회비용이 선택된 것의 가치보다 클 때 합리적 선택이다.

① ㄱ, ㄴ   ② ㄴ, ㄷ   ③ ㄱ, ㄷ
④ ㄷ, ㄹ   ⑤ ㄱ, ㄴ, ㄷ, ㄹ

 ㄱ. 희소성의 법칙이란 인간의 욕망은 무한하나 그것을 충족시킬 수단인 자원이 유한하다는 법칙으로, 자원량이 상대적으로 부족한 것을 말한다.

ㄹ. 합리적 경제활동이란 경제원칙에 따른 경제활동을 말한다. 따라서 선택된 것의 가치가 기회비용보다 클 때 합리적 선택이 된다.

22 커피와 설탕은 보완재이다. 커피의 소비량이 증가하면 설탕에는 어떤 변화가 나타나는가?

① 설탕의 수요곡선과 공급곡선이 모두 불변이다.
② 설탕의 수요곡선이 오른쪽으로 이동한다.
③ 설탕의 공급곡선이 오른쪽으로 이동한다.
④ 설탕가격이 하락한다.
⑤ 커피의 소비량은 설탕의 소비량과 무관하다.

 보완재란 따로 소비할 때보다 함께 소비할 때 더 큰 만족을 얻을 수 있는 재화이다. 따라서 커피 소비량이 증가하면 설탕 소비량도 증가하므로, 설탕의 수요가 증가하여 수요곡선이 오른쪽으로 이동한다.

 TiP

> **보완재와 대체재**
> 보완재(complement good)는 경제학에서 어떤 한 재화의 수요가 늘어날 때 함께 수요가 늘어나는 재화를 말한다. 이 경우 두 재화 사이에 보완관계가 있다고 표현한다.
> 대체재(substitute good)는 경제학에서 어느 한 재화가 다른 재화와 비슷한 유용성을 가지고 있어 한 재화의 수요가 늘면 수요가 줄어드는 재화를 말한다. 이 경우 서로 대체관계에 있다고 하며, 이러한 대체관계에 있는 재화를 다른 재화의 대체재라고 한다.

23 태풍과 홍수로 도로 운송 사정이 곤란해지자 농산물 가격이 급등하고, 폭우로 인하여 채소 값도 두 배로 껑충 뛰었다고 한다. 이러한 현상에 대한 설명으로 적절한 것을 〈보기〉에서 모두 고른다면?

┌─ 보기 ───┐
│ ㄱ. 농산물과 같은 생활필수품은 수요의 가격탄력성이 일반적으로 작기 때문이다.
│ ㄴ. 농산물에 대한 수요는 가격에 따라 크게 변동하지 않으므로 수요의 가격탄력성이 매우 크기 때
│   문이다.
│ ㄷ. 농산물의 수요와 공급이 모두 감소하면 가격이 오르고 거래량은 감소하나 판매액은 증가한다.
│ ㄹ. 농산물은 기후조건의 영향을 많이 받고 재배기간이 길기 때문에 공급의 가격탄력성이 비탄력
│   적이기 때문이다.
└──┘

① ㄱ, ㄴ   ② ㄱ, ㄷ   ③ ㄱ, ㄹ
④ ㄴ, ㄷ   ⑤ ㄷ, ㄹ

 농산물과 생활필수품은 가격탄력성이 일반적으로 작고(비탄력적이고), 자동차와 같은 고가품은 탄력성이 크다. 농산물은 수요공급의 탄력성이 비탄력적이므로 가격이 매우 불안정하다. 제시문의 내용은 기후조건에 따라 공급이 감소하는 상태이다.

24 석유가격의 하락으로 자동차의 수요가 증가하였고, 석탄의 수요는 감소하였다고 할 때 석 유와 자동차, 석유와 석탄의 관계는 각각 무엇인가?

① 대체재, 보완재   ② 보완재, 독립재
③ 보완재, 대체재   ④ 독립재, 대체재
⑤ 독립재, 보완재

석유가격이 하락하면 석유 수요가 증가하고 이는 자동차의 수를 증가시키므로, 석유와 자동차는 보완관계이다. 반면에 석유가격이 하락하면 석탄의 수요는 감소하므로, 석유와 석탄은 대체관계이다.

25 자정을 넘어서면 버스 요금은 일정액의 할증료가 추가된다. 이것이 버스 운수업자들에게 바람직한 정책으로 받아들여지는 이유로서 타당한 것은?

① 자정 이후에는 버스 승객의 버스 승차에 대한 수요가 탄력적이다.
② 자정 이후에는 버스 승객의 버스 승차에 대한 수요가 비탄력적이다.
③ 자정 이후에는 버스 승객의 버스 승차에 대한 수요가 단위탄력적이다.
④ 자정 이후에는 버스 승차에 대한 수요와 공급이 동시에 줄어든다.
⑤ 자정 이후에는 버스 승객의 버스 승차에 대한 수요가 완전탄력적이다.

 할증료 부과 시에 총수입이 증가하여야 버스 운수업자들에게 바람직하므로 가격 상승 시에 판매자의 수입이 증가하려면 수요가 비탄력적이어야 한다.

수요의 가격탄력도	소비자의 총지출액(기업의 판매 총수입)	
	가격 하락 시	가격 상승 시
0 〈 수요의 가격탄력도 〈 1	감소	증가
수요의 가격탄력도 = 1	불변(최대)	불변(최대)
수요의 가격탄력도 〉1	증가	감소

26 공공재에 대한 설명 중 옳지 않은 것은?

① 여러 사람이 동시에 소비할 수 있다.
② 정부만이 공급하여야 한다.
③ 교육은 순수공공재는 아니다.
④ 특정인의 소비를 배제하는 것이 어렵다.
⑤ 한 사람의 소비가 다른 사람의 소비를 감소시키지는 않는다.

 공공재란 비경합성과 비배제성을 갖는 재화나 서비스로, 대부분의 공공재는 정부나 지방자치단체 등에 의하여 공급되나 민간부문에서 공급되기도 한다.

공공재의 특성(비경합성과 비배제성)
- 비경합성 : 소비에 참가하는 사람의 수가 아무리 많아도 한 사람이 소비할 수 있는 양에는 변함이 없는 재화나 서비스의 특성을 의미한다.
- 비배제성 : 재화나 서비스에 대하여 대가를 치르지 않고 소비하는 사람의 경우에도 이를 배제할 수 없는 재화나 서비스의 특성을 의미한다.

27 ㈜대한이 직장건강보험 가입을 개개인의 결정에 맡겼더니 아직 결혼하지 않은 젊은 직장인들은 모두 가입하지 않았다. 그로 인해 직장건강보험의 운영난에 시달리던 ㈜대한은 모든 사원이 의무적으로 건강보험에 가입해야 한다고 통보하였다. 다음 중 옳은 것은?

① 젊은 직장인들이 직장건강보험에 가입하지 않은 것은 도덕적 해이이다.
② 의무적 가입을 통보한 것은 역선택을 해소하기 위함이다.
③ 직장건강보험제도에서는 도덕적 해이가 전혀 발생하지 않는다.
④ 젊은 직장인들이 건강보험에 가입하지 않은 것은 가격수용자가 되려고 하기 때문이다.
⑤ 의무적 가입을 통보한 것은 무임승차자 문제를 해소하기 위함이다.

보험시장에서의 역선택 현상은 사고확률이 높은 사람만 보험에 가입하는 현상으로 보험계약 이전 시점에 발생하는 정보비대칭성의 문제이다. 정보가 비대칭적인 상황에서 발생하는 역선택의 해결방법 중 보험시장에서는 선별이나 강제집행방법을 사용한다.

역선택과 도덕적 해이
- 역선택 : 감추어진 특성의 상황에서 정보수준이 낮은 쪽이 사전적으로 제일 바람직하지 않은 상대방과 거래의 가능성이 높아지는 현상을 의미한다.
- 도덕적 해이 : 감추어진 행동이 문제가 되는 상황에서 정보를 가진 측이 정보를 갖지 못한 측에서 보면 바람직하지 않은 행동을 취하는 경향을 의미한다.

정답 25 ② * 26 ② * 27 ②

28 다음 글에 나타난 재화와 관련된 설명으로 옳은 것은?

> 국방이나 전파와 같은 공공재는 가격을 지불하지 않고 소비하는 것을 막을 수 없다. 또한 다른 사람들이 그 재화를 소비한다고 해서 나의 소비기회가 줄어드는 것도 아니다. 각 개인이 특정한 공공재를 필요로 하는 정도에 따라 비용을 부담시키려 하면, 사람들은 자신의 수요를 감추려 할 것이다. 사람들은 다른 사람들이 공공재 생산비용을 부담해주기를 바라면서 자신은 공짜로 소비하려 한다.

① 비용을 부담하지 않은 사람은 공공재를 소비할 수 없다.
② 민간기업이 공공재를 생산하면 높은 수익을 올릴 수 있다.
③ 정부는 국민 개개인의 공공재 수요를 정확히 조사할 수 있다.
④ 공공재는 모든 사람의 수요를 합한 만큼 생산되어야 한다.
⑤ 공공재의 공급은 시장에 의해서 원활하게 이루어지기 어렵다.

 공공재란 시장에 의해서 자율적으로 공급되기 어려운 재화와 서비스를 말하는데, 교육·국방·치안·도로·교량·댐 등을 말한다. 공공재는 많은 자본이 소요되며, 수익성이 떨어지고, 사용이나 수익에 있어 배타성이 없다. 가계나 기업의 경제활동에 반드시 필요하지만 시장에 의해서는 충분히 공급되기가 어렵다.

29 중앙은행의 기능은 다음 중 어느 것으로 집약될 수 있는가?

① 금융기관의 감독　　　② 화폐의 발행
③ 법정지급준비율 조정　④ 정부의 은행
⑤ 통화량의 규제

 중앙은행의 가장 중요한 기능은 통화금융정책의 집행기관으로서 여러 정책수단을 동원하여 통화량을 적절하게 조절함으로써 거시경제 목표를 달성하려는 것이다.

30 정부가 다음과 같은 정책을 시행하게 된 배경으로 가장 적절한 것은?

> • 한국통신이 독점하던 국제전화사업에 새로운 민간기업의 참여를 허용하였다.
> • 정부는 국민은행과 주택은행의 주식을 일반에 매각하여 이들 은행을 민영화하였다.

① 기업의 국제경쟁력이 강화되어야 한다.
② 공공재의 안정적인 공급이 이루어져야만 한다.
③ 시장경제 체제에서 독과점이 허용되어서는 안 된다.
④ 정부의 규제가 시장경제의 효율성을 저해할 수 있다.
⑤ 정부의 규제가 반드시 사회의 이익을 보장하지는 않는다.

이윤추구에 몰두하는 민간기업에 비해 경쟁의 필요성이 절박하지 않은 공기업은 그 조직이 방만하고 관료화되어 비효율적이 될 수 있다.

〈공기업의 민영화〉

• 공기업의 현실 : 경쟁의 필요성이 없는 공기업은 그 조직이 방만해지고 관료화되어 비효율적이 될 가능성이 매우 높다.

• 공기업 민영화의 효과 : 여러 선진국의 공기업 민영화 결과 경쟁원리가 도입되어 서비스 개선, 가격 인하, 경영 효율화를 가져왔다.

• 우리나라의 변화 : 1990년대 이후 공기업에 대한 규제 완화와 경영 합리화를 추진하면서 공기업의 민영화를 추진하고 있다.

31 다음 제시된 A국과 B국의 경제를 비교해서 추론할 수 있는 내용은?

국가	국민총생산(GNP)	국내총생산(GDP)
A국	1,350	1,500
B국	890	760

① A국은 B국보다 해외투자가 활발하다.

② B국은 해외지급 요소소득보다 해외수취 요소소득이 더 많다.

③ A국은 B국보다 삶의 질이 더 높다.

④ B국은 A국보다 소득이 공평하게 분배되고 있다.

⑤ A국은 무역에서 수출보다 수입이 많았을 것이다.

 GNP가 GDP보다 크다는 것은 해외수취소득이 해외지급요소소득보다 크다는 것을 알 수 있다.

① 해외투자가 활발하면 GNP가 GDP보다 크다.

③ 삶의 질은 GNP나 GDP만 가지고는 단언할 수 없다.

④ GNP나 GDP에는 소득분배는 고려되지 않는다.

⑤ 이 자료만 가지고는 무역규모는 알 수 없다.

32 다음과 같은 상황에 대처할 수 있는 금융정책 수단으로 가장 적절한 것은?

> 최근 우리나라에도 선진국의 시장개방 압력이 계속되는데, 금융시장도 예외가 아니다. 따라서 금융산업을 안정시키고 경쟁력을 강화하도록 금융기관의 자율성을 신장시켜야 한다.

① 은행에 대출한도를 정하여 통화량을 조절한다.

② 은행예금에 최고금리를 정하여 통화량을 조절한다.

③ 은행의 지급준비율을 정하여 통화량을 조절한다.

④ 은행의 대출담보를 정하여 통화량을 조절한다.

⑤ 은행의 투자대상을 확대하여 수익을 극대화한다.

 우리나라도 금융시장이 개방되고 국제경쟁이 치열해져서 금융시장을 안정시키고 경쟁력을 강화할 필요성이 커지는데, 이를 위해서는 직접규제방식보다는 금융기관의 자율성을 보장하는 간접규제 방식으로 전환하여야 한다. 즉, 대출한도 규제, 이자율 규제, 대출담보 규제, 투자대상 규제 등은 직접규제 방식으로서 선진화되지 않은 방식이다. 공개시장 조작, 재할인율 정책, 지급준비율 정책 등의 간접규제 방식이 필요하다.

33 甲·乙 양국이 다음 상품을 생산하는 데 노동비용만이 생산비를 구성한다고 할 때 비교생산비설에 의해 옳은 것은?

구분	甲국	乙국
라디오 1단위	100명	90명
옷감 1단위	120명	80명

① 라디오, 옷감 둘 다 乙국에서 생산한다.
② 라디오, 옷감 둘 다 甲국에서 생산한다.
③ 甲국은 라디오만을 생산하고, 乙국은 옷감만을 생산한다.
④ 甲국은 옷감이 비교우위에 있고, 乙국은 라디오가 비교우위에 있다.
⑤ 甲국과 乙국은 서로 협의하여 생산품목을 정하는 것이 합리적이다.

 비교우위론이란 어느 한 나라의 두 재화가 모두 절대우위에 있는 경우라 하더라도 각국은 자국의 비교우위에 있는 상품에 특화하여 이를 수출하고 비교열위에 있는 상품은 수입함으로써 두 나라 모두 이익을 얻는다는 이론으로, 리카도가 주장하였다.

甲국	乙국에 대한 甲국의 옷감 생산비의 비율은 120/80= 150%이고, 라디오 생산비의 비율은 100/90 = 약110%이다. 그러므로 甲국은 생산비가 상대적으로 덜 드는 라디오만을 생산한다.
乙국	甲국에 대한 乙국의 옷감 생산비의 비율은 80/120= 약67%이고, 라디오 생산비의 비율은 90/100 = 90%이다. 그러므로 乙국은 생산비가 상대적으로 덜 드는 옷감만을 생산한다.

34 다음 〈보기〉에서 국제수지 중 무역외수지에 해당하는 것을 모두 고른다면?

● 보기 ●

ㄱ. 외국인 근로자에게 지급한 입금

ㄴ. 해외투자수익

ㄷ. 수입품을 우리 선박에 실은 것에 대한 운임

ㄹ. 해외차관에 대한 이자

ㅁ. 기아에 허덕이는 나라에 대한 무상원조

ㅂ. 해외여행 경비

① ㄱ, ㄴ, ㄷ, ㄹ   ② ㄱ, ㄷ, ㄹ, ㅁ

③ ㄱ, ㄴ, ㄷ, ㄹ, ㅂ   ④ ㄱ, ㄴ, ㄷ, ㄹ, ㅁ

⑤ ㄱ, ㄴ, ㄷ, ㄹ, ㅁ, ㅂ

 ㅁ. 국가 간에 반대급부 없이 수취되거나 지급되는 증여로서 이전거래에 해당한다.

〈국제거래〉

경상거래	• 상품거래 : 재화의 수출입, 선박, 항공기 등 운송수단이 해외에서 구입한 연료, 식량, 보급품 등의 재화 및 수리 서비스를 포함하는 국제거래에서 가장 대표적인 거래 • 서비스거래 : 운수, 여행, 통신서비스, 보험서비스, 특허권 등 사용료, 사업서비스, 정부서비스 등 용역의 수출입 • 소득거래 : 급료 및 임금, 대외 금융자산 또는 부채와 관련된 배당, 이자 등 투자소득의 수입 및 지출 • 경상이전거래 : 대가 없이 제공되며, 수혜자의 소득 및 소비수준에 직접적인 영향을 주는 송금, 구호를 위한 식량, 의약품 등의 무상원조, 국제기구 출연금
자본거래	• 투자거래 : 투자형태에 따라 직접투자, 증권투자 및 기타 투자 • 기타자본거래 : 투자거래를 제외한 기타자본거래, 즉 연불수출입 등

35 어떤 국가의 최근 3년간 경제지표를 보면 다음과 같다. 2000년도의 실질경제성장률은?
(단, 기준연도는 1998년도임)

구분	1998년	1999년	2000년
명목 GDP	500억 달러	600억 달러	650억 달러
물가지수	100	120	125

① 1% ② 4% ③ 5%
④ 6% ⑤ 7%

 경제성장률은 국내총생산(GDP)의 증가율, 즉 1년 동안 국내에서 새로이 창출한 부가가치의 증가속도를 의미한
다. 경제성장률이 플러스라고 하여 반드시 경제성장을 이루었다고 말할 수는 없다. 그 이유는 경제성장률이 인
구증가율보다 낮으면 1인당 국내총생산은 오히려 감소하기 때문이다.

실질경제성장률 = [(금년도 실질 GDP − 전년도 실질 GDP) / 전년도 실질 GDP] × 100%
실질 GDP = (금년도 명목GDP/금년도 물가지수) × 100
2000년의 실질 GDP = (650/125) × 100 = 520
[(520−500) / 500] × 100 = 4%

36 단순한 금전적인 보조만으로는 생활하기 어려운 계층, 즉 노인, 장애자, 특별한 보호가 필
요한 청소년이나 부녀자 등에 대해서 별도의 보호수단을 마련하는 정책을 실시할 경우 예
상되는 결과로 옳지 않은 것은?

① 정부의 재정부담이 가중될 것이다.
② 대상자 선정에 어려움이 많을 것이다.
③ 국가의 보호에만 의존하려는 풍조가 만연할 수 있다.
④ 소득재분배의 효과를 기대할 수 있다.
⑤ 부익부 빈익빈 현상이 극심해진다.

 공적부조는 비용의 전부를 조세라는 재원으로 국가가 부담하기 때문에 소득재분배의 효과가 있으므로, 부익부
빈익빈 현상이 완화된다.

정답 34 ③ * 35 ② * 36 ⑤

37 취업정보를 효율적으로 제공함으로써 노동 수요자와 공급자를 효과적으로 연결하는 것은 어떤 실업에 대한 대책인가?

① 계절적 실업　　　② 경기적 실업　　　③ 구조적 실업
④ 마찰적 실업　　　⑤ 정보적 실업

 〈실업의 종류〉

구분	발생 원인	대책
경기적 실업	• 불황기에 발생하는 실업 • 원인은 총수요의 부족	• 공공사업 시행을 통한 총수요의 확대
계절적 실업	• 계절에 따른 고용기회의 감소	• 농촌 가내공업의 육성 • 공공근로사업의 시행
구조적 실업	• 산업구조의 고도화 및 기술혁신에 따라 낮은 기술수준의 기능인력에 대한 수요 감소	• 기술수준이 낮은 노동력에 대하여 인력 개발 및 직업기술교육의 실시를 통해 재 고용
마찰적 실업	• 근로자가 직장을 옮기는 과정에서 발생 하는 일시적 실업, 자발적 실업 • 원인은 노동시장의 정보부족, 노동시장 의 비능률성	• 취업정보의 효율적인 제공을 통해 노동 수요자와 공급자를 효과적으로 연결하는 정책

38 한 투자자가 100만 원으로 사업을 하고자 한다. A, B, C, D의 네 가지 사업이 있는데, A는 20만 원, B는 25만 원, C는 30만 원, D는 40만 원의 이익이 남는다고 할 때 B를 선택했다 면 이때의 기회비용은 얼마인가?

① 15만 원　　　② 20만 원　　　③ 30만 원
④ 40만 원　　　⑤ 55만 원

 기회비용이란 어느 하나를 선택했을 때 그로 인하여 포기되거나 희생된 가치 중 가장 큰 것을 말한다. D사업의 이익은 40만 원인데 투자자가 D사업을 포기하고 B사업을 선택했으므로, 기회비용은 40만 원이다.

39 어떤 사람이 일정한 소비지출액으로 X, Y라는 두 재화를 구입할 때 다음과 같이 X재 1원어치의 한계효용이 더 크게 나타났다. 이때 이 사람은 재화의 소비를 어떻게 조정해야 가장 합리적인 소비가 되겠는가?

> X재의 한계효용 / X재의 가격 〉 Y재의 한계효용 / Y재의 가격

① X재의 소비 감소, Y재의 소비 감소
② X재의 소비 감소, Y재의 소비 증가
③ X재의 소비 증가, Y재의 소비 증가
④ X재의 소비 증가, Y재의 소비 감소
⑤ X재와 Y재의 동일액 증가 또는 감소

 〈한계효용균등의 법칙과 효용극대화의 조건〉

한계효용균등의 법칙	각 상품 마지막 단위의 소비에 지출하는 화폐 1단위의 한계효용이 서로 같도록 각 상품의 소비량을 정할 때 소비자는 가장 큰 총효용을 얻게 되어 합리적 소비를 하게 된다는 것을 한계효용균등의 법칙이라고 한다.
효용극대화의 조건	소비자가 X, Y 두 재화를 소비하는 경우, 다음의 조건에 맞도록 X, Y 두 재화의 소비량을 정하면 합리적 소비가 된다. X재의 한계효용/X재의 가격 = Y재의 한계효용/Y재의 가격 즉, X재 1원어치의 한계효용 = Y재 1원어치의 한계효용

정답 37 ④ ＊ 48 ④ ＊ 39 ④

40 그림에서 쇠고기의 공급곡선이 A에서 B로 이동한 원인과 결과가 바르게 연결된 것은?

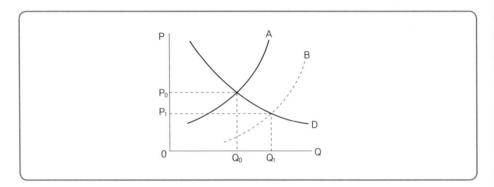

① 원인 : 소득수준의 향상, 결과 : 균형가격의 상승

② 원인 : 대체재가격의 상승, 결과 : 균형가격의 상승

③ 원인 : 원자재가격의 상승, 결과 : 균형가격의 하락

④ 원인 : 생산기술의 향상, 결과 : 균형가격의 하락

⑤ 원인 : 균형가격의 하락, 결과 : 공급의 증가

 가격 이외의 다른 요인(생산요소의 가격, 소비자의 취향, 생산기술 등)이 변함에 따라 일어나는 공급량의 변동을 공급의 변동이라고 하는데, 이는 공급곡선 자체의 이동으로 표시된다. 공급곡선을 우측으로 이동시키는 요인으로는 생산요소의 가격 하락, 기술진보, 다른 재화의 가격 하락, 기타 생산비의 하락을 가져오는 요인 등이다. 공급곡선이 우측으로 이동하면 공급량은 늘어나고 균형가격은 하락한다.

41 자금의 수요가 높은 경우에는 별 효과가 없으며, 금융시장이 잘 발달될 경우에 효과가 큰 일반적 금융정책수단은?

① 소비자신용규제 정책　　② 지급준비율 정책　　③ 재할인율 정책
④ 공개시장조작정책　　　　⑤ 공공투자정책

 재할인율정책이란 중앙은행이 은행에 대한 대출이자율을 조절함으로써 간접적으로 대출량을 조절하려는 정책이다. 이러한 정책이 실효를 거두려면 금융시장이 잘 발달되어 있어야 하며, 우리나라처럼 항상 자금의 수요가 높은 경우에는 별 효과가 없다.

재할인율 인상	시중은행은 중앙은행으로부터의 자금차입 자제 → 시중은행의 대출자금 감소 → 신용창조 능력 감소 → 통화량 감소
재할인율 인하	시중은행의 중앙은행으로부터의 자금차입 증가 → 시중은행의 대출자금 증가 → 신용창조 능력 증가 → 통화량 증가

42 다음과 같은 특징을 지닌 실업에 대한 대책으로 가장 적절한 것은?

> 산업구조가 고도화되고 기술혁신이 급격하게 진행됨에 따라 낮은 기술수준의 기능인력에 대한 수요가 줄어들어 직장을 잃는 경우가 있다.

① 공공투자를 확대한다.
② 인력개발정책을 실시한다.
③ 농촌의 가내공업을 육성한다.
④ 취업정보를 효율적으로 제공한다.
⑤ 사회보장제도를 확대실시한다.

 구조적 실업은 사업구조가 고도화되고 기술혁신이 급격해짐에 따라 낮은 기술수준의 기능인력에 대한 수요가 줄어들어 발생하는 실업이다. 대책으로는 기능수준이 낮은 노동력에 대하여 인력개발과 직업·기술교육을 실시하여 재고용의 기회를 마련한다.

정답　40 ④　＊　41 ③　＊　42 ②

43 다음 중 소득분배의 개선책이 되지 않는 것은?

① 하위 40% 소득계층의 성장을 고려한 소득재분배 정책을 실시한다.
② 소득분배의 십분위 분배율을 1에 접근시킨다.
③ 하위 40% 소득계층을 고려한 성장정책을 강구한다.
④ 상위 20% 소득계층의 성장을 고려한 소득재분배 정책을 실시한다.
⑤ 상위 20% 소득계층의 성장을 고려하지 않은 소득재분배 정책을 실시한다.

십분위 분배율이란 모든 가구를 소득수준별로 나열한 다음 그것을 10등분하여 하위 40%의 가구가 받은 소득의
합과 상위 20%의 가구가 받은 소득의 합을 비교한 것이다. 십분위 분배율이 높을수록 소득분배의 불평등이 개
선되었음을 의미한다.

십분위 분배율 = 하위 40% 가구의 소득점유율(%) / 상위 20% 가구의 소득점유율(%)

44 효용의 개념에 대한 설명으로 잘못된 것은?

① 효용은 수량적으로 측정할 수 없는 것이다.
② 재화의 양이 증가할수록 한계효용은 감소한다.
③ 재화는 효용이 인정되나, 용역에는 효용이 인정되지 않는다.
④ 어떤 재화의 소비로부터 얻는 효용의 총량을 총효용이라고 한다.
⑤ 소비자가 재화나 용역을 소비함으로써 느끼는 만족도가 효용이다.

효용이란 소비자가 재화나 용역을 소비함으로써 느끼는 만족 또는 즐거움의 크기를 말한다.

45 정부가 농산물의 이중곡가제를 실시할 때 나타날 수 있는 현상은?

① 시중통화량 감소 　　　　② 도매물가의 하락

③ 농가소득의 감소 　　　　④ 재정적자의 발생

⑤ 도시근로자의 생계부담 가중

 농산물의 이중곡가제란 농민에게는 곡물을 높은 가격으로 수매하여 소비자에게는 수매가격보다 낮은 가격으로 판매하는 제도이다. 이는 농민의 소득을 높이고 소비자의 부담을 줄일 수 있어서 소득분배의 효과를 가져온다. 다만 높은 수매가격과 낮은 판매가격의 차액은 정부재정의 적자요인이 되므로 물가를 상승시킬 우려가 있다.

46 다음 〈보기〉에서 가격차별화가 이루어질 수 있는 조건만 골라 묶은 것은?

> ● 보기 ●
> ㄱ. 시장이 2개 이상으로 분할될 수 있다.
> ㄴ. 단기적으로 많은 이윤을 확보할 수 있다.
> ㄷ. 시장 사이에 상품유통이 불가능하다.
> ㄹ. 각 시장 사이의 수요의 가격탄력성이 다르다.
> ㅁ. 상품차별화를 통한 시장의 독점적 지배가 가능하다.

① ㄱ, ㄴ, ㄷ　　　　② ㄱ, ㄴ, ㄹ　　　　③ ㄱ, ㄷ, ㄹ

④ ㄴ, ㄷ, ㄹ　　　　⑤ ㄱ, ㄴ, ㄷ, ㄹ, ㅁ

 가격차별화란 동일한 상품에 대하여 두 가지 이상의 가격을 매기는 것으로, 가격차별화가 성립하려면 시장이 2 개 이상으로 분할될 수 있고 상품의 유통이 불가능하며 수요의 가격탄력성이 달라야 한다.

정답 43 ④ ＊ 44 ③ ＊ 45 ④ ＊ 46 ③

47 직접세의 세율을 인하하고 부가가치세의 세율을 인상할 때 예상되는 경제적 효과를 바르게 추론한 것은?

① 가처분소득이 증가할 것이다.
② 조세징수가 쉽지 않을 것이다.
③ 조세에 대한 저항이 클 것이다.
④ 소득재분배효과가 있을 것이다.
⑤ 공평한 조세정의를 실현하기에 효과적이다.

 직접세는 소득재분배의 효과가 있는 조세이고, 부가가치세는 비례세율을 적용하므로 빈부의 격차를 심화시키는 조세이다. 따라서 직접세의 세율을 인하하고 부가가치세의 세율을 인상한다면, 조세징수는 용이해지고 조세저항은 작아지며 빈부의 격차는 더욱 커진다. 또한 소득에 대해 직접 부과하는 직접세의 세율을 인하하므로 가처분소득은 증가할 것이다.

48 물가 상승의 한 요인으로 그 나라의 조세구조를 들 수 있다. 물가 상승과 조세구조의 관계를 입증하기 위하여 채택할 수 있는 가장 적절한 자료는?

① 국세와 지방세 수입의 비율
② 중앙정부 일반회계의 세출구조
③ 중앙정부 일반회계와 특별회계의 구조
④ 전체 조세수입 중 소득세수입의 비율
⑤ 전체 조세수입 중 간접세수입의 비율

 조세 중에서 물가 상승과 밀접한 관련을 맺는 것은 간접세의 비중이다. 간접세는 물가 상승을 부추기는 단점을 가지고 있기 때문이다.

49 농업생산 면에서의 기술혁신으로 병충해 없이 수확량을 대폭 증가시킬 수 있게 되었다면 균형가격은 어떻게 변화되는가?

① 공급 증가로 가격하락   ② 수요감소로 가격하락

③ 수요증가로 가격상승   ④ 공급감소로 가격상승

⑤ 가격 불변

 기술진보가 이루어지면 공급의 증가를 가져오며, 이는 공급곡선을 우측으로 이동시켜 가격은 하락하고 거래량은 증가한다.

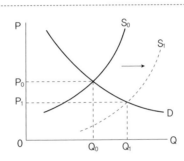

- 기술진보 등으로 공급곡선이 S_0에서 S_1으로 이동하면, 가격은 P_0에서 P_1으로 하락하고 거래량은 Q_0에서 Q_1으로 증가한다.

50 실업률이 증가하고 국내총생산량이 감소할 때 정부나 중앙은행이 쓸 수 있는 경제정책은?

① 재할인율을 인상한다.   ② 소득세율을 인상한다.

③ 국·공채를 매각한다.   ④ 정부공사 발주를 늘린다.

⑤ 흑자예산을 편성하는 등 긴축정책을 편다.

 경기침체 시에는 확장정책을 통하여 총수요를 증대시키는 정책이 필요하다.

   ① 재할인율을 인하하여야 한다.

   ② 소득세율을 인하하여야 한다.

   ③ 국·공채를 매수하여 통화량을 증가시켜야 한다.

   ⑤ 적자예산을 편성하여 적극적으로 확대정책을 펴야 한다.

 정답   47 ① ＊ 48 ⑤ ＊ 49 ① ＊ 50 ④

02

시사기초영역

01 1997년 말에 겪은 아시아 경제위기에 대한 설명으로 옳지 않은 것은?

① 우리나라의 경우 경제위기의 요인이 멕시코와 달랐음에도 IMF의 처방은 멕시코의 경우와 같은 조치를 취하여 초기에는 논란이 많았다.

② 경제위기를 겪은 아시아 국가들의 공통점은 경제위기 전 자국 화폐가 상당히 고평가 되었다는 점이다.

③ 우리나라의 경우 외환위기 발생 초기에는 긴축정책과 고금리정책으로 경기침체가 가속화되고 실업이 급증하는 등 불필요한 비용을 크게 치르는 시행착오를 겪었다.

④ 홍콩의 경우 홍콩 달러에 대하여 국제자본의 투기조짐이 보이자 한국의 경우와는 대조적으로 자국 내 금리를 전격적으로 인하시켜 경제위기를 모면할 수 있었다.

⑤ 경제위기 시 IMF는 긴급자금을 지원하면서 IMF 조건을 제시하여 자국의 경제정책이 상당부분 제한을 받았다.

 홍콩의 경우 자국 내 금리를 전격적으로 인상시켜 국내자본의 유출을 방지함으로써 경제위기를 모면하였다.

> **IMF(국제통화기금)**
>
> 1944년 7월에 조인되고 1945년 12월에 발효된 브레턴우즈협정에 따라 설립된 국제협력기관으로, 1947년 3월에 업무를 개시하였다. 브레턴우즈협정에 의해 설립된 자매기관인 국제부흥개발은행(세계은행)이 장기 금융기관이라면 IMF는 단기국제금융기관이다. 본부는 워싱턴에 있으며, 총무회 · 이사회 · 전무이사와 직원으로 구성된다.
>
> 가맹국은 의무가 부과되어 있는 반면 단기적으로 국제수지불균형에 빠졌을 경우 IMF로부터 외화자금공여의 편의, 즉 융자를 받게 된다. 자금원은 가맹국 출자에 의한 것인데, 각국의 경제력에 따라 할당되며 25%를 금, 75%를 자국통화로 불입하게 되었다. IMF 융자의 최고한도는 출자액의 두 배이며, 이 범위 내에서 대출기준에 따라 융자를 받을 수 있다.

02 고령화사회에 대한 설명으로 옳지 않은 것은?

① 고령화사회에 대한 유엔의 규정은 크게 고령화사회와 초고령화사회로 구분한다.
② 고령화사회란 65세 이상의 인구가 전체인구의 7% 이상일 때를 말한다.
③ 초고령화사회란 65세 이상의 인구가 전체인구의 20% 이상일 때를 말한다.
④ 2010년 현재 우리나라는 65세 이상의 인구가 10% 이상으로 고령화사회에 포함된다.
⑤ 고령화사회가 되면 빈부격차가 커지고 화장품 가게는 더욱 늘어날 것이다.

 고령화사회가 되면 벤처 주식보다는 배당주식이 주목을 받고, 장례 관련 사업이 활성화되며, 빈부격차는 크게
벌어진다. 또한 아동의류가 감소하고, 젊은 여성들이 애용하는 화장품 가게 등이 축소될 것이다.

참고 고령화사회

65세 이상 인구가 총인구에서 차지하는 비율이 7% 이상일 때 고령화사회(Aging Society), 65세 이상 인구가 총
인구에서 차지하는 비율이 14% 이상일 때 고령사회(Aged Society)라고 하고, 65세 이상 인구가 총인구에서 차
지하는 비율이 20% 이상일 때 후기고령사회(Post-aged Society) 혹은 초고령사회라고 한다. 2008년 7월 현재
한국의 65세 이상 노인인구는 501만 6,000명으로 전체 인구의 10.3%에 이르며, 2026년에는 전체인구의 20%
에 이를 것으로 추정된다. UN 추계에 의하면 2025년에 65세 이상의 인구가 총인구에서 차지하는 비율은 일본
27.3%, 스위스 23.4%, 덴마크 23.3%, 독일 23.2%, 스웨덴 22.4%, 미국 19.8%, 영국 19.4%로 예측되고 있다.

03 시장실패가 발생할 경우 대개 정부가 개입하여 문제를 해결하고자 한다. 그러나 시장실패를 교정하려는 정부개입이 오히려 효율적인 자원배분을 저해할 수도 있는데, 이를 정부실패라고 한다. 이와 같은 정부실패가 발생하는 요인으로 적절하지 못한 것은?

① 근시안적 규제
② 정치적 제약조건
③ 규제수단의 비효율성
④ 과도한 사회적 편익의 발생
⑤ 규제자의 불완전한 지식과 정보

 시장실패란 경쟁시장이 자원의 배분을 완전히 잘못한다는 의미가 아니라 최선의 상태, 즉 가장 효율적인 자원
배분의 상태에 이르지 못하는 것을 의미할 뿐이다. 따라서 소득불평등이나 심한 경기변동, 실업증가, 인플레이
션 등은 시장실패에 해당되지 않는다. ④는 사회적 편익이 발생하는 경우이므로 정부실패로 보기 어렵다.

 정답 01 ④ * 02 ⑤ * 03 ④

04 오늘날 기업은 사기업의 형태뿐만 아니라 공기업의 형태로도 운영된다. 사기업은 영리를 목적으로 운영되지만 공기업은 공공의 목적 등으로 운영된다. 다음 중 공기업의 존재 이유로서 적절하지 않은 것은?

① 국가재정수입의 증대를 위한 재정정책상의 이유
② 산업육성이나 경제통제 등 경제정책상의 이유
③ 규모의 경제를 꾀하며 창의적 운영을 위한 경영정책상의 이유
④ 실업자 구제나 의료보험 등의 사회정책상의 이유
⑤ 공공서비스 증대를 위한 공익목적상의 이유

해설)) 공기업이란 공적 기관, 즉 국가나 공공단체가 중심이 되어 출자하고 경영·지배를 하는 기업인데, 사유재산과 기업창설의 자유 및 자유경쟁을 특징으로 운영되는 자본주의사회에서는 공기업이 존재하는 사회경제적 의의가 그렇게 중요한 것은 아니다. 그러나 국가기관의 재정조달, 공익사업을 추진해야 하는 이유 때문에 공기업의 발생을 불가피하게 하고 있다. 창의적 운영을 하려면 공기업보다 사기업이 유리하다.

05 지주회사에 대한 설명으로 옳지 않은 것은?

① 카르텔형 복합기업의 대표적인 형태이다.
② 한 회사가 타사의 주식 전부 또는 일부를 보유함으로써 다수기업을 지배하려는 목적으로 이루어지는 기업집중형태이다.
③ 자사의 주식 또는 사채를 매각하여 타회사의 주식을 취득하는 증권대위의 방식에 의한다.
④ 콘체른 복합기업의 전형적인 기업집중형태이다.
⑤ 주식분산, 부재자 소유에 의한 주주총회에 대한 관심 저하 등이 원인이다.

해설)) 지주회사란 콘체른형 복합기업의 대표적인 형태로서, 이는 한 회사가 다른 회사의 주식 전부 또는 일부만을 보유함으로써 다수기업을 지배하려는 목적으로 이루어지는 기업집중형태이다. 지주회사는 증권대위에 의해 자회사를 지배하게 된다. 증권대위란 타기업을 지배할 목적으로 자사의 주식 또는 사채를 매각하여 자본을 조달하고 그것으로 타회사의 주식을 취득하는 것을 의미한다.

TIP

카르텔

카르텔(Kartell) 혹은 담합 또는 짬짜미는 기업(사업자) 간에 상품 또는 용역의 가격이나 생산 수량, 거래 조건, 거래 상대방, 판매 지역을 제한하는 것이다. 공동행위, 기업연합이라고도 한다. 카르텔은 계약, 협정, 결의 기타 어떠한 방법으로 형성하든지 그 방법은 묻지 않는다. 한국은 1980년에 제정한 '독점규제 및 공정거래에 관한 법률'로 통제하고 있다.

콘체른

기업결합 가운데 서로 다른 업종에 속하는 다수의 대기업이 자본적으로 결합한 종합적인 기업그룹. 미국에서는 이익집단(interest group)이라 하는 결합이 이에 해당한다. 콘체른은 자본적인 결합체이기는 하지만 각 소속 기업은 법률상으로 독립된 법인기업적 형태를 유지하고 있고, 이를 주식소유, 융자, 인적(人的) 결합 등의 방법으로 통괄하고 있다. 그 통괄 형태는 크게 지주회사 방식과 이익집단 방식 등 두 종류로 나누어진다.

06 핵심역량의 특성에 해당하지 않는 것은?

① 개별산업단위의 기초가 되는 능력, 지식, 기술이다.
② 다른 기업이 쉽게 모방할 수 없는 독특한 것이다.
③ 고객에게 특별한 가치를 제공한다.
④ 쉽게 닳아 없어지지 않는다.
⑤ 시간이 경과하면 가치가 상실된다.

핵심역량이란 지금까지 기업을 경쟁우위로 이끌어왔고 미래에도 기업성장과 경쟁우위의 견인차 역할을 할 수 있는, 기업 내부에 공유된 기업 특유의 총체적인 능력·지식·기술을 의미한다. 핵심역량의 특성은 다음과 같다.
 • 기업들이 현재 수행하는 개별사업단위의 기초가 되는 능력·지식·기술 등으로서 경쟁력의 기초가 된다.
 • 특정기업이 보유한 독특한 역량으로 차별화된 것이어서 다른 기업이 쉽게 모방할 수 없다.
 • 고객에게 특별한 가치를 제공할 수 있는 것이다.
 • 시간이 경과하면서 가치를 상실할 수도 있지만 쉽게 닳아 없어지지 않아 물적 자산과는 다르다.

07 다음 중 최저임금제도의 실시를 주장하는 이유가 아닌 것은?

① 단체협약으로 보호받지 못하는 노동자를 위한 것이다.
② 공정한 기업경쟁을 저해한다.
③ 노동시장의 기능이 최저필요임금을 보장하지 않기 때문이다.
④ 근로자의 기술향상을 위한 것이다.
⑤ 최소한의 생계비를 보장하려는 것이다.

  〈최저임금제를 주장하는 이유〉

• 모든 근로자가 단체협약으로 보호되지 않기 때문에
• 노사분쟁, 비능률 경영을 초래하여 공정한 기업경쟁을 저해하기 때문에
• 기업 간의 우열로 인해 임금지급수준에 차이가 있기 때문에
• 저임금은 불경기를 촉진한다는 케인스 이론에 입각하기 때문에

TIP

최저임금제도

국가가 임금액의 최저한도를 결정하고 사용자에게 그 지급을 법적으로 강제하는 제도로서, 임금은 원래 노사 간의 근로계약 또는 단체협약에 따라 자주적으로 결정되는 것이 원칙이나 근로계약의 당사자인 개별근로자와 사용자 간에는 대등한 교섭관계가 이루어질 수 없기 때문에, 임금결정을 근로계약에만 맡겨놓으면 근로자는 실질적으로 적정임금을 확보하지 못하게 된다. 또한 모든 사업장의 근로자들이 노동조합에 의하여 조직되어 있는 것도 아니므로 단체교섭을 통하여 임금이 결정되기를 기대할 수 없다. 따라서 최저임금제도를 통한 국가의 강제에 의한 임금액의 보호는 노사 간에 실질적인 교섭 평등관계가 유지되지 않은 사업장의 근로자들을 위해서는 절실히 필요하다. 이 제도는 자본주의가 독점단계에 들어선 19세기 말부터 20세기 초에 걸쳐 성립되었다. 목적은, ① 임금률을 높이고, ② 임금생활자의 소득을 증가시키며, ③ 수준 이하의 노동조건이나 빈곤을 없애고, ④ 임금생활자의 노동력 착취를 방지하며, ⑤ 소득재분배를 실현하는 데 있다.

08 체크오프 시스템(Check-Off System)이란 무엇인가?

① 노동자의 작업조건을 점검하여 기록하는 제도
② 작업능률의 향상을 위하여 점검하는 제도
③ 노동자의 권리보장을 위하여 문제점을 점검함에 넣는 제도
④ 종업원의 급료 중 조합비를 미리 공제하여 매월 노동조합으로 보내는 제도
⑤ 노사가 교섭한 문제에 관하여 심의하는 노조기구

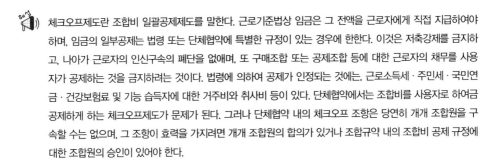 체크오프제도란 조합비 일괄공제제도를 말한다. 근로기준법상 임금은 그 전액을 근로자에게 직접 지급하여야 하며, 임금의 일부공제는 법령 또는 단체협약에 특별한 규정이 있는 경우에 한한다. 이것은 저축강제를 금지하고, 나아가 근로자의 인신구속의 폐단을 없애며, 또 구매조합 또는 공제조합 등에 대한 근로자의 채무를 사용자가 공제하는 것을 금지하려는 것이다. 법령에 의하여 공제가 인정되는 것에는, 근로소득세 · 주민세 · 국민연금 · 건강보험료 및 기능 습득자에 대한 거주비와 취사비 등이 있다. 단체협약에서는 조합비를 사용자로 하여금 공제하게 하는 체크오프제도가 문제가 된다. 그러나 단체협약 내의 체크오프 조항은 당연히 개개 조합원을 구속할 수는 없으며, 그 조항이 효력을 가지려면 개개 조합원의 합의가 있거나 조합규약 내의 조합비 공제 규정에 대한 조합원의 승인이 있어야 한다.

09 자기잠식효과와 관련 있는 것은?

① 기존시장에서 기존제품으로 판매량을 확대하고자 할 때 발생한다.
② 신시장에서 기존제품의 판매량을 확대하고자 할 때 발생한다.
③ 수평적 다각화를 추진할 때 발생한다.
④ 수직적 다각화를 추진할 때 발생한다.
⑤ 기존시장에 신제품을 출시할 때 발생한다.

자기잠식효과란 기업의 신제품 출하가 기존제품으로부터 고객을 흡수할 가능성을 말하는데, 이 효과는 자사의 새로운 상표가 세분시장의 고객을 기존상표보다는 타사 상표로부터 유인할 때 최소화될 것이다.

10 회계상의 거래에 대한 내용으로 잘못된 것은?

① 원료공급 회사와 5년간 100만 톤의 원재료를 구입하기로 계약하였다.
② 건물이 장마에 침수되어 일부 파손이 되었다.
③ 상품을 판매하고 대금을 받지 않았다.
④ 진열장에 진열된 상품이 변질되었다.
⑤ 재고자산의 가액이 취득 시보다 낮아졌다.

계약, 주문, 담보설정 등은 그 자체로는 당해 기업의 자산, 부채, 자본의 증감변동을 일으키지 못하므로 회계거래로 볼 수 없다.

11 다음 중 현금성 자산이 아닌 것은?

① 취득 당시 만기가 3개월 이내에 도래하는 채권
② 취득 당시 상환일까지의 기간이 3개월 이내인 상환우선주
③ 3개월 이내의 환매조건인 환매채
④ 결산일로부터 1개월 이내에 만기가 도래하는 채권
⑤ 취득 당시 만기 또는 상환일이 3개월 이내에 도래하는 자산

현금성 자산이란 현금을 단기적으로 운용하여 이익을 얻으려고 투자한 것으로, 현금과 거의 유사한 환금성을 갖는 자산을 말한다. 기업회계상 유가증권 및 단기금융상품으로서, 큰 거래비용 없이 현금으로 전환이 용이하고, 이자율 변동에 따른 가치변동의 위험이 중요하지 않으며, 취득 당시 만기(또는 상환일)가 3개월 이내에 도래하는 것을 현금성 자산으로 본다. ④의 결산일로부터 1개월 이내 만기가 도래하는 경우라도 취득일로부터 3개월 이내 만기가 도래하지 않는 경우에는 현금성 자산으로 분류되지 않는다.

12 변동비와 고정비에 대한 설명 중 잘못된 것은?

① 조업도가 증감함에 따라 단위당 변동비는 증감한다.
② 조업도가 증감함에 따라 총변동비는 증감한다.
③ 조업도가 증감함에 따라 단위당 고정비는 증감한다.
④ 조업도가 증감하여도 총고정비는 불변이다.
⑤ 조업도는 생산활동의 수준을 의미한다.

 조업도의 증감에 따라 총변동비는 증감하고, 단위당 변동비는 일정하다.
조업도의 증감에 따라 총고정비는 일정하고, 단위당 고정비는 증감한다.

변동비

일정한 경영규모 가운데서의 활동수준, 즉 조업도의 변화에 따라 크기가 변동하는 원가요소이다. 변동비는 조업도에 대하여 비례적으로 변동하는 비례비, 체감적으로 변동하는 체감비, 체증적으로 변동하는 체증비로 분류할 수 있다. 좁은 의미로는 비례비의 뜻으로 사용하는 것이 일반적이다. 변동비의 전형적 예로서는 직접원재료비, 시간급제의 경우 직접임금, 외주가공비 등이 있는데, 이것을 판매활동까지 넓히면 판매량과 함께 변화하는 판매원수수료, 여비·교통비, 운송비 등도 포함된다. 근래에 원가의 본질적인 발생원천에 주목한 원가개념이 중요시되어 변동비를 액티비티 코스트라고 하는 경우도 많아졌다. 변동비와 고정비의 개념은 손익분기점 분석이나 직접원가계산을 이용한 이익계획에서 매우 중요하다.

고정비

생산하는 수량의 증감에 관계없이 항상 필요한 일정한 비용이다. 인건비, 감가상각비, 금융비용, 제 경비 등으로 구성된다. 물론 정액이라고는 하지만 물가의 변동으로 바뀌는 수가 있으므로 정액에 가까운 비목을 고정비로 하는 경우도 있다.

정답 10 ① * 11 ④ * 12 ①

PART IV | 경제이해력 적중문제 ● 341

13 다음 글은 기업재무보고 목적 중 어느 측면을 강조한 내용인가?

재무보고는 현재 및 잠재적 투자자, 채권자, 기타의 정보이용자가 배당금, 이자, 매출의 실수금, 유가증권, 대출금의 만기상환으로 받게 될 미래의 현금수입에 관한 금액. 기간귀속. 불확실성을 평가하는데 도움이 되는 정보를 제공하는 것을 목적으로 한다.

① 이익흐름 및 성과평가에 관한 정보
② 유동성 및 지급능력에 관한 정보
③ 기업의 자원, 자원에 대한 청구권 및 이들의 변동에 관한 정보
④ 현금흐름의 전망을 평가하기 위한 정보제공
⑤ 투자 및 신용결정에 관한 정보제공

 재무보고는 외부 정보이용자의 경제적 의사결정에 도움을 주고자 기업실체의 경제적 자원과 의무, 경영성과, 현금흐름, 자본변동에 관한 재무정보를 제공하는 것을 말한다.

〈재무보고의 구체적 목적〉
• 투자 및 신용의사결정에 유용한 정보의 제공
• 미래현금흐름 예측에 유용한 정보의 제공
• 재무상태, 경영성과, 현금흐름 및 자본변동에 관한 정보의 제공
• 경영자의 수탁책임 평가에 유용한 정보의 제공

14 주식배당에 관한 설명으로 잘못된 것은?

① 주식배당을 받은 기업은 주식배당액을 영업외수익으로 처리한다.
② 주식배당을 한 기업의 이익잉여금은 감소한다.
③ 사외유통주식수가 증가하게 되므로 주당순이익은 감소한다.
④ 주식배당을 한 기업의 순자산가액에는 변동이 없다.
⑤ 전체 이익배당금액의 2분의 1 범위 내에서만 가능하다.

 주식배당을 받은 경우 당해 거래는 회계거래로 볼 수 없으므로 회계처리를 하지 않는다.

 TIP

주식배당

주식회사에서 주주에 대한 이익배당을 현금 대신 신규발행의 주식으로 하는 일이다. 주권배당이라고도 한다. 주식배당의 목적은 배당에 소요되는 현금을 사내에 유보, 사업자금으로 활용하며 주주에게는 이익배당을 행한 것과 같은 효과를 올리는 데 있다. 결과적으로 회사의 입장에서는 자본금이 증액되므로 자본 구성의 시정에 유효하며, 주주로서도 취득한 주식을 처분하여 현금화할 수 있으므로 불이익은 되지 않는다. 주식배당을 할 경우에는 배당 가능한 이익의 존재와 주주총회의 결의가 필요하다. 다만 주식배당은 이익배당 총액의 2분의 1을 초과하지 않아야 하고 수권주식이 있어야 하며 주식은 권면액으로 발행되어야 한다. 주식 배당을 받은 주주는 배당의 결의가 있는 주주총회의 종결 시부터 신주의 주주가 된다.

15 현금흐름표를 작성하는 목적을 바르게 설명한 것은?

① 일정시점의 자산, 부채, 자본의 재무상태를 보고하기 위하여
② 일정기간의 수익과 비용의 경영성과를 보고하기 위하여
③ 일정기간의 영업활동, 재무활동 및 투자활동으로부터 조달된 자금과 사용된 현금의 변화를 보고하기 위하여
④ 일정기간의 현금수입과 현금지출을 보고하기 위하여
⑤ 일정기간의 기업의 지분변동을 보고하기 위하여

 현금흐름표는 기업의 현금흐름을 나타내는 표로서, 현금의 변동 내용을 명확하게 보고하고자 당해 회계기간에 속하는 현금의 유입과 유출 내용을 적정하게 표시하는 보고서이다. 이때 현금은 대차대조표상의 현금만을 의미하는 것이 아니라 광의의 개념으로 현금성 자산도 포함한다. 현금흐름표는 영업활동으로 인한 현금흐름, 투자활동으로 인한 현금흐름, 재무활동으로 인한 현금흐름으로 구분하여 표시하고, 이에 기초의 현금을 가산하여 기말의 현금을 산출하는 형식으로 표시한다.

정답 13 ④ * 14 ① * 15 ③

16 다음 거래 중 유동비율이 100% 미만일 때 기업의 유동비율을 감소시키는 거래는?

① 건물을 장부가격 이하로 처분하는 경우
② 유가증권을 장부가격 이상으로 처분하는 경우
③ 단기어음을 발행하고 현금을 차입하는 경우
④ 단기차입금을 현금으로 상환하는 경우
⑤ 장기어음을 발행하고 현금을 차입하는 경우

 단기차입금을 현금으로 상환하는 경우 유동부채와 유동자산이 총액으로 감소하며, 유동비율이 100% 미만인 경우 기업의 유동비율은 더욱 감소하게 된다. 유동비율 = (유동자산 / 유동부채) x 100(%)이다.

유동비율

유동부채에 대한 유동자산의 비율이다. 은행비율이라고도 하며 재무유동성, 즉 채무지불능력을 판단할 수 있다. 지불어음·외상금 등의 유동부채 지불에 충당되는 것은 현금이거나 쉽게 현금으로 바꿀 수 있는 유동자산이다.

$$유동비율(\%) = \frac{유동자산}{유동부채} \times 100$$

유동비율은 200% 이상이 바람직하며, 이를 2 : 1의 원칙이라고 한다. 그러나 이 비율은 업종·업태·시기·계절에 따라 다르기 때문에 절대적인 것은 아니다.

17 주식회사의 자본원칙 중 '자본충실의 원칙'에 관련된 내용이 아닌 것은?

① 이익배당의 제한
② 주식의 액면미달발행제한
③ 주금 납입에 대한 상계인정
④ 자기주식취득금지
⑤ 변태설립에 대한 엄격한 감독

 〈주식회사의 자본원칙〉

자본확정의 원칙	회사 설립 시 발행하는 주식은 그 총수가 인수되어야 한다.
자본충실의 원칙	회사의 자본액에 상당하는 재산을 확보하고 있어야 한다. ・이익배당의 제한 ・주식의 액면미달발행 제한 ・주식인수가액의 전액납입 ・주금납입에 대한 상계금지 ・변태설립에 대한 엄격한 감독 ・발기인ㆍ이사의 주식인수ㆍ납입담보책임 ・자기주식취득금지 ・법정준비금 등
자본불변의 원칙	회사의 자본액은 주총 특별결의와 채권자 보호절차 등 엄격한 법적 절차에 의하지 않고는 변경(감소)할 수 없다.

18 주식회사의 설립에 관한 내용으로 잘못된 것은?

① 발기인조합의 구성원은 발기인이다.
② 발기인은 1인 1주의 인수의무를 부담한다.
③ 상법상 발기인의 수에는 제한이 없다.
④ 회사설립 구성절차가 종료된 후 2주 내에 설립등기를 하여야 하며, 설립등기를 하여야만 주권발행이 허용된다.
⑤ 회사가 성립하지 않은 경우 발기인은 아무런 책임관계가 성립하지 않는다.

 〈회사설립에 대한 발기인의 책임〉

회사가 성립한 경우의 책임	・회사에 대한 책임 : 자본충실화책임, 손해배상책임 ・제3자에 대한 책임 : 발기인이 악의 또는 중대한 과실로 인하여 그 임무를 해태한 때에는 그 발기인은 제3자에 대하여 연대하여 손해를 배상할 책임을 부담
회사가 성립하지 않은 경우의 책임	・발기인 전원이 연대책임을 지고 지급한 비용을 일체 부담

정답 16 ④ ＊ 17 ③ ＊ 18 ⑤

19 다음 〈보기〉에서 주주의 권리 중 자익권에 해당하는 것으로만 옳게 묶인 것은?

> • 보기 •
> ㄱ. 이익배당청구권   ㄴ. 신주발행유지청구권
> ㄷ. 신주인수권   ㄹ. 주식의 자유양도권

① ㄱ, ㄴ, ㄷ   ② ㄱ, ㄴ, ㄹ   ③ ㄱ, ㄷ, ㄹ
④ ㄴ, ㄷ, ㄹ   ⑤ ㄱ, ㄴ, ㄷ, ㄹ

〈주주〉

의의	• 회사와의 관계에서 주주명부상의 주주만이 주주로서의 지위를 가진다. • 주주자격에는 제한이 없으며, 주식회사의 경우 1인 회사가 인정된다. • 강행법적 성질이 있는 기본 원칙으로, 이에 위반한 정관규정이나 주총결의는 무효이다.	
주주의 권리	• 자익권은 주주의 재산적 이익을 위하여 인정한 개인적 권리를 말하며, 공익권은 주주가 자기의 이익뿐만 아니라 회사 또는 주주공동의 이익을 위하여 행하는 권리를 말한다.	
	자익권	• 이익배당청구권, 이자배당청구권, 잔여재산분배청구권, 신주인수권, 주식의 자유양도권 등
	공익권	• 단독주주권 : 의결권, 설립무효판결청구권, 신주발행유지청구권, 재무제표열람권 • 소수주주권 – 1% : 위법행위유지청구권, 대표소송제기권 – 3% : 주주총회소집청구권, 업무재산상태검사청구권, 회계장부열람청구권, 이사 등 해임청구권, 주주제안권, 집중투표청구권, 정리개시청구권 – 5% : 해산판결청구권

20 주식양도에 관한 내용으로 적절하지 않은 것은?

① 법률 또는 정관에 의하지 아니하면 주식의 양도를 제한하지 못한다.
② 주주총회의 결의로 주식의 양도를 제한할 수 있다.
③ 회사의 주주와 주주 사이의 개별적인 합의로 주식의 양도를 제한할 수 있으나 이는 당사자 간의 채권적 효력밖에 없다.
④ 권리주의 양도는 회사에 대하여 효력이 없다.
⑤ 주권발행 전의 주식양도는 회사에 대해 효력이 없으나, 회사설립 후 또는 신주납입기

일 후 6개월이 경과하면 주권발행 전의 주식양도라도 그 효력을 인정한다.

 주주총회의 결의로도 주식양도는 제한하지 못한다.

주식양도

주주가 자기 의사에 따라 주주의 지위를 이전하는 일이다. 주주에게 투자자본을 회수하게 하기 위하여 이전은 자유이다. 다만 정관에 양도에는 이사회의 승인을 요한다고 규정할 수도 있다. 주식양도는 주권을 양수인에게 양도함을 요한다. 주권의 점유자는 적법한 소지인으로 추정된다. 그리고 주권의 취득에는 즉시 취득이 적용된다. 양수인은 주식의 명의개서를 함으로써 주주가 된다.

21 주주총회의 소집에 관련된 설명으로 잘못된 것은?

① 주주총회는 원칙적으로 이사회의 결의에 따라 대표이사가 절차를 밟아 소집한다.
② 정기총회는 매년 1회 일정한 시기에 소집하며, 연 2회 이상 결산기를 정한 경우에는 매기에 소집한다.
③ 주주총회 소집통지기한은 주주총회 2주 전까지 하여야 한다.
④ 예외적으로 소수주주의 청구에 따라 법원은 대표이사에게 주주총회 소집을 명할 수 있다.
⑤ 의결권 없는 주주는 비록 주주총회에서 의결권이 없지만 주주총회 소집에 대한 통지는 하여야 한다.

 〈주주총회 소집통지 생략이 가능한 경우〉
• 의결권 없는 주주
• 주주명부상에 있는 주주의 주소에 계속 3년간 도달하지 않은 경우
• 상장법인인 경우 영세주주(의결권 있는 주식 1% 이하)에게 2주 전에 일간지 2회 이상 총회소집을 공고한 경우

22 신주의 액면미달발행(할인발행)에 관련된 내용으로 옳지 않은 것은?

① 회사설립 후 2년이 경과하여야 한다.
② 주주총회의 특별결의를 얻어야 한다.
③ 법원의 인가를 얻어야 한다.
④ 법원의 인가일로부터 1개월 내에 발행하여야 한다.
⑤ 액면미달금액은 신주발행 후 5년 내의 매 결산기에 균등액 이상의 상각을 하여야 한다.

 액면미달금액은 신주발행 후 3년 내의 매 결산기에 균등액 이상의 상각을 하여야 한다.

> 주식의 액면미달발행
> 상법에서는 주식의 액면미달발행을 엄격히 제한한다. 즉, 회사가 성립한 날로부터 2년이 경과한 후에 주식을 발행하는 경우 회사는 주주총회의 특별결의와 법원의 인가를 얻어서 주식을 액면미달의 가액으로 발행할 수 있도록 하고 있다. 이에 대하여 증권거래법은 특례를 인정하고 있다. 주권상장법인(협회등록법인은 포함하지 않음)은 주주총회의 특별결의만으로 법원의 인가를 얻지 아니하고 주식을 액면미달가액으로 발행할 수 있다.

23 회사의 합병에 관한 내용으로 옳지 않은 것은?

① 회사의 합병이란 회사 사이의 계약에 의하여 법적 청산절차를 거치지 않고 한 회사로 합동하는 것을 말한다.
② 주식회사 또는 유한회사가 다른 회사와 합병하는 경우 존속회사 또는 신설회사는 주식회사 또는 유한회사이어야 한다.
③ 해산 후의 회사는 존립 중의 회사를 존속회사로 하는 경우에 한하여 합병할 수 있다.
④ 유한회사와 주식회사가 합병하여 주식회사가 되는 경우 법원의 인가가 있어야 한다.
⑤ 합병반대주주는 주주총회 전에 서면으로 결의에 반대의사를 표시하고 총회 결의일로부터 1개월 이내에 주식매수청구권 행사가 가능하다.

 합병반대주주의 주식매수청구권은 총회 결의일로부터 20일 이내 행사할 수 있다.

주식매수청구권

주식매수청구권이란 영업양수도, 합병 등 주주의 이익에 중대한 영향을 미치는 사항에 대하여 반대하는 주주가 자기가 소유한 주식을 사 가도록 회사에 요구할 수 있는 권리를 말하며, 주식회사에서 단체의사의 결정 시에 다수주주의 독선으로부터 소수주주의 권익을 보호하기 위한 장치이다. 합병에 대하여 반대의견을 갖는 주주는 회사에 대해 자신의 주식을 정당한 가격에 매수해주도록 요구할 수 있다.

24 다음 글에서 괄호 안에 순서대로 들어갈 말은?

> (　　　)이란 회사가 여러 종의 주식을 발행할 경우에 주주가 그 인수권 주식을 다른 주식으로 전환청구할 수 있는 권리가 부여된 주식으로, 그 권리의 성질은 (　　　)이다.

① 상환주식, 지배권　　　　② 전환주식, 청구권
③ 상환주식, 항변권　　　　④ 전환주식, 형성권
⑤ 상환주식, 결의권

〈주식의 종류〉

액면 여부	• 액면주식과 무액면주식으로 나뉜다. • 우리 상법에서는 액면주식만을 인정한다.
기명 여부	• 기명주식이 원칙이며, 무기명주식은 정관에 정함이 있어야 한다.
종류주식	• 보통주식, 우선주식, 후배주식, 혼합주식 • 우리나라의 경우 보통주와 우선주만 인정한다.
상환주식	• 발행 시부터 이익에 의한 소각이 예정되어 있는 주식 • 우선주식에 대해서만 인정한다.
전환주식	• 회사가 여러 종의 주식을 발행한 경우 주주가 그 인수한 주식을 다른 종류의 주식으로 전환청구할 수 있는 권리가 부여된 주식이다. • 전환권은 형성권의 성질을 가지며, 주주명부 폐쇄기간에도 전환청구가 가능하다.
의결권 없는 주식	• 우선주식에 대하여 의결권을 부여하지 않는 주식으로 발행주식총수의 4분의 1 이내 발행제한이 있다(다만 상장법인은 2분의 1 범위 내 발행가능). • 배당미지급 시 의결권이 부활되며, 회사분할 결의에서도 의결권이 인정된다.

정답 22 ⑤ * 23 ⑤ * 24 ④

25 납세의무의 소멸원인으로는 납세의무의 이행, 납세의무의 불이행 등으로 나눌 수 있다. 다음 〈보기〉에서 소멸원인 중 납세의무 불이행임에도 소멸되는 원인으로 묶은 것은?

> **보기**
> ㄱ. 제척기간의 만료   ㄴ. 소멸시효의 완성
> ㄷ. 부과의 취소   ㄹ. 납부 및 충당

① ㄱ, ㄴ, ㄷ   ② ㄱ, ㄴ, ㄹ   ③ ㄱ, ㄷ, ㄹ
④ ㄴ, ㄷ, ㄹ   ⑤ ㄱ, ㄴ, ㄷ, ㄹ

 〈납세의무의 소멸 원인〉

납세의무의 이행	• 납입 : 세액을 정부에 납부한 경우 • 충당 : 국세 등을 국세환급금과 상계하거나 국세징수법상 공매대금으로 체납액을 충당하는 경우
납세의무의 불이행	• 부과의 취소 : 유효하게 행하여진 부과처분을 당초의 처분시점으로 소급하여 효력을 상실시키는 세무관서의 처분 • 제척기간의 만료 : 국세부과권의 존속기간의 경과 • 소멸시효의 완성 : 국세징수권을 일정기간 미행사 시(5년)

26 증여자의 연대납세의무자가 아닌 경우는?

① 수증자가 비거주자인 경우
② 수증자의 주소 · 거소가 불명자인 경우
③ 수증자가 담세력이 없는 자
④ 명의신탁의 경우 신탁자에게 수탁자와 동일하게 연대납세의무자
⑤ 영리법인 수증자인 경우 대표이사와 법인

 수증자가 영리법인인 경우에는 납세의무를 지지 않는다.

27 상속세 및 증여세 관련 내용으로 옳지 않은 것은?

① 상속 및 증여 재산의 가액이나 그 가액에서 공제할 공과금 또는 채무는 상속 및 증여 당시의 시가로 평가한다.

② 상속세의 신고 · 납부 기한은 6월이며, 증여세의 신고 · 납부 기한은 3월이다.

③ 상속세 또는 증여세액이 1,000만 원을 초과하는 경우 납부 기한 경과일로부터 45일 이내에 분납할 수 있다.

④ 상속 및 증여 재산 중 부동산과 유가증권이 전체 재산가액의 50%를 초과하는 경우 그 세액이 1,000만 원을 초과하는 경우 세무서의 허가를 받아 물납할 수 있다.

⑤ 상속 또는 증여 세액이 1,000만 원을 초과하는 경우 세무서의 허가를 얻어 연부연납이 가능한데, 연부연납 허가를 받은 경우 분납할 수 있다.

) 연부연납허가를 받은 경우에는 분납할 수 없다.

연부연납

조세의 일부를 법정신고기한을 경과하여 납부할 수 있도록 연장하여주는 제도가 연납이다. 연납에는 분납과 연부연납이 있다. 법인세법 및 소득세법상 분납은 납부 기한 경과 후 45일 내(중소기업을 제외한 법인은 1개월)에 세금을 분납하나, 연부연납은 장기간에 걸쳐 나누어 납부한다. 이는 납세의무자로 하여금 납세자금을 준비하도록 하는 목적으로 연기하여주는 제도로서 상속세및증여세법에서 규정하고 있다. 연부연납은 국세징수법상 납기개시 전에 납세자가 사업의 부진, 중대 위기 등 기타 사유로 인하여 국세를 납부할 수 없다고 인정되어 고지(告知)를 유예하거나 분할납부하는 징수유예와는 구별되어야 한다. 한편 연부연납 기간 중에는 소멸시효가 진행되지 않는다.

28 국세부과의 원칙이 아닌 것은?

① 실질과세의 원칙   ② 신의성실의 원칙

③ 근거과세의 원칙   ④ 조세감면의 사후관리

⑤ 소급과세금지의 원칙

) 소급과세금지의 원칙은 세법적용의 원칙이다.

국세부과의 원칙

국세부과의 원칙이란 국가가 과세권의 행사, 즉 조세채권을 확정시키는 과정에서 준수되어야 할 원칙을 말한다. 국세를 부과하는 경우에는 과세관청이 우위에 있으므로 납세자의 재산권이 부당히 침해될 우려가 있다. 따라서 국세기본법은 실질과세의 원칙, 신의성실의 원칙, 근거과세의 원칙, 조세감면의 사후관리를 국세부과의 원칙으로 정하고 있다.

29 보험계약 전 알릴의무(고지의무)에 대한 설명으로 적절하지 않은 것은?

① 보험계약상의 고지의무자는 보험계약자와 피보험자이다.
② 고지의무자가 고지하여야 할 상대방은 보험자와 보험자를 위하여 고지를 받을 대리권을 가진 자이다.
③ 고지하여야 할 시기는 보험계약 당시, 즉 보험계약이 성립할 때까지이다.
④ 고지의무위반이 있으면 계약은 당연무효가 된다.
⑤ 고지의 방법은 법률상 특별한 제한이 없으므로, 구두로 하든 서면으로 하든 상관이 없다.

 고지의무위반이 있으면 계약이 당연무효가 아니고 보험자가 계약을 해지할 수 있을 뿐이다. 그리고 보험자가 고지의무위반을 이유로 계약을 해지한 때에는 그 계약은 장래에 대하여 효력을 잃는다.

고지의무

보험계약자(생명보험에서는 이 밖에 피보험자를 포함)가 보험계약을 체결할 때에 사고발생률을 측정하기 위하여 필요한 중요사실을 보험자에게 정직하게 고지해야 하는 의무이다. 여기에서 말하는 중요한 사실이란, 화재보험에서는 가옥의 소재지·구조·용도·거주자의 직업 등, 생명보험에서는 자기 자신 및 혈족의 건강 상태, 특정한 기왕병력(결핵·뇌빈혈·암) 등이 이에 해당된다. 보험계약자(생명보험에서는 피보험자를 포함)가 그 사실을 알면서도 고의로 또는 중대한 과실로 이 의무를 위반했을 경우 보험자는 계약을 해제할 수 있다. 만약 보험금을 지급한 후에 계약을 해제했을 때라도 보험자는 보험금의 반환을 청구할 수 있다. 상법 제651조에 보험계약자 등은 보험자의 질문을 받지 않아도 중요사항을 고지해야 한다고 정하고 있으나, 보험약관 등 기술적인 문제에 정통하지 않은 보험계약자에게 무엇이 중요사항인지를 판단하게 하는 것은 어려운 일이다. 그래서 관행상으로는 보험자가 작성한 질문에 회답하게 하는 형식(질문서)을 채택하고 있다.

30 보험의 목적에 대한 위험을 측정하여 계약의 인수 여부를 결정하는 일을 무엇이라고 하는가?

① 도덕적 위험 ② 역선택 ③ 언더라이팅
④ 청약철회청구제도 ⑤ 부활제도

 언더라이팅이란 도덕적 위험이나 역선택을 방지하기 위한 제도로, 보험의 목적에 대한 위험을 측정하여 계약의 인수 여부를 결정하는 것을 말한다.

① 도덕적 위험이란 악의 또는 고의 등 인위적 위험이다.

② 역선택이란 보험회사에 불리한 위험물건을 보험계약자가 자진해서 부보하는 것을 말한다.

④ 청약철회청구제도란 보험계약자가 계약 후 일정기간 내에 당해 계약의 취소를 요구할 수 있는 제도를 말한다. 현행 약관에서는 보험계약자가 제1회 보험료를 납입한 날로부터 납입일 포함 15일 이내에 청약철회가 가능하도록 하고 있다.

⑤ 부활은 실효상태에서 2년 이내에 다시 효력을 발생시킨 상태이다. 이때 부활하기 위해서는 연체보험료 전액 · 연체이자 · 부활청약서가 필요하며, 해지 계약일로부터 2년이 경과하면 부활할 수 없는 상태를 부활불능이라고 한다.

31 2009년 6월 BSI가 125에서 2010년 3월 110으로 나타났다면 3월의 경기는 어떤 국면인가?

① 경기수축국면 ② 경기확장국면 ③ 경기전환점
④ 경기 저점 ⑤ 경기 정점

 BSI가 125에서 110으로 감소하였더라도 100 이상이므로 경기확장국면이다.

BSI지수	경기판단
0 〈 BSI 〈 100	수축국면
BSI = 100	경기전환점(정점 또는 저점)
100 〈 BSI 〈 200	확장국면

🎤 **TiP**

기업실사지수(BSI)

기업활동의 실적과 계획·경기동향 등에 대한 기업가들의 의견을 직접 조사하여 지수화해서 전반적인 경기동향을 파악하고자 하는 지표를 말한다. 이 지수의 유용성은 기업가들이 경기를 판단하거나 예측하고 계획하는 행위들이 단기적인 경기변동에 중요한 영향을 미친다는 경험적 사실에 바탕을 둔 것이다. 기업가들에게서 앞으로 경기동향에 대한 의견을 조사해 지수화한 것을 바탕으로 주로 단기적인 경기예측지표로 사용된다. 전 분기의 경기를 100으로 보고 다음 분기 중 경기를 예측한다. 지수가 100보다 높으면 경기호전을, 100보다 낮으면 경기침체를 예상할 수 있다.

32 기업의 재무제표 분식의 예로 옳지 않은 것은?

① 매출액과 매출채권의 과대평가
② 매출채권에 대한 대손상각의 과대계상
③ 기말재고자산의 과대계상으로 매출원가의 과소계상
④ 가수금을 매출액으로 계상
⑤ 감가상각비의 과소계상으로 고정자산의 과대계상

 재무제표의 분식은 이익의 과대 또는 과소, 자산이나 부채의 과소 또는 과대계상으로 이루어진다.

〈재무제표 분식의 예〉
• 매출액과 매출채권의 과대평가
• 매출채권에 대한 대손상각의 과소계상
• 기말재고자산의 과대계상으로 매출원가의 과소계상
• 유가증권평가손실을 계상하지 않음
• 매입과 매입채무의 과소계상으로 매출원가의 과소계상
• 감가상각비의 과소계상으로 고정자산의 과대계상
• 가수금을 매출액으로 계상
• 단기차입금을 계상하지 않음

33 대차대조표의 작성기준에 대한 설명으로 옳지 않은 것은?

① 자산, 부채, 자본은 총액주의에 의한다.

② 자산은 유동자산 및 고정자산, 부채는 유동부채와 고정부채, 자본은 자본금·자본잉여금·이익잉여금 및 자본조정으로 구분한다.

③ 자산과 부채는 1년을 기준으로 유동자산과 고정자산, 유동부채와 고정부채로 구분한다.

④ 자산과 부채의 항목배열은 유동성배열법에 의한다.

⑤ 대조계정 등의 비망계정은 대차대조표상의 자산 및 부채항목으로 표시하여야 한다.

 대차대조표란 일정시점의 재무상태를 파악하고자 작성하는데, 차변에는 이용상황이 표시되며 대변에는 자본의 조달상황이 나타난다. 가지급금 및 가수금 등의 미결산항목은 적절한 항목으로 표시하고, 대조계정 등의 비망계정은 대차대조표상의 자산 및 부채항목으로 표시해서는 안 된다.

TIP

대차대조표

일정시점에 기업의 자산과 부채 및 자본상태를 표시하여 기업의 재정상태를 알 수 있게 한 일람표이다. 일반적으로 자산을 차변에, 부채 및 자본을 대변에 기재하여 양자를 비교·대조하는 형식을 가지므로 대차대조표라 부른다. 오늘날 기업이 일반적으로 작성하는 대차대조표는 기업의 재정상태를 보여주는데, 그것은 기업의 화폐수입·지출활동·재화수입·재정활동의 결과를 집합한 계정잔액의 일람표이고 기업자본의 운동상태를 알려주는 일람표이다.

정답 32 ② * 33 ⑤

34 재무비율분석에서 수익성 지표가 아닌 것은?

① 총자본이익률(ROI)
② 자기자본이익률(ROE)
③ 총자산증가율
④ 매출액순이익률
⑤ 납입자본이익률

 ③의 총자산증가율은 활동성 지표이다.

〈수익성 지표〉

총자본이익률 (ROI)	총자본이익률 = (당기순이익 / 총자본) x 100(%) = (당기순이익 / 매출액) x (매출액 / 총자본) = 매출액순이익률 x 총자본회전율
자기자본이익률 (ROE)	자기자본이익률 = (당기순이익 / 자기자본) x 100(%) = (당기순이익 / 매출액) x (매출액 / 자기자본) = 매출액순이익률 x 자기자본회전율 = (당기순이익 / 매출액) x (매출액 / 총자본) x (총자본 / 자기자본) = 매출액순이익률 x 총자본회전율 ÷ 자기자본비율 = ROI / 자기자본비율
납입자본이익률	납입자본이익률 = (당기순이익 / 납입자본) x 100(%)
매출액순이익률	• 매출액순이익률 = (당기순이익 / 매출액) x 100(%) • 매출액영업이익률 = (영업이익 / 매출액) x 100(%)

35 시장가치비율에 대한 설명으로 옳지 않은 것은?

① 주당순이익(EPS)이 클수록 주식가격이 높은 것이 일반적이다.
② 배당성향이 높을수록 배당지급의 여력이 크다.
③ 주가수익비율(PER)로 기업의 가치평가와 기업의 성장성, 수익성을 파악할 수 있다.
④ 주가순자산비율(PBR)이 높으면 성장가능성이 높다는 것을 의미한다.
⑤ 주가현금흐름비율(PCR)이 높으면 저평가되어 있다.

 주가현금흐름비율(PCR)은 주가 / 주당현금흐름으로, PCR이 낮으면 저평가되어 있다. 즉, PCR이 낮으면 현재의 주가는 낮다.

주당순이익(EPS)

당기순이익을 주식수로 나눈 값이다. 이것은 기업의 수익성을 분석하는 중요한 수치가 되는데, 규모가 다른 기업의 수익성을 비교하는 것은 이익의 절대적 규모만으로는 불가능하기 때문이다. 또한 주가수익률(PER) 계산의 기초가 된다. 주당순이익이 높다는 것은 그만큼 해당 기업의 경영실적이 양호하다는 뜻이다.

주가수익비율(PER)

주가를 1주당 연간 순이익으로 나눈 값이다. 이 배율은 주가가 특정한 회사 1주당 얻는 수익의 몇 배가 되는지를 표시함으로써 종목 간 또는 국가 간의 주가수준을 비교할 수 있도록 하는 지표가 된다. 이때 주가수익률이 크면 이 회사의 이익에 비해서 주가가 상대적으로 높은 것이고, 배율이 작으면 주가가 이익에 비해서 싼 것이 된다. 예를 들어 똑같은 시가 1,000원짜리 주식이더라도 A종목의 주가수익률이 2배이고 B종목의 주가수익률이 4배라면 B가 A보다 2배만큼 높이 평가되는 것이다. 하지만 기업이익의 적정 산정을 위한 신뢰성 있는 연결재무제표의 작성, 숨김 없는 영업실적의 공개 등 기업회계의 적정화가 전제되어야 좀더 신뢰할 만한 지표가 될 수 있다.

주가순자산비율(PBR)

주가를 1주당 순자산(장부가격에 의한 주주 소유분)으로 나눈 것이다. 주가가 1주당 순자산의 몇 배로 매매되고 있는지를 표시하며 주가수익률(PER)과 같이 주가의 상대적 수준을 나타내는 지표가 된다. 일반적으로 이 지표는 PER과 함께 사용되면서 서로 보완하는 역할을 한다. 또한 보통은 주가를 최근 결산재무제표에 나타난 주당순자산으로 나눠 배수로 표시하므로 주가순자산배율이라고도 한다.

주가현금흐름비율(PCR)

주식회사의 대차대조표에 나타난 사내유보금과 감가상각비의 합계를 현금흐름(cashflow)이라 하는데, 이때 특정시점 주가의 현금흐름을 발행된 주식수로 나눈 1주당 현금흐름으로 나눠 백분율로 표시한 것이 주가현금흐름비율이다.

정답 34 ③ * 35 ⑤

36 개별경쟁매매 시의 매매체결우선의 원칙에 관한 설명으로 옳지 않은 것은?

① 가격우선의 원칙 : 매수 시에는 고가매수호가, 매도시에는 저가매도호가가 우선이다.

② 시간우선의 원칙 : 동일한 가격의 호가는 먼저 접수된 호가가 우선이다.

③ 수량우선의 원칙 : 수량이 많은 호가가 수량이 적은 호가보다 우선하는 원칙이다.

④ 위탁매매우선의 원칙 : 위탁매매가 자기매매에 우선한다.

⑤ 거래소매매 우선의 원칙 : 인터넷 주문보다는 거래소 객장에서의 주문매매가 우선한다는 원칙이다.

 개별경쟁매매 시의 매매체결우선의 원칙으로는 가격우선의 원칙, 시간우선의 원칙, 수량우선의 원칙, 위탁매매 우선의 원칙이 있다.

매매체결우선의 원칙

• 경쟁매매를 체결시키는 매매원칙에는 가격우선원칙, 시간우선원칙, 수량우선원칙, 위탁매매우선원칙의 네 가지 원칙이 적용된다.

• 가격우선원칙은 저가의 매도호가는 고가의 매도호가에 우선하고, 고가의 매수호가는 저가의 매수호가에 우선하는 것이다.

• 시간우선원칙은 동일한 가격의 호가에 대해서는 먼저 접수된 시간순위에 따라 매매를 체결시키는 원칙이다.

• 수량우선원칙은 시간우선원칙이 적용되지 않는 동시호가에서 적용되는 원칙으로, 동시호가가 형성되는 단일가격선상에서 수급의 불일치를 해결하고자 많은 수량이 적은 수량에 우선하는 원칙이 적용된다.

• 위탁매매우선원칙은 증권회사의 자기매매가 위탁매매에 우선할 경우 발생하는 부작용을 감안하여 고객 매매분을 우선적으로 매매시키려는 원칙이다.

37 호가조건으로 다음 글에서 설명하는 것은?

> 호가수량을 접수시점에 전량 매매체결할 수 있는 경우에는 매매거래를 성립시키고, 전량 체결을 충족시키지 못하는 경우 호가 전량을 즉시 취소하는 조건

① IOC   ② FOK   ③ ROI

④ ROE   ⑤ PER

 〈호가조건〉

즉시집행 후 잔량취소 (IOC)	• 호가 수량 중 접수시점에 매매를 체결할 수 있는 수량에 대하여는 매매거래를 성립시키고, 체결되지 않은 잔량은 즉시 취소하는 조건
즉시전량집행(FOK)	• 호가수량을 접수시점에 전량 매매체결할 수 있는 경우에는 매매거래를 성립시키고, 전량 체결을 충족시키지 못하는 경우 호가 전량을 즉시 취소하는 조건

38 다음 글에서 설명하는 은행상품은?

> • 월부금을 일정기간 불입하면 국민주택이나 전용면적 60제곱미터 초과 85제곱미터 이하의 민간건설 중형국민주택을 분양 또는 임대하는 경우 청약권이 주어지는 정기적금 형태의 저축
> • 무주택세대주(1세대 1주계좌), 20세 미만의 단독세대주 가입불가

① 주택청약예금   ② 주택청약부금

③ 주택청약저축   ④ 장기주택마련저축

⑤ 생계형비과세저축

 ① 주택청약예금은 일정금액의 목돈을 일시에 정기예금으로 예치하여 일정기간 경과하면 민영주택 청약권이 주어지는 상품이다.
② 주택청약부금은 매달 저축하면 거래기간과 저축실적에 따라 주택 관련 자금을 대출받을 수 있고 지역별 청약예금 예치금액 이상이 되면 전용면적 85제곱미터 이하의 민영주택 또는 60제곱미터 초과 85제곱미터 이하의 민간건설 중형국민주택 청약권이 주어지는 저축이다.
④ 장기주택마련저축은 자유적립식 장기저축상품으로 일정요건을 갖추면 비과세혜택이 주어지고 주택구입이나 신축자금을 장기로 대출받을 수 있는 특별우대상품이다.
⑤ 생계형비과세저축은 노인, 장애인, 상이자, 생활보호대상자 등 저소득자의 생계 안정을 위하여 도입한 것으로 기존상품에 특약 형태로 가입한다.

39 다음은 증권회사의 금융상품에 대한 내용이다. 어떤 상품에 대한 설명인가?

> 기초자산을 사전에 정한 일정가격(행사가격)으로 미래 특정시점(만기)에 살 수 있거나 팔 수 있는 권리를 갖는 증권

① 랩어카운트
② 지수연동펀드(ETF)
③ 주가지수연계증권(ELS)
④ 주식워런트증권(ELW)
⑤ 뮤추얼펀드

① 랩어카운트는 여러 종류의 자산운용 관련 서비스를 하나로 싸서 고객의 기호에 적합하게 제공하는 자산종합 관리계좌이다.

② 지수연동펀드(ETF)는 인덱스펀드이지만 기존의 인덱스펀드와는 달리 거래소에 상장하여 거래하기 때문에 인덱스펀드의 단점을 제거한 상품이다.

③ 주가지수연계증권(ELS)은 조달된 대부분의 자금을 우량채권에 투자하고 예상수익금을 파생상품에 투자하여 만기 시 원리금지급액이 주가지수 변동에 따라 달라지는 유가증권이다.

⑤ 뮤추얼펀드는 유가증권 투자를 목적으로 설립된 법인회사로, 주식발행을 통해 투자자를 모집하고 모집된 투자자산을 전문적인 운용회사에 맡겨 그 운용 수익을 투자자에게 배당금의 형태로 되돌려주는 투자회사이다.

40 다음은 무엇에 대한 설명인가?

> 채권매입자가 원금손실을 피하고자 신용위험을 부담하는 매도자에게 일정 프리미엄을 내고 스와프를 구입하여 채권에 대한 부도위험을 줄이는 상품

① 선물환
② 신용디폴트스와프(CDS)
③ 모기지론
④ 기업어음(CP)
⑤ 부채담보부증권(CDO)

① 선물환은 장래의 일정기일 또는 일정기간 내에 일정액의 외국환을 일정한 환시세로 매매할 것을 미리 약속한 외국환이다.

③ 모기지론은 부동산을 담보로 주택저당증권(Mortgage Backed Securities : MBS)을 발행하여 장기주택자금을 대출해주는 제도이다.

④ 기업어음(commercial paper : CP)은 보통 신용도가 높은 기업이 무담보·단기어음으로 발행하며, 기업은 금융기관을 통해 기업어음을 발행하게 되며 금융기관은 다시 일반고객들을 상대로 판매하게 된다. 어음의 기간은 보통 1년 이내로 규정되어 있으며 이자율은 연 40% 이내로 변동금리가 적용된다.

⑤ 부채담보부증권은 회사채나 금융회사의 대출채권 등을 한데 묶어 유동화시킨 신용파생상품으로 회사채나 대출채권 등 기업의 채무를 기초자산으로 하여 유동화증권을 발행하는 금융기법의 한 종류이다. 수익을 목적으로 발행하는 것(Arbitrage CDO)과 신용위험을 투자자에게 전가하기 위하여 발행하는 것(Balance Sheet CDO)으로 구분된다. 회사채를 기초자산으로 하는 경우에는 회사채담보부증권(Collateralized Bond Obligation : CBO), 대출채권인 경우에는 대출채권담보부증권(Collateralized Loan Obligation : CLO)이라고 한다.

41 주식의 액면분할 가능금액이 아닌 것은?

① 100원　　　　② 200원　　　　③ 1,000원
④ 2,000원　　　⑤ 2,500원

 액면분할은 주식의 액면가를 일정비율로 나누는 것을 말하는데, 상장사들은 주주총회 의결을 거쳐 액면가를 100원, 200원, 500원, 1,000원, 2,500원 중 하나로 정할 수 있다.

42 자본금 100억 원인 회사가 기존 주식 10주를 1주로 줄이면 주식 액면금액에는 변동 없이 자본금이 10억 원으로 줄어들고 나머지 90억 원은 누적손실금과 상계하는 결과를 가져오는 것은 다음 중 어느 항목에 해당되는가?

① 감자　　　　② 기업공개　　　③ 증자
④ 상장　　　　⑤ M&A

 감자란 기업들이 주식을 소각하는 방식으로 자본금 규모를 줄이는 것으로 손실을 털어내거나 대주주가 돈 안들이고 지배구조를 강화하려 할 때 주로 활용된다.

기업공개

개인이나 소수의 주주에 의하여 설립되던 회사가 일반 대중에게 회사의 주식을 매출하거나 모집하여 소유지분을 개방하는 것이다. 좁은 뜻의 기업공개는 자본의 공개를 뜻하지만, 넓게는 기업경영의 전반적인 정보를 일반에 공시하는 상태까지 포함한다. 기업공개정책은 우리 기업의 재무구조 개선과 국내 민간자본의 조달을 극대화하고자 정부가 제도적인 조처를 마련함으로써 추진되기 시작하였다. 기업공개의 효과는 경제적·경영적·사회적 측면에서 볼 때 ① 기업공개를 통하여 자본시장에 충분한 증권을 공급하며 장기자금을 조달하는 한편 자본시장을 활성화하고, ② 저렴한 자본조달을 통하여 기업의 재무구조를 개선하고 수익성을 개선하며, ③ 일반투자자들이 기업경영에 참여할 수 있게 함으로써 소유와 경영의 분리를 꾀하게 되고, 기업정보를 공시하게 되므로 사회의 기업감시기능이 강화되어 기업의 건전한 발전에 기여하게 된다.

상장

어떤 물건이나 주식을 일정한 조건과 자격을 갖춘 매매 대상으로서 증권거래소에 등록하는 일로, 시장에 명패를 내건다는 뜻이다. 영어로 'listing'이라 이르는 것은 시세표의 명단에 올린다는 뜻이다. 발행회사의 증권이 거래소에서 매매되면 사회적 평가가 높아져 증자·기채가 쉬워지는 등 여러 가지 이점이 있다. 그러나 증권거래소에서는 공신력을 위하여 일정한 요건(상장심사기준)을 정하여 선별하고 있다. 증권을 상장하려는 회사는 필요한 자료와 함께 수수료 납부 등의 의무를 다하겠다는 상장계약서를 제출해야 하는 데, 상장 후에 일정한 요건에 미달하거나 계약을 위반하면 상장이 폐지된다.

기업인수합병(M&A)

'merger and acquisitions'의 약칭이다. 기업의 외적 성장을 위한 발전전략으로, 특정기업이 다른 기업의 경영권을 인수할 목적으로 소유지분을 확보하는 제반과정이라고 말할 수 있다. 이러한 M&A의 발전배경은 기존 기업의 내적 성장한계를 극복하고 신규사업 참여에 소요되는 기간과 투자비용의 절감, 경영상의 노하우, 숙련된 전문인력 및 기업의 대외적 신용확보 등 경영전략적 측면에서 찾을 수 있다. 미국을 비롯한 일본에서도 이미 본격화되어 있으며 한국도 1997년 상장주식의 대량소유제한제도(종전 10%) 폐지 등을 통해 활성화되고 있다. 기업구조조정의 일환으로 행해지는 M&A의 잠재수요는 크다고 할 수 있으며, 부실한 기업을 제삼자에게 넘겨주는 단계에서 선진기술의 도입 기회, 경쟁력이 약한 기업을 매각하고 핵심 기업·기술에만 전념하는 핵심 비즈니스 강화 등의 효과도 기대할 수 있다.

증자

회사의 자본액을 증가시키는 일이다. 전환사채의 전환 및 준비금의 자본전입과 같은 형식적 증자와 주식회사의 신주발행과 같은 실질적 증자가 있다. 증자할 때에 유한회사는 정관변경이 필요하며 주식회사의 경우는 자본금이 정관기재사항이 아니므로 정관변경의 절차를 밟지 않는다. 증자는 유상증자와 무상증자로 나누어진다. 유상증자는 신주의 인수자를 모집하여 그 인수가액을 현금 또는 물자출자로 불입시키는 일반적인 증자방법으로, 모집방법에 따라 주주배당·공모·제삼자배당으로 나누어진다. 이에 반하여 무상증자는 외부에서 출자를 구하지 않고 회사의 법정준비금을 자본에 전입시켜 신주를 발행하고 이것을 주주에게 무상으로 교부하는 것이다. 한편 자금조달 출처에 따라서 신주발행을 통한 자금조달을 자기자본의 조달이라

하며, 차입금 또는 사채에 의한 자금조달을 타인자본의 조달이라고 한다. 일반적으로 기업의 증자는 사업 확장, 고정설비의 대체 등 거액의 자금이 필요할 때 실시한다.

43 우리나라의 현행 국민연금제도가 은퇴 노인들에게 적절한 소득을 보장하고 있는지 조사하려고 한다. 여기서 적절한 소득이란 우리 사회의 평균적인 생활수준을 유지하는 데 필요한 소득수준을 뜻한다. 이 조사를 위해 알아야 할 사항으로 보기 어려운 것은?

① 전체 가구의 평균소득과 소비수준
② 우리나라 연금액의 세계순위
③ 노인가구의 수입원과 지출내역
④ 물가 상승률과 경제성장률이 연금에 반영되고 있는지 여부
⑤ 노인들의 생활이 전체 가구 중에서 어느 정도 위치에 있는지 여부

노인들에게 지급되는 연금액이 적절한지를 알아보려고 하기 때문에 현재 노인들이 받고 있는 연금이나 지출내역, 연금 외의 다른 수입원을 파악하고, 이러한 노인들의 생활이 전체 가구 중에서 어느 정도 위치에 있는지, 그리고 물가와 경제성장률이 연금에 반영되고 있는지 조사하여야 한다.

정답 43 ②

44 국민연금법에서 병급조정이란 무엇을 말하는가?

① 국민연금의 최고한도를 조정하는 것
② 배우자나 자녀가 있을 때 이들을 고려하여 연금액을 일정비율로 상향 조정하는 것
③ 2개 이상 급여의 수급권이 발생한 때 수급권자의 선택에 의해 하나만 지급하는 것
④ 부정한 방법으로 급여를 지급받은 경우 지급금액을 환수하는 것
⑤ 수급권자 사망 시 미지급 연금급여를 수급권자에 의해 생계를 유지하던 자에게 지급하는 것

> **해설** 병급의 조정이란 수급권자에게 2개 이상 급여의 수급권이 발생한 때에는 그 자의 선택에 의해 그중 하나만을 지급하고 다른 급여의 지급은 정지하는 것을 말한다.

45 국토의계획및이용에관한법률상 도시지역에 관한 설명으로 맞는 것은?

① 농업진흥지역 및 보전임지 등으로서 농림업의 진흥과 산림의 보전을 위한 지역
② 농업진흥지역 외의 지역의 농지보전 및 준보전임지 등으로서 개발용도로도 이용할 수 있는 지역
③ 자연경관 · 수자원 · 생태계의 보전과 수산자원 보호육성을 위하여 필요한 지역
④ 도시계획에 의하여 당해 지역의 건설 · 정비 · 개량 등을 시행할 지역
⑤ 인구와 산업이 밀집되어 있거나 밀집이 예상되어 당해 지역에 대하여 체계적인 개발 · 정비 · 관리 · 보전 등이 필요한 지역

> **해설** 국토는 토지의 이용실태 및 특성, 장래의 토지이용방향 등을 고려하여 다음과 같은 용도지역으로 구분한다.

〈용도지역의 구분〉

도시지역	인구와 산업이 밀집되어 있거나 밀집이 예상되어 당해 지역에 대하여 체계적인 개발 · 정비 · 관리 · 보전 등이 필요한 지역
관리지역	도시지역의 인구와 산업을 수용하기 위하여 도시지역에 준하여 체계적으로 관리하거나 농림업의 진흥, 자연환경 또는 산림의 보전을 위하여 농림지역 또는 자연환경보전지역에 준하여 관리가 필요한 지역
농림지역	도시지역에 속하지 아니하는 농지법에 의한 농업진흥지역 또는 산림법에 의한 보전임지 등으로서 농림업의 진흥과 산림의 보전을 위하여 필요한 지역
자연환경보전지역	자연환경 · 수자원 · 해안 · 생태계 · 상수원 및 문화재의 보전과 수산자원의 보호 · 육성 등을 위하여 필요한 지역

46 도시및주거환경정비법상 도시정비사업이 아닌 것은?

① 주거환경개선사업　　　　② 주택재개발사업
③ 주택재건축사업　　　　　④ 도시환경정비사업
⑤ 도시개발사업

 〈도시정비사업〉

주거환경개선사업	도시저소득주민이 집단으로 거주하는 지역으로서 정비기반시설이 극히 열악하고 노후·불량 건축물이 과도하게 밀집한 지역에서 주거환경을 개선하고자 시행하는 사업
주택재개발사업	정비기간시설이 열악하고 노후·불량 건축물이 밀집한 지역에서 주거환경을 개선하고자 시행하는 지역
주택재건축사업	정비기반시설은 양호하나 노후·불량 건축물이 밀집한 지역에서 주거환경을 개선하고자 시행하는 사업
도시환경정비사업	상업지역·공업지역 등으로서 토지의 효율적 이용과 도심 또는 부도심 등 도시기능의 회복이 필요한 지역에서 도시환경을 개선하고자 시행하는 사업

47 국가 및 지방자치단체가 주택정책을 수립·시행할 때 우선적으로 고려하여야 할 사항은?

① 임대주택의 건설　　　　② 공동주택의 건설
③ 국민주택의 건설　　　　④ 복리시설의 건설
⑤ 부대시설의 건설

 국가 및 지방자치단체는 주택정책을 수립·시행할 때 저소득자·무주택자 등 주거복지 차원에서 지원이 필요한 계층에 국민주택규모의 주택이 우선적으로 공급될 수 있도록 하여야 한다.

48 채권가격에 대한 말킬의 법칙 내용으로 옳지 않은 것은?

① 채권가격은 채권수익률과 반대방향으로 움직인다.
② 채권의 잔존기간이 길수록 동일한 수익률 변동에 대한 가격변동폭은 커진다.
③ 채권의 잔존기간이 길어짐으로써 발생하는 가격변동률은 체감한다.
④ 동일한 크기의 수익률 변동이 발생하더라도 채권가격의 변동폭은 수익률이 하락할 때와 상승할 때가 동일하지 않다.
⑤ 표면이자율이 높을수록 동일한 크기의 수익률 변동에 대한 가격변동률이 커진다.

)) 표면이자율이 높을수록 동일한 크기의 수익률 변동에 대한 가격변동률은 작아진다.

채권가격정리

채권가격을 결정하는 시장수익률, 표면이자율, 만기 등을 기초로 말킬(B. G. Malkeil)이 제시한 다음과 같은 채권수익률과 채권가격의 관계를 말한다. ① 채권가격은 채권의 만기수익률과 반비례한다. ② 시장이자율 변동이 일정할 때 만기가 길수록 채권가격의 변동폭이 크다. ③ 채권수익률 변동에 따른 가격변화율은 만기가 길수록 증가하나 그 증가율은 체감한다. ④ 만기가 일정할 경우 시장이자율의 하락은 동일한 이자율의 상승보다 채권가격을 크게 변화시킨다. ⑤ 표면이자율이 높을수록 시장이자율 변동에 의한 채권가격 변동률은 작아진다. 이러한 채권가격정리에 의하면 채권가격은 이자율변동에 반비례하는데, 만기 또는 잔존기간이 길수록, 표면이자율이 낮을수록, 그리고 채권수익률이 높을수록 채권가격의 변동률은 커짐을 알 수 있다.

49 다음 〈보기〉에서 말킬의 채권가격정리에 대한 설명 중 옳은 것을 모두 고른다면?

┌─ 보기 ─
ㄱ. 채권의 잔존기간이 길수록 동일한 수익률 변동에 대한 가격변동률이 커진다.
ㄴ. 채권의 잔존기간이 길어짐으로써 가격변동률이 체증된다.
ㄷ. 동일한 크기의 수익률 변동이 발생하면 채권가격의 변동률은 수익률이 하락할 때와 상승할 때가 동일하다.
ㄹ. 표면이자율이 높을수록 동일한 수익률의 변동에 대한 가격변동률은 작아진다.

① ㄱ, ㄴ   ② ㄱ, ㄷ   ③ ㄱ, ㄹ
④ ㄴ, ㄷ   ⑤ ㄴ, ㄹ

〈말킬의 채권가격정리〉
- 제1정리 : 채권가격은 채권수익률과 반대 방향으로 움직인다.
- 제2정리 : 채권의 잔존기간이 길어질수록 동일한 수익률 변동에 대한 가격변동률은 커진다.
- 제3정리 : 채권의 잔존기간이 길어짐으로써 가격변동률은 체감한다.
- 제4정리 : 만기가 일정할 때 채권수익률의 하락으로 인한 채권가격 상승폭은 같은 채권수익률 상승으로 인한 채권가격 하락폭보다 크다.
- 제5정리 : 표면이율이 높을수록 동일한 크기의 수익률변동에 대한 가격변동률은 작아진다.

50 다음 글을 토대로 내린 결론으로 가장 적절한 것은?

우루과이라운드가 타결됨으로써 공산품의 관세인하, 농산물시장 개방확대, 서비스 및 금융 산업의 개방 등이 이루어졌다. 그리고 앞으로 세계무역을 주관하고 무역분쟁을 해결하기 위한 기구로 세계무역기구(WTO)가 창설되어, 자유무역의 원칙을 지키지 않는 국가에 대해 제재조치를 행사할 수 있게 되었다. 유럽 국가들은 유럽연합(EU)으로 통합하여 미국과 일본에 맞서고 있으며, 미국·캐나다·멕시코는 북미자유무역지역(NAFTA)을 발족시켜 블록 경제의 장벽을 강화하고 있다. 막대한 규모의 무역적자를 해소하려는 미국의 시장개방 공세는 개별 교역 상대국과의 양자 간 무역마찰을 일상화시키고 있다. 미국은 양자 간의 무역문제를 해결하고자 WTO의 분쟁해결기구와는 별도로 슈퍼 301조를 계속 동원하겠다는 강경한 입장을 유지하고 있다.

① 세계무역기구의 출현으로 남북문제가 해소되었다.
② 세계무역기구의 다극화현상이 나타나면서 무역마찰이 줄어들고 있다.
③ 세계정부의 출현으로 무역을 둘러싼 갈등과 대립이 억제되고 있다.
④ 국제무역 질서에는 다자주의, 지역주의, 쌍무주의가 상호 공존하고 있다.
⑤ 세계무역기구의 출현으로 전 세계가 하나의 시장으로 공동시장화되었다.

남북문제의 해결을 위해 설립된 것은 UNCTAD이고, 지역경제통합이 강화됨으로써 국가 간의 무역마찰이 심화되었다.

01 다음 질문에 대한 공통적인 답변으로 가장 적절한 것은?

> [질문 1] 물놀이 시설의 입장료는 비수기보다 성수기에 왜 비쌀까?
>
> [질문 2] 휴가지에서 시중보다 라면 가격이 두 배나 비싼 데도 잘 팔리는 이유가 뭘까?

① 재화의 공급량이 감소하면 가격이 상승하기 때문이지.

② 자유로운 교환은 생산을 증가시키기 때문이지.

③ 인간의 무한한 욕망은 생산을 계속 증가시키기 때문이지.

④ 경쟁시장에서 소비자는 가격에 영향을 주지 못하기 때문이지.

⑤ 재화에 대한 선호도가 높아지면 희소성이 증가하기 때문이지.

희소성의 원칙은 인간의 욕구는 무한한 데 비해 그 욕구를 충족시켜 주는 재화는 한정되어 있다는 원칙이다. [질문 1]의 경우 성수기에 구매하려는 인간의 욕구가 커지므로 희소성이 적용되고, [질문 2]의 경우 가격이 비싸도 잘 팔리는 것은 결국 수요에 비해 공급이 적어 희소성이 있기 때문이다.

① 공급량이 감소한다고 해서 무조건 가격이 상승하는 것은 아니다. 공급량이 감소하더라도 수요가 더 크게 감소하는 경우에는 오히려 가격이 하락한다.

② 자유로운 교환이 생산을 증가시킨다는 것은 거리가 멀다.

③ 인간의 무한한 욕망이라는 점은 이해가 가지만 생산이 계속적으로 증가된다면 희소성의 원칙이 적용될 여지가 없다.

④ 경쟁시장에서 소비자가 얼마든지 가격에 영향을 줄 수 있다. 즉, 가격의 수용자로서의 소비자는 완전경쟁시장에서 이루어지지만 완전경쟁시장의 존재가 현실적으로 어렵다.

02 다음 글에서 설명하는 경제체제에 대한 설명으로 옳은 것은?

> 무역은 정부가 국내 경제를 원활하게 관리하기 위해 필요한 물품을 조달하고자 하는 수단에 불과하다. 그러므로 무역의 대상이 되는 물품과 수량은 정부에 의해 정해지며, 교역조건 또한 정부 사이의 협상을 통하여 조정된다.

① 경제적 유인이 경제 운영의 원동력이다.
② 정부 개입으로 인해 시장 실패 현상이 나타난다.
③ 자원 배분 과정에서 정부가 주도적 역할을 한다.
④ 보이지 않는 손에 의해 시장이 효율적으로 작동한다.
⑤ 정부는 사유재산권의 보장을 위해 적극적으로 노력한다.

① 시장경제 체제에 대한 설명으로, 개인이 이익을 추구하므로 경제적 유인에 반응하여 의사 결정을 한다.
② 계획경제에서는 정부가 모든 경제활동을 통제하며, 정부가 가진 정보가 부족하거나 근시안적 규제를 하거나 특정 이익집단의 유착관계가 작용하는 등 여러 가지 원인 때문에 정부의 개입이 자원 배분의 효율성을 저해할 수 있는데 이를 정부 실패라 한다.
④ 애덤 스미스의 '보이지 않는 손'은 시장경제 체제에서의 시장기구이다.
⑤ 정부가 시장에 거의 개입하지 않고 경제활동의 자유와 사유재산권을 보장하기 위해 힘쓰는 것은 시장경제 체제에 대한 설명이다.

03 어느 경제의 생산가능 곡선이 아래 그림과 같다고 하자. 만약 이 나라가 A점에서 생산활동을 하고 있다면, 이 나라 경제의 현 상태로 옳지 않은 것은?

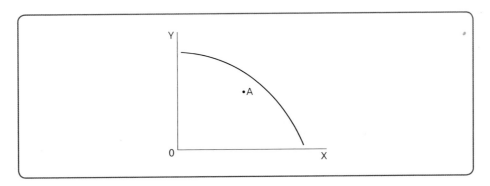

① 가장 효율적인 생산방법을 택하지 않은 상태

② 노동력 가운데 일부가 고용되지 않은 상태

③ 그 상태가 가지고 있는 자본 가운데 일부가 사용되지 않고 있는 상태

④ 그 경제가 사용할 수 있는 모든 에너지를 생산에 투입하지 않은 상태

⑤ 이상의 어느 하나 혹은 둘 이상이 복합된 상태

))) 생산가능 곡선 내부에서 생산활동을 하는 것은 주어진 생산요소를 비효율적으로 사용하는 것이다.

04 다음의 그래프는 감자와 고구마의 생산조합을 나타낸 것이다. 이에 대한 설명으로 적당한 것은?

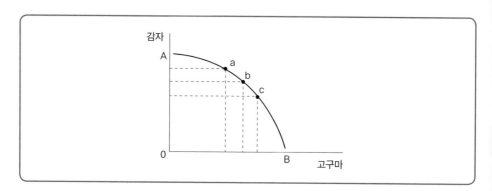

① 감자의 기회비용은 반비례한다.

② 고구마의 기회비용은 반비례한다.

③ c점에서 b점으로 이동하는 과정에서 고구마의 생산을 줄이지 않고도 감자의 생산을 늘릴 수 있다.

④ 일정한 양의 고구마 생산을 늘리기 위해서 포기해야 하는 감자의 양은 b점보다 c점에서 많아진다.

⑤ 감자와 고구마의 상호 기회비용은 무관하다.

))) a, b, c점 모두 최대로 생산가능한 감자와 고구마 생산량의 조합으로, b점에서보다는 c점에서 일정한 양의 고구마 생산을 늘리기 위해 포기해야 하는 감자의 양이 많아진다.

①, ② 감자의 생산량을 늘릴수록 포기하는 고구마의 수가 많아지므로(기회비용의 증가) 감자의 기회비용은 비

례하고, 고구마의 기회비용도 마찬가지로 비례한다.

③ c점에서 b점으로 이동하는 과정에서 고구마의 생산을 줄여야 감자의 생산을 늘릴 수 있다.

05 경제 주체와 객체 및 활동에 대한 설명으로 옳지 않은 것은?

① 신자유주의자들은 기업의 역할 축소를 주장한다.

② 사회주의 체제는 정부의 계획으로 경제 문제를 해결한다.

③ 한의사의 진료, 피아니스트의 공연 등은 용역에 해당한다.

④ 텃밭에서 재배한 채소를 집에서 먹는 것은 소비에 해당한다.

⑤ 주주가 보유주식에 대한 배당금을 받는 것은 분배에 해당한다.

 신자유주의자들은 정부의 역할 축소를 주장한다.

② 사회주의 체제는 정부의 계획과 명령 및 통제를 통해 경제 문제를 해결한다.

③ 한의사의 진료나 피아니스트의 공연은 모두 용역을 제공하는 활동이다.

④ 자가소비를 목적으로 채소를 재배하는 것은 이윤 추구의 목적이 아니라 만족을 얻기 위한 것이다. 따라서 생산활동이 아니라 소비활동이다.

⑤ 토지 제공의 대가로 지대를 받거나 자본을 제공한 대가로 이자나 배당금을 받는 것은 분배에 해당한다.

신자유주의

19세기 자유방임적 자유주의의 결함을 인정하여 국가에 의한 사회정책 등의 필요를 승인하면서도 이상주의적 개인주의를 밑바탕으로 하여 자본주의의 자유 기업 전통을 지키고 사회주의에 반대하는 사상이다. T.H. 그린은 자본주의가 만든 불평등 아래에서는 참된 계약의 자유는 있을 수 없다고 보고, 노동자의 입장을 강화시키기 위하여 국가의 적극적인 정책이 불가결하다고 주장했다. 그의 신이상주의는 자유 실현을 위해서 국가가 수행해야 할 적극적 역할을 제시하였다. 복지국가가 현실로 나타난 오늘날의 신자유주의를 표방하는 사람은 하이에크, 프리드먼 등 케인스 비판파 경제학자들이다. 그들은 케인스파의 유효수요 정책을 비판하고 국가는 통화공급량만을 조절함으로써 시장 경제를 교란시켜서는 안 된다고 역설하였다. 하이에크는 자유주의의 전제인 법의 지배가 주권자의 의사로 대체된 이후 국가권력의 확대와 절대화를 억제할 수 없는 데서 문제의 근원을 찾아냈으며, 전체주의나 사회주의 비판에 머무르지 않고 다수결 원리 그 자체도 의문시하고 있다. 자연법적인 법의 지배관념 아래서 공리주의와 켈젠의 법실증주의도 비판하는 그의 입론(立論)은 자유주의 역사 가운데서도 특이하며 철저한 것이라고 할 수 있다.

06 어떤 재화의 시장수요 곡선이 직선이고, 그 수요곡선상의 가격과 수요량이 다음과 같을 때 수요의 가격탄력도가 가장 큰 것은?

구분	A	B	C	D	E
수요량	200	300	400	500	600
가격	260	220	180	140	100

① A　　　　　　② B　　　　　　③ C
④ D　　　　　　⑤ E

• $A = \dfrac{\text{수요량}}{\text{가격}} = \dfrac{200}{260} \langle 1$

• $B = \dfrac{300}{220} \langle 2$

• $C = \dfrac{400}{180} \langle 3$

• $D = \dfrac{500}{140} \langle 4$

• $E = \dfrac{600}{100} = 6$

따라서 E가 수요의 가격도가 가장 크다.

〈수요곡선이 직선일 때 수요의 가격탄력도〉

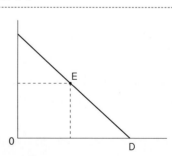

위 그림에서 수요의 가격탄력도 = 분자/분모

E(중점)의 Ed = 1

E점의 위쪽은 Ed〉1

E점의 아래쪽은 Ed〈1

수요함수가 우하향 직선일 때 E점(중점)의 위쪽은 Ed〉1이므로 가격이 높을수록 수요의 가격탄력도가 커진다.

07 다음 표에서 도출되는 시장 형태의 특성에 대한 설명으로 가장 적절한 것은?

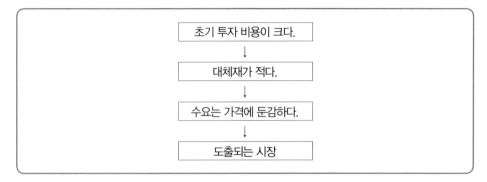

초기 투자 비용이 크다.

↓

대체재가 적다.

↓

수요는 가격에 둔감하다.

↓

도출되는 시장

① 이 시장에서는 새로운 기업의 진입이 자유롭다.

② 이 시장에 참여하고 있는 개별 기업의 시장점유율이 높다.

③ 이 시장에 참여하고 있는 개별 기업의 규모는 대체로 적다.

④ 이 시장에서 개별 기업은 시장가격에 영향을 미치지 못한다.

⑤ 이 시장에서는 가격기구에 의해 자원의 효율적인 배분이 이루어진다.

 제시된 표에서 도출되는 시장은 과점시장으로, 소수의 공급자가 동질 또는 이질의 상품을 소비자와 거래하는 시장 형태이다. 과점시장은 시장에 대한 진입과 탈퇴가 제한적이고, 담합(카르텔)이 발생하며, 한 기업의 행동이 다른 기업에 영향을 미칠 수 있다는 점이 특징이다. 과점시장의 대표적인 예에는 이동통신, 항공, 자동차 등이 있다.

과점시장의 특징

과점시장의 특징을 살펴보면 첫째, 완전경쟁시장에 비해 자원 배분이 비효율적이지만, 독점시장에 비해서는 효율적이다. 둘째, 각 기업 간에 담합이 발생하기도 한다. 셋째, 각 기업은 상대방 기업과의 전략적 경쟁 상황에 처해 있다. 넷째, 현실에서 가장 많이 관측되는 시장의 형태이다. 다섯째, 과점시장에서 기술개발과 혁신이 가장 활발하게 일어날 수 있는 여건이 조성된다고 주장한다.

과점시장의 예를 살펴보면 한국의 핸드폰 시장, 미국의 인터넷 검색 시장, 한국의 대형 할인마트 시장, 한국의 항공기 시장 등이 있다. 이러한 과점시장은 독점시장에 비해 경쟁체제가 존재하므로 효율적이며 기술 혁신이 활발하게 일어날 수 있다는 장점을 가지고 있다. 반면에 지나치게 높은 가격을 유지함으로써 경쟁을 저해할 수 있으며, 사회적 비용 낭비를 초래하는 단점도 가지고 있다. 이처럼 과점시장은 실물경제와 밀접한 관련을 맺고 있으며, 미치는 영향 또한 막강하다.

08 다음 남녀 간의 대화에서 알 수 있는 시장 형태의 특징으로 옳지 않은 것을 고른다면?

> 남 : 우리 어느 가게에서 보쌈을 주문할까?
> 여 : 난 A보쌈이 가장 맛있어! 할인쿠폰이 없더라도 A보쌈을 주문하자.

① 판매하는 상품의 차별화가 나타난다.
② 공급자 간에 비가격 경쟁이 나타난다.
③ 공급자의 시장 진입과 탈퇴가 자유롭다.
④ 약국이나 미용실 등을 사례로 들 수 있다.
⑤ 거래자 모두 시장가격을 주어진 가격으로 받아들인다.

 대화 내용에 따르면 단순히 가격보다는 차별화된 상품을 찾는 것으로 보아 독점적 경쟁시장을 말한다. 독점적 경쟁시장은 다수의 공급자가 동종 · 이질의 상품을 소비자와 거래하는 시장 형태로, 상품을 차별화하여 수요자의 다양한 욕구를 충족하고, 품질이나 디자인, 서비스, 광고 등을 통해 비가격 경쟁을 실시한다는 점이 특징이다. 대표적인 예로는 음식점, 주유소, 병원, 미용실 등이 있다. ⑤는 완전경쟁시장의 특성이다.

독점적 경쟁시장
독점적 경쟁시장은 밀접한 대체재를 공급하는 기업들이 많이 존재하는 시장 형태를 말한다. 밀접한 대체재를 공급하는 기업이 많다는 것은 동종 · 이질의 재화공급자가 다수임을 뜻한다. 독점적 경쟁시장은 재화의 공급자와 수요자가 다수인 점과 새로운 기업의 진입이 자유롭다는 점에서 완전경쟁시장과 동일하지만 각 기업이 판매하는 재화의 질이 다르기 때문에 각 기업은 자신의 재화에 대하여 어느 정도의 독점력을 갖고 있다는 점에서 독점시장과 유사하다. 즉, 각 기업의 생산물은 별개의 재화로써 어느 정도 시장에서 독점력을 가지게 된다. 각각의 재화에 대해서는 밀접한 대체재가 있으므로 각 기업들은 상호 경쟁적인 관계에 있으며 이 관점을 결부시켜 '독점적 경쟁'이라고 한다. 따라서 독점적 경쟁시장이란 완전경쟁시장과 독점시장의 성질을 동시에 갖고 있는 시장 형태라 할 수 있다. 이러한 독점적 경쟁시장을 형성하는 것에는 서적, 음반, 영화, 컴퓨터 게임, 식당, 과자, 가구 등을 들 수 있다.

09 최저가격제에 관한 설명으로 옳지 않은 것은?

① 최저가격이 시장가격보다 낮게 설정되면 이 최저가격은 실효성이 없다.
② 정부가 경쟁시장에 실효성이 있는 최저가격제를 도입하면 그 재화에 대한 초과 수요가 발생한다.
③ 최저임금제는 최저가격제의 좋은 예이다.
④ 정부가 최저가격을 설정하여 그 이하로 가격이 내려가지 못하게 통제하는 제도를 최저가격제라 한다.
⑤ 농산물 가격지지제도는 최저가격제의 좋은 예이다.

 최고가격제에서는 재화에 대한 초과 수요가 발생하고, 최저가격제에서는 초과 공급이 발생한다.

〈최고가격제와 최저가격제의 비교〉

구분	최고가격제	최저가격제
개념	최고가격 이상으로 판매 금지	최저가격 이하로 판매 금지
목적	소비자 보호, 물가 안정	생산자(공급자) 보호
사례	아파트 분양가, 임대료 등	최저임금제, 농산물 가격지지제도
단점	• 초과 수요가 발생 • 선착순제, 배급제, 추첨제 • 암시장이 발생 • 사회적 후생이 감소	• 초과 공급이 발생 • 비자발적 실업이 발생 • 노동자 전체 후생이 감소
비교 그래프		

10 다음 그림은 일정한 소득을 가지고 최대한으로 구입할 수 있는 X재와 Y재의 여러 가지 배합을 나타내고 있다. 이 그림에 대한 설명으로 옳은 것은?

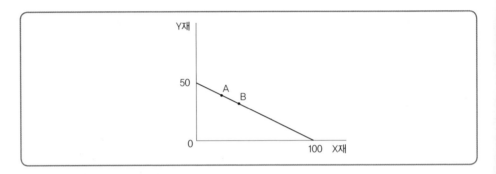

① X재의 가격은 Y재 가격의 2배이다.
② Y재 1단위의 기회비용은 X재 2단위이다.
③ X재의 소비를 늘려감에 따라 X재 1단위의 기회비용은 점차 증가한다.
④ A점과 B점에서 소비자의 총효용은 일치한다.
⑤ X재의 소비를 늘려감에 따라 X재 1단위의 기회비용은 점차 감소한다.

 Y재 1단위 구입을 포기하면 X재를 2단위 구입할 수 있으므로 Y재 1단위의 기회비용은 X재 2단위이다.
① Y재의 가격은 X재 가격의 2배이다.
③, ⑤ 그래프가 일직선으로 주어졌으므로 소비 가능한 선상의 모든 점에서 X재 1단위 또는 Y재 1단위의 기회비용은 일정하다.
④ A, B점에서 소비자의 총효용은 다를 수 있으나 문제에서는 그 크기를 알 수 없다.

11 시장에 대한 설명으로 옳지 않은 것은?

① 자유경쟁시장에서 개별 기업은 시장가격에 영향을 미치지 못하므로 개별 기업이 직면하는 수요곡선은 수평선의 형태이다.
② 독점시장에서는 한계수입이 시장가격과 일치한다.
③ 독점적 경쟁시장에서 개별 기업은 상품의 독창성으로 인해 시장에서 독점적 지위를 지닌다.
④ 과점시장에서 개별 기업은 경쟁기업의 반응을 감안하여 가격이나 생산량을 결정한다.
⑤ 독점적 경쟁시장에서 단기에는 초과 이윤을 얻을 수 있으나, 장기에는 초과 이윤을 얻을 수 없다.

 완전경쟁시장에서는 시장 가격이 일정하므로 가격과 한계수입이 일치하지만 독점시장의 경우 한계수입 곡선이 항상 수요곡선의 아래에 위치하므로 한계수입은 시장가격보다 적다.

완전경쟁시장

완전경쟁시장은 시장 참가자의 수가 많고 시장 참여가 자유로우며, 각자 완전한 시장 정보와 상품지식을 가지며, 개개의 시장 참가자가 시장 전체에 미치는 영향력이 미미한 상태에서 매매되는 재화가 동질일 경우 완전한 경쟁에 의해 가격이 형성되는 시장을 말한다. 완전경쟁시장에서는 수급이 균형을 이루며 정상 이윤이 존재할 수 있도록 일반 균형의 상태가 성립된다. 이 경우 최저 평균비용과 가격이 일치하게 되고, 자원이 가장 효율적으로 이용되는 상태로 경제 후생적 관점에서 가장 바람직한 상태라고 할 수 있다.

12 다음 글의 밑줄 친 부분에 해당하지 않는 것은?

이론적으로는 가장 효율적인 자원 배분이 가능한 시장 형태가 존재한다. 이 시장에서는 수요자와 공급자가 가격을 주어진 것으로 받아들인다. 그러나 이 시장은 몇 가지 조건을 충족시켜야 하기 때문에 현실에서 그 사례를 찾는다는 것은 매우 어렵다.

① 시장에 진입과 탈퇴의 자유가 보장되어야 한다.
② 다수의 수요자와 공급자가 시장에 참여하여야 한다.
③ 수요자와 공급자 모두 완전한 정보를 보유해야 한다.
④ 하나의 상품에 여러 개의 시장가격이 존재하여야 한다.
⑤ 시장에서 거래되는 상품이 질적으로 차이가 없어야 한다.

 가장 효율적인 자원 배분이 가능하고 수요자와 공급자가 주어진 가격을 받아들인다는 점에서 완전경쟁시장을 말한다. 완전경쟁시장은 하나의 상품에 하나의 가격이 존재(일물일가의 법칙)해야 하므로 ④는 틀린 설명이다.

13 어느 연예기획사에서 유명 가수의 공연을 기획하고 있다. 이 공연은 5,000명이 입장할 수 있는 장소에서 단 1회만 공연하고, 입장권의 시장 수요곡선은 Q = 9,000 − P이다. 매출액을 극대화하기 위해서 가격을 얼마로 책정하여야 하나?

① 2,500원   ② 3,000원   ③ 3,500원

④ 4,000원   ⑤ 4,500원

 매출을 극대화하는 조건은 수요곡선의 가격탄력도가 1인 점에서 생산하는 것이다. 수요의 가격탄력도가 1인 점은 수요곡선의 중점이므로 중점에서의 가격은 4,500원이다. 따라서 산출량 Q = 9,000 − 4,500 = 4,500(원)이다.

14 등유의 수요함수는 Q = 10,000 − 10P이고, 공급함수는 Q = 2,000 + 10P라고 가정하자. 만약 정부가 등유의 최고가격을 500원으로 고시한다면 단기적으로 등유시장에 어떤 변화가 발생하겠는가?

① 2,000만큼의 초과 수요 발생   ② 1,000만큼의 초과 수요 발생
③ 2,000만큼의 초과 공급 발생   ④ 1,000만큼의 초과 공급 발생
⑤ 변화 없다.

 균형가격을 구해보면 10,000 − 10P = 2,000 + 10P에서 20P = 8,000, 따라서 P = 400이다.
이때 정부가 고시한 최고가격이 균형가격보다 높다면 시장에서는 그대로 균형가격이 유지된다.

15 다음 대화에서 나타나는 시장의 형태는?

> 갑 : 얘, 나 파마해야 하는데, 너도 같이 가서 하자.
> 을 : 나는 단골 미용실이 따로 있어.
> 갑 : 거긴 정말 싸고 친절해. 그냥 같이 가자.
> 을 : 내가 가는 단골 미용실은 비싸긴 하지만 얼마나 머리를 잘 하는데, 다른 데서 하면 마음에 안들어.

① 완전경쟁시장   ② 독점시장

③ 독점적 경쟁시장   ④ 과점시장

⑤ 특수시장

 독점적 경쟁시장은 많은 공급자가 존재하며, 시장 진입이 쉽다. 또한 기업은 상품 차별화와 비가격 경쟁의 우위를 기초로 특정 수요자에 대해 시장 지배력을 가진다.

독점적 경쟁시장

독점적 경쟁(Monopolistic competition)은 현실에서 흔히 볼 수 있는 시장모형으로 식당, 미용실, PC방 등이 해당된다. 독점적 경쟁은 단기에는 독점의 형태를 가지지만, 장기에는 완전 경쟁의 형태와 비슷하다. 이러한 시장에서 생산자들은 차별화된 제품을 생산하지만 대체성이 높기 때문에 가격이 아닌 광고, 디자인, 판매조건 등에서 비가격적 경쟁을 한다.

---

16 다음의 글을 근거로 하여 LCD TV 시장이 갖는 특성을 옳게 추론한 것은?

> LCD TV의 가격이 하락하고 있다. LCD TV의 가격이 하락하는 이유는 앞으로 LCD TV가 큰 인기를 끌 것으로 보고 몇몇 업체들이 생산량을 경쟁적으로 늘리고 있기 때문이다. 가격 하락의 또 다른 요인은 기술의 발전이다. 기술 발전으로 과거보다 한 번에 더 많은 패널을 만들 수 있게 되면서, 제조업체들은 가격을 내려도 이윤을 계속 남길 수 있게 되었다.

① 동질적인 상품이 공급된다.   ② 공급자가 시장지배력을 갖는다.

③ 시장의 진입과 탈퇴가 자유롭다.   ④ 수요자는 가격 변화에 둔감하다.

⑤ 기업 상호 간 영향을 받지 않는다.

 제시문은 과점시장에 대한 설명으로, 시장에 대한 진입과 탈퇴가 제한적이고, 담합이 발생하며, 한 기업의 행동이 다른 기업에 영향을 미칠 수 있다는 점이 특징이다.

17 다음 그림은 밀가루 시장의 공급곡선이다. (ㄱ) 점 A가 B로 이동하는 원인과 (ㄴ) 점 A가 C로 이동하는 원인을 바르게 짝지은 것은?

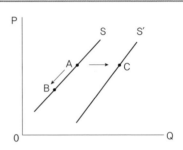

점 A에서 B로 이동 : 공급곡선상의 이동(아래)

점 A에서 C로 이동 : 공급곡선 자체의 우측 이동

① (ㄱ) 밀 가격의 하락, (ㄴ) 임금의 하락

② (ㄱ) 밀 가격의 하락, (ㄴ) 임금의 상승

③ (ㄱ) 밀가루 가격 하락, (ㄴ) 제분기술의 향상

④ (ㄱ) 밀가루 가격 상승, (ㄴ) 제분기술의 향상

⑤ (ㄱ) 밀가루 가격 하락, (ㄴ) 밀가루 가격 상승

〈공급량의 변화와 공급의 변화〉

공급량의 변화	다른 조건이 일정할 때 상품 자체의 가격이 변하면 공급량이 변하는데, 이러한 변동은 공급곡선상의 움직임으로 표시한다.
공급의 변화	가격 이외의 다른 요인이 변함에 따라 일어나는 공급량의 변동을 공급의 변동이라고 하는데 이는 공급곡선 자체의 이동으로 표시한다.

18 다음 그래프 중 대체재 관련 그래프는?

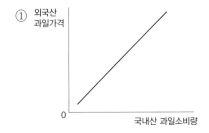

① 외국산 과일가격 / 국내산 과일소비량

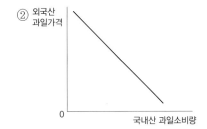

② 외국산 과일가격 / 국내산 과일소비량

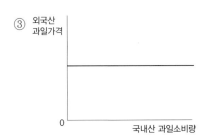

③ 외국산 과일가격 / 국내산 과일소비량

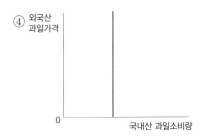

④ 외국산 과일가격 / 국내산 과일소비량

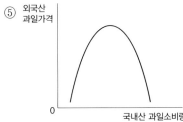

⑤ 외국산 과일가격 / 국내산 과일소비량

특정 재화의 대체재(외국산 과일) 가격이 상승하면 그 재화(국내산 과일)에 대한 수요는 증가하고, 대체재의 가격이 하락하면 그 재화에 대한 수요는 감소한다. 이러한 관계를 보여주는 것은 ①이다.

정답 17 ③ * 18 ①

19 경제개념을 중심으로 한 진술 중에서 그 내용이 옳은 것을 〈보기〉에서 모두 골라 묶은 것은?

> ● 보기 ●
>
> ㄱ. 신문 배달을 하는 것도 생산이다.
> ㄴ. 대학생의 학교생활에서 드는 등록금, 주거비, 식비 및 기타 잡비는 기회비용이다.
> ㄷ. 구입한 물건에 대한 만족도는 수치로 측정할 수 없지만 비교할 수는 있다.
> ㄹ. 시장에서 경쟁하는 것은 효율성을 높여주기는 하나 공평성을 보장해 주지는 않는다.

① ㄱ, ㄴ, ㄷ   ② ㄱ, ㄴ, ㄹ   ③ ㄱ, ㄷ, ㄹ
④ ㄴ, ㄷ, ㄹ   ⑤ ㄱ, ㄴ, ㄷ, ㄹ

 ㄴ. 대학생의 기회비용은 대학을 다니지 않고 취업을 했더라면 받을 수 있었던 임금이 기회비용이 된다.

20 다음 내용의 시장 형태로 가장 적합한 것은?

> • 단기적으로는 기업의 이윤이 있을 수 있으나 장기적으로는 새로운 기업의 진입으로 이윤이 소멸된다.
> • 소비자의 부담이 증가되는 단점도 있지만, 소비자의 기호에 따른 다양한 상품을 구입할 수 있다.

① 완전경쟁시장   ② 독점시장   ③ 과점시장
④ 독점적 경쟁시장   ⑤ 복점시장

 수요자 입장에서 볼 때 많은 기업들이 제각기 조금씩 다른 상품을 공급하는 시장 형태를 독점적 경쟁시장이라 한다. 이러한 독점적 경쟁의 예를 들면 양장점, 주유소, 병원, 약국 등이 있다.

경제응용영역

21 다음 글이 설명하는 것은 어떠한 경제 문제와 관련이 깊은가?

> A는 시계 제조업자인데, 현재 100평의 공장에서 기계 2대를 가지고 종업원 20명으로 생산활동을 하고 있다. 금년 봄의 노사협상으로 임금이 상승하여 수지가 맞지 않아 새 기계를 한 대 들여오는 대신 종업원 수를 감축하려고 한다.

① 어떻게 생산할 것인가?　　　② 무엇을 생산할 것인가
③ 얼마나 생산할 것인가?　　　④ 누구를 위하여 생산할 것인가?
⑤ 언제 생산할 것인가?

〈경제 문제〉

무엇을 얼마나 생산할 것인가?	• 생산물의 종류와 수량의 선택 문제 • 자본주의 경제체제에서는 소비자의 수요가 이 문제의 가장 중요한 해결 기준이 된다.
어떻게 생산할 것인가?	• 생산방법의 선택 문제, 생산요소의 배합 문제 • 생산요소의 배합 문제로 최소의 생산비가 해결 기준이 된다.
누구를 위하여 생산할 것인가?	생산물의 분배 문제, 즉 생산된 재화와 용역을 누구에게 어떻게 공정하게 분배할 것인가의 문제이다.

22 다음 그래프는 어떤 원인에 의한 시장 변화를 나타낸 것이다. 시장과 변화 원인으로 옳은 내용을 〈보기〉에서 모두 고른 것은?

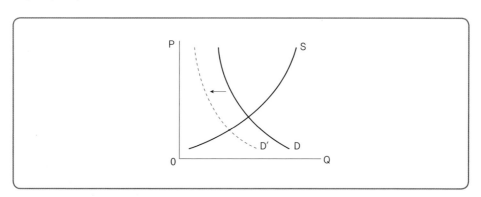

 정답　19 ③ ＊ 20 ④ ＊ 21 ① ＊ 22 ④

• 보기 •

ㄱ. 수입 의류 시장 : 수입 의류 가격의 인상

ㄴ. 국산 포도 시장 : 수입 포도 가격의 인하

ㄷ. 커피 시장 : 커피 크림가격의 대폭적 인하

ㄹ. 담배 시장 : 흡연의 폐해를 알리는 공익광고 시행

---

① ㄱ, ㄴ   ② ㄱ, ㄷ   ③ ㄴ, ㄷ

④ ㄴ, ㄹ   ⑤ ㄷ, ㄹ

 수요곡선이 좌측으로 이동했다는 것은 수요가 감소하였음을 의미한다. 수요 감소가 이루어지기 위해서는 대체재의 가격 인하와 기호 감소 등이 있다. ㄱ은 수요량의 감소로 수요곡선상의 이동 요인이 되며, ㄷ의 경우 보완재의 가격 하락은 오히려 수요의 증가 요인이 된다.

수요의 변동과 수요량의 변동

• 수요의 변동 : 상품가격 외의 요인(소득 수준, 기호, 대체재의 가격 등)이 변화함으로써 일어나는 변동을 의미하며 수요곡선의 이동으로 나타난다.(수요곡선이 오른쪽으로 이동하면 수요의 증가, 왼쪽으로 이동하면 수요의 감소)

• 수요량의 변동 : 상품의 가격변동에 대응하는 수요량을 나타내는 수요곡선상의 이동을 수요량의 변동이라고 한다.(수요곡선상 점의 이동)

23 다음 그림은 다수확 품종이 개발되면서 쌀 시장에 일어난 변화를 나타낸 것이다. 이에 대한 분석으로 적절하지 않은 것은?

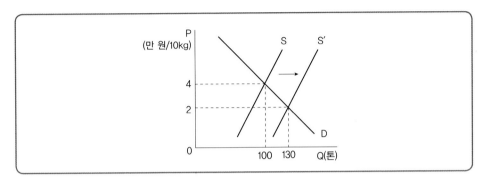

① 쌀의 공급이 증가하였다.
② 시장의 균형가격이 하락하였다.
③ 생산농가의 쌀 판매수입이 증가하였다.
④ 가격 변동률에 비해 거래량 변동률이 작았다.
⑤ 다수확 품종개발은 수요변동 요인으로 작용하지 않았다.

 그래프에서 공급곡선의 탄력도가 비탄력적이어서 가격 하락폭에 비해 거래량 증가가 적어 오히려 쌀 판매수입은 감소하였다.

① 다수확 품종의 개발로 공급곡선이 S → S′ 로 이동함에 따라 공급이 증가하였음을 보여준다.
② 공급의 증가에 따라 균형가격이 하락하였다.
④ 가격은 10kg당 4만 원에서 2만 원으로 하락하여 가격 하락폭은 50%인데 비해 거래량 증가는 100톤에서 130톤으로 증가하여 30%가 증가하였으므로 가격 변동률에 비해 거래량 변동률이 작았다.
⑤ 수요곡선은 변동이 없으므로 수요의 변동 요인으로 작용하지 않고 단지 수요량의 변동만 가져 왔다.

정답 23 ③

24 각국의 조세비율이 다음 표와 같다고 할 때 다음 중 알맞은 것은?

구분	한국	미국	영국	일본
직접세	44.1%	90.9%	54.3%	72.7%
간접세	55.9%	9.1%	45.7%	27.3%

① 영국은 미국보다 소득 재분배의 효과가 클 것이다.

② 미국의 저소득층이 가장 불리할 것이다.

③ 일본은 영국보다 조세 저항이 적을 것이다.

④ 일본은 한국보다 물가 상승의 자극이 클 것이다.

⑤ 한국은 타국에 비해 조세 징수가 간편할 것이다.

 직접세의 비중이 클수록 소득 재분배의 효과가 크고 조세 저항이 크다. 간접세의 비중이 클수록 세부담의 역진
성이 커져서 저소득층에 불리하고 물가 상승의 우려가 높다. 한편 조세 징수가 편리하고 조세 저항이 적은 것은
간접세이다.

〈직접세와 간접세의 비교〉

구분	직접세	간접세
장점	• 조세의 전가가 불가능 : 납세자와 담세자가 동일한 조세 • 소득의 원천에 기준을 두고 부과	• 조세의 전가가 가능 : 납세자와 담세자가 다른 조세 • 소비에 기준을 두고 부과
단점	• 누진세율의 적용으로 소득 재분배 효과 • 담세 능력에 따른 공평과세 가능	• 조세 저항이 적으므로 징수가 용이 • 국가 수입 조달이 편리하고 국가 자본 축적에 유리
종류	• 소득의 원천에 부과 : 개인소득세, 법인세 등 • 재산 규모에 따라 부과 : 종합부동산세, 재산세 등 • 상속과 거래에 부과 : 상속세, 증여세, 취득세, 등록세 등	• 부가가치세 : 기업의 부가가치에 일정비율로 세금을 부과하는 제도 • 특별소비세 : 특정한 사치품이나 고가품의 소비에 대해서 일반 소비재보다 높은 비율로 부과 • 기타 : 주세, 증권거래세, 인지세 등

25 다음 표는 어느 나라의 직접세와 간접세의 비율을 나타낸 표이다. 이 표를 통해 추론할 수 있는 결과로써 바른 것만을 〈보기〉에서 골라 묶은 것은?

연도	1980년	1985년	1990년	1995년
직접세	32.1%	35.6%	42.7%	45.4%
간접세	65.4%	60.8%	54.6%	53.0%

> • 보기 •
>
> ㄱ. 국민들의 조세 저항이 점차 증가할 것이다.
> ㄴ. 정부의 조세 징수가 보다 용이해질 것이다.
> ㄷ. 경제개발에 필요한 자본 축적이 이루어질 것이다.
> ㄹ. 저소득층에게 유리해서 소득격차가 줄어들 것이다.

① ㄱ, ㄴ   ② ㄱ, ㄷ   ③ ㄱ, ㄹ
④ ㄴ, ㄷ   ⑤ ㄴ, ㄹ

 표에서 점차 직접세의 비중이 높아지고 간접세의 비중이 낮아지고 있다. 즉, 직접세의 비중이 높아지게 되면 조세 징수가 복잡해지고 조세 저항이 커지며, 소득 재분배 효과의 증대로 소득격차가 줄어들 것이다.

26 다음 〈보기〉의 내용 중 옳은 것을 모두 고른다면?

> • 보기 •
>
> ㄱ. 모든 경제활동과 관련된 경제변수는 객관적 측정이 가능하다.
> ㄴ. 시장경제 체제에서 경제 정보는 공공기관만이 취급한다.
> ㄷ. 물가지수나 국민소득은 가공자료에 해당한다.
> ㄹ. 통계자료가 자원 배분과 같은 의사결정에 바로 활용되기 위해서는 정확하고 일관성이 있어야 한다.

① ㄱ, ㄴ   ② ㄱ, ㄷ   ③ ㄱ, ㄹ
④ ㄴ, ㄷ   ⑤ ㄷ, ㄹ

 ㄱ. 경제변수는 객관적 측정이 가능한 것도 있고 가능하지 않은 것도 있다.
ㄴ. 시장경제 체제에서 각 경제 주체는 스스로 정보를 만들어 활용한다.

 정답   24 ⑤   *   25 ③   *   26 ⑤

27 정부의 규제가격 P_1, P_2가 개별시장에서 각각 효과적으로 작동할 때 이에 대한 분석으로 가장 적절한 것은?

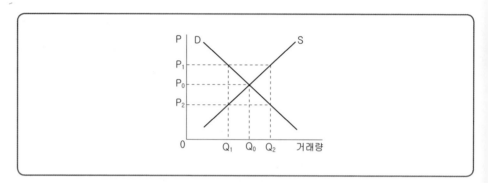

① 공공서비스 요금에 대한 규제는 P_1에 해당한다.
② 노동시장에서 P_1은 $Q_0 \sim Q_2$만큼 실업을 발생시킨다.
③ 상품시장에서 P_1은 소비자를 보호하기 위한 것이다.
④ 사회적 후생은 P_1에서는 증가하지만, P_2에서는 감소한다.
⑤ P_2로 규제할 경우에 P_1까지 지불하려는 수요자가 존재한다.

P_1은 최저가격제, P_2는 최고가격제이다. 최고가격제로 규제할 경우 공급량이 Q_1이므로 이때의 최고지불 의사는 P_1이 된다.
① 공공요금 규제는 최고가격제이므로 P_2이다.
② 최저가격을 규제하게 되면 $Q_1 \sim Q_2$의 실업이 발생한다.
③ 최저가격제는 생산자를 보호하기 위한 것이다.
④ 정부가 합리적으로 가격 통제 정책을 실시한다면 두 경우 모두 사회적 후생이 증가한다.

28 정부가 시장에서 가격을 P_1으로 규제한 것을 나타낸 그림이다. 이에 대해 옳게 설명한 것은?

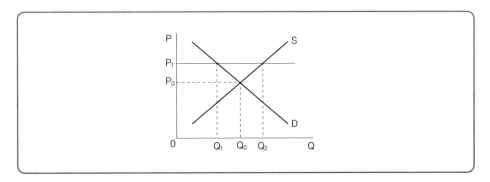

① 수요량은 Q_0에서 Q_1으로 감소한다.
② 정부가 물가 폭등을 막기 위해 실시한다.
③ 노동시장이라면 $Q_0 \sim Q_2$ 수준의 실업자가 발생한다.
④ $Q_1 \sim Q_2$ 수준의 초과 수요가 발생하여 암시장이 형성된다.
⑤ 정부의 가격 규제가 없어진다면, 가격은 P_1 수준 이상으로 상승한다.

P_1은 시장의 균형가격인 P_0보다 높게 책정된 것으로서 공급자를 보호하기 위한 것이다. 정부의 가격 규제로 인해 수요량은 이전 균형점에서 Q_0에서 Q_1으로 감소한다.

TiP

최저가격제

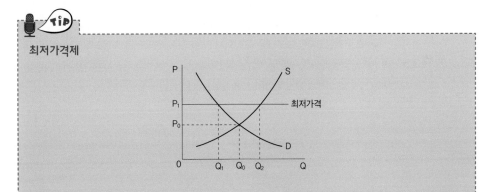

최저가격제란 정부가 가격의 하한선을 정하고 그 이하로는 거래하지 않도록 규제하는 것이다. 이는 공급자를 보호하기 위한 것으로서 농산물 가격을 지지하거나 최저임금제를 실시하는 등의 정책이 이에 해당한다. 최저가격제를 실시하면 초과 공급의 처리 문제가 발생한다.

29 다음 중 GDP에 포함되는 것은?

① 소년 · 소녀 가장들에게 지급되는 정부의 생계보조비

② 연금수령액

③ 단원 김홍도의 그림 구입비

④ 부동산 매매차익

⑤ 회사채에 대한 이자

 주식가격이나 부동산 가격 변동은 GDP에 포함되지 않지만 회사채에 대한 이자는 GDP에 포함된다.

GDP에 포함되는 항목	GDP에 포함되지 않는 항목
• 귀속 임대료(자기집 사용료) • 자가소비 농산물(농부) • 파출부의 가사노동 • 신규주택 매입, 국방, 치안 서비스	• 여가, 주부의 가사노동 • 자가소비 농산물(도시의 텃밭) • 기존주택 매입 • 상속, 증여, 주식가격, 부동산 가격 변동

 TIP

GDP(국내총생산량)

국내에서 일정 기간 내에 발생한 재화와 용역의 순가치를 생산면에서 포착한 총합계액으로 중간생산물을 공제하였다는 의미의 순가치인데, 자본 감가를 포함하기 때문에 총생산이라고도 한다. 국민총생산(GNP)이 국민에 착안한 통계인 데 비해, GDP는 국토 내에서의 생산에 착안한 통계이다.

　외국인이 한국에서 생산한 것은 GDP에는 계상되지만 GNP에는 포함되지 않고, 한국인이 외국에서 생산한 것은 GNP에는 포함되지만 GDP에는 포함되지 않는다. 즉, 한국인의 해외소득과 외국인의 국내소득과의 차액이 해외순소득이라면, GDP의 계산은 국민총생산 GNP에서 해외순소득을 공제한 것과 같다. 이 같은 경제 지표는 국민 경제의 경기 변동이나 경제 성장의 대외 비교에 이용된다.

30 개발사업자금 조달방식 중 하나로서의 프로젝트 파이낸싱(Project Financing)에 대한 설명 중 옳지 않은 것은?

① 프로젝트와 관련된 자금조달이나 개발사업의 현금흐름 등 프로젝트 자산은 프로젝트 사업주와 분리된다.

② 자금대부단이 프로젝트의 현재의 현금 흐름과 수익 등 경제성을 판단하여 사업에 필요한 자금을 제공하는 대형·단기 금융이다.

③ 일반적으로 프로젝트 사업주가 자본금을 출자하여 명목상 회사인 프로젝트 시행회사를 설립하고 이 회사가 대출을 받는다.

④ 개발사업과 관련된 각종 위험을 이해관계자들에게 적절히 분담시킬 수 있어 개별 이해 관계자의 입장에서는 위험분산 효과가 있다.

⑤ 프로젝트 사업주는 자신의 신용한도를 초과한 자금조달이 가능하고 프로젝트의 실패와 관련된 책임을 부담하지 않으나, 자금운용에 제한을 받는 문제가 있다.

🔊 프로젝트 파이낸싱이란 자금대부단이 프로젝트의 미래의 현금 흐름과 수익 등 경제성을 판단하여 사업에 필요한 자금을 제공하는 대형·장기 금융이다.

31 다음 (가) ~ (다)에 해당하는 수요의 가격탄력성이 바르게 짝지어진 것은?

> (가) 甲은 매달 A재화를 5만 원에 구입한다.
> (나) 乙은 매달 4Kg의 A재화를 구입한다.
> (다) 丙은 매달 생활비의 1/10을 A재화 구입에 사용한다.

① (가) 완전탄력적, (나) 완전비탄력적, (다) 완전탄력적
② (가) 단위탄력적, (나) 완전비탄력적, (다) 완전비탄력적
③ (가) 완전비탄력적, (나) 완전탄력적, (다) 단위탄력적
④ (가) 단위탄력적, (나) 완전비탄력적, (다) 단위탄력적
⑤ (가) 완전비탄력적, (나) 단위탄력적, (다) 완전비탄력적

🔊 (가)와 (다)는 정해진 액수만큼 구매하기 때문에 가격이 증가하는 만큼 수요량은 감소하고, 가격이 하락하는 만큼 수요량은 증가한다. 따라서 단위탄력적인데 비해, (나)는 A재화의 가격 변동에 상관없이 일정량을 구입하므로 가격에 반응하지 않는 완전비탄력적인 경우이다.

32 다음은 경제의 기본 문제와 관련된 내용이다. A~C와 같은 유형의 문제를 〈보기〉에서 골라 바르게 짝지어진 것은?

> A : 갑 회사는 국내 공장의 중국 이전을 고려하고 있다.
> B : 을 회사는 임금 인상에 관한 노사협상을 진행중이다.
> C : 병 회사는 어떤 차세대 자동차를 생산할지 고민하고 있다.

• 보기 •

정유년에 (ㄱ) 전선 7척을 새로 만들기로 하였다. 그런데 여러 읍진에 있는 조선소마다 공정이 들쭉날쭉하고 목수들의 솜씨도 차이가 났기 때문에 (ㄴ) 조선소들을 우수영으로 통합하여 목재와 연장을 나누어 쓰도록 하였다. 전선을 완공한 날에도 (ㄷ) 돼지 5마리를 보내 먹게 하였다.

	A	B	C
①	ㄱ	ㄴ	ㄷ
②	ㄱ	ㄷ	ㄴ
③	ㄴ	ㄱ	ㄷ
④	ㄴ	ㄷ	ㄱ
⑤	ㄷ	ㄴ	ㄱ

A : 회사를 옮기려는 계획을 세우는 것은 결국 어떻게 생산할 것인가의 문제로서 (ㄴ)의 조선소들을 통합하여 목재와 연장을 나누어 쓰도록 하는 것과 같은 성격이다.

B : 누구에게 분배할 것인가의 문제는 (ㄷ)의 돼지 5마리를 보내 먹게 한 것과 같은 성격이다.

C : 무엇을 얼마나 생산할 것인가의 문제는 (ㄱ)의 전선 7척을 새로 만들기로 한 것과 같은 성격이다.

33 다음 글에 나타난 갑과 을의 수요의 가격탄력성을 바르게 짝지은 것은?

> 갑은 휘발유의 가격 상승률만큼 수요량을 변동시켰다. 그에 비해 '을'은 평소와 동일한 양의 휘발유를 구매하였다.
>
>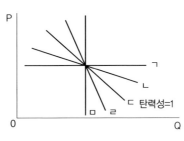

① 갑 : ㄱ, 을 : ㄷ
② 갑 : ㄱ, 을 : ㅁ
③ 갑 : ㄴ, 을 : ㄹ
④ 갑 : ㄷ, 을 : ㄹ
⑤ 갑 : ㄷ, 을 : ㅁ

갑의 경우	갑은 가격의 변화율만큼 수요량을 변화시켰으므로 단위탄력적이다. 단위탄력적일 경우에 소비지출액의 변화는 없다.
을의 경우	을은 수요량을 가격 변화에 상관없이 고정하였으므로 완전비탄력적이다.

34 다음 글의 (ㄱ) ~ (ㅁ)에 대한 설명으로 옳지 않은 것은?

> • 보기 •
>
> 자유시장경제를 채택한 대부분의 국가들은 정도의 차이는 있지만, (ㄱ) 몇 가지 목표를 위해 시장에 개입한다. 개입주의자들은 (ㄴ) 전제조건들이 충족되면 (ㄷ) 시장기능이 효과적으로 작동하므로 정부가 나서는 것이 불필요하지만, 전제조건 중 일부가 만족되지 않기 때문에 개입이 필요하다고 주장한다. 즉, 정부의 개입이 없으면 (ㄹ) 시장의 불완전성이 자원 배분 매커니즘을 왜곡시켜 (ㅁ) 사회 후생 극대화에 실패하게 된다.

① 공공재의 공급은 (ㄱ)에 해당한다.
② 완전경쟁은 (ㄴ) 중 하나에 해당한다.
③ 애덤 스미스에 의하면 (ㄷ)은 '보이지 않는 손'을 통해 이루어진다.
④ 외부 효과에 따른 환경오염은 (ㄹ)의 사례에 해당한다.
⑤ 개입주의자들은 (ㅁ)이 정부 실패의 결과로 나타난다고 본다.

 정답 32 ④ * 33 ⑤ * 34 ⑤

개입주의자들은 시장의 불완전성으로 인해 사회후생 극대화에 실패하는 것은 시장 실패의 결과로 나타난다고 본다.

① 자유시장경제에서 정부는 시장 실패를 바로잡기 위하여 시장에 개입하는 경우가 있다. 시장 실패의 사례로는 외부 효과, 독과점의 폐해, 공공재의 공급 부족 등이 있다.

② 완전경쟁시장에서는 독과점이 발생하지 않는다.

③ 애덤 스미스는 시장의 가격기구, 즉 '보이지 않는 손'에 의해 경제가 이루어진다고 주장하였다.

④ 외부 불경제를 초래하는 재화는 사회적 최적 수준보다 더 많이 생산되는 경향이 있다. 즉, 자원 배분의 비효율성을 초래한다.

35 다음 글의 (ㄱ) ~ (ㅁ)에 대한 설명으로 적절하지 않은 것은?

> 오늘날 지식이 점차 사회의 중요한 경제적 자원으로 부상하고 있다. 그런데 지식은 대부분의 경우 (ㄱ) 긍정적 외부 효과를 발생시킬 뿐만 아니라 (ㄴ) 배제성과 (ㄷ) 경합성이 결여된 (ㄹ) 공공재적 특성을 지닌다. 이와 같은 지식의 특성 때문에 (ㅁ) 시장 실패가 발생할 수 있다.

① 자연과학의 발달은 (ㄱ)을 발생시킬 수 있는 한 사례이다.

② 제약회사에서 개발한 항암치료제는 (ㄴ)이 있다.

③ 디지털 음원에 대한 저작권 보호는 (ㄷ)을 부여하기 위한 것이다.

④ (ㄹ)에서는 무임승차의 문제가 발생할 수 있다.

⑤ 이 경우 (ㅁ)의 문제는 사회적 최적 수준보다 과소생산되는 것이다.

 디지털 음원에 대한 저작권 보호는 사용료를 지불하는 사람에게만 이용권을 부여하게 하는 것이므로 배제성을 부여하기 위한 것이다.

① 자연과학의 발달은 제3자에게 의도하지 않은 이익을 가져다 주는 긍정적 외부 효과를 발생시킬 수 있다.

② 항암치료제의 개발은 배제성과 경합성 모두 가진다.

④ 공공재는 비배제성과 비경합성을 가지므로 무임승차의 문제가 발생할 수 있다.

⑤ 긍정적 외부 효과를 발생시키는 재화는 사회적 최적 수준보다 과소생산되기 때문에 시장 실패 현상을 초래한다.

36 다음 중 '신자유주의'의 정책 방향과 거리가 먼 것은?

① 공기업의 민영화   ② 큰 정부

③ 정부 조직의 축소   ④ 규제 완화 내지 철폐

⑤ 복지예산의 감축

 〈신자유주의〉

의미	• 정부 실패의 해결을 위해 정부의 불필요한 규제를 줄이고 민간의 창의성을 존중하여 효율성을 실현하고자 하는 이념이다. • '보이지 않는 손'의 영향력을 증대하기 위해 자유경쟁 촉진, 시장원리 준수, 정부 개입의 최소화 등을 추구한다.
목표	• 경제의 효율성을 증대하여 정부 실패를 해결하고 개인의 창의성 발현을 달성한다.
정책방향	• 공기업의 민영화 • 정부 조직의 축소 및 공무원 수 감축 • 규제 완화 내지 철폐 • 복지예산의 감축 등

파킨슨의 법칙

파킨슨의 법칙은 일의 분량과 일하는 공무원 사이에는 아무런 관계가 없다. 즉, 일의 분량이 줄거나 늘어나는 것에 상관없이 공무원 수는 증가하기 마련이라고 보고 작은 정부로의 회귀가 필요함을 주장하였다.

37 다음의 대화에서 갑이 강조하는 소비 형태로 가장 적절한 것은?

> 갑 : 투기가 늘어나면 정말 곤란한데.
>
> 을 : 투기가 뭡니까?
>
> 갑 : 투기는 생산활동에 도움이 되지 않고 필요하지도 않으면서, 가격이 달라지는 데에 따른 이익을 얻기 위해서 하는 거래행위야. 예들 들어 들어가 살 것도 아닌 주택을 여러 채 사들였다가 가격이 오를 때 파는 경우가 있지. 이런 투기 행위는 주택가격을 올라가게 해서 시장 질서를 혼란스럽게 만들어 무주택자의 아픔도 생각해야 할 텐데 걱정이군.

① 시장가격의 신호에 따라 소비를 결정한다.

② 개인의 만족을 극대화하는 합리적 선택을 한다.

③ 최소비용으로 최대만족을 얻을 수 있도록 소비한다.

④ 현재의 이익과 미래의 기대수익을 고려하여 소비한다.

⑤ 개인의 소비 행위가 타인에게 미칠 영향을 고려하여 소비한다.

 갑은 비합리적인 소비의 문제점을 지적하고 투기와 같은 경제적 윤리를 벗어난 소비 행태를 비판하였으며, 무주택자의 아픔을 언급하고 있으므로 타인에게 미칠 영향을 고려하면서 소비를 해야 한다고 강조한다.

38 다음 표는 빵과 김밥을 소비할 때 얻을 수 있는 총만족도를 나타낸 것이다. 갑이 5,000원을 소비할 때 이에 대한 옳은 분석을 〈보기〉에서 모두 고른 것은? (단, 두 상품의 가격은 1단위당 1,000원이며, 1단위씩 구매한다.)

구분	1	2	3	4	5
빵	100	190	270	340	400
김밥	90	170	240	300	350

> • 보기 •
>
> ㄱ. 빵 5단위를 소비하는 것이 합리적 소비이다.
>
> ㄴ. 첫번째는 김밥을 소비하는 것이 합리적 소비이다.
>
> ㄷ. 합리적 소비를 하면 얻을 수 있는 총만족도는 440이다.
>
> ㄹ. 두 번째는 빵과 김밥 중 어느 것을 선택하여도 합리적 소비이다.

① ㄱ, ㄴ   ② ㄱ, ㄷ   ③ ㄱ, ㄹ

④ ㄴ, ㄷ   ⑤ ㄷ, ㄹ

 첫번째 빵의 만족도는 100이다. 그런데 두 번째 빵의 만족도는 90이 증가하였으므로 첫번째 김밥과 동일하므로 두 번째 빵과 첫번째 김밥은 어느 것을 선택해도 같다. 이런 식으로 추가되는 만족도가 높은 순으로 소비를 계속하게 되면 결국 빵 3단위와 김밥 2단위를 구매하였을 때 총만족도는 440이 되어 합리적 소비를 할 수 있다.

ㄱ. 빵만을 5단위 소비하면 총만족도는 400이 되고, 빵 3단위와 김밥 2단위를 소비하면 총만족도는 440이 되어 만족도가 더 크다.

ㄴ. 첫번째는 빵을 소비하는 경우 만족도는 100이고, 김밥은 90이므로 첫번째는 빵을 선택하는 것이 만족도면에서 10이 크다.

39 A와 B컴퓨터 중에서 한 대를 구입하고자 한다. 자료에 대한 옳은 설명이나 자료에 근거한 합리적 선택을 〈보기〉에서 모두 고른 것은? (단, A와 B컴퓨터는 소비자에게 동일한 만족을 준다.)

판매업체	A컴퓨터 가격	B컴퓨터 가격	배송료(구매자 부담)	판매업체 신뢰도
(가)	156만 원	156만 원	2만 원	하
(나)	158만 원	157만 원	없음	상
(다)	159만 원	158만 원	2만 원	상

ㆍ 보기 ㆍ
ㄱ. 판매업체의 신뢰도가 같으면 컴퓨터의 가격도 같다.
ㄴ. A컴퓨터를 구입하려면 (나) 판매업체에서 구입해야 한다.
ㄷ. 최소비용으로 최대만족을 얻으려면 B컴퓨터를 구입해야 한다.

① ㄱ   ② ㄴ   ③ ㄷ
④ ㄱ, ㄴ   ⑤ ㄴ, ㄷ

 두 종류의 컴퓨터 성능이 소비자에게 동일한 만족을 주므로 소비자는 배송료를 포함한 가격과 신뢰도에 따라 소비를 선택해야 한다. 만약 A컴퓨터를 구매한다면 배송료를 포함하여 저렴하면서도 신뢰성이 있는 (나) 판매업체에서 구입해야 하며, 최소비용으로 최대만족을 얻으려면 157만 원으로 가장 비용이 저렴한 (나) 판매업체의 B컴퓨터를 구매해야 한다. ㄱ은 (나)와 (다)의 신뢰도는 같지만 컴퓨터의 판매가격은 다르다.

40 다음 자료로 두 나라가 서로 무역을 할 경우에 대한 분석으로 옳은 것은?

다음 표는 A, B 두 나라의 생산가능 곡선을 도출하기 위한 생산량의 자료이다. 두 나라 모두 동일한 양의 노동만을 생산요소로 투입하며, 노동 한 단위당 생산량은 일정하고 유휴 노동력은 없다. 또한 노동자 수와 생산기술의 변화는 없다.

[A국]

구분	X재	Y재
2009년 3월	40	30
2009년 4월	60	20

 정답   38 ⑤   *   39 ⑤   *   40 ⑤

[B국]

구분	X재	Y재
2009년 3월	60	5
2009년 4월	40	10

① A국에서 Y재로 평가한 X재의 가격이 상승하는 요인이 된다.

② B국에서 X재로 평가한 Y재의 가격이 상승하는 요인이 된다.

③ A국은 Y재에, B국은 X재에 절대우위가 된다.

④ A국은 B국에 X재를 수출하고 Y재를 수입한다.

⑤ X재와 Y재의 교환비율이 3:1일 때 두 나라 모두 무역의 이익을 얻는다.

A, B 양국은 기회비용이 상대적으로 작은 쪽, 즉 A국은 Y재를, B국은 X재를 특화하게 된다. A국은 Y재 1개의 기회비용이 X재 2개이고, B국은 X재 4개이다. 따라서 Y재 1개에 대한 X재의 교환비율이 2개와 4개 사이일 때 두 국가는 무역 이익을 얻게 된다.

41 A는 자신의 여비서와 결혼하였다. A의 부인은 결혼 후에도 무보수로 남편의 비서 업무를 계속하였다. 결혼 전 이 여자의 연봉은 1,000만 원이었고, 다른 조건이 불변이라면 이 결혼에 의해 GDP는 어떻게 변하는가?

① GDP는 1,000만 원 감소한다.

② GDP는 1,000만 원 증가한다.

③ GDP는 변하지 않는다.

④ GDP는 증가하나, 증가액은 1,000만 원보다 크다.

⑤ GDP는 감소하나, 감소액은 1,000만 원보다 작다.

주부의 가사 노동은 GDP에 포함되지 않지만 파출부의 가사 노동은 포함된다. 결혼 후 무보수로 근무하더라도 기업이 생산한 재화나 서비스의 부가가치는 변하지 않으므로 GDP는 변하지 않는다.

GDP에 포함되는 항목	GDP에 포함되지 않는 항목
• 귀속임대료(자기집 사용료)	• 여가, 주부의 가사 노동
• 자가소비 농산물(농부)	• 자가소비 농산물(도시의 텃밭)
• 파출부의 가사 노동	• 기존 주택 매입
• 신규주택 매입, 국방, 치안 서비스	• 상속, 증여, 주식가격, 부동산 가격 변동

42 다음 글에 대한 설명으로 옳은 것은?

> '절약의 역설'에 의하면 저축이 증가할수록 소득이 감소한다. 그러나 우리나라에서는 저축을 미덕으로 생각할 뿐만 아니라 정부는 성장을 높이기 위해 저축을 열심히 해야 한다고 국민적 저축 캠페인을 전개하고 있다.

① 절약의 역설은 투자가 고정되어 있다고 가정한 데서 얻어지는 결론이다.
② 절약의 역설은 케인스의 절대소득 가설하에서만 성립한다.
③ 절약의 역설은 모든 경제에서도 성립한다.
④ 누출을 의미하는 저축이 정(+)일 경우에는 항상 실업이 발생한다.
⑤ 균형재정하에서 절약의 역설은 성립하지 않는다.

  절약의 역설은 투자가 이자율에 대해 의존하지 않고 투자가 고정되어 있기 때문에 나타난다.

절약의 역설(Paradox of Thrift)

절약의 역설이란 모든 개인이 절약하여 저축을 증가시키면 총수요가 감소하여 국민소득이 감소하게 되고 결과적으로 총저축이 증가하지 않거나 오히려 감소하는 현상을 의미한다. 즉, 저축이 증가하여 저축 함수가 상방 이동하면 원래의 국민소득 수준에서는 저축이 투자보다 더 크므로 재고가 증가하게 되어 생산량을 감소시키게 된다. 균형국민소득이 감소하며 저축은 다시 원래 수준으로 된다.
절약의 역설은 일반적으로 투자기회가 부족하여 저축의 증가분이 투자로 연결되지 못하는 선진국에서 일어나는 현상이며 개발도상국 같은 자본의 축적이 절실한 경우에는 해당하지 않는다.

정답 41 ③ * 42 ①

43 다음 그림과 같이 두 나라의 생산가능 곡선이 주어진 상황에서 양국이 각각 비교우위가 있는 상품의 생산에 특화한 후 교역을 통해 후생 증진을 도모한다고 가정하자. 이때 교역이 이루어진 후 A국의 소비가 E점에서 이루어진다면 B국에서의 쌀과 밀의 소비량은 각각 얼마인가?

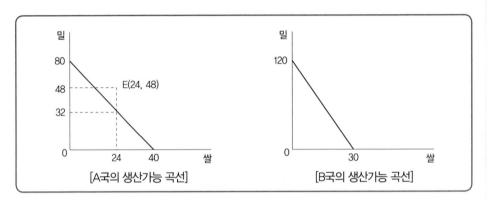

① 쌀의 소비량 6, 밀의 소비량 88

② 쌀의 소비량 16, 밀의 소비량 72

③ 쌀의 소비량 6, 밀의 소비량 32

④ 쌀의 소비량 16, 밀의 소비량 32

⑤ 쌀의 소비량 6, 밀의 소비량 72

해설) A국의 경우 총노동량을 투입하면 쌀은 최대 40단위 생산이 가능하고, 밀은 최대 80단위 생산이 가능하므로 밀에 대한 쌀의 가격비는 2이다. B국의 경우 총노동량을 투입하면 쌀은 최대 30단위 생산이 가능하고 밀은 최대 120단위 생산이 가능하므로 밀에 대한 쌀의 가격비는 4이다. 따라서 쌀은 A국이 B국보다 상대적으로 저렴하므로 A국은 쌀에 비교우위가 있고 반대로 B국은 밀에 비교우위가 있다. 이때 두 나라가 무역을 한다면 A국은 쌀만 특화하여 40단위를 생산하고, B국은 밀만 특화하여 120단위를 생산하여 교역을 한다. 교역 후 A국은 쌀을 24단위 소비하고 밀은 48단위 소비하므로 B국은 총생산량 중 A국의 소비량을 제외한 양만큼 소비하므로 쌀은 40−24=16단위이고, 밀은 120−48=72단위가 된다.

44 다음 설명 중 가장 적절하지 않은 것은?

① 교역조건은 국가 간 교역시 수출입품의 선적, 운송 보험 등의 조건을 말한다.

② 중상주의 사상은 보호무역을 차지하는 입장을 취한다.

③ 학습효과는 비교우위를 갖게 되는 요인이 된다.

④ 자유무역지대, 공동시장, 관세동맹 중 결속력이 가장 강한 조직은 공동시장이다.

⑤ 선진국과 후진국 사이에 발생하는 정치적 · 경제적 마찰을 남북문제라고 한다.

 교역조건은 수출상품과 수입상품 간의 국제적 교환비율을 말하며, 수출상품의 가격이 수입상품의 가격보다 상대적으로 더 높아지는 것을 교역조건의 개선이라고 한다.

교역조건

상품 1단위의 수출로 얻은 외화로 수입할 수 있는 상품 단위, 즉 수출입품의 교환비율을 말한다. 특정 기준연도의 수출입품의 물가지수를 100으로 하고, 그 후 어떤 시기의 수출품 물가지수와 수입품 물가지수의 변화를 조사해서 산출한다.

$$\text{상품교역 조건} = \frac{\text{수출물가지수(X)}}{\text{수입물가지수(M)}}$$

기준연도의 교역조건은 1이지만 그 후 어느 시점에서 X가 180이 되고 M이 150이 되었다면, 그 값은 1.2가 되어 교역조건은 20% 유리한 것으로 된다.

45 다음 (가), (나)에서 경제행위자들이 예측한 상황으로 가장 적절한 것은?

(가) 변동금리보다 높은 고정금리로 대출 받는 사람들이 증가하고 있다. 변동금리 대출은 이자율 변화에 따라 이자 부담이 변하지만 고정금리 대출은 이자 부담이 일정하다.

(나) 고금리의 장기 저축상품보다 저금리의 단기 저축상품에 가입하는 사람들이 증가하고 있다. 장기 저축상품은 중도 해약하면 단기 저축상품보다 이자수입이 적다.

① (가) 대출금리 인상, (나) 예금금리 인상

② (가) 대출금리 인상, (나) 예금금리 인하

③ (가) 대출금리 인하, (나) 예금금리 인상

④ (가) 대출금리 인하, (나) 예금금리 인하

⑤ (가) 대출금리 인하, (나) 예금금리 불변

 정답 43 ② * 44 ① * 45 ①

(가) 변동금리보다 고정금리로 대출 받는 사람이 증가하는 것은 경제행위자들이 향후 대출금리가 오를 것이라는 전망을 하기 때문이다.

(나) 단기 예금금리가 인상될 것이라고 전망하는 사람은 장기 저축상품 해약에 따른 금리 손실을 고려하여 저금리의 단기 저축상품에 가입하게 된다.

46 다음 〈보기〉에서 인플레이션의 원인으로 옳은 것을 모두 고른다면?

인플레이션은 (ㄱ) 총수요가 증가하여 나타나는 인플레이션과 (ㄴ) 총공급이 감소하여 나타나는 인플레이션으로 구분할 수 있다.

● 보기 ●

갑 : (ㄱ)의 경우에 물가를 안정시키는 데는 통화긴축 정책이 도움이 된다.

을 : (ㄱ)의 경우 재정긴축 정책을 펴면 물가 상승률은 낮아지겠지만 실업률이 높아지는 희생을 감수해야 한다.

병 : (ㄴ)은 경기가 위축되어 나타난 현상이기 때문에 실업률은 낮아지지만 물가 상승률은 높아진다.

정 : (ㄴ)의 경우에 통화확장 정책을 펴면 경기가 회복되고 물가는 안정된다.

① 갑과 을　　　　② 갑과 병　　　　③ 을과 병
④ 을과 정　　　　⑤ 병과 정

(ㄱ)은 수요 초과 인플레이션(물가 상승, 실업률 감소)에 해당하고, (ㄴ)은 비용 인상 인플레이션(물가 상승, 실업률 증가)에 해당한다. 수요 초과 인플레이션의 경우 초과 수요를 줄이기 위해 금융정책의 경우 통화긴축 정책을 사용하지만 국민소득의 감소로 실업이 증가할 가능성이 있다. 비용 인상 인플레이션의 경우 실업률이 높아지고 물가도 상승하므로 통화확장 정책을 펴면 물가가 더 상승할 수 있다.

47 다음 중 자유변동 환율제도의 대표적인 장점은?

① 정책적 개입 없이도 국제수지가 자동적으로 조정된다.
② 수출은 지속적으로 증가하나 수입은 감소한다.
③ 수입물가가 인정된다.
④ 환투기가 감소한다.
⑤ 국제수지의 자율적 조정 기능에 의하여 인플레가 진정된다.

 변동 환율제도의 가장 큰 장점은 국제수지 불균형이 발생하면 정부의 개입 없이도 자동적으로 환율이 조정되어 국제수지가 균형을 이룬다.

48 구매력 평가설에서 환율의 결정 요인은?

① 수입 성향　　　　　② 이자율　　　　　③ 물가
④ 국민소득　　　　　⑤ 국제수지

 구매력 평가설에 따르면 환율은 국내 물가를 외국 물가로 나눈 값이므로 양국의 물가 수준에 의하여 결정된다.

구매력 평가설

1차 세계대전 후 스웨덴의 학자 카셀에 의하여 제창되었으며, 두 나라 사이의 환시세는 두 나라의 화폐가 자국에 가지는 구매력의 비율에 의해 결정되고 변동한다는 학설이다. 이는 고전적 외환이론의 하나로 고전 학파인 리카도가 저술한 《경제학 및 조세의 원리》에 언급되어 있으나, 이 이론에 명확한 과학성과 정책성을 부여한 것은 카셀이다.

　구매력 평가설은 1차 세계대전 후 국제 금본위제가 붕괴되어 세계 각국이 불환지폐국으로 되었다는 배경을 가지고 불환지폐국 간의 외환이론으로서 등장하였다. 그에 의하면 외환 시세는 자국 통화와 타국 통화간의 교환비율로 자국 통화가 지니는 구매력과 타국 통화가 지니는 구매력의 비율에 불과하다. 통화의 구매력이란 물가의 역수이므로 자국 통화와 타국 통화의 구매력의 비율은 자국의 일반 물가 수준과 타국의 일반 물가 수준의 비율로써 표시할 수 있다. 따라서 통화가치는 통화가 지닌 구매력의 대소에 의해 결정되며, 외환시세 변동의 근본 원인은 구매력의 역수가 되는 물가 변동에 있다고 할 수 있다.

정답　46 ①　＊　47 ①　＊　48 ③

49 다음 그래프는 A, B국의 상대적 노동 생산성과 수출비율을 나타낸 것이다. 이에 대한 옳은 분석을 〈보기〉에서 모두 고른다면?

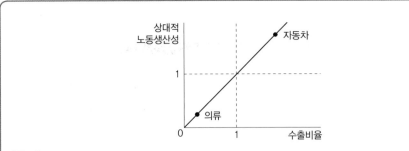

[참고]

• 상대적 노동 생산성 = A국 노동자 1인당 생산량 / B국 노동자 1인당 생산량

• 수출비율 = A국 수출량 / B국 수출량

─ 보기 ─

ㄱ. A국은 자동차 생산에 경쟁력이 있다.

ㄴ. B국은 의류를 특화하는 것이 유리하다.

ㄷ. 상대적 노동 생산성과 수출비율 간에 부(−)의 관계가 성립한다.

① ㄱ   ② ㄴ   ③ ㄷ

④ ㄱ, ㄴ   ⑤ ㄱ, ㄷ

 A국은 상대적 노동 생산성이 자동차 생산에서 높으므로 경쟁력이 있고, B국은 의류 생산에서 상대적 노동 생산성이 높으므로 의류를 특화하는 것이 유리할 것이다.

ㄷ. 상대적 노동 생산성과 수출은 정(+)의 관계가 성립한다.

50 두 재화에 대한 소득소비곡선(ICC)이 아래 그림과 같을 때 두 재화는 각각 어떤 재화인가?

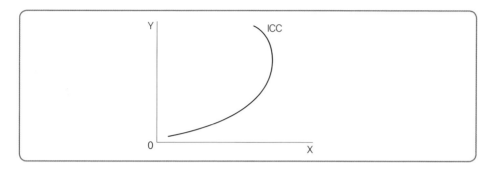

① X재와 Y재 모두 정상재

② X재와 Y재 모두 열등재

③ X재는 정상재, Y재는 열등재

④ X재는 열등재, Y재는 정상재

⑤ X재는 대체재, Y재는 보완재

 소득소비곡선이 후방굴절되는 경우에는 열등재에 의한 음의 소득 효과가 발생할 때 도출된다.

〈재화별 소득소비곡선〉

X재가 사치재인 경우	X재가 필수재인 경우	X재가 열등재인 경우
Y 0 ICC X	Y ICC 0 X	Y ICC 0 X

시사응용영역

Test of Economic Sense And Thinking

01 다음 글에 나타난 경제적 관점과 일치하는 내용을 〈보기〉에서 모두 고른다면?

> 정육점 주인, 맥주 만드는 사람, 빵 만드는 사람의 자비심 덕분에 우리가 저녁을 먹을 수 있는 것은 아니다. 그들이 자신의 이익을 추구하는 과정에서 우리의 저녁거리가 생기는 것이다. 우리는 그들의 인정에 호소하지 않고, 그들 자신을 사랑하는 마음에 호소한다. 그들에게 우리가 무엇을 필요로 하는지 말하는 것이 아니라, 어떻게 하면 그들이 이익을 얻을 수 있는지에 대해 말한다.

● 보기 ●
ㄱ. 효율성보다 형평성에 더 큰 비중을 둔다.
ㄴ. 보이지 않는 손의 역할이 갖는 중요성을 강조한다.
ㄷ. 정부의 적극적인 시장 개입을 긍정적으로 평가한다.
ㄹ. 개인은 사회적 이익보다 자신의 이익에 더 많은 관심을 갖는다.

① ㄱ, ㄴ   ② ㄱ, ㄷ   ③ ㄴ, ㄷ
④ ㄴ, ㄹ   ⑤ ㄷ, ㄹ

지문은 애덤 스미스의 글로 시장에 참여하는 주체들이 경제활동을 하면서 상호 의존하는 관계를 보여준다. 시장 참여자들은 선의에 따라 행동하는 것이 아니라 각자의 이익을 극대화하기 위하여 상호 의존관계를 형성하는 것이다. 지문에서는 형평성보다는 효율성(이익극대화)을 강조하고 또한 시장기구(보이지 않는 손)에 의해 정부의 개입 없는 시장의 자율성을 강조한다.

02 다음 〈보기〉에서 직접용역에 해당하는 것을 모두 고른다면?

┌─ 보기 ───┐
│ ㄱ. 교사의 강의   ㄴ. 창고업자의 보관 행위 │
│ ㄷ. 의사의 진료 행위   ㄹ. 악사의 연주 행위   │
│ ㅁ. 운수업자의 운수활동   │
└──┘

① ㄱ, ㄴ, ㄷ   ② ㄱ, ㄷ, ㄹ   ③ ㄱ, ㄴ, ㅁ
④ ㄷ, ㄹ, ㅁ   ⑤ ㄴ, ㄹ, ㅁ

 사람의 작용에 의한 인적 용역은 직접용역이고, 가게나 물적 시설에 의한 물적 용역은 간접용역에 해당한다.

TIP

용역의 종류
- 직접용역 : 인적 용역으로 사람이 직접 욕망을 충족시켜 주는 용역(의사, 변호사, 교사, 이발사, 연주가 등의 행위)
- 간접용역 : 물적 용역으로 물건과 시설을 개입시켜 욕망을 충족시켜 주는 용역(배급, 교통, 운송, 상업 등의 역할)

03 캐딜락 자동차를 생산하는 31세의 Ruth Russell이란 사람은 새로운 작업에 대하여 정말 열성적이었다. "디트로이트에서 내가 하는 일은 10개의 볼트와 하나의 열플러그를 시간당 88번의 속도로 끼워 넣는 것이었다. 그러나 여기서는 엔진 전체를 조립할 수 있다. 그래서 나는 어떠한 작업도 수행할 수 있다는 자부심을 가질 수 있다."고 그는 말했다. 이는 직무설계에 있어 어떤 접근방법에 의하여 나타난 결과인가?

① 직무 분석   ② 직무 평가   ③ 직무 확대
④ 직무 충실화   ⑤ 직무 로테이션

 직무 확대란 직무 능력을 활용하고 도전의 기회를 증대하여 만족감을 유발하기 위한 일로, 직무 내용의 단순화와 정형화에 따르는 단조로움이나 소외감을 극복하려는 취지에서 생겨났다.

04 다음 기사의 (가)와 (나)에 해당하는 무형재화를 바르게 분류하여 짝지은 것은?

> (가) 우리나라에서 2003년 미국에 특허 출원한 건수는 전년도 세계 6위에서 4위로 올라, 산업상 이용할 수 있는 발명에 대한 보호를 효과적으로 하고 있음을 알 수 있다.
>
> — ○○일보, 2004. 5. 20
>
> (나) 우리나라의 소프트웨어 불법 복제율은 1996년 70%에서 2003년 48%로 계속 낮아져, 지적 창작물의 권리에 대한 인식이 높아지고 있음을 알 수 있다.
>
> — ○○신문, 2004. 7. 14

① (가) 영업권, (나) 저작권   ② (가) 저작권, (나) 영업권
③ (가) 저작권, (나) 산업재산권   ④ (가) 산업재산권, (나) 영업권
⑤ (가) 산업재산권, (나) 저작권

〈지적재산권의 분류〉
• 산업재산권 : 산업상 이용가치가 있는 경우에 국가로부터 부여받은 재산권(특허권, 실용신안권, 의장권, 상표권 등)
• 저작권 : 저작물에 대해 그 저작자에게 부여하는 권리
• 영업권 : 영업상의 우월권

05 ○○자동차는 지난 85년부터 90년까지 환경오염 방지시설에 100억 원을 투입하였다. 또 올해에도 10억 원을 들여 조립라인에서 발생되는 대기오염 방지시설을 설치할 계획이다. 이 회사는 자기 공장의 방지시설뿐만 아니라 관련 부품업체에 대해서도 환경관리를 가르치고 필요한 기술을 지원하여 환경오염 방지를 위한 자율기반 조성에 발벗고 나서고 있다. 이러한 ○○자동차의 활동에 투입되는 비용을 기업에서는 어떤 비용이라고 하는가?

① 경제적 비용   ② 사회적 비용
③ 정치적 비용   ④ 기술개발 비용
⑤ 환경관리 비용

사회적 비용은 기업이 직접적 · 간접적으로 기업경영의 환경주체에 미치는 악영향에 대하여 이를 예방, 보전, 복원하기 위하여 기업이 부담하는 비용을 말한다.

06 13억 충돌이란 책과 관련한 아래의 기사에서 비판하고 있는 경제이론은 무엇인가?

> 중국 정부는 올해(2001년)를 '세계화의 원년'으로 삼고 WTO 가입을 몹시 서두르고 있다. 중국의 언론들도 WTO 가입의 필요성과 이점을 홍보하면서 적극적인 대응을 외치고 있다. 이런 가운데 지금 중국의 비판적 지식인과 대학생들 사이에서는 중국 정부의 조급함에 대해 소위 '신좌파' 소장 경제학자의 통렬한 비판을 담은 '13억의 충돌'이란 책이 인기를 끌고 있다.
> '각 국가의 발전단계를 비행기에 비유했지만 서로 다른 항로를 평화롭게 날고 있는 민항기가 아니다. 알고 보면 전투기다. 먼저 날고 있던 최신형 전투기가 후발 비행기의 조종석과 엔진(자금기술시장), 연료탱크(자원, 값싼 노동력)를 무차별 공격해 파괴하는 공중전이다.'

① 클라크의 산업구조론   ② 로스토의 경제 성장 5단계론
③ 토플러의 제3의 물결   ④ 리스트의 생산방법론
⑤ 애덤 스미스의 보이지 않는 손

 대량생산에 의한 급속한 기술 발전과 노동자가 증가하는 경제 성장단계는 로스토의 경제 성장 5단계 중 성숙단계에 해당한다.

로스토의 경제 성장 5단계
• 전통적 사회 : 농업 중심의 봉건제도 시대로, 비생산적 지출단계이다.
• 과도적 사회 : 도약을 위한 선행조건 충족단계로, 농업생산성 증가, 사회간접자본 형성, 경제발전 지도자 출현, 공업과 농업의 기술정비가 이루어지는 단계이다.
• 도약 단계 : 이륙단계로 경제 성장은 스스로 일어나며 투자율의 증대, 공업의 발전, 농업생산성 상승, 외국 무역이 증가하는 단계이다.
• 성숙 단계 : 대량생산, 급속한 기술 발전, 노동자가 증가하는 단계이다.
• 고도 대중소비 단계 : 대량생산에 의한 대량소비가 요구되는 단계이다.

07 다음 산업 중 3차 산업에 속하는 것만으로 짝지어진 것은?

① 농업, 임업, 수산업   ② 상업, 제조업, 공업
③ 공업, 건설업   ④ 농업, 공업, 상업
⑤ 금융업, 운수업, 서비스업

 정답   04 ⑤ * 05 ② * 06 ② * 07 ⑤

클라크는 경제가 발달할수록 자본이나 노동은 물론 소득의 비중이 1차 산업에서 2차 산업 및 3차 산업으로 이행해가는 것이 일반적이며 1차, 2차, 3차 산업으로 갈수록 1인당 실질소득 수준은 높아진다고 하였다.

클라크의 산업 분류

1차 산업	• 주로 원료나 식량 등을 생산하는 원시산업을 말한다(단, 광업은 예외). • 농업, 임업, 수산업, 목축업 등
2차 산업	• 주로 원료를 가지고 제조 · 가공하는 산업을 말한다. • 제조공업, 건축 및 토목업, 광업, 가스, 전기, 수도
3차 산업	• 1차, 2차 산업 이외의 모든 비물질적 생산물을 생산하는 서비스업을 말한다. • 상업, 운수업, 금융업, 보험업, 통신업, 창고업, 공무자유업, 기타 서비스업

08 다음 글은 어느 월간지의 인터넷 쇼핑몰에 대한 기사의 일부이다. 이 글에서 유추할 수 있는 내용이 아닌 것은?

> 온라인에서는 오프라인 따라하기가 한창이다. 특정 시간대에 할인행사를 펼치는가 하면 흥정을 하면서 물건을 살 수 있도록 하고 있다. 단순히 제품만 싸게 파는 것이 아니라 흥정 등을 통해 고객들에게 물건 사는 즐거움을 느끼게 하고 있다.
> 물건을 사려는 사람이 상품의 기본가격보다 싼 값으로 판매자에게 흥정을 걸 수 있다. 이때 사려는 사람의 희망가격이 판매자가 미리 정해 놓은 최저가격선보다 높으면 거래가 이루어진다. 반면 사려는 사람의 희망가격이 지나치게 낮을 때에는 판매자가 흥정가격을 다시 제시하여 조정한다.

① 정보통신기술의 발달은 구매 형태에 변화를 일으켰다.
② 직접구매(오프라인 구매)의 장점을 인터넷 쇼핑에 활용한 사례이다.
③ 정보통신의 발달이 상업의 발달에 기여하고 있다.
④ 정보통신이 발달할수록 유통업은 점차 쇠락하게 될 것이다.
⑤ 인터넷 쇼핑은 누구나 집에서도 손쉽게 구매를 할 수 있게 해줄 것이다.

 정보통신기술의 발달은 매매방법의 변화를 초래하였으나 유통업의 쇠퇴를 가져왔다고 볼 수는 없다.

09 다음 글은 생산요소에 관한 설명이다. 이에 해당되는 것을 바르게 나열한 것은?

> A자동차 회사는 새로운 모델의 자동차를 생산하기 위하여 경북에 소재하는 ○○공단 20만여 평의 부지를 매입하여 3,000억 원의 투자가 예상되는 제3공장을 건설한다고 발표하였다. 한편 공장이 완공되면 공장가동을 위한 지역의 노동시장에도 큰 활성화 요인으로 작용하여 연간 3,000여 명의 직·간접적인 인력의 수요가 예상된다.

① 토지, 공단, 공장

② 토지, 자본, 노동

③ 가계, 부지, 투자

④ 자연, 경영, 토지

⑤ 자본, 회사, 경영

 원시 생산에 있어서는 자연에 노동만 가하면 생산이 가능하였으므로 자연과 노동을 생산의 본원적 요소라 하였고, 오늘날 자본주의 사회에 있어서는 자본이 생산의 불가결한 요소로 추가되어 자연, 노동, 자본을 생산의 3요소라 한다. 한편 정보화 사회에서 정보가 생산의 주요 자원으로 부각되고 있다.

10 다음 내용을 보고 잘못 추론한 것은?

> 2004년 4월 경부고속철도가 개통되면 인구의 73%가 집중된 경부축의 교통난과 물류난이 크게 개선될 것이다. 이에 따라 2003년보다 철도의 수출 컨테이너 운송물량이 7.7배로 급증할 것으로 분석되며, 서울~부산간 여객 수송능력도 최고 3.3배 증가할 전망이다. 2003년 현재 우리나라 물류비 부담률은 국내총생산(GDP) 대비 16.3%로 일본(9.6%), 미국(10.1%)보다 높다.

① 상품의 경쟁력이 높아질 것이다.

② 육상을 통한 운송량은 줄어들 것이다.

③ 우리나라의 물류비 부담률은 감소할 것이다.

④ 철도운송의 확대는 교통혼잡 비용을 줄일 수 있을 것이다.

⑤ 운송량 증가에 따라 물적 유통시설을 증설하여야 할 것이다.

 육상운송의 한 형태인 경부고속철도는 물적 유통의 확충이라는 측면에서 물류비를 줄이고 상품의 경쟁력을 높이는 데 기여할 것이다. 또한 자동차 운송을 대체할 수 있으므로 교통 혼잡 비용을 줄일 수 있다.

11 행복지수를 설명한 것으로 맞지 않는 것은?

① 인간개발지수를 의미한다.
② 삶의 질을 나타내는 것이다.
③ 평균수명, 소득 수준 등을 종합하여 계량화한 것이다.
④ 행복지수에 교육수준 등이 참고된다.
⑤ 행복을 위한 소득과 소비의 정도를 계량화한 것이다.

 ⑤는 행복지수와 관련이 없는 내용이다

행복지수(인간개발지수)
국제연합개발계획이 매년 문자해독률과 평균수명, 1인당 실질국민소득 등을 토대로 각 나라의 선진화 정도를 평가하는 수치를 말한다. 행복지수는 인간의 행복이나 발전 정도는 소득 수준과 비례하지 않고 소득을 얼마나 현명하게 사용하느냐에 따라 달려 있음을 보여주는 지수이다.

12 다음 〈보기〉에서 부기상의 거래로 볼 수 없는 것만으로 짝지어진 것은?

● 보기 ●
ㄱ. 화재로 인하여 건물의 일부가 소실되었다.
ㄴ. 상품 ₩10,000이 운송 도중에 파손되었다.
ㄷ. 사무실 점포를 월세 ₩250,000의 조건으로 임차계약을 맺었다.
ㄹ. 명동상점에 현금 ₩100,000을 대여하여 주었다.
ㅁ. 현금 ₩200,000을 종업원이 분실하였다.
ㅂ. 대전상점에서 상품 ₩150,000의 매출 주문을 받았다.
ㅅ. 기업주가 현금 ₩200,000을 개인적으로 사용하였다.

① ㄱ, ㄴ　　　　② ㄹ, ㅁ　　　　③ ㅁ, ㅅ
④ ㄱ, ㅂ　　　　⑤ ㄷ, ㅂ

 일상적으로 거래나 회계상의 거래가 아닌 것에는 계약, 주문, 보관, 위탁, 담보, 보증, 알선 등이 있다.

13 다음 〈보기〉에서 회계상의 거래에 해당하는 것들로만 짝지어진 것은?

> **보기**
>
> ㄱ. 원료 ₩100,000인 상품을 매입하기로 계약을 체결하였다.
> ㄴ. 타인으로부터 ₩1,000,000 상당의 에어콘을 기증 받았다.
> ㄷ. 화재로 인하여 시가 ₩400,000의 상품이 소실되었다.
> ㄹ. 월 급여 ₩1,250,000을 주기로 하고 종업원을 채용하였다.
> ㅁ. 1년분 보험료 ₩600,000을 미리 선급하였다.
> ㅂ. ₩500,000의 채무를 면제 받았다.

① ㄴ, ㄷ, ㅁ, ㅂ
② ㄷ, ㅁ, ㅂ
③ ㄱ, ㄷ, ㄹ, ㅁ
④ ㄴ, ㄷ, ㄹ
⑤ ㄱ, ㄴ, ㄷ, ㄹ, ㅁ

 ㄱ과 ㄹ은 계약으로 일상적인 거래이나 부기상의 거래는 아니다.

14 다음 거래 중 유동비율에 영향을 미치지 않는 것은?

① 창업비를 수표로 발행하여 지급한 경우
② 외상매입금을 외상매출금과 상계한 경우
③ 제품을 원가에 판매하면서 2년 만기의 약속어음을 받은 경우
④ 상품을 구입하고 대금은 외상매출금이 있는 거래처를 지급인으로 한 환어음을 발행하여 지급한 경우
⑤ 은행차입금(1년 만기)을 현금으로 상환한 경우

 유동비율 = (유동자산 / 유동부채) × 100(%)이므로 유동자산이 증가함과 동시에 감소하는 거래는 유동비율에 영향을 미치지 않는다.

 정답 11 ⑤ * 12 ⑤ * 13 ① * 14 ④

15 다음 지문에서 ㄱ과 ㄴ에 들어갈 말로 적당한 것은?

> 〈보험과 상속, 증여세〉
> 보험계약자와 보험수익자를 자신이 아닌 미성년자인 자녀의 명의로 한 경우 세무서에서는 미성년
> 자인 자녀가 소득이 없으므로 아버지가 보험료를 대납해 준 것으로 보아 아버지 사망시 수령한 보
> 험금에 대해 (ㄱ)가 과세된다. 그러나 보험계약자를 본인으로, 보험수익자를 자녀로 하고, 피보
> 험자를 배우자로 하여 보험금이 발생한 경우 수익자인 자녀는 (ㄴ)를 납부하여야 한다. 상속세와
> 증여세는 세율은 동일하지만 상속의 경우 공제가 많고, 증여의 경우 공제가 별로 없어 상속세를 내
> 는 것이 훨씬 유리하다.

① ㄱ : 상속세, ㄴ : 증여세 ② ㄱ : 증여세, ㄴ : 상속세

③ ㄱ : 상속세, ㄴ : 양도세 ④ ㄱ : 증여세, ㄴ : 양도세

⑤ ㄱ : 양도세, ㄴ : 증여세

 세법에 있어 보험계약자, 보험수익자, 피보험자의 관계를 살펴보면 먼저 세금의 과세 여부를 결정하는 측면에
서 가장 중요한 것은 보험계약자인데 보험료를 누가 납부하였는가에 따라 상속세나 증여세 과세 대상을 판단
하기 때문이다. 또한 보험수익자는 보험과 관련한 보험금이 결국 누구에게 귀속되는가를 나타내는 것으로 역시
상속세나 증여세 과세 판단에 중요하다. 피보험자는 보험관련 과세에 있어서는 그다지 중요하지 않다.

16 다음의 사례를 통하여 내릴 수 있는 결론으로 가장 타당한 것은?

> A국은 탈세를 방지하기 위하여 '영수증 주고받기' 캠페인을 벌였으나 별로 효과가 없었다. 그 대책
> 으로 모든 거래의 영수증에 번호를 부여하고 주기적으로 추첨해 당첨금과 경품을 지급하였다. 그
> 러자 이 나라에서는 아무리 적은 금액이라도 영수증을 주고받는 것이 당연하게 되었다.

① 모든 자원은 희소하다. ② 거래는 모두를 이롭게 한다.

③ 사람들은 경제적 유인에 반응한다. ④ 공평성은 경쟁을 통해서 달성할 수 있다.

⑤ 효율성과 공평성을 동시에 달성할 수 없다.

 지문을 통해 결제적 보상을 통한 시장원리의 도입이 매우 강력한 유인동기가 되었음을 알 수 있다.

17 다음 신문의 헤드라인 기사를 보고 국내 마늘시장에 나타날 균형가격과 균형거래량의 변화를 옳게 예측한 것은?

> "마늘, 암 발생 억제에 효과 있어" … 국립 암센터 연구팀 밝혀
> "정부, 마늘에 대한 수입관세 폐지" … 외국에서 수입 급증할 듯

① 균형가격 상승, 균형거래량 증가
② 균형가격 상승, 균형거래량 감소
③ 균형가격 하락, 균형거래량 증가
④ 균형가격 하락, 균형거래량 감소
⑤ 균형가격 불분명, 균형거래량 증가

 마늘의 암 발생 억제효과에 대한 신문기사는 마늘에 대한 수요를 증가시키고, 정부의 마늘에 대한 수입 관세의 폐지에 대한 기사는 수입품 증가로 인해 마늘 공급이 증가됨을 보여 준다. 즉, 수요곡선과 공급곡선이 모두 우측으로 이동하며, 균형거래량은 증가하게 된다. 하지만 균형가격은 수요곡선과 공급곡선 중 어느 곡선이 더 많이 이동하느냐에 따라 균형가격이 상승할 수도 있고 하락할 수도 있으므로 단순히 자료만을 가지고 균형가격의 등락 여부를 단정할 수 없다.

〈수요증가와 공급증가시〉

구분	수요증가량 〉 공급증가량	수요증가량 〈 공급증가량	수요증가량 = 공급증가량
균형가격	상승	하락	불변
균형거래량	증가	증가	증가

18 다음 글의 밑줄 친 내용이 시장에 미치는 영향으로 옳은 것은?

> XX 기업이 판매하는 전자사전은 영어사전 기능을 포함하여 MP3, 동영상 등 다양한 기능을 제공한다. XX 기업은 최근 자체 기술 혁신으로 원가절감을 달성하였다. 이는 XX 기업은 전자사전과 보완관계에 있는 소프트웨어 시장에 상당한 영향을 미칠 것으로 예상되고 있다.

① 소프트웨어 수요는 감소하고 가격은 하락한다.
② 소프트웨어 수요는 증가하나, 가격은 하락한다.
③ 전자사전의 공급은 증가하고 가격은 하락한다.

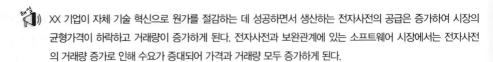

④ 전자사전과 소프트웨어 거래량이 모두 감소한다.

⑤ 전자사전의 거래량은 증가하나, 소프트웨어 거래량은 감소한다.

> XX 기업이 자체 기술 혁신으로 원가를 절감하는 데 성공하면서 생산하는 전자사전의 공급은 증가하여 시장의 균형가격이 하락하고 거래량이 증가하게 된다. 전자사전과 보완관계에 있는 소프트웨어 시장에서는 전자사전의 거래량 증가로 인해 수요가 증대되어 가격과 거래량 모두 증가하게 된다.

19 대규모 생산의 법칙에 대한 설명으로 맞는 것은?

① 경제가 발달함에 따라 생산규모가 커지는 현상을 말한다.

② 생산규모가 클수록 시장경쟁에서 유리하다는 법칙을 말한다.

③ 생산규모를 확대할수록 생산량이 증가하는 현상을 말한다.

④ 시장경제의 규모에 따라 생산을 해야 한다는 법칙이다.

⑤ 생산규모를 확대함에 따라 평균 생산비가 체감하는 것을 말한다.

> 대규모 생산의 법칙은 생산설비 규모를 어느 정도까지 확대하여 생산량을 증대시킬수록 단위당 평균 생산 비용이 체감하는 현상을 말한다.

대규모 생산의 법칙

대규모 생산의 법칙(law of mass production)은 일정한 설비를 갖추면 생산량의 증가에 따라 평균비용이 점차 줄어든다는 법칙이다. 자본집약도가 높은 기업일수록 제품 원가가 낮아진다는 현상에 착안한 독일의 경제학자인 뷔허가 1910년에 발표한 논문을 통하여 최초로 공식화한 법칙으로, 다음과 같은 명제를 제시하고 있다. 먼저 대규모 경영의 장점으로는 ① 원재료의 염가 매입, ② 운송비의 감소, ③ 보다 세분화된 분업화, ④ 다양한 기계·설비의 이용, ⑤ 성과급 임금제의 실시, ⑥ 운전자금 회전율의 상승, ⑦ 부산물의 합리적 이용, ⑧ 일반 관리비의 상대적 감소, ⑨ 경기순환에 대한 적응력 향상, ⑩ 대외신용의 호전 등을 들 수 있다.

20 다음의 신문기사를 통해 알 수 있는 사채의 특징이 아닌 것은?

> OO 제당은 7일 운영자금 조달 등을 위해 100억 원의 사모사채를 발행하기로 했다고 공시를 통해 밝혔다. 사채 만기일은 2006년 8월 7일이며, 표면 및 만기이자율은 각각 6.27%이다. 이자지급 방법은 매 1개월 선지급 조건이며, 원금은 만기일시 상환하는 조건이다. 인수기관은 XX은행이다.

① 주식과 함께 주식회사의 자금조달을 원활하게 하기 위한 것이다.
② 일정기간이 지나야 상환된다.
③ 장기 차입금으로 타인 자본이다.
④ 경영 성과에 따라 이자가 지급된다.
⑤ 직접 금융에 의해 대규모 자본조달이 가능하다.

) 사채는 특정 이자율에 따라 이자가 지급되는 것으로 경영 성과와는 무관하다.

사채

주식회사나 주식합자회사가 사업에 필요한 자금을 조달하기 위하여 일반 대중에게 모집하는 채무를 말하며, 회사채라고도 한다. 사채에는 금융기관에서 지급을 보증하는 보증사채와 무보증 사채 및 담보부 사채가 있다. 한편 사채 이외의 자금조달 방법에는 차입금 · 신주발행의 방법이 있다. 합명회사 · 합자회사 등의 인적 회사에서도 이와 같은 공채를 모집할 수 있으나, 상법상 주식회사의 사채에 관해서만 특별 규정이 있으므로 좁은 뜻으로 사채란 주식회사의 사채만을 가리킨다. 사채의 본질은 순수한 채권이므로 사채권자는 회사의 외부에 있는 채권자이고 회사의 구성원인 주주와는 전혀 다르다. 사채권자는 회사 경영에 참여할 수 없고 의결권도 없으며 이익배당 · 잔여재산의 분배도 받을 수 없으나, 이익의 유무와 관계없이 일정액의 이자를 지급받고, 상환기한이 되면 사채를 상환 받을 수 있다. 회사가 해산될 경우에는 주주보다 우선적으로 보통 채권자와 같은 순위로 변제 받을 수 있다. 이와 같이 사채와 주식은 법률상의 성질이 전혀 다르지만 경제상으로는 기업의 소유와 경영의 분리 및 배당평준화 현상, 그리고 법률상 비참가적 우선주식 · 상환주식 · 전환사채 등의 주식과 사채의 중간적인 형태의 것이 출현함에 따라 그 차이가 점차 줄어들고 있다.

21 다음 〈보기〉는 금융시장에 관해 설명한 것이다. 이 중 유통시장에 관한 것을 모두 고른다면?

> • 보기 •
>
> ㄱ. 제2차적 시장이라고도 하며, 환금성 보장기능을 갖는다.
> ㄴ. 이미 발행된 증권이 투자자 사이에 매매, 이전되는 시장이다.
> ㄷ. 주로 단기 자금을 조달하며 자본시장에 비유하여 화폐시장이라 불리운다.
> ㄹ. 새로 발행되는 증권이 발행자로부터 최초 투자자에게로 옮겨지는 과정이다.

① ㄱ, ㄴ ② ㄱ, ㄷ ③ ㄱ, ㄹ
④ ㄴ, ㄷ ⑤ ㄴ, ㄹ

 장기 금융시장은 장기 자금을 조달하기 위한 수단인 주식 및 채권이 거래되는 자본시장으로, 증권시장이라고도 한다.

발행시장	• 새로 발행하는 증권(주식, 채권)이 증권회사나 다른 인수기관을 통해 발행자로부터 최초 투자자에게로 옮겨지는 과정으로 제1차적 시장이라 한다. • 추상적 시장의 개념으로 산업자본의 형성기능을 갖는다.
유통시장	• 발행된 증권이 투자자 사이에 매매되는 시장으로 증권회사와 증권거래소를 통해 이루어지는 구체적 시장의 개념이며, 제2차적 시장이라고도 한다. • 환금성 보장기능을 갖는다.

22 다음 〈보기〉에서 금융시장에 대한 설명으로 옳은 것을 모두 고른다면?

> • 보기 •
>
> ㄱ. 은행이나 비은행 금융기관을 중심으로 하는 추상적 시장이다.
> ㄴ. 자금의 수요와 공급이 규칙적으로 연결되어지는 조직 및 관계범위를 포함한다.
> ㄷ. 구체적 시장만 있고 추상적 시장은 금융시장에 해당되지 않는다.
> ㄹ. 자금공급의 조절기능과 자본형성을 촉진하는 기능이 있다.

① ㄱ, ㄴ ② ㄱ, ㄷ ③ ㄱ, ㄹ
④ ㄴ, ㄷ ⑤ ㄴ, ㄹ

 금융시장은 은행이나 비은행 금융기관을 중심으로 하는 구체적 시장은 물론이고, 자금의 수요와 공급이 규칙적으로 연결되는 조직 및 관계범위(추상적 시장)를 포함한다. 금융시장의 기능에는 자본형성 촉진기능, 자금공급의 조절기능, 자본의 배분기능, 자본의 효율성 제고기능 등이 있다.

금융시장

화폐·자본을 수요·공급하는 시장으로, 화폐시장이라고도 한다. 금융시장에서 매매의 대상이 되는 것은 질적으로 무차별한 화폐이고, 그 화폐는 이자를 낳는 자본으로서 기한부의 대부라는 형식으로 매매된다. 따라서 금융시장은 이자 지배의 범역이라고도 할 수 있다. 이와 같은 금융시장은 금융기관을 중심으로 자금의 수요·공급 사이에 성립하지만, 사실상 시장의 실체를 구성하는 것은 산업자본가·대기업·정부 등과 주요 금융기관 및 금융기관 상호간이다. 금융시장은 단기 금융시장과 장기 금융시장으로 분류되는데, 전자는 수표시장·단자시장 등을 포함하는 화폐시장으로, 후자는 주식·공사채 등 이자부 증권의 발행과 유통시장을 포함하는 자본시장으로 대응하는 경우도 있다. 그러나 이러한 분류는 형식적인 것이며, 단기 금융시장과 화폐시장, 장기 금융시장과 자본시장이 반드시 일치하는 것은 아니다.

23 다음은 주식시세표의 일부이다. 이에 대한 설명으로 옳은 것은?

코스닥 지수

568.25
+12.77P(+2.30%)▲

종목	종가	전일비	거래량
A은행	6,120	▲ 120	650
B통신	10,600	▽ 100	400
C섬유	4,235	▲ 135	170
D무역	11,500	↑ 1,500	1,000

① A은행의 어제 종가는 5,470원이다.

② B통신의 오늘 거래 최저가를 알 수 있다.

③ C섬유의 오늘 거래가격 변동폭을 알 수 있다.

④ D무역의 주가는 가격제한폭까지 상승하였다.

⑤ 코스닥 시장의 모든 종목이 2.3%씩 상승하였다.

 ① A은행의 어제 종가는 6,120−120=6,000원이다.

② ③ 제시된 표에서 오늘 거래 최저가와 거래가격 변동폭을 알 수 없다.

⑤ 전체적으로 2.3%가 오른 것이지 모든 종목이 오른 것을 의미하지는 않는다.

24 다음 글의 내용 (가) ~ (라)에 맞는 것을 〈보기〉에서 고르면?

> • 몇 개의 보험회사가 1개의 보험 목적을 인수한다. ····························· (가)
> • 보험금액보다 보험가액이 오히려 더 적다. ································· (나)
> • 상점의 상품을 보험 목적으로 한다. ······························· (다)
> • 정액보험이며, 장기보험이다. ······································· (라)

> • 보기 •
>
> ㄱ. 초과보험   ㄴ. 공동보험
>
> ㄷ. 생명보험   ㄹ. 포괄보험

① (가) – ㄴ, (나) – ㄷ, (다) – ㄹ, (라) – ㄱ

② (가) – ㄱ, (나) – ㄷ, (다) – ㄹ, (라) – ㄴ

③ (가) – ㄴ, (나) – ㄱ, (다) – ㄷ, (라) – ㄹ

④ (가) – ㄱ, (나) – ㄴ, (다) – ㄹ, (라) – ㄷ

⑤ (가) – ㄴ, (나) – ㄱ, (다) – ㄹ, (라) – ㄷ

)) 〈보험의 종류〉

보험의 책임에 따른 분류	• 원보험 : 보험자가 보험계약자와 보험계약에 의하여 보험 사고 발생시 보상책임을 지는 보험계약 • 재보험 : 보험자가 원보험에 의하여 책임져야 할 책임의 전부 또는 일부를 다른 보험 자로 하여금 담당하도록 책임을 전가시키는 보험계약 • 중복보험 : 동일한 보험 목적과 동일한 보험 사고에 관하여 공통된 보험기간에 다수 인의 보험자와 개별로 수 개의 보험계약이 체결된 경우에 그 보험금 총액이 보험가 액을 초과한 경우 • 공동보험 : 2개 이상의 보험회사가 공동으로 발생하는 동일한 보험 목적물에 대하여 위험을 분담하여 책임질 것을 약정하는 보험 • 포괄보험 : 창고에 있는 상품을 일괄적으로 추산하여 보험에 붙이는 것 • 초과보험 : 보험금액이 보험가액을 초과하는 경우
위험의 성질에 따른 분류	• 인보험 : 사람의 생명 또는 신체에 관한 보험 사고가 생길 경우 보험자가 보험계약에 정한 바에 따라 보험금을 지급하게 되는 보험(생명보험, 사회보험) • 손해보험 : 보험 사고로 인하여 재산상의 손해가 생겼을 경우 보험자가 그 손해액을 평가하여 보험금으로 지급하는 보험으로 물보험이라고도 한다(화재보험, 운송보험, 해상보험, 보증보험, 자동차 보험, 기계보험).

25 (가)~(다)에 해당하는 보험을 바르게 짝지은 것은?

- 피보험자와 그 가족의 질병, 부상, 사망에 대하여 급여를 지급함으로써 치료비의 일부를 부담해주는 보험이다. ·· (가)
- 감원으로 직장을 잃은 실업자에게 실업보험금을 주고, 직업훈련을 위한 장려금을 기업에 지원하는 보험이다. ·· (나)
- 생활의 안정을 누리게 하는 제도로서 가입자의 노령, 고도의 장해, 사망시 경제적으로 지원해주는 보험이다. ·· (다)

	(가)	(나)	(다)
①	국민건강보험	고용보험	연금보험
②	국민건강보험	상해보험	연금보험
③	연금보험	고용보험	상해보험
④	연금보험	고용보험	산업재해보상보험
⑤	고용보험	국민건강보험	산업재해보상보험

 사회보험은 사회구성원의 사망, 노령, 퇴직, 실업, 질병 등으로 인한 경제상의 손해를 전보하여 줌으로써 국민생활의 안정을 도모하려는 공적 보험으로 강제성이 부여된다. 보험료의 부담은 사업주, 국가부조, 피보험자의 3분담주의를 원칙으로 한다.

〈사회보험의 종류〉

연금보험	• 일반적으로 연금 가입자가 노령, 고도 장해 또는 사망했을 때 연금급여를 함으로써 생활의 안정을 가져오게 하는 제도이다. • 공적 연금 : 국가가 보장해 주는 것 • 기업연금 : 기업 단위로 운영하는 것 • 개인연금 : 개인의 필요와 능력에 따라 자발적으로 준비하는 것
국민건강보험	피보험자의 질병, 부상, 분만 또는 사망에 대한 보험급여를 지급함으로써 국민의 보건 향상과 사회보장의 증진을 도모하기 위해 실시하는 대표적인 건강보험제도이다.
고용보험	보험에 가입한 자가 직장을 잃으면 6개월 간 최종 임금의 50%를 취업장려금으로 지급하는 실업보험
산업재해보상보험	근로자의 업무로 인한 부상, 질병, 폐질, 사망 등의 사고로 종업원이 입은 재해를 보상함으로써 피해자나 그 가족을 보호할 것을 목적으로 하는 보험

26 다음 사례에 대한 분석으로 옳은 것은?

관련재인 X, Y재를 생산하는 기업이 X재의 가격을 1월에 100원에서 2월에 200원으로 인상했더니 아래 표와 같은 결과가 나타났다.(단, 가격 인상 전 두 시장은 균형 상태에 있었다.)

(단위 : 원)

구분	X재		Y재	
	가격	판매 수입	가격	판매 수입
1월	100	20,000	200	5,000
2월	200	30,000	100	10,000

① X재와 Y재는 보완재이다.

② X재의 판매량은 1월보다 2월이 많다.

③ X재의 수요는 가격에 대해 비탄력적이다.

④ Y재의 수요는 가격에 대해 탄력적이다.

⑤ Y재의 수요곡선은 왼쪽으로 이동하였다.

 제시된 표에서 X재의 가격이 상승하여 수요량이 감소하였고, 연관재인 Y재의 수요가 증가하여 판매수입이 증가하였으므로 두 재화는 대체재의 관계임을 알 수 있다. 두 재화 모두 2월에 판매 수입이 크며, X재는 가격변동률(100%)보다 수요량 변동률(25%)이 낮아서 비탄력적임을 알 수 있다.

① X재의 가격 상승에 따라 Y재의 수요가 증가하였으므로 두 재화는 대체관계에 있다.

② X재의 판매량은 가격 인상으로 인해 줄어들었다.

④ 주어진 자료에서 Y재의 가격 변화가 없기 때문에 Y재의 탄력성을 알 수 없다.

⑤ Y재의 수요 증가로 Y재의 수요곡선은 오른쪽으로 이동하였다.

27 다음 신문기사와 관련된 정부기관의 활동에 해당하는 것은?

> XX회사들이 지난 5년 동안 가격을 담합한 사실이 적발되었다. 이에 대해 XX회사들의 법 위반행위를 금지하는 조치와 함께 총 100억 원의 과징금을 부과하였다. 이번 조치는 장기간 관행적으로 지속되어 왔던 가격 담합을 적발하고 시정했다는 데 큰 의미가 있다.

① 도로 및 항만의 공급
② 기술혁신에 대한 특허권 제도 강화
③ 개인의 숲 가꾸기 사업에 대한 보조금 지원
④ 공해 유발행위에 대한 정화시설의 설치 명령
⑤ 경쟁업체들 간 허위광고 행위에 대한 시정 명령

 ⑤는 공정거래위원회에서 규제하는 것이므로 신문기사와 맥락을 같이 한다.
①은 국토해양부, ②는 특허청, ③은 산림청, ④는 환경부의 활동에 해당한다.

28 다음의 밑줄 친 현상과 관련되지 않은 것은?

> 시장에서 '경쟁'은 자원을 효율적으로 배분하는 중요한 원동력이다. 즉, 시장은 생산자 간, 소비자 간의 경쟁을 통하여 희소한 자원을 가장 낮은 비용으로 가장 필요한 사람에게 배분한다. 그러나 시장이 항상 이렇게 바람직한 기능을 제대로 수행하는 것은 아니다. 때로는 시장의 외부적 환경요인이나 재화의 특성 등으로 인해 시장이 자원을 효율적으로 배분하지 못하는 경우가 발생한다.

① A공장의 폐수 방류로 강물이 오염되었다.
② 이라크 전쟁으로 인하여 휘발유 값이 폭등하였다.
③ 무더위를 피해 계곡에 몰린 피서객들이 쓰레기를 많이 버렸다.
④ 대형 정유사들이 휘발유의 공급가격을 적정선으로 인상하는 데 합의하였다.
⑤ B시가 가로등의 설치를 주민 자율에 맡기자 가로등이 충분히 설치되지 않았다.

 제시문은 시장 실패에 대한 설명인데 ②는 시장의 균형가격 결정원리에 따른 결과이다.
① 외부불경제로서 재화가 과다생산되어 환경오염이 심각해지는 경우이다.
③ 시장경제에 맡길 경우 아무도 돌보지 않아서 나타나는 오·남용은 시장 실패에 해당한다.
④ 과점기업이 담합을 통해 독점기업처럼 움직이는 경우이므로 시장 실패에 해당한다.
⑤ 무임승차 현상으로 인해 공공재가 부족해지는 것으로 시장 실패에 해당한다.

 정답 26 ③ * 27 ⑤ * 28 ②

29 다음은 한국은행이 발표한 통화신용 정책의 내용이다. 이와 같은 정책을 추진하게 된 경제 상황으로 적절한 것만을 〈보기〉에서 있는 대로 고른 것은? (단, 통화량만 고려한다.)

> [한국은행 발표 내용]
> • 기준 금리를 현행 2%에서 2.5%로 조정
> • 지급준비율을 현행 10%에서 13%로 조정
> • 채권시장에서 기관투자가에게 국채를 매각

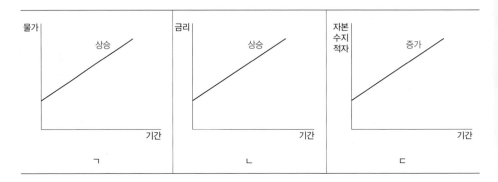

① ㄱ   ② ㄴ   ③ ㄷ

④ ㄱ, ㄴ   ⑤ ㄱ, ㄷ

 한국은행의 발표 내용은 통화량을 줄이기 위한 정책이다. 이러한 정책을 시행하는 이유는 통화량이 많아 물가가 상승하기 때문이다. 그러므로 ㄱ과 같이 물가가 상승하는 경우 통화량 감축을 위해 기준 금리를 높이고, 지급준비율을 높이며, 국채매각을 통해 통화량을 감소시키는 정책이 필요하다.

30 다음 그래프는 물가 상승률 추이이다. 이 상황에 적합한 통화신용 정책으로 옳은 것은?
(단, 통화량만 고려한다.)

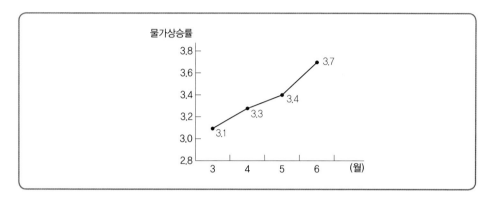

① 화폐를 발행한다.
② 국채를 매입한다.
③ 콜 금리를 인하한다.
④ 재할인율을 인하한다.
⑤ 지급준비율을 인상한다.

 그래프에서 물가가 상승하고 있으므로 통화량만을 고려한다면 통화량을 줄여야 물가가 인정된다. 따라서 지급
준비율을 인상하면 신용창조액이 감소하여 통화량이 줄어든다. 화폐 발행, 국채 매입, 콜 금리 인하, 재할인율
인하는 모두 통화량을 증가시키는 요인이다.

31 POP 광고란 다음의 어떤 것에 해당하는가?

① 구매현장에서 고객에게 판매촉진을 하는 광고이다.
② 직접 지명광고로 어떤 개인에게 행하는 광고이다.
③ 방송매체를 통하여 기업광고를 정기적으로 하는 것이다.
④ 인쇄물을 통하여 상품의 특성을 널리 광고하는 것이다.
⑤ 공중을 대상으로 상품의 이미지를 제고시키는 것이다.

 POP 광고란 구매시점 광고로 점포 광고, 점두 광고라고도 한다.

  29 ① * 30 ⑤ * 31 ①

32 다음 표는 소득 수준이 비슷한 4개 국가의 현재 상태를 경제적 특징에 따라 분류한 것이다. 이에 대한 추론으로 적절한 내용을 〈보기〉에서 고른 것은?

정부 개입 정도 경제적 평등 정도	약함	강함
낮음	A국	B국
높음	C국	D국

● 보기 ●

ㄱ. A국은 B국보다 정부 규제가 많을 것이다.

ㄴ. A국은 C국보다 빈부 격차가 클 것이다.

ㄷ. B국은 D국보다 사회보장제도가 더 발달되어 있을 것이다.

ㄹ. C국은 D국보다 '보이지 않는 손'에 의한 자원배분에 더 의존할 것이다.

① ㄱ, ㄴ   ② ㄱ, ㄷ   ③ ㄴ, ㄷ

④ ㄴ, ㄹ   ⑤ ㄷ, ㄹ

ㄱ. A국은 B국보다 정부 개입의 정도가 약한 나라이다.

ㄷ. B국은 D국보다 경제적 평등의 정도가 낮으므로 사회보장 제도가 미약한 나라이다.

33 다음의 신문기사를 읽고 밑줄 친 (ㄱ)의 원인으로 볼 수 없는 것은?

최근의 부동산 시장 혼란은 시장 실패라기보다는 (ㄱ) 정부 실패에 기인한다. 정부 실패는 우선 부동산 정책 방향의 잘못에서 출발한다. 부동산 가격 상승의 주 요인이 OO지역의 중대형 아파트 공급 부족 때문인데, 정부는 오히려 OO지역 재건축 아파트 규제 강화 등으로 공급을 축소시키고, 세금을 중과하는 등 수요 억제만 중점을 두었다. 정부 관료들은 각종 부동산 제도에 대한 이해가 부족할 뿐만 아니라 눈앞의 성과만을 고려한 정책을 펴, 부동산 가격을 안정시키지 못하고 있다. 따라서 정부의 개입보다는 시장 친화적인 부동산 정책에 초점을 맞춰야 할 것이다.

① 정부의 근시안적 개입   ② 관료조직의 비능률성

③ 정부의 불완전한 지식과 정보   ④ 시장경제와 같은 이윤동기의 부족

⑤ 환경오염과 같은 외부 효과의 발생

 신문기사는 부동산 시장의 혼란에서 나타난 정부 실패를 지적하는 것으로, 정부의 근시안적 개입이나 관료조직의 비능률성, 정부의 불완전한 정보, 이윤동기의 부족 등을 정부 실패의 원인으로 들고 있다.

〈정부 실패의 원인과 대책〉

정부 실패의 원인	정부 실패에 대한 대책
• 정부의 불완전한 지식과 정보 • 정부의 근시안적 규제 • 관료집단의 비대화와 비효율성 심화 • 정치적인 제약조건 발생 • 시장경제와 같은 유인(이윤) 동기의 부족 • 부서 이기주의, 무사안일주의 • 부정부패 만연 등	• 각종 불합리한 규제의 완화 · 철폐 • 공기업의 민영화, 정부조직 및 재정의 적정화 • 공무원의 의식 전환 • 공무원 사회에 경제적 유인 제공 및 경쟁원리를 도입 • 언론, 시민활동을 통한 감시와 통제 • 정책의 투명성 확보 및 행정정보 공개제도 도입의 필요

34 다음 사례에 대한 바른 분석을 〈보기〉에서 모두 고른 것은?

> 갑과 을은 같은 아파트의 위층과 아래층에 살고 있다. 갑이 집에서 러닝머신을 사용하여 운동을 할 경우, 을은 소음으로 고통에 시달리는데, 이를 금액으로 환산하면 매월 30만 원에 해당한다. 갑은 아래층 을의 동의를 받지 못하면 집에서 운동을 할 수 없다. 갑이 집에서 운동을 하지 못할 경우에는 집 앞의 스포츠 센터에서 매월 40만 원의 비용을 부담해야 한다. 어디에서 운동을 하든 갑이 느끼는 만족도는 40만 원으로 일정하다. 갑은 집에서 운동하는 것에 대해 을과 협상하려고 한다. 단, 주어진 조건만 고려한다.

> • 보기 •
> ㄱ. 집에서 러닝머신을 사용하는 갑의 운동은 외부 경제를 발생시킨다.
> ㄴ. 갑이 을에게 매월 35만 원을 지불하고 집에서 러닝머신을 이용하는 것은 갑에게 이익이다.
> ㄷ. 매월 31만 원을 지불하겠다는 갑의 제안을 을이 수용할 때 갑과 을의 이익의 합계는 10만 원이다.
> ㄹ. 협상 타결시 얻게 되는 갑과 을의 이익의 합계는 갑이 스포츠센터 이용시 얻게 되는 갑과 을의 이익의 합계보다 크다.

① ㄱ, ㄴ   ② ㄴ, ㄷ   ③ ㄴ, ㄹ

④ ㄱ, ㄷ, ㄹ   ⑤ ㄴ, ㄷ, ㄹ

 정답 32 ④ ＊ 33 ⑤ ＊ 34 ⑤

제시된 사례는 자발적 협상을 통해 외부 효과를 해결할 수 있다는 코즈의 정리를 나타내고 있다. 갑의 운동은 을에게 손해를 끼치는 외부 불경제를 발생시키므로 외부 경제를 발생시킨다는 내용은 틀리다.

TiP

코즈의 정리

코즈의 정리(Coase theorem, 코즈의 법칙)은 로날드 코즈(Ronald Coase)가 만든 경제에 관한 이론으로서 민간경제의 주체들이 자원의 배분 과정에서 아무런 비용을 치르지 않고 협상을 할 수 있다면, 외부 효과로 인해 초래되는 비효율성을 시장에서 그들 스스로 해결할 수 있다는 정리이다. 이 정리는 경제적 효율성 및 정부의 자산 분배와 관련이 있으며, 거래 비용의 존재에 대한 이론적 바탕이 된다.

35 다음 일기의 내용에 나타난 보험관련 내용에 대한 설명으로 옳은 것을 〈보기〉에서 고르면?

> 2006년 0월 0일 맑음
>
> 승용차로 출근 중 조그만 사고가 있었다. 잠깐 딴 생각하는 사이 승용차가 주행로를 벗어나 길가의 전봇대와 충돌하여 범퍼가 파손되었다. 보험회사에 연락하고 정비공장에 도착해 견적을 받아보니 차량수리비로 50만 원이 나왔다. 다행이 수리비 전액을 보험회사에서 지급한다고 했다. 이는 내가 OO보험회사의 자동차 보험에 가입하였기 때문이다. 보험가입시 내가 납입한 돈은 70만 원이며 자동차의 시가는 2,000만 원이다.

> • 보기 •
> ㄱ. OO보험회사는 보험자이다.
> ㄴ. 차량수리비 50만 원은 보험가액이다.
> ㄷ. 자동차의 시가 2,000만 원은 보험금이다.
> ㄹ. 보험회사에 납입한 70만 원은 보험료이다.

① ㄱ, ㄴ   ② ㄱ, ㄷ   ③ ㄱ, ㄹ
④ ㄴ, ㄷ   ⑤ ㄷ, ㄹ

 ㄴ. 보험가액은 피보험자가 보험 사고 발생시 입게 되는 손실의 최고 한도를 의미하므로 틀리다.
ㄷ. 보험금은 보험계약의 만료 또는 보험 사고 발생시 보험자가 보험수익자에게 지급하는 보상금을 의미하므로 틀리다.

36 다음의 사례를 통하여 알 수 있는 기업의 목표를 〈보기〉에서 모두 고른다면?

- A사는 전자, 금융 등 주력 핵심 사업을 중심으로 사업구조를 재편하고, 비주력 사업에 대해서는 지분매각, 점진적 철수 등의 방식으로 아웃소싱을 단행하여 연간 20억 원의 비용을 절감하였다.
- B사는 서울에 본사를 둔 의류업체인데 해외 주문이 폭주하면서 늘어나는 통신비 때문에 고민에 빠졌다. 이에 전화선과 사내 교환기 없이 인터넷을 이용하여 저렴하게 전화를 사용할 수 있는 인터넷 전화를 도입하게 되었다.

● 보기 ●
ㄱ. 투명하고 책임 있는 경영을 실현한다.
ㄴ. 최소 비용의 원칙으로 이윤 극대화를 추구한다.
ㄷ. 새로운 경영기법으로 자원의 효율성을 높인다.
ㄹ. 이윤을 사회에 환원하여 사회적 책임을 수행한다.

① ㄱ, ㄴ ② ㄱ, ㄷ ③ ㄱ, ㄹ
④ ㄴ, ㄷ ⑤ ㄴ, ㄹ

) 투명하고 책임 있는 경영 실현의 내용은 없으며, 기업의 사회 환원에 관한 언급도 나타나 있지 않다.

아웃소싱
아웃소싱(outsourcing)은 기업의 내부 프로젝트나 제품의 생산, 유통, 용역 등을 외부의 제3자에게 위탁, 처리하는 것을 말한다. 기업은 핵심 사업에만 집중하고 나머지 부수적인 부문은 외주에 의존함으로써 생산성 향상을 극대화할 수 있다.

정답 35 ③ * 36 ④

37 다음 자료는 A, B 두 가구점의 판매가격 구성요소이다. 두 가구점 간 마진의 차액은?

A가구점		B가구점	
• 매입 가격	5,000,000원	• 매입 가격	5,000,000원
• 매입 운임	100,000원	• 매입 운임	80,000원
• 종업원 급료	280,000원	• 영업비	180,000원
• 광고비	80,000원	• 희망 이익	600,000원
• 희망 이익	500,000원		

① 80,000원　　　　　② 100,000원　　　　　③ 120,000원

④ 200,000원　　　　　⑤ 280,000원

 마진은 영업비 + 이익이다.
- A가구점의 마진 : 280,000 + 80,000 + 500,000 = 860,000
- B가구점의 마진 : 180,000 + 600,000 = 780,000
- 두 가구점 간의 마진 차액 : 860,000 − 780,000 = 80,000(원)이다.

38 다음 표는 어느 기업의 OO재화의 판매량에 따른 평균수입과 평균비용을 나타낸다. 4개를 판매하고 있는 기업이 이윤을 극대화하기 위한 판단으로 옳은 것은?

판매량(개)	1	2	3	4	5	6
평균수입(만 원)	6	6	6	6	6	6
평균비용(만 원)	6	4	4	5	6	7

• 평균수입 = $\dfrac{\text{총수익}}{\text{판매량}}$, 평균 비용 = $\dfrac{\text{총비용}}{\text{판매량}}$

① 판매량이 1개 또는 5개일 때 이윤은 극대화된다.
② 평균수입이 평균비용보다 높으므로 판매량을 늘려야 한다.
③ 평균수입이 평균비용보다 낮으므로 판매량을 줄여야 한다.
④ 판매량을 5개로 늘릴 경우 이윤이 증가하므로 판매량을 늘려야 한다.
⑤ 판매량을 3개로 줄일 경우 이윤이 증가하므로 판매량을 줄여야 한다.

 ① 판매량이 3개일 때 이윤은 극대화된다.
② 판매량을 늘리면 이윤은 줄어든다.
③ 평균수입이 평균비용보다 높다.
④ 판매량이 5개일 때 총수입과 총비용이 같아 이윤은 0이 된다.

판매량(개)	1	2	3	4	5	6
평균수입(만 원)	6	6	6	6	6	6
평균비용(만 원)	6	4	4	5	6	7
총수입(만 원)	6	12	18	24	30	36
총비용(만 원)	6	8	12	20	30	42
이윤(만 원)	0	4	6	4	0	−6

39 다음의 글이 의미하는 것은?

> 통화가치를 금에 연결시키는 제도로서 1차 세계대전까지 세계 경제의 안정과 확대에 공헌하였다.

① 스미스소니언 체제 ② 킹스턴 체제 ③ 금환본위제
④ 금 본위제 ⑤ 브레튼 우즈 체제

 금 본위제는 자국통화의 가치를 순금의 양으로 고정시키고 금과 자유로운 태환이 가능하도록 하는 일종의 고정환율제도이다. 1821년에 영국에서 최초로 도입한 후 1870년대 독일, 미국, 프랑스 등의 국가에서 운용하였으며 1차 세계대전이 발발(1914)하기 전까지 운용되었다.

40 다음은 환율에 대한 설명이다. 밑줄 친 부분과 관계 있는 내용을 〈보기〉에서 고른다면?

> 환율이란 서로 다른 두 나라 화폐의 교환비율을 뜻하는 것으로, 한 나라 화폐의 대외가치를 나타낸다. 환율이 하락하거나 상승하면 대내 경제에 여러 가지 영향을 미치게 되며, 우리나라의 환율 표시 방법 $1 : ₩1,200으로 표기하고 있다.

• 보기 •

ㄱ. 수출량 감소　　　　　　　　ㄴ. 수입 증가
ㄷ. 국제수지 개선　　　　　　　　ㄹ. 국내물가 상승
ㅁ. 외국통화표시　　　　　　　　ㅂ. 자국통화표시

---

① ㄱ, ㄴ, ㅂ　　　　② ㄱ, ㄷ, ㅁ　　　　③ ㄴ, ㄹ, ㅂ
④ ㄷ, ㄹ, ㅁ　　　　⑤ ㄷ, ㄹ, ㅂ

))) 환율이 상승하면 수출은 증가하고, 수입은 감소함으로써 국제수지가 개선된다. 우리나라는 자국통화표시법에 따라 환율을 나타낸다.

환율

환율이란 서로 다른 두 나라 화폐의 교환비율을 뜻하는 것으로, 한 나라 화폐의 대외가치를 나타낸다. 환율은 외환거래가 이루어지는 외환시장의 은행 간 시장에서 외환의 수요와 공급에 의해 결정된다. 미국 달러화와 일본의 엔화 등의 시세는 뉴욕, 런던, 도쿄 등 국제 외환 시장에서 수요와 공급에 의해 결정된다. 반면 원화는 우리나라 외환시장에서 결정된다.

41 다음과 같은 문제점을 해결하기 위한 정책을 수행하는 기관은?

> • 환율이 가파르게 상승하고 있다.
> • 정부에서 지출할 자금이 부족하다.
> • 시중의 통화량이 많아져서 물가가 상승하고 있다.
> • 일반 은행이 자금 부족으로 경영 위기를 맞게 되었다.

① 국세청　　　　　② 통계청　　　　　③ 외환은행
④ 한국은행　　　　⑤ 행정자치부

한국은행은 효율적인 통화정책의 수립과 집행을 통하여 물가안정을 도모함으로써 국민 경제의 건전한 발전에 이바지하기 위하여 설립한 중앙 은행이다. 한국은행은 화폐 발행과 통화신용 정책의 수립 및 집행, 금융시스템의 안정, 은행의 은행, 정부의 은행, 지급결제 제도의 운영·관리, 외화자산의 보유·운용, 은행 경영분석 및 검사, 경제조사 및 통계작성 등의 기능을 수행한다.

42 다음 글의 (가)에 들어갈 내용으로 옳은 것을 〈보기〉에서 고른다면? (단, 결제통화는 미국 달러화이며 환율 이외의 요인은 고려하지 않는다.)

> 미국 달러화를 기준으로 원화 가치가 상승하면, 미국과의 국제거래에 있어서 우리나라 기업은 (가) 할 것으로 예상할 수 있다.

보기
ㄱ. 상품 수출에 유리
ㄴ. 외채의 상환에 유리
ㄷ. 해외 직접투자에 유리
ㄹ. 후급보다는 선급방식의 대금지급 계약이 유리

① ㄱ, ㄴ   ② ㄱ, ㄷ   ③ ㄱ, ㄹ
④ ㄴ, ㄷ   ⑤ ㄴ, ㄹ

 통화가치가 상승한다는 것은 환율의 하락을 의미한다. 환율이 하락하면 수출은 불리하고 수입이 유리하다. 또한 외채 상환과 해외 직접투자가 유리해지며, 상품대금 지급은 선급보다는 후급이 유리하다.

43 다음은 현대 사회의 정보통신기술 활용과 관련한 내용이다. 이 글이 의미하는 것으로 적절한 것은?

> 기업 내에서 일하는 사람들은 정보기술을 이용하여 부서 간의 업무상의 전달을 목적으로 하는 신경망이 있어야 한다. 그러기 위해서는 몇 군데의 지점 간에 데이터 정보를 쉽게 연결시켜 업무를 보다 효율적으로 처리할 수 있는 환경이 필요하다.

① 재택근무 ② 원격진로 ③ 인트라넷
④ 사이버 교육 ⑤ 인터넷 쇼핑몰

 〈인트라넷과 엑스트라넷〉

인트라넷	인터넷의 기술을 이용하면서도 기업 조직 내부에 국한된 전산망을 뜻하며, 외부 공개가 아닌 기업 내부 부서 간의 업무 전달을 목적으로 한다. 즉, 네트워크 안의 네트워크로서 회사나 기관의 네트워크를 말한다. 따라서 인터넷을 기반으로 기업 내부의 업무를 보다 효율적으로 할 수 있게 해주며, 기업 내부의 커뮤니케이션을 보다 원활하고 융통성 있게 만들어 준다.
엑스트라넷	인트라넷과 정보 이용 대상자를 확대하여 내부 지점이나 거래업체와 통신, 문서 교환, 제품 공동개발 등을 목적으로 구축된다. 즉, 외부 거래업체들과 정보를 공유하고 업무를 수행하기 위한 시스템이다.

44 다음 글에 대한 분석으로 타당하지 못한 것은?

> 기름값이 급등하면서 유류세 논란이 벌어지고 있다. 산업자원부에 따르면 지난 2005년 유류세는 총 24조 3,000억 원으로 집계되었다. 이는 국민 1인당 부담하는 유류세가 50만 4,000원에 달하는 셈이다. 경제단체에서는 가계와 기업의 부담을 줄이고 경기 회복을 위해 유류세 인하가 필요하다고 주장하는 반면에, 정부는 세수 감소와 에너지 절약 정책에 위배된다며 유류세 인하에 난색을 표하고 있다.

① 정부는 유류세 인하가 수요 측면의 에너지 대책에 역행한다고 본다.
② 조세의 소득재분배 기능 측면에서 볼 때 유류세는 역진적 성격이 강하다.
③ 기름 수요의 가격 탄력성이 비탄력적일 때 유류세의 에너지 절약효과가 커진다.
④ 경제단체는 유류세 인하가 총수요곡선을 우측으로 이동시키는 효과가 있다고 본다.
⑤ 유류세 인하 주장은 기업의 생산비 절감과 가계수지 개선의 측면에서 타당성을 가진다.

 ③ 기름 수요의 가격 탄력성이 비탄력적이면 기름값이 비싸더라도 소비량이 크게 줄어들지 않아 유류세의 에너지 절약 효과가 적다.

45 다음 표는 어느 나라의 노동 가능 인구 구성 변화를 제시한 것이다. 이에 대한 옳은 설명을 〈보기〉에서 고른다면?

(단위 : 만 명)

구분	노동 가능 인구		
	경제활동인구		비경제 활동인구
	취업자	실업자	
2000년	600	200	200
2006년	550	150	300

> **보기**
>
> ㄱ. 실업률이 감소하였다.
> ㄴ. 노동시장의 초과공급이 증가하였다.
> ㄷ. 구직 포기자의 증가는 실업자의 감소 요인이다.
> ㄹ. 실업급여의 증가는 비경제 활동인구의 증가 요인이다.

① ㄱ, ㄴ   ② ㄱ, ㄷ   ③ ㄱ, ㄹ

④ ㄴ, ㄷ   ⑤ ㄴ, ㄹ

 제시된 표에서 2000년의 실업률은 [200/(600+200)] x 100 = 25%이고, 2006년도의 실업률은 [150/(550+150)] x 100 = 약 21.4%로서 실업률이 감소하였음을 알 수 있다. 이는 상당수의 실업자가 구직 포기자로 전락하여 비경제 활동인구가 되었기 때문이다.

ㄴ. 절대규모의 실업자 수(노동시장의 초과공급)는 감소하였다.

ㄹ. 실업급여의 증가는 실업자가 증가하여야 하지만 실업자는 줄어들었다.

46 다음은 전자상거래의 변화를 나타낸 표이다. 이를 보고 추론한 내용으로 잘못된 것은?

(단위 : 억 원)

연도	B2B	B2C	B2G	기타	총규모
2004	279,399	6,443	27,349	888	314,079
2005	319,202	7,921	29,036	2,292	358,451
2006	366,191	9,132	34,436	3,826	413,585

① 인터넷 이용자 수가 점차 증가하고 있을 것이다.
② 정부기관의 대량물품 구입은 B2G에 해당된다.
③ 도매상의 수가 점차 증가하고 있을 것이다.
④ 네트워크를 통한 거래가 점차 증가하고 있을 것이다.
⑤ 소비자를 대상으로 하는 인터넷 상의 광고가 증가하였을 것이다.

해설))) 제시된 표에서 전자상거래의 이용이 점차 증가하고 있음을 알 수 있다. 전자상거래의 발달은 기업과 소비자가 직접 거래하는 방식으로 진행된다.

47 다음 〈보기〉에서 무역이 발생하는 직접적 요건이 될 수 있는 것을 모두 고른다면?

┌─ 보기 ─
ㄱ. 싱싱한 상태로 김치를 보관하는 무균 포장법을 새로 개발하였다.
ㄴ. 대출금리가 높아 저축이 활성화되지 않고 있다.
ㄷ. 수산자원이 풍부하다.
ㄹ. 외환보유고가 충분하다.
ㅁ. 한 신용평가 기관에서 국가신용도를 AAA로 평가하였다.
└─

① ㄱ, ㄴ   ② ㄱ, ㄷ   ③ ㄱ, ㄹ
④ ㄴ, ㄷ   ⑤ ㄴ, ㄹ

해설))) 무역의 발생은 자연적 조건, 사회적 조건, 기술적 조건에 의해 이루어지므로 새로운 제품 개발과 수산자원은 이를 충족시킨다.

48 (가)와 (나)의 무역 형태가 바르게 짝지어진 것은?

> (가) K무역회사는 중국산 농산물 50만 달러를 수입하여 일본으로 60만 달러에 수출하였다.
> (나) Y회사는 목재를 수입하여 이를 가구로 만들어 외국으로 수출하였다.

① (가) 중계무역, (나) 가공무역
② (가) 중계무역, (나) 통과무역
③ (가) 가공무역, (나) 대응무역
④ (가) 통과무역, (나) 위탁가공무역
⑤ (가) 삼각무역, (나) 구상무역

 중계무역은 상품을 수입하여 가공하지 않은 채 제3국으로 다시 수출하는 무역 형태이고, 가공무역은 원재료나 부품을 수입하여 이를 가공해서 수출하는 무역 형태이다.

중계무역
자국의 상인이 수입한 외국 상품을 국내에 판매하지 않고 그대로 외국에 재수출하여 수입과 수출의 차액을 수취하는 무역 형태를 말한다.

가공무역
- 능동적 가공무역 : 원재료 또는 반제품을 외국으로부터 수입하여 이것을 가공한 후 완제품을 다시 수출하는 무역이다.
- 수동적 가공무역 : 국내에서 생산된 원재료 또는 반제품을 외국에 수출하여 가공을 받은 후 다시 그 완제품을 수입하는 무역이다.
- 위탁 가공무역 : 인건비가 저렴하거나 기술 수준이 우수한 국가에 위탁 형태로 원재료를 보내어 가공을 하게 한 다음 가공 임금만 지급하는 무역이다.
- 보세가공무역 : 정부가 지정한 특정 보세 지역에 가공설비를 설치하여 외국에서 들여온 원자재를 가공하여 다시 외국으로 수출하는 무역이다.

49 다음 〈보기〉는 해외 직접투자에 대한 설명이다. 이들 중 옳지 않은 것을 모두 고른다면?

┌─ 보기 ●───
ㄱ. 국내 사양산업의 해외 이전을 통하여 국내 산업의 구조조정 효과를 가져올 수 있다.
ㄴ. 해외 직접투자는 시장 확보, 생산효율 향상을 가져올 수 있다.
ㄷ. 국제적인 자원 분배를 효과적으로 하여 세계 전체의 생산량과 후생을 증대시키는 효과가 있다.
ㄹ. 단순한 배당금이나 자본수익을 목적으로 해외의 주식과 채권 등에 투자함으로써 해외증권 투자
　라고도 한다.
ㅁ. 기초원자재 수급대책으로 자원개발을 할 수 있다.
└──

① ㄱ, ㄴ　　　　　　② ㄱ, ㄷ　　　　　　③ ㄱ, ㄹ
④ ㄴ, ㄷ　　　　　　⑤ ㄷ, ㄹ

 해외 직접투자는 해외에 신규 단독법인으로 설립하거나 합작투자 형식으로 투자를 할 수 있는데 시장 확보, 생산효율 향상, 원료 확보, 지식, 기술 지향 등의 동기에 의해 이루어진다. 해외주식과 채권투자는 해외 간접투자에 해당한다.

〈해외투자의 분류〉

해외 직접투자	• 외국 법인의 주식 또는 출자지분을 취득하거나 해외에 단독으로 신규법인을 설립하여 전체 주식을 취득하는 형태이다. • 합작투자일 경우 합작투자 지분에 해당하는 주식을 취득하는 형태이다.
해외 간접투자	• 일시자금 대여 : 투자활동과 관계되는 경영활동의 참여 없이 단순히 이자 수입만을 목적으로 하는 일시적인 자금의 대여에 의한 투자 형태이다. • 단기주식 취득 : 해외에 있는 법인의 주식을 취득한 후 경영활동의 참여 없이 시세 차익만을 위한 단순한 국제증권투자의 형태이다.

50 다음 설명과 관계 있는 것을 바르게 연결한 것은?

> (가) 유럽 국가 간의 지역별 경제통합체로 회원국 간에 경제정책의 통일을 이루었고, 2002년 1월부터는 공식통화인 유로를 사용하고 있다.
>
> (나) 아시아 · 태평양 지역의 경제협력체로 회원국 간의 교역량이 세계 교역량의 절반 이상을 차지하고 있으며, 2005년 11월에 13차 회의 개최지로 한국이 결정되었다.

① (가) EU, (나) NAFTA

② (가) EU, (나) APEC

③ (가) APEC, (나) EU

④ (가) APEC, (나) ASEAN

⑤ (가) ASEAN, (나) NAFTA

)) (가)는 EU, (나)는 APEC(아시아 · 태평양 경제협력)에 관한 설명이다.

EU(유럽연합)

유럽 연합(European Union, EU)은 유럽의 27개 회원국으로 이루어진 연합이다. 1993년 11월에 마스트리흐트 조약 에 의해 설립되었으며, 전신은 유럽 경제 공동체(EEC)이다. EU의 총인구는 약 5억 정도 되며, 전 세계 GDP의 30% 정도를 차지한다.

APEC(아시아 · 태평양 경제협력회의)

APEC란 아시아 · 태평양 지역 국가의 경제협력을 촉진하기 위해 1989년 11월에 창설된 지역적 국제 경제 협력기구이다. 아시아 · 태평양 경제협력체는 세계 경제의 지역주의와 보호주의 흐름에 효율적으로 대응하고 다자간 무역협상에서 공동의 이익을 추구하는 데 목적이 있다. 현재 회원국은 한국을 포함한 태평양 연안에 자리잡은 18개국이다.

01 다음 글에서 A기업의 전략에 대한 옳은 설명을 〈보기〉에서 모두 고른다면?

> 음반 CD를 생산하는 A기업은 최근 불법복제로 인해 매출액이 크게 떨어져 다음과 같은 전략을 마련하였다.
> - 한류 열풍이 부는 동아시아 시장으로 진출한다.
> - 정부에 지적 재산권의 보호를 강력하게 요구한다.
> - 생산비용 절감을 위해서 외국에서 최첨단 설비를 도입한다.

> • 보기 •
> ㄱ. 경제활동은 선택의 과정이다.
> ㄴ. 정부에 의한 자원 배분을 선호한다.
> ㄷ. 어떻게 생산할 것인가의 문제를 포함한다.
> ㄹ. 소비자의 권리를 높이는 것이 주된 목적이다.

① ㄱ, ㄷ   ② ㄱ, ㄹ   ③ ㄴ, ㄷ
④ ㄱ, ㄷ, ㄹ   ⑤ ㄴ, ㄷ, ㄹ

 A기업은 불법복제로 인한 매출액 감소를 극복하기 위해 새로운 시장 개척이라는 경제적 선택을 하였으며, 어떻게 생산할 것인가라는 문제를 해결하기 위해 최첨단 설비를 도입하여 경비 절감을 하였다. 그리고 지적 재산권의 보호는 정부의 간섭보다는 시장경제를 중시하는 사유재산권 측면이 강하다.

02 다음은 경제활동의 객체에 대한 내용이다. 이를 통하여 추론할 수 있는 것은?

> 대부분의 사람들은 가게에서 생수를 사 먹어 본 경험을 가지고 있을 것이다. 그럴 때 "생수는 물인데, 왜 우리는 돈을 내고 사 먹어야 할까?"라는 의문을 가질 수 있는데 그 대답은 간단하지 않다. 사회의 변화에 따라 경제활동의 목적이 되는 재화를 보는 시각이 달라지고 있기 때문이다.

① 경제재가 자유재에 포함되고 있다.
② 소비재의 가격이 점차 상승되고 있다.
③ 자유재가 경제재로 변화되는 경우가 있다.
④ 소비재가 산업재보다 더 많이 생산되고 있다.
⑤ 직접 용역과 간접 용역이 교체되는 경우가 있다.

 〈경제활동의 객체〉

재화	• 자유재와 경제재 : 자유재는 사용 가치는 있으나 그 존재량이 무한하여 교환가치가 없기 때문에 경제행위의 객체가 될 수 없는 비경제재를 말하며, 경제재는 사용 가치가 있고 그 존재량이 희소하여 경제행위의 객체가 되는 재화를 말한다.
	참고 자유재의 경제재화
	• 소비재와 생산재 : 소비재는 소비자의 만족을 충족시켜 주는 목적으로 사용되는 재화이며, 생산재는 생산과정에 사용되는 재화이다.
용역	• 직접 용역 : 인적 용역으로 사람이 직접 욕망을 충족시켜 주는 용역(의사, 변호사, 교사, 이발사, 연주가 등의 행위)이다.
	• 간접 용역 : 물적 용역으로 물건과 시설을 개입시켜 욕망을 충족시켜 주는 용역(배급, 교통, 운송, 상업 등의 역할)이다.

03 다음 글의 논리와 부합되는 것은?

> 슐츠는 '인간 자본에의 투자'라는 논문에서 "생산은 물적 자본에 의해서만 증가되는 것이 아니라 인적 자본에 의해 크게 달라질 수 있다."라고 주장하였다.

① 교육의 본질적 측면이 강조되어야 한다.
② 인간의 능력이 정확하게 측정되어야 한다.

 정답 01 ① * 02 ③ * 03 ④

③ 생산에 있어서 자본보다 노동이 중시되어야 한다.

④ 생산 증대를 위해서는 교육에 대한 투자가 이루어져야 한다.

⑤ 생산의 요소 중 토지와 자본을 중시하는 견해이다.

슐츠의 인적 자본론에서는 인간이 지니고 있는 생산능력을 자본으로 파악하고, 인적 자본의 증대를 위해 교육에 대한 투자를 강조하고 있다. 즉, 인간 자본론은 교육을 인간 자본에의 투자로 여겨 인간이 교육을 통해 지식과 기술을 갖추게 될 때 생산성이 증가하여 인간의 경제적 가치가 증가하게 되며, 이로 인해 사회가 발전한다고 본다.

04 다음은 탄소 캐쉬백 제도의 도입에 관한 설명이다. 이를 시행했을 때 나타날 수 있는 경제현상으로 적절한 것을 〈보기〉에서 모두 고른 것은?

> 탄소 캐쉬백 제도란 에너지 절약형 저탄소 제품의 구매를 장려하는 시민 구매행동 인센티브 제도이다. 현재 이 제도는 서울 강남구와 경기도, 제주도 등에서 도입하였고, 2010년에는 전국적으로 도입할 예정이다. 또한 정부는 이 제도에 참여하는 제조사들에게 다양한 인센티브를 제공할 예정이다.

> **보기**
> ㄱ. 저탄소 제품에 대한 수요가 점차 증가할 것이다.
> ㄴ. 교토의정서를 준수하는 기업들이 점차 증가할 것이다.
> ㄷ. 경제주체들은 온실가스 배출량이 점차 증가할 것이다.

① ㄱ   ② ㄴ   ③ ㄷ

④ ㄱ, ㄴ   ⑤ ㄱ, ㄷ

탄소 캐쉬백(Carbon Cashbag) 제도는 온실가스 절감 문화의 전국민적 확산 및 에너지 고효율 제품의 구매를 촉진할 목적으로 에너지 절약 및 온실가스 감축을 위한 저탄소 제품의 구매를 장려하는 인센티브 제도이다. 소비자가 탄소 캐쉬백 제품을 구매할 경우, 구매가격의 일정 비율로 탄소 캐쉬백 포인트를 적립해주고, 소비자는 이를 다양한 방식으로 사용할 수 있다.

05 다음과 같이 판매시점 정보관리 시스템을 도입한 이후 순이익이 증가한 이유를 〈보기〉에서 모두 고른다면?

> 4개의 화장품 유통매장을 운영하는 박사장은 요즘 매장을 종업원들에게 맡기고 외출해도 걱정이 되지 않는다. 올해 초 매장마다 판매시점 정보관리 시스템을 설치했기 때문이다. 이 시스템은 바코드 스캐너와 단말기 등으로 구성되어 있으며, 상품을 팔면 바코드에 들어 있는 정보를 낱낱이 읽는다. 이 시스템을 도입한 이후 순이익이 20% 가량 증가하였다.

> ● 보기 ●
> ㄱ. 매출 경향을 신속히 파악하여 고객의 요구에 응할 수 있다.
> ㄴ. 고객들의 미용 상담 요청이 줄어 종업원 수를 줄일 수 있다.
> ㄷ. 현금에 의한 매출이 줄고, 신용카드에 의한 매출이 증가하였다.
> ㄹ. 재고를 쉽게 파악할 수 있어 적정한 재고 관리가 가능하게 되었다.

① ㄱ, ㄴ   ② ㄱ, ㄷ   ③ ㄱ, ㄹ
④ ㄴ, ㄷ   ⑤ ㄴ, ㄹ

 판매시점 정보관리 시스템의 도입으로 상품의 재고와 판매량을 정확히 파악할 수 있다.

판매시점 정보관리 시스템(POS)

유통업체 매장에서 판매와 동시에 품목, 가격, 수량 등의 유통정보를 컴퓨터에 입력시켜 정보를 분석·활용하는 관리 시스템이다. 판매 정보의 입력을 쉽게 하기 위해 상품 포장지에 고유 마크나 바코드를 인쇄 또는 부착시켜 판독기(핸드 스캐너)를 통과할 때 해당 상품의 각종 정보가 자동으로 메인 컴퓨터에 들어간다. 유통업체는 이 정보를 토대로 수시로 매출 동향을 신속히 파악하며, 재고를 적정 수준으로 유지하고, 잘 팔리는 상품의 진열을 확대하는 등 상품관리 및 업무자동화가 이루어진다. 판매시점 정보관리 시스템의 발달로 판매시점에서부터 정보의 즉각적인 피드백(feedback)에 의한 상품관리가 가능하게 되었다.

06 다음 내용을 함축적으로 바르게 나타낸 것은?

> 산업혁명 이전에는 토지 등 자연자원이 주된 생산요소였으나, 대량생산이 일반화됨에 따라 기계, 공장 설비 등 자본의 비중이 커지게 되었으며, 이후 새로운 기술을 개발하고 생산요소를 합리적으로 조직하는 기술인 경영이 중요하게 되었다.

① 인간이 가장 중요한 자원이다.
② 생산요소에는 노동, 토지, 자본이 있다.
③ 생산요소는 시대에 따라 그 중요성이 달라진다.
④ 합리적 경영기술이 가장 중요한 생산요소이다.
⑤ 오늘날에는 생산요소보다 기술개발이 중요하다.

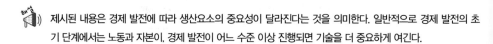 제시된 내용은 경제 발전에 따라 생산요소의 중요성이 달라진다는 것을 의미한다. 일반적으로 경제 발전의 초기 단계에서는 노동과 자본이, 경제 발전이 어느 수준 이상 진행되면 기술을 더 중요하게 여긴다.

07 다음 글과 같은 변화에 대한 대응책으로 바른 것을 〈보기〉에서 모두 고른다면?

> 최근에 국제 경제는 지역적 경제협력체가 강화되는 한편 국가 간의 무역 마찰이 심화되었다. 이러한 사태의 진전으로 국가 간에 무역전쟁이 발생하고, 각국은 신보호주의 정책을 강화하고 있다.

> ● 보기 ●
> ㄱ. 급진적인 수입 개방 정책으로 국내 산업의 경쟁력을 갖춘다.
> ㄴ. 완제품보다 소재 및 부품산업을 육성하여 대외경쟁력을 갖춘다.
> ㄷ. 수출상품에 대하여 정부가 보조금을 지급하여 국제 경제력을 갖춘다.
> ㄹ. 미국, 일본 편중의 무역구조를 개선하여 수출입 시장을 다변화한다.

① ㄱ, ㄴ   ② ㄱ, ㄷ   ③ ㄱ, ㄹ
④ ㄴ, ㄷ   ⑤ ㄴ, ㄹ

신보호주의는 선진국간의 무역 불균형에 따른 무역 마찰 심화, 개발도상국의 발전에 따른 선진국의 경쟁력 약화, 석유파동 이후의 세계 경제 침체, 선진국의 실업률 증가 등을 배경으로 하여 1970년대 중반 이후에 본격화된 무역제한조치를 말한다. 국가와 상품에 따른 선별적 보호조치와 함께 신흥공업국 수출품에 대한 수입 규제와 선진국의 사양산업을 보호하기 위한 비관세 장벽이 강화되었다. 신보호주의는 보호 대상이 주로 선진국의 사양산업이라는 점에서 후진국의 유치산업이었던 고전적 보호주의와 구별된다.

신보호주의 정책에 대응하기 위해서는 점진적인 수입 개방으로 국내 산업의 경쟁력을 강화하고, 수출품목을 다양화하며, 수출입 시장을 다변화한다. 또한 수입규제를 덜 받는 소재 및 부품 산업을 육성하며 연구개발에 대한 투자를 확대하여 우리 상품의 대외경쟁력을 높여야 한다.

08 다음 글에서 밑줄 친 내용과 맞지 않는 것은?

> 그 나라의 인구와 국민소득의 변화 그리고 자연자원, 자본, 노동력 생산요소의 존재 상태나 생산기술과 정치적·사회적 여건, 정부의 산업정책 등의 상호결합에 의하여 산업구조가 변화하게 된다.
>
> 또 해당 산업별 1인당 생산성과인 산업생산성의 크기가 유리한 산업으로 노동력 인구가 이동하기 때문에 산업구조가 변화되기도 한다. 그리고 사람들의 소득 수준이 상승함에 따라 생산물에 대한 수요구조가 변화하기 때문이다. 일반적으로 소득 수준이 상승함에 따라 <u>소비자의 총 지출액 중에서 차지하는 음식물비의 비율</u>이 낮아지는 경향이 있다. 이러한 음식물비의 비율 저하는 1차 산업의 비중을 저하시키는 원인이 된다.

① 엥겔계수라고 한다.
② 클라크의 산업구조에서는 3차 산업에서 비율이 가장 낮게 나타난다.
③ 일반적으로 25% 이하이면 극빈생활이라 한다.
④ 생활 수준을 파악하는 지표로 활용된다.
⑤ 총생계비 대비 음식물비로 계산한다.

 엥겔법칙이란 독일의 통계학자 엥겔이 근로자의 가계조사에서 발견한 법칙으로, 소득이 낮은 가정일수록 전체의 생계비에 대한 음식물비의 비중이 높아진다. 엥겔계수는 '(음식물비/총생계비)×100'으로 나타내며, 엥겔계수가 15% 이하이면 높은 문화생활, 75% 이상이면 극빈생활을 나타낸다.

09 다음의 사례에서 갑의 선택과 관련된 설명으로 옳은 것을 〈보기〉에서 모두 고른다면? (단, 이익과 손실은 모두 금전적인 것이며, 기간은 1년으로 제한한다.)

> 현재 갑은 을 소유의 아파트에서 1억 원에 전세로 살고 있다. 그런데 어느날 을이 찾아와 두 가지 새로운 제안을 하였다. 갑이 이 아파트를 구입할 의사가 있으면 2억 원에 팔겠다는 것과 월세를 원하면 보증금 없이 월 50만 원을 받겠다는 것이다. 물론 계속 지금과 같이 전세로 살아도 무방하다고 하였다. 갑이 알아보니 금리는 연 5%이고 집값 상승률이 연 4%가 될 것이라고 한다. 갑은 현재 여유자금이 없어서 집을 살 경우 1억 원을 대출 받아야 한다.

> ● 보기 ●
> ㄱ. 월세보다 전세의 기회비용이 더 크다.
> ㄴ. 집을 살 경우 기회비용이 최소화된다.
> ㄷ. 전세로 계속 사는 것이 가장 합리적이다.
> ㄹ. 월세로 전환하면 편익보다 비용이 더 크다.

① ㄱ, ㄴ   ② ㄱ, ㄷ   ③ ㄱ, ㄹ
④ ㄴ, ㄷ   ⑤ ㄴ, ㄹ

 갑이 집을 살 경우에는 2억 원이 드는데 이 중 1억 원을 대출 받아야 하므로 이에 대한 이자 500만 원이 더 소요된다. 그런데 집을 소유하게 되면 1년 뒤에 800만 원이라는 금액이 집값 상승이 되므로 300만 원이 이득이 된다. 월세로 전환하는 경우에는 월세는 1년에 총 600만 원인데 비해 전세보증금 1억 원에 대한 이자수입은 500만 원이므로 100만 원의 손실을 보게 된다.

그냥 그대로 살게 되는 경우에는 이익도 손해도 발생하지 않는다.

ㄱ. 월세와 전세의 기회비용은 둘 다 300만 원으로 같다. 집을 사는 경우가 300만 원의 이익을 얻을 수 있는 가장 합리적인 선택이기 때문에 월세와 전세는 이에 대한 포기이므로 기회비용은 같다.

ㄷ. 전세로 계속 사는 것보다 집을 구입하는 것이 가장 합리적이다.

10 다음의 글을 통해서 도출할 수 있는 결론으로 가장 적절한 것은?

> 돼지 한 마리를 도살할 때 나오는 고기의 양은 삼겹살이 목살보다 많다고 한다. 그런데 우리나라에서는 삼겹살이 목살보다 더 비싸게 팔린다. 그 이유는 사람들이 목살보다 삼겹살을 더 즐겨 찾기 때문이다.

① 재화의 존재량이 재화의 가격을 결정한다.
② 재화의 효용은 재화의 다양성에 의해 결정된다.
③ 재화의 선택 기준은 재화의 수량에 의해 결정된다.
④ 재화의 가격은 재화의 상대적인 희소성에 의해 결정된다.
⑤ 재화에 대한 사람들의 욕망은 재화의 수량에 반비례한다.

 제시문은 삼겹살이 목살에 비해 공급량은 많지만 더 비싸게 팔리는 것은 소비자 기호에 따라 가격이 변화됨을 보여준다. 이를 통해 재화의 가격은 상대적인 희소성에 의해 결정됨을 알 수 있다.

11 다음 내용과 같은 추세가 계속될 경우 예상되는 이점으로 옳은 것은?

> 다자간 공정한 자유무역 체제를 보장하는 세계무역기구(WTO)가 1995년 1월 공식 출범했음에도 불구하고 지역주의 바람은 전혀 수그러들지 않고 있다. 유럽 연합(EU)이 단일경제권으로 확실히 이행되는 데 자극 받아 지구촌 곳곳에서는 지역 그룹들이 원근에 관계없이 생겨나고 있다.

① 가맹국간의 상품 및 서비스의 수출이 어려워진다.
② 세계 경제에서 미국의 주도적 역할이 더욱 강화될 것이다.
③ 회원국은 안정적인 경제 성장을 할 수 있다.
④ 소수 강대국의 통상 압력 수단으로 활용될 수 있다.
⑤ 역내 국가들의 안정적인 경제 성장을 저해할 수 있다.

 지역주의가 계속 확산될 경우 지구촌 단일 경제권의 형성 및 회원국들의 안정적인 경제 성장 등의 이점이 있는 반면, 원산지 규정 등으로 자원의 효율적인 배분이 이루어지기 어렵고, 강대국들이 역내의 약소 회원국들을 대상으로 시장개방 등에 대한 압력을 보다 빠르게 진척시킬 수 있다는 문제점이 있다.

 정답 09 ⑤ * 10 ④ * 11 ③

12 다음은 2002년 7월 이후 시행된 북한의 경제정책이다. 이러한 정책 도입이 가져올 경제적 변화로 적절한 것을 〈보기〉에서 고른다면?

- ·물질적 인센티브제 도입
- ·배급제, 보조금 제도의 단계적 폐지
- ·기업의 경영자율권 확대
- ·시장의 수요, 공급을 반영한 가격 개혁

● 보기
ㄱ. 빈부 격차의 완화
ㄷ. 경제의 효율성 중시
ㄴ. 정부 개입의 축소
ㄹ. 시장경제의 문제점 보완

① ㄱ, ㄴ
② ㄱ, ㄷ
③ ㄱ, ㄹ
④ ㄴ, ㄷ
⑤ ㄷ, ㄹ

제시된 자료는 북한이 계획경제 체제의 비효율성을 극복하기 위하여 시장경제 요소를 도입한 내용이다. 이러한 정책은 정부의 개입을 축소하고 민간 부문의 이윤 동기를 강조하여 효율성을 되찾기 위한 노력이다.

13 다음 글에 대한 분석 및 추론으로 옳지 않은 것은?

초등학생 영수는 일주일 용돈으로 5,000원을 받는다.
영수는 용돈으로 쌀과자와 MP3 파일만을 구입한다.
쌀과자는 한 봉지에 1,000원이고 MP3 파일은 하나에 500원이다.

① 쌀과자 한 봉지의 기회비용은 MP3 파일 2개이다.
② 부모님이 용돈을 올려 주어도 쌀과자 한 봉지의 기회비용은 변함이 없다.
③ MP3 파일의 가격이 200원으로 하락한다면 쌀과자로 표시한 MP3 파일의 기회비용은 커진다.
④ 용돈과 두 재화의 가격이 모두 100% 오르더라도, 영수의 두 재화에 대한 최대 구매 가능량은 변함이 없다.
⑤ 쌀과자와 MP3의 가격이 모두 100% 오르더라도, MP3 파일로 표시한 쌀과자의 기회비용은 변함이 없다.

 지문상에서 쌀과자로 표시한 MP3 파일 하나의 기회비용은 쌀과자의 2분의 1이다. ③의 경우 MP3 파일의 가격이 200원으로 하락하면 쌀과자로 표시한 MP3 파일의 기회비용은 5분의 1이 된다. 따라서 쌀과자로 표시한 MP3 파일 하나의 기회비용은 작아진다.

14 다음의 글을 읽고 추론할 수 있는 것 중 가장 옳은 것은?

> 과거에는 아무런 대가를 지불하지 않고서도 어디서나 깨끗한 물을 쉽게 구할 수 있었다. 하지만 산업화 과정에서 사람들의 무관심과 묵인으로 환경오염이 심해지면서 깨끗한 물을 쉽게 구할 수 없게 되었고, 이제는 깨끗한 물을 구하고자 할 때 그 값을 치르게 되었다.

① 자유거래는 모든 사람을 이롭게 한다.
② 같은 비용이면 편익이 큰 것을 선택한다.
③ 모든 재화는 시장에서 거래가 이루어진다.
④ 시장에서는 분업의 원리가 작용하고 있다.
⑤ 재화의 희소성으로 선택의 문제가 발생한다.

 제시문은 과거 자유재였던 재화(물)가 희소성이 증가하여 경제재로 바뀌었음을 나타낸다. 즉, 시장에서 거래의 대상이 되었기 때문에 시장 참여자들은 합리성에 기초하여 선택을 요구 받는다. 이처럼 재화의 희소성은 선택의 문제를 야기시킨다.

15 다음은 유원지에서 볼 수 있는 망치놀이 기구의 원리이다. 이를 통해 수요의 가격탄력성을 설명하려 할 때 옳지 않은 것은?

> 망치로 내려치면 그 힘에 의해 공이 위로 튀어 올랐다가 내려온다. 망치로 치는 힘이 동일하더라도 스프링 상태에 따라 공이 올라간 높이가 다를 수 있다.

① 망치로 내려치는 힘은 가격의 변동률에 해당한다.

② 공이 튀어 올라가는 폭은 수요량의 변동률에 해당한다.

③ 상품마다 수요의 가격탄력성이 다른 것은 스프링의 상태로 설명할 수 있다.

④ 가격 상승의 경우에는 올라간 공의 높이를 수요량의 감소율로 설명할 수 있다.

⑤ 망치를 아무리 세게 내려쳐도 공이 움직이지 않는다면 단위탄력적인 상태로 설명할 수 있다.

 ⑤ 망치를 세게 내려쳤다는 것은 가격이 심하게 변동했음을 의미하는데, 공이 전혀 움직이지 않았다면 가격이 변해도 수요량이 불변하는 완전비탄력적인 상태로 볼 수 있다.

수요의 가격탄력성

어떤 재화의 가격이 낮을수록, 소득이 높을수록, 대체재의 가격이 높을수록, 그리고 보완재의 가격이 낮을수록 그 재화에 대한 소비자의 수요는 늘어난다. 즉, 수요결정 변수들의 변화에 대해 수요량이 얼마나 변하는지를 파악하기 위해 경제학자들이 사용하는 개념이 탄력성이다.

수요의 법칙에 따르면, 한 재화의 가격이 하락함에 따라 그 재화의 수요량은 증가한다. 수요의 가격탄력성은 가격이 변할 때 수요량이 얼마나 변하는지를 나타내는 지표이다. 한 재화에 수요량이 가격 변화에 대해 민감하게 변하면 그 재화의 수요는 탄력적이라고 하고, 가격이 변할 때 수요량이 약간 변하면 수요는 비탄력적이라고 한다.

16 다음 주장을 통하여 추론할 수 없는 것은?

> 한 사람은 활과 화살을 만드는 데 전념하고, 또 한 사람은 음식을 마련하고, 제3의 사람은 오두막을 짓고, 제4의 사람은 의복을 만들고, 제5의 사람은 도구를 만드는 데 전념한다. 이렇게 하면 수많은 종류의 재화가 보다 쉽게 많이 생산될 수 있다. 생산된 재화를 서로 주고받음으로써 참가자들은 서로 유리해진다. 그들의 생업과 업무도 여러 사람이 나누어 하면 쉽게 처리할 수 있다.

① 분업은 교환을 전제로 한다.
② 분업은 소득을 균등하게 배분해준다.
③ 전문화의 특화는 생산성을 증진시킨다.
④ 분업이 효율적 자원 배분을 가능하게 한다.
⑤ 교환은 참가자 모두의 상호이익을 증진시킨다.

 분업은 생산공정을 전문화시켜 생산성을 높여 줌으로써 경제의 효율성을 증가시키고 교환의 확대를 가져오게 한다. 또한 교환이 활성화될수록 물건은 보다 전문화되고 효율적으로 생산된다. 분업은 생산의 효율성 증진에 기여하지만, 교환 당사자 간에 소득을 형평성 있게 배분해 주지는 않는다.

17 다음 밑줄 친 부분과 같은 현상이 일어난 이유로 가장 타당한 것은?

> 자연산 넙치는 양식 넙치에 비해 맛이 좋아서 훨씬 높은 가격에 거래된다. 일부 업자들은 자연산 넙치와 양식 넙치를 구분하기 어렵다는 점을 이용하여 양식 넙치를 자연산으로 속여 팔기도 한다. 이에 많은 소비자들은 가려내기 어려운 자연산 넙치를 비싼 값에 사기보다는 차라리 값싼 양식 넙치를 사기 시작했다. 결국 <u>시장에서 자연산 넙치를 보기가 어려워졌다.</u>

① 자연산 넙치의 공급이 줄었기 때문이다.
② 넙치 수요자 간의 담합이 존재하기 때문이다.
③ 일부 넙치 공급자들이 합리적이지 못하기 때문이다.
④ 넙치 가격이 자원을 효율적으로 배분하고 있기 때문이다.
⑤ 넙치 수요자와 공급자가 지닌 정보에 차이가 있기 때문이다.

 제시된 글과 같은 문제를 해결하기 위해서는 자연산 넙치와 양식 넙치를 구분할 수 있는 원산지 표기제도를 도입하여 공급자와 수요자 간의 정보 격차를 없애야 한다.

 정답 15 ⑤ * 16 ② * 17 ⑤

PART IV | 경제이해력 적중문제 ● 451

18 다음 사례에 대해 바르게 이해한 사람은?

> 연탄은 가난했던 시절 국민을 추위에서 지켜 준 소중한 재화이다. 그러나 1980년대 이후 석탄의 경제성이 낮아지고 청정 에너지원의 수요가 늘어나면서 정부는 꾸준히 석탄산업 합리화 정책을 시행해왔다. 한편으로는 저소득 서민층의 난방비 부담을 줄여주기 위해 연탄 가격을 통제하고 대신 연탄 공장의 소득을 보전해 주기 위해 한 장당 일정액의 보조금을 지급해왔다. 그런데 최근 3년간 고유가 현상 및 소득 양극화에 의해 연탄 소비량이 급증하고 있다.

① 갑 : 연탄 가격이 내리면 수요량이 감소할 거야.
② 을 : 최근 연탄 산업의 노동 수요가 증가했을 거야.
③ 병 : 연탄에 대해 정부가 최저 가격제를 실시하고 있군.
④ 정 : 정부 개입이 없었다면 최근 연탄의 가격은 낮아졌겠지.
⑤ 무 : 연탄 판매량이 증가할수록 보조금 지출총액이 줄어들겠네.

 최근 연탄 소비가 증가함에 따라 연탄의 공급량을 늘리기 위해 연탄 산업의 노동 수요는 늘어날 것이라는 예측이 가능하다.
① 연탄 가격이 하락하면 수요량은 증가한다.
③ 정부는 연탄에 대해 최고 가격제를 시행하고 있다.
④ 정부 개입이 없었다면 연탄 수요의 증가로 연탄 가격이 크게 상승하였을 것이다.
⑤ 보조금 지급은 연탄 한 장당 지급하므로 연탄 판매량이 증가할수록 보조금 지출 총액도 비례적으로 늘게 된다.

19 다음 그림은 갑돌이가 4시간 동안 토끼만을 잡는 경우를 세로축에, 잉어만을 잡는 경우를 가로축에 그린 것이다. 갑돌이가 토끼만을 잡는 경우 토끼 한 마리의 기회비용은?

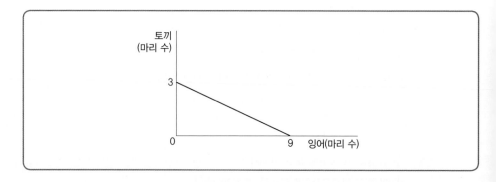

① 잉어 1마리   ② 토끼 1마리   ③ 잉어 3마리

④ 토끼 3마리   ⑤ 잉어 9마리

 갑돌이가 4시간 동안 토끼만을 잡는 경우 3마리를 잡을 수 있고, 잉어만을 잡는 경우 9마리를 잡을 수 있으므로 갑돌이가 토끼만을 잡는 경우 토끼 한 마리의 기회비용은 잉어 3마리이다.

20 다음 신문기사의 헤드라인 일부를 보고 ( ) 안에 들어갈 내용으로 가장 적절한 것은?

> 쇠고기, 돼지고기 값 동반 하락
> 8년 만에 처음 … ( )

① 사료값의 폭등 영향

② 국민소득 증가가 그 원인

③ 축산농가의 급격한 감소 영향

④ 미국산 쇠고기 수입 재개 영향

⑤ 조류 인플루엔자 전국적으로 확산

 쇠고기 수입은 대체관계에 있는 국산 쇠고기와 돼지고기의 수요를 감소시켜 가격을 떨어뜨린다.

① 사료값의 폭등은 공급의 감소 요인으로 가격을 상승시킨다.

② 국민소득이 증가하는 것은 수요의 증가 요인으로 가격을 상승시킨다.

③ 축산농가의 급격한 감소는 공급의 감소 요인으로 가격을 상승시킨다.

⑤ 조류 인플루엔자가 전국적으로 확산되면 대체재인 쇠고기나 돼지고기의 수요가 증가하게 되어 가격을 상승시킨다.

21 다음의 신문기사를 읽고 예상할 수 있는 현상을 〈보기〉에서 모두 고른다면?

> 국내 유가에 영향을 미치는 중동산 두바이유의 가격이 급등하여 배럴당 30달러를 넘어섰다. 이에 따라 국내 휘발유 가격이 큰 폭으로 올라 리터당 1,400원을 돌파하였다. 더욱이 석유 수출국 기구(OPEC) 회원국들은 다음 달부터 하루 100만 배럴 감산을 예정대로 실행하겠다고 공언하여 유가 불안을 부추기고 있다.

> • 보기 •
> ㄱ. 휘발유 사용량이 늘어날 것이다.
> ㄴ. 비행기 탑승객이 늘어날 것이다.
> ㄷ. 버스나 지하철 이용자가 늘어날 것이다.
> ㄹ. 절전형 전자제품이나 기계의 구입이 늘어날 것이다.

① ㄱ, ㄴ   ② ㄱ, ㄷ   ③ ㄱ, ㄹ
④ ㄴ, ㄷ   ⑤ ㄷ, ㄹ

 제시된 신문기사에서 OPEC의 배럴 감산은 공급을 감소시켜 균형가격을 상승시킬 것이다. 유가 부담이 증가하면 승용차 대신 대중교통을 이용하는 사람이 늘어나고 절전형 전자제품이나 기계의 구입이 크게 늘어날 것이다.

22 가격탄력성에 대한 (ㄱ)과 (ㄴ)의 생각을 그래프에서 바르게 나타낸 것은? (단, 다른 조건은 일정함)

> 최근 택시요금 인상을 둘러싸고 정부와 택시기사들 사이에 의견이 첨예하게 대립되고 있다. (ㄱ) 정부당국은 택시요금이 인상되면 택시기사의 수입이 증가한다고 보는 반면, (ㄴ) 택시기사들은 손님이 줄어 오히려 수입이 감소할 것이라는 입장을 취하고 있다.
>
>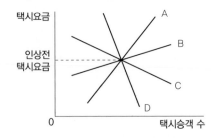

① (ㄱ) : A, (ㄴ) : B　　　　　　② (ㄱ) : B, (ㄴ) : C

③ (ㄱ) : C, (ㄴ) : A　　　　　　④ (ㄱ) : C, (ㄴ) : D

⑤ (ㄱ) : D, (ㄴ) : C

정부당국의 견해	택시요금에 대한 소비자의 수요가 비탄력적이어서 요금 인상이 택시기사들의 수입을 증가시킬 것으로 예측하고 있다.
택시기사들의 견해	택시기사들은 택시요금에 대한 소비자의 수요가 탄력적이어서 요금 인상이 자신들의 수입을 감소시킬 것으로 예측하고 있다.

〈수요의 가격탄력성과 기업 판매 수입의 관계〉

· 수요의 가격탄력성이 탄력적인 경우 : 가격이 하락하면 기업의 판매 수입이 증가하고, 가격이 상승하면 판매 수입이 감소한다.

· 수요의 가격탄력성이 비탄력적인 경우 : 가격이 하락하면 기업의 판매 수입이 감소하고, 가격이 상승하면 판매 수입이 증가한다.

23 다음 글을 읽고 적정한 추론을 〈보기〉에서 모두 고른 것은?

> 대한기업 연구소가 자사 제품에 대한 수요의 가격탄력성을 추정한 결과 녹차 수요의 가격탄력성은 1.5, 홍차 수요의 가격탄력성은 1, 그리고 커피 수요의 가격탄력성은 0.5로 나타났다.

● 보기 ●

ㄱ. 녹차 가격을 인상하면 녹차의 판매 이윤은 증가한다.

ㄴ. 홍차 가격을 10% 인상하더라도 홍차의 판매 수입은 변하지 않는다.

ㄷ. 녹차 가격을 인하하고 커피 가격을 인상하면 총판매 수입은 증가한다.

ㄹ. 녹차, 홍차, 커피 가격을 똑같은 비율로 인상하더라도 총판매 수입은 변하지 않는다.

① ㄱ, ㄴ　　　　　　② ㄴ, ㄷ　　　　　　③ ㄷ, ㄹ

④ ㄱ, ㄴ, ㄹ　　　　　⑤ ㄴ, ㄷ, ㄹ

ㄱ. 녹차의 가격탄력성은 탄력적이므로 녹차 가격을 인상하면 수요는 그 이상 감소하게 되어 판매 이윤은 감소한다.

ㄹ. 똑같은 비율로 인상하면 녹차는 판매 수입 감소, 홍차는 판매 수입 불변, 커피는 판매 수입 증가로 탄력성이 각각 다르기 때문에 총판매 수입은 변한다.

24 다음 글과 관련된 타당한 설명을 〈보기〉에서 모두 고르면?

> 도시를 가로질러 흐르는 강은 오랫동안 시민들에게 휴식공간을 제공해 주었다. 그러나 상류에 많은 공장들이 들어서면서 공장폐수로 인해 환경오염이 심해지자 악취로 인해 고통을 호소하는 사람들이 나타났다. 강을 되살리는 일은 쉽지 않았다. 누군가가 강을 되살린다면 자신은 아무 비용을 들이지 않고도 그 혜택을 얻을 수 있다고 생각하여 비용을 부담하겠다는 사람이 없었기 때문이다. 결국 정부는 강의 오염을 줄이기 위해서 직접 규제방식과 경제적 유인을 통한 간접 규제방식을 병행하여 시행하기로 하였다.

> ● 보기 ●
> ㄱ. 공장폐수의 방류로 인해 외부 불경제가 발생하였다.
> ㄴ. 강이 제공하는 휴식공간은 배제성과 경합성을 가지고 있다.
> ㄷ. 무임승차자 문제로 인해 시장 자율에 의한 강의 정화가 어려웠다.
> ㄹ. 조세 부과나 오염 배출권 거래제 등은 직접 규제방식의 사례로 볼 수 있다.

① ㄱ, ㄴ   ② ㄱ, ㄷ   ③ ㄴ, ㄷ
④ ㄴ, ㄹ   ⑤ ㄷ, ㄹ

 ㄴ. 휴식공간은 공공재로서 비배제성과 비경합성을 가지고 있다.
　　ㄹ. 조세 부과나 오염 배출권 거래제 도입은 간접 규제방식의 사례이다.

공공재

공공재는 정부 재정에서 공급하여 모든 개인이 공동으로 이용할 수 있는 재화 또는 서비스로, 애덤 스미스는 정부가 맡아야 할 일로서 첫째로 국방, 둘째로 사법행정, 셋째로 공공사업과 공공시설을 들었다. 즉, 국방·경찰·소방·공원·도로 등과 같이 정부에 의해서만 공급이 가능하며 정부에 의해서 공급하는 것이 바람직하다고 사회적으로 판단되는 재화 또는 서비스가 공공재이다. 공공재에 관한 가장 중요한 과제는 정치기구를 통하여 적정한 공공재의 크기를 어떻게 정할 것인지 기준을 정하는 일이다. 사람들이 공공재에 대하여 인정하는 중요성에 상응하는 조세를 부담하는 데 반대하지 않는다면 공공재의 크기는 이것을 적정 수준으로 하여 결정할 수 있다. 그러나 공공재의 비배제성의 성질에 의하여 비용을 부담하지 않는 사람도 공공재의 이익을 누릴 수 있으므로, 이른바 '공짜 승객(free rider)'의 문제가 생기게 된다.

25 다음 밑줄 친 내용에 대한 설명으로 가장 적절한 것은?

> 저작권을 보호 받는 문화 콘텐츠에 대한 불법 복제가 근절되지 않고 있다. 그 이유는 문화 콘텐츠와 같은 재화의 경우 내가 소비하는 상품과 동일한 상품을 다른 사람들이 소비한다고 해도 내가 소비할 수 있는 상품의 양은 영향을 받지 않는 특성을 가지고 있기 때문이다.

① 차량통행이 드문 유료도로에서 찾아볼 수 있는 특성이다.
② 사회적 최적 수준에 비해 과다 생산되는 원인이 된다.
③ 초과수요가 지속적으로 존재하기 때문에 나타난다.
④ 대체재가 존재하기 때문에 나타나는 특성이다.
⑤ 공유자원이 빠른 속도로 고갈되는 원인이다.

 윗글은 문화 콘텐츠의 비경합성을 설명한다. 차량통행이 드문 유료도로는 배제성과 비경합성의 특성을 지닌다.
② 부의 외부 효과이다.
③ 초과수요가 존재하면 가격이 상승한다.
④ 대체재가 존재하면 수요의 가격탄력성이 크다.
⑤ 공유자원은 비배제성과 경합성을 가진다.

26 다음 글의 주장에 부합하는 정책으로 가장 적절한 것은?

> 의사들이 가장 처음에 배우는 원칙은 '몸에 해가 되지 않도록 하라'는 것이다. 사람의 몸에는 '자체 회복능력'이 있다. 의사는 치료를 최소화하고 환자의 몸 스스로 병을 이겨내도록 하면 더 좋은 결과를 가져올 수 있다.

① 공공주택 건설을 확대한다.
② 경기안정화 정책을 실시한다.
③ 의료보험 제도를 확대 · 실시한다.
④ 민간경제 부문의 자율성을 확대한다.
⑤ 낙후 지역에 대한 교육지원을 강화한다.

 제시된 글은 자체 회복 능력을 신뢰하라는 것으로서 시장의 자율성을 강조한다. 이에 부합하는 정책은 민간경제 부문의 자율성을 확대하고 정부의 규제와 간섭을 최소화하는 것이다.

27 다음 글과 같은 취지에서 이루어지는 경제정책을 〈보기〉에서 모두 고른다면?

> 공기업은 대부분 사업부문의 독점을 통해 경쟁자가 없는 경영과 국가의 집중적인 지원 속에서 성장하였다. 그동안 단기간 내에 철도와 도로, 가스설비, 전력, 상수도의 인프라를 만들어냈으나, 이제는 이들 기업도 민영화를 통해 경쟁력을 확보하는 것이 중요하다. 그 이유는 이들 기업의 변신이 국가 경쟁력과 직결되기 때문이다.

> • 보기 •
> ㄱ. 사회복지 예산을 증액한다.
> ㄴ. 토지거래허가제를 실시한다.
> ㄷ. 은행금리의 자율화 폭을 증대한다.
> ㄹ. 공장 설립의 인·허가 절차를 간소화한다.

① ㄱ, ㄴ   ② ㄱ, ㄷ   ③ ㄴ, ㄷ
④ ㄴ, ㄹ   ⑤ ㄷ, ㄹ

 정부의 보호 하에 성장한 공기업의 경쟁력을 높이기 위해서는 구조개혁을 해야 하는데 이를 국가가 관여하기보다는 시장의 자율 경쟁체제에 맡겨야 한다는 내용이다. 은행금리의 자율화나 공장 설립의 규제 완화는 모두 시장의 자율성을 신장시키는 방안들이다. 그러나 ㄱ과 ㄴ은 오히려 정부의 개입이 강화되는 방향이다.

28 다음은 어떤 단체의 주요 활동을 나타낸 것이다. 이 단체의 활동에 대한 설명으로 적절하지 않은 것은?

> • 공공사업 감시단 발족
> • 정부 예산낭비 사례 10가지 발표
> • 공공건설 공사의 가격경쟁 입찰제 입법 촉구
> • 비정규직 차별 철폐를 위한 공동대책 위원회 결성
> • 최대 이동통신 사업자의 중소사업자 인수·합병 반대 운동 전개

① 시장의 실패를 보완하는 역할을 한다.
② 예산집행의 투명성과 책임성을 높인다.
③ 재정에 대한 국민의 참여기회를 확대한다.

④ 정부 실패 현상의 발생을 줄이는 데 기여한다.
⑤ 공정한 분배보다 기업경쟁력의 강화를 중시한다.

> 해설)) 이 단체는 비정규직 차별 철폐를 주장하고 있으므로 공정한 분배를 중시한다.

29 다음의 글은 '시장'과 '규제'를 비유적인 방법으로 대조시켜 본 것이다. 밑줄 친 부분에 대한 설명으로 적절하지 않은 것은?

> 일상생활에서 (ㄱ) 쥐를 잡는 방법은 크게 두 가지이다. 하나는 (ㄴ) 빗자루를 이용하는 것이고, 다른 하나는 (ㄷ) 고양이를 활용하는 것이다. 빗자루를 가지고 쥐를 잡는 경우에는 온 집안을 뒤지느라 소란을 떠는 것에 비해, 잡은 쥐의 양이 많지 않다. (ㄹ) 어떤 경우에는 빗자루를 잘못 휘두르는 바람에 가구까지 파손하기도 한다. 그러나 고양이를 활용해서 쥐를 잡는 경우에는 적어도 (ㅁ) 가구가 파손되거나 소음으로 고통 받을 가능성은 별로 없다. 왜냐하면 고양이가 조심스럽게 그리고 조용히 쥐를 잡아 주기 때문이다. 물론 그렇다고 고양이가 쥐를 완벽하게 잡아준다고 말하는 것은 아니다.

① (ㄱ)은 경제 문제를 의미한다.
② (ㄴ)은 가격기구를 의미한다.
③ (ㄷ)을 중시하는 사회에서는 형평성보다는 효율성을 우선시한다.
④ (ㄹ)은 정부 실패 현상을 의미한다.
⑤ (ㅁ)의 이유는 '보이지 않는 손'이 작동하기 때문이다.

> 해설)) (ㄴ)의 빗자루는 정부의 규제와 개입을 의미한다. 가격기구를 의미하는 것은 (ㄷ)의 고양이이다.

 정답) 27 ⑤ * 28 ⑤ * 29 ②

30 다음 기업윤리 헌장을 가진 기업의 실천 사례로 적합하지 않은 것을 고른다면?

> 우리 기업은 새로운 마음가짐으로 우리가 힘써 행할 바를 정하여 이를 실천해 나가고자 한다.
> • 우리 기업은 기업시민으로서 사회적 책무를 다한다.
> • 우리 기업은 창의와 혁신을 통해 정당한 이윤을 창출해 나간다.
> • 우리 기업은 환경 친화적 경영을 지향한다.
> • 우리 기업은 지역사회의 발전에 기여한다.

① A기업은 자사제품의 생산 중단을 조건으로 외국 회사 제품의 수입계약을 채결하였다.
② B기업은 장학재단을 설립하여 매년 어려운 학생들에게 장학금을 지급하고 있다.
③ C기업은 구내 식당에서 발생하는 음식 쓰레기를 퇴비화하여 채소를 가꾸고 있다.
④ D기업은 지역 어린이들을 위해 회사 내에 유치원을 설립하여 무료로 운영하고 있다.
⑤ E기업은 기술혁신을 통한 신제품 개발과 원가 절감으로 수출시장을 확대하고 있다.

 A기업은 기업헌장과 거리가 멀게 이윤을 고려한 경영활동을 하고 있다.
　　② B기업은 사회적 책임이행 활동(이윤의 사회환원)을 하고 있다.
　　③ C기업은 친환경적 경영활동을 하고 있다.
　　④ D기업은 지역사회 발전에 기여하고 있다.
　　⑤ E기업은 창의와 혁신을 통해 이윤을 창출하고 있다.

31 다음 내용의 구체적 사례와 거리가 먼 것은?

> • 새로운 경영기법의 도입　　　　• 새로운 상품의 개발
> • 새로운 시장의 개척　　　　　　• 새로운 경영조직의 결성
> • 새로운 생산방법의 도입

① 자동차 수요가 일시적으로 급증하자 야간 근로시간을 늘렸다.
② 전자상거래와 홈쇼핑 제도를 도입함으로써 물류비용을 크게 줄였다.
③ 강력한 구조조정과 팀제 도입을 통해 기업 경영의 효율성을 향상시켰다.
④ 강철 대신에 신소재를 사용한 경량 자동차를 생산하여 부가가치를 크게 높였다.
⑤ 수출 다변화 전략을 통해 중국 시장에 집중되었던 휴대전화의 수출을 유럽시장에까지 확대시켰다.

 ① 창의적인 기업경영과 거리가 멀다.

기업가 정신	불확실한 여건을 감수하고 창의적인 아이디어와 도전정신으로 생산활동을 전개하여 수익성을 창출하는 태도를 의미한다.
혁신	슘페터는 기업이 무한도전의 시장에서 살아남기 위해서는 새로운 기술, 생산방법, 경영기법, 시장 개척 등을 시도해야 한다고 주장하였는데 이를 혁신이라고 하였다.

32 다음은 어느 기업체 사장이 사원에게 한 연설 내용의 일부이다. 밑줄 친 전략에 부합하지 않는 것을 고른다면?

> 사원 여러분! 우수한 기업들은 기존 산업 질서 안에서 경쟁 회사를 누르기 위한 전통적인 접근법을 지양하고, 가치혁신을 통해 새로운 시장을 창출한다고 합니다. 우리 회사도 이러한 전략을 채택하여 소비자에게 새로운 가치를 창출, 제공함으로써 시장을 선도하는 기업이 됩시다.

① 청량음료 시장에서 웰빙시대에 맞는 기능성 음료 개발
② 시장점유율을 높이기 위해 대대적인 가격할인 판매 단행
③ 1회용 기저귀 시장에서 유아건강을 중시하는 천 기저귀 배당사업 추진
④ 남녀 공용 스포츠 센터만 존재하던 기존 시장에서 탈피하여 여성전용 스포츠 클럽 개장
⑤ CD 중심의 음반 판매시장에서 벗어나 인터넷 시대에 맞는 음악 파일 다운로드 서비스 시작

 제시된 사례에서 설명하는 전략은 소위 '블루오션 전략'이다. 블루오션 전략은 거대한 성장 잠재력을 가진 새로운 시장을 개척하여 선도자가 되고자 하는 전략이다. ②는 기존 시장에서 점유율을 높여 선두 기업이 되고자 하는 것으로, '레드오션 전략'에 해당한다.

레드오션
• 오늘날 존재하는 모든 산업을 대표하는 전략
• 경쟁자 관찰을 통한 경쟁우위 확보
• 시장점유율 경쟁(제로섬 게임)
• 기술혁신

 정답 30 ① * 31 ① * 32 ②

33 다음 글에서 밑줄 친 부분에 해당하는 내용을 〈보기〉에서 모두 고른다면?

> 미국의 경제학자는 동아시아의 경제 기적은 오래가지 못할 것이라고 주장하였다. 그 이유로 동아시아 지역 신흥 공업국의 고도성장은 생산성의 증가에 기인한 것이라기 보다는 <u>주로 노동과 자본의 투입 증대에 기인</u>하였다는 점을 들었다.

● 보기 ●
ㄱ. 자동차 공장 증설
ㄴ. 기업의 경영혁신
ㄷ. 여성 취업자의 증가
ㄹ. 공무원의 부정부패 감소

① ㄱ, ㄴ   ② ㄱ, ㄷ   ③ ㄱ, ㄹ
④ ㄴ, ㄷ   ⑤ ㄴ, ㄹ

 제시문에서 경제학자는 여성 취업자의 증가나 자동차 공장 증설과 같은 노동과 자본의 투입 증대가 신흥공업국의 고도성장을 이끌었다고 주장하였고, 성장추세가 지속되기 위해서는 생산성을 증가시키기 위한 기술혁신이나 경영혁신이 필요하다고 보았다.

경제 성장에 영향을 미치는 요인

• 경제내적 요인 : 노동력의 증가, 자본의 투자, 기술의 발달 등이 GDP 증가에 도움이 된다.
• 경제외적 요인 : 기업가 정신, 정부정책, 노사관계 등이 경제 성장을 위한 환경을 제공한다.

　경제 내적 · 외적 요인이 잘 조화되면 국내총생산의 증가로 이어진다.

34 다음 글로부터 바르게 추론한 내용을 〈보기〉에서 모두 고른다면?

> 외딴 섬에 남게 된 철수와 영수는 고기잡이와 통나무 배 만들기라는 두 가지 일을 해야만 한다. 철수는 한 시간 걸려 물고기 한 마리를 잡을 수 있고, 10시간 걸려 통나무 배 한 척을 만들 수 있다. 그러나 영수는 물고기 한 마리를 잡는 데 2시간, 통나무 배 한 척을 만드는 데 30시간이 걸린다.

● 보기 ●

ㄱ. 영수는 통나무 배를 만드는 데 비교우위가 있다.

ㄴ. 철수는 두 가지 일에서 모두 절대우위를 지닌다.

ㄷ. 영수가 물고기 한 마리를 잡는 데 따르는 기회비용은 통나무 배 15척이다.

ㄹ. 비교우위론에 따르면 통나무 배 한 척을 만들기 위해 포기해야 하는 물고기 수가 많은 사람이 통나무 배를 만드는 것이 현명하다.

① ㄱ   ② ㄴ   ③ ㄷ

④ ㄹ   ⑤ ㄱ, ㄷ

 ㄱ. 영수는 둘다 철수보다 두 가지 일에 못하지만 그래도 물고기잡이에 비교우위가 있다.

ㄷ. 영수가 물고기 한 마리를 잡는데 따르는 기회비용은 통나무 배 1/15척이다.

ㄹ. 통나무 배 한 척을 만들 경우 철수는 물고기 10마리를 포기해야 하고, 영수는 물고기 15마리를 포기해야 한다. 그러므로 영수는 물고기를 잡는 것이 현명하다.

비교우위론

교역당사국 간에 상품의 단위 생산당 생산비가 상대적으로 적게 들거나 생산량이 상대적으로 많은 재화를 거래함으로써 모두 이익을 극대화할 수 있다는 이론이다. 한 나라의 비교우위는 생산요소의 부존량, 기술 수준 등 다양한 요인에 의해 결정되는데 부존량의 상대적인 차이에 따라 각국은 노동집약적 상품, 자본집약적 상품, 기술집약적 상품 등에 집중투자하여 교역을 통한 이익극대화를 추구하고 있다.

35 다음 주장에 대한 분석으로 옳지 않은 것은?

> 시장의 기능은 열심히 하는 경제주체를 선별하여 스스로 돕는 경제주체에게 보다 많은 지원을 해
> 주는 것이다. 이러한 차별화가 보다 철저하게 이루어져 스스로 돕는 자가 더 크게 성공할 수 있도록
> 제도화될 때 경제는 발전한다. 따라서 경제가 빠르게 발전하려면 경제적 자원이 스스로 돕는 자에
> 게 집중되어야 한다.

① 경제적 효율성의 극대화를 도모하고 있다.
② 경쟁에 따른 소득배분을 정당화하고 있다.
③ 경제주체의 자유와 책임을 전제하고 있다.
④ 빈곤에 대한 사회연대 책임을 강조하고 있다.
⑤ 집적을 통한 경쟁력 강화를 강조하고 있다.

🔊)) 시장경제는 개인의 자유로운 경제활동을 통한 효율성 증대와 자유로운 경제활동을 보장한다. ④는 계획경제의
특성이다.

시장경제체제

시장경제체제는 자유경쟁의 원칙에 의해 시장에서 가격이 형성되는 경제로서 시장경제라는 말은 자본주
의의 경제를 부르는 말이다. 자유주의 경제체제에서는 모든 경제주체의 생산활동이 자유롭고 시장에서의
물품 구입도 자유의지에 의해 이루어진다. 이같은 흐름은 무질서한 경제활동처럼 인식되기 쉬우나 그것이
자연스럽게 질서를 유지할 수 있는 것은 가격이라고 하는 메커니즘이 시장에서의 상품매매를 성사시키고,
또 이것을 근거로 생산과 소비를 조정할 수 있기 때문이다. 이러한 경제의 특징은 장기적으로 보아 가격의
자유로운 흐름에 따라 자원의 합리적 분배가 이루어진다는 점에 있다.

36 다음 글의 밑줄 친 부분에 대한 설명으로 옳지 않은 것은?

> 논어에 나오는 '과유불급'은 '지나침은 모자람만 못하다.'라는 뜻이다. 그런데 이 말의 본래 취지는 '지나쳐도 좋지 않고 모자라도 좋지 않다.'는 것이다. 과유불급의 논리는 가계의 소비활동이나 저축활동에도 적용될 수 있다. 가계의 소비가 적절하게 이루어질 경우에는 (ㄱ) 나라 경제에 도움이 되지만, 지나친 소비를 하거나 사회적인 관점에서 (ㄴ) 비합리적인 소비가 급증하는 경우에는 (ㄷ) 나라 경제에 부담을 줄 수 있다. 저축 또한 마찬가지다. 적정 수준의 저축은 나라 경제에 (ㄹ) 긍정적인 영향을 주지만, 과도한 저축은 (ㅁ) 부정적인 영향을 끼칠 수 있다.

① (ㄱ)은 적절한 소비가 상품 판매와 생산 증가를 통해 경제 성장에 기여할 수 있음을 시사한다.
② (ㄴ)의 사례로 과시소비와 충동소비를 들 수 있다.
③ (ㄷ)의 사례로 자원의 낭비, 외채의 감소를 들 수 있다.
④ (ㄹ)의 사례로 투자재원의 확보를 통한 성장 잠재력의 확충을 들 수 있다.
⑤ (ㅁ)의 사례로 소비위축에 따른 경기 침체를 들 수 있다.

 과시소비와 충동소비와 같은 비합리적인 소비는 소득 수준 이상의 과소비를 유발하여 자원이 낭비되고 과소비가 심각할 경우 수입을 증가시켜 나라 경제 전체적으로 외채 증가를 유발할 수 있다.

37 다음 내용이 시사하는 바로 가장 타당한 것은?

> 영국 의회는 1770년 전통 산업인 모직물을 보호하기 위해 인도산 면포의 수입을 금지했다. 이 조치는 공교롭게도 영국 국내의 면공업을 발달시켰고, 그로 인해 방적기, 증기관 등이 등장하게 되었다. 일련의 산업혁명으로 영국 인구는 농촌에서 도시로 이동하였으며, 이는 선거법 개정에 영향을 끼쳐 도시 자본가가 의회로 진출하게 되었다.

① 물질문명은 기술 발전의 결과이다.
② 정치가 불안정하면 경제가 쇠퇴한다.
③ 국내 산업의 보호는 정치 발전을 저해한다.
④ 민주주의의 발전은 경제 성장의 기초가 된다.
⑤ 정치활동과 경제활동은 서로 영향을 끼친다.

 제시문은 정치활동 및 경제활동이 상호 영향을 미친 사례이다.

 정답 35 ④ * 36 ③ * 37 ⑤

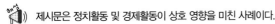

38 다음 글에 나타난 생산방식에 대한 올바른 설명을 〈보기〉에서 모두 고른다면?

> 한 사람은 철사를 늘리고, 두 번째 사람은 철사를 펴고, 세 번째 사람은 그것을 끊고, 네 번째 사람은 끊어진 철사를 뾰족하게 만들고, 다섯 번째 사람은 못대가리를 붙일 자리를 만들기 위해 한쪽 끝을 간다. 이리하여 못 제조는 약 열 여덟 가지의 개별 작업으로 분할되어 모두 다른 사람에 의해 이루어진다. 이러한 과정을 통해 약 10명의 직공이 한 사람당 하루 4천 8백 개 이상의 못을 만들 수 있다. 그러나 그들이 모두 따로따로 작업한다면 한 사람당 하루 스무 개의 못도 만들기 어려웠을 것이다.

보기
ㄱ. 생산의 효율성을 높인다.
ㄴ. 근로자의 숙련도를 높인다.
ㄷ. 이타심에서 비롯된 것이다.
ㄹ. 작업과정의 상호 의존성을 증가시킨다.

① ㄱ, ㄴ, ㄷ   ② ㄱ, ㄴ, ㄹ   ③ ㄱ, ㄷ, ㄹ
④ ㄴ, ㄷ, ㄹ   ⑤ ㄱ, ㄴ, ㄷ, ㄹ

 )) 분업을 할 때의 생산방식 과정과 장점을 설명한 것으로, 이익의 극대화를 위해서는 이타심이 아닌 이기심을 기초로 한다.

분업

분업은 생산과정을 몇 개의 부문·공정으로 나누어 서로 다른 사람들이 분할된 특수 부문에 전문적으로 종사하는 노동 형태이다. 분업에는 개개인이 세분화된 직업에 전문적으로 종사하는 사회적 분업과 다수의 노동자가 자본가가 소유하는 작업장에 집합되어 여러 생산 공정을 담당하는 작업장 내 분업이 있다. 어느 분업이든지 개개의 생산자는 특정 작업에 전문적으로 종사함으로써 노동의 숙련도가 높아지고 다른 작업으로 이동하는 데 따르는 시간 낭비가 줄어들며, 특수화된 작업에 알맞게 노동용구가 개량되고 다양화됨으로써 노동 생산력을 상승시킨다.

39 다음 글에서 알 수 있는 법과 경제의 관계로 가장 적절한 것은?

> 소비자 보호법(소비자 기본법)이나 제조물 책임법과 관련된 리콜 제도는 제품이 제조된 후 불안전한 점이 발견되면 가능한 한 빨리 위험의 원천을 제거하거나 시정하기 위한 것이다. 또한 소비자에게 실질적으로 발생하는 위해나 잠재적인 위험을 제거하기 위하여 소비자의 생명 및 신체에 위해를 입히거나 입힐 우려가 있는 상품에 대하여 그 제품의 제조업자, 유통업자, 판매업자가 자발적 또는 강제적으로 해당 제품의 위험성을 소비자에게 알리는 것이다.

① 법은 경제활동의 자유를 보장한다.
② 법은 기업이윤의 극대화를 보장한다.
③ 법보다 우선하는 것은 경제 현상이다.
④ 법은 지속 가능한 개발을 가능하게 한다.
⑤ 법은 건전한 시장경제 질서를 보장한다.

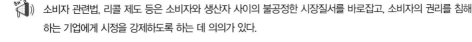 소비자 관련법, 리콜 제도 등은 소비자와 생산자 사이의 불공정한 시장질서를 바로잡고, 소비자의 권리를 침해하는 기업에게 시정을 강제하도록 하는 데 의의가 있다.

소비자 기본법

소비자 기본법은 소비자의 권익을 증진하기 위하여 소비자의 권리와 책무, 국가 · 지방자치 단체 및 사업자의 책무, 소비자 단체의 역할 및 자유시장 경제에서 소비자와 사업자 간의 관계를 규정함과 소비자 정책의 종합적 추진을 위한 기본적인 사항을 규정함으로써 소비생활의 향상과 국민 경제의 발전에 이바지한다.

제조물 책임법

제조물 책임법은 제조물 결함으로 인한 생명, 신체 또는 재산상의 손해에 대하여 제조업자 등이 무과실 책임의 원칙에 따라 손해배상 책임을 지도록 함으로써 피해자의 권리 구제를 꾀하고, 국민 생활의 안전과 국민 경제의 건전한 발전에 기여하며, 제품의 안전에 대한 의식을 제고하여 기업들의 경쟁력 향상을 도모한다.

리콜 제도

리콜 제도는 원래 서구에서 선거직 공무원을 임기 도중에 국민 투표에 의해 해임시키는 소위 '국민 소환제'에서 유래된 개념이다. 그러나 오늘날에는 제품의 결함으로 인해 소비자가 생명 · 신체의 피해를 입거나 입을 우려가 있을 경우 상품의 제조재(수입자)나 유통업자(보관, 운송, 판매)가 스스로 또는 정부의 명령에 의해 공개적으로 결함 상품 전체를 수거(또는 회수)하여 교환, 환불, 수리를 해줌으로써 예방 조치를 하는 행위를 말한다.

40　다음 글과 관련된 진술로 가장 적절한 것은?

> '노블리스 오블리제'는 상류사회, 즉 귀족계급의 도덕적 의무와 책임감을 뜻하는 말로서 그 시작은 초기 로마 시대에 왕과 귀족들이 평민보다 앞서 솔선수범과 절제된 행동으로 국가의 초석을 다진 것에서 비롯되었다. 그들은 서로 먼저 기부를 하기 위해 경쟁적으로 수레에 돈을 싣고 국고에 갖다 바쳤다. 이것을 본 평민들도 앞다투어 세금을 내게 되었다. 세계적인 부자들이나 유럽 왕실 인사들이 고아와 장애인, 아프리카의 기아 문제에 적극적으로 나서는 모습은 이러한 도덕적 의무를 중시하는 전통에서 비롯된 것이다.

① 지속 가능한 개발은 도덕적 의무감에서 비롯된다.

② 원활한 경제활동을 위해서는 경제질서가 유지되어야 한다.

③ 경제 성장을 위해서는 구성원들 간의 이해관계가 조정되어야 한다.

④ 사회의 역사 · 문화적 배경과 전통은 경제 구성원에게 영향을 미친다.

⑤ 생활 수준의 향상과 경제 발전의 정도에 따라 사회구성원의 경제적 사고와 문화 수준이 향상된다.

 제시된 글에서 한 사회의 경제생활은 그 사회의 역사적 · 문화적 배경에 따라 사회 구성원에게 영향을 끼치고 있음을 설명한다.

노블리스(Noblesse) 오블리제(Obilge)
노블리스 오블리제란 프랑스어로 '가진 자의 도덕적 의무'를 의미하는 뜻이다. 이 말은 유럽사회에서 유래되었으며 오늘날 유럽 사회 상류층의 의식과 행동을 지탱해 온 정신적인 뿌리가 되었다.

41 다음 글에 대한 분석으로 적절한 것은?

> 유가급등으로 가계의 실질소득이 감소함에 따라 자가용 이용을 기피하고, 대중교통을 이용하는 사람이 크게 증가했다. ○○시에 따르면, 올 들어 유가가 크게 올라 시내버스의 하루 평균 승객 수가 1월에 31만여 명이었던 것이 4월부터 39만여 명을 넘어서 꾸준한 증가세를 보이고 있다. 특히 공공기관에서 승용차 홀짝제를 시행한 첫 날에는 1주일 전보다 8,500여 명이 늘어나 하루 대중 교통 이용객이 40만 명을 돌파하기도 했다.

① 유가급등으로 대중교통의 희소성이 감소하였다.
② 공공기관에 출입하는 승용차는 공공재의 성격을 띤다.
③ 소득감소 효과에 의해 수요가 증가한 대중교통은 정상재이다.
④ 승용차 홀짝제는 고유가에 대처하기 위한 가격규제 정책에 해당한다.
⑤ 유가가 급등하여 자가용 이용을 기피한 것은 석유와 자가용 승용차가 보완관계이기 때문이다.

 ① 유가급등으로 대중교통의 수요가 증가함에 따라서 희소성이 증가하였다.
　② 승용차는 개인이 사용하는 재화로서 공공재가 아니다.
　③ 대중교통은 자가용에 비해 선호도가 떨어지는 열등재이다.
　④ 승용차 홀짝제는 가격규제가 아니라 수요 자체를 감소시키려는 직접적인 시장규제 정책이다.

42 다음 표는 ○○제품에 대한 수요와 공급의 변화에 따른 지난 4개월 간의 영업실적을 나타낸다. 이에 대한 옳은 설명을 〈보기〉에서 모두 고른다면?

구분	6월	7월	8월	9월
판매 가격(천 원)	4	5	6	7
판매량(천 개)	13	15	15	14

┌ 보기 ┐
ㄱ. 6월부터 7월까지의 변화는 수요가 감소하고 공급이 증가할 경우에 나타날 수 있다.
ㄴ. 7월부터 8월까지의 변화는 대체재의 가격 상승과 생산비 상승이 발생했을 경우에 나타날 수 있다.
ㄷ. 8월에 비해 9월에 판매 수입이 증가하였다.
ㄹ. 8월부터 9월까지의 변화는 제품에 대한 선호도가 낮아지고 생산비가 절감된 경우에 나타날 수 있다.

① ㄱ, ㄴ   ② ㄱ, ㄷ   ③ ㄱ, ㄹ
④ ㄴ, ㄷ   ⑤ ㄷ, ㄹ

 제시된 표에서 균형가격은 점점 올라가고, 균형거래량은 다소 증가하다가 감소하는 양상을 보인다.

ㄱ. 6월과 7월 사이에 균형가격과 균형거래량 모두 증가하였다.

ㄹ. 제품에 대한 선호도가 낮아지면 수요가 감소하고, 생산비가 절감되면 공급이 증가한다. 즉, 균형가격이 하락
해야 하지만 표에서는 가격이 상승하였다.

43 다음의 글에서 밑줄 친 부분의 근거로 적절하지 않은 것은?

> 최근 WTO를 비롯한 경제관련 국제기구는 세계 각국에 대해 농민들에 대한 보호주의를 완화하거나
> 철폐할 것을 촉구하고 있다. 이에 따라 동남아 농업국을 비롯한 세계의 주요 농산물 생산국가들은
> 특화나 생산성 향상을 통한 농업의 지속적인 발전을 도모하고 있다. 이것은 농민의 피해를 줄여야
> 한다는 소극적인 의미를 지닐 뿐만 아니라 전통적으로 농업 발전이 공업과 서비스업 등 다른 산업
> 의 발전을 위해서도 매우 중요한 역할을 해왔고 앞으로도 그럴 수 있다는 적극적인 인식에 토대를
> 두고 있다.

① 농민 소득의 증가는 공산품 및 서비스 시장의 확대에 기여할 수 있다.

② 농민의 자발적인 투자의 증가는 비농업 부문의 소득 분배 개선에 도움이 될 수 있다.

③ 농업 부문 노동 생산성의 향상은 유휴 농업 노동력의 비농업 부문으로서의 이동을 촉
진할 수 있다.

④ 소득 증대로 농민의 저축 및 납세 규모가 커지면 비농업 부문의 외국 자본 차입이 줄
어들 수 있다.

⑤ 특화에 따른 농산물 수출의 증가는 다른 산업의 자본재 수입에 필요한 외환의 공급을
늘려줄 수 있다.

 제시문은 농업 발전이 다른 산업의 발전을 위해 매우 중요하다는 주장을 하고 있다. 그러나 ②의 농민의 자발적
인 투자 증가는 다른 분야의 소득 분배 개선에 직접적으로 연관되지 않는다.

44 다음 글을 읽고 밑줄 친 부분에 대한 견해를 잘못 제시한 사람은?

> 원/달러 환율이 연일 급락해 지난해 1,200원을 넘던 것이 이젠 950원 선마저 위협을 받고 있다. 이에 따라 이제는 개인이나 기업, 정부 모두 환율 하락을 걱정만 할 것이 아니라 환율 하락을 대세로 받아들이고, 저환율 시대를 살아가기 위한 <u>생존전략</u>을 짜야 한다고 전문가들은 지적하고 있다. 또한 환율 하락의 밝은 면도 생각하라고 충고하고 있다. 환율이 하락하면 불리한 경제주체만 있는 것 같지만, 실제로는 유리한 경제주체도 있다는 것이다.

① 갑 : 정부는 내수시장의 부양에 힘을 써야 한다.
② 을 : 기업들은 비가격 경쟁력 확보를 위해 노력해야 한다.
③ 병 : 정부는 실업 발생에 대비하는 정책을 마련해야 한다.
④ 정 : 기업들은 혁신을 위해 연구 · 개발 투자를 늘려야 한다.
⑤ 무 : 개인들은 수출 기업에 대한 주식 투자를 늘려야 한다.

 환율이 낮아지면 수출이 감소하고 수입이 증가하여 경기가 위축될 수 있다. 이를 해결하기 위해서 정부는 내수시장을 진작시킬 정책 방안을 모색하고, 기업들은 비가격 경쟁력 확보를 통해 수출 확대를 도모해야 한다. 결국 환율이 낮아지면 수출이 감소하게 되어 수출 기업의 수익성이 낮아지므로 수출 기업에 대한 주식 투자는 적절한 투자 행위로 볼 수 없다.

환율 하락(평가절상)

환율 하락은 외환에 대한 자국 화폐의 가치가 높아지는 것을 말한다. 가령 미화 1달러에 1,100원 하던 환시세가 1,050원으로 변동하였으면 원화의 가치가 달러에 비하여 올라간 것을 의미하고 이 경우 원화는 평가절상되었다고 한다. 또한 주어진 환시세에서 외환의 수요가 공급을 초과하여 환절하의 경향이 뚜렷함에도 불구하고 외환의 수입을 억제하는 경우 드러나지는 않으나 평가절상이 이루어진다. 평가절상의 조치는 수입 원가를 인하하여 대내적으로는 저물가 정책으로 나타날 수 있다.

45 다음 글을 읽고 밑줄 친 부분의 원인으로 보기 어려운 것은?

최근의 부동산 시장 혼란은 시장 실패라기 보다는 정부 실패에 기인한다. 정부 실패는 우선 부동산 정책 방향의 잘못에서 출발한다. 부동산 가격 상승의 주요인이 ○○지역의 중대형 아파트 공급 부족 때문인데, 정부는 오히려 ○○지역 재건축 아파트 규제 강화 등으로 공급을 축소시키고, 세금을 중과하는 등 수요 억제에만 중점을 두었다. 정부 관료들은 각종 부동산 제도에 대한 이해가 부족할 뿐만 아니라, 눈앞의 성과만을 고려한 정책을 펴, 부동산 가격을 안정시키지 못하고 있다. 따라서 정부의 개입보다는 시장 친화적인 부동산 정책에 초점을 맞춰야 할 것이다.

― 2005. 7. 6. ○○경제신문

① 정부의 근시안적 개입
② 관료조직의 비능률성
③ 정부의 불완전한 지식과 정보
④ 시장경제와 같은 이윤 동기의 부족
⑤ 환경오염과 같은 외부 효과의 발생

 ⑤는 정부 실패가 아닌 시장 실패에 해당한다.

정부 실패의 원인
• 정부의 근시안적 개입
• 관료조직의 비능률성
• 정부의 불완전한 정보
• 이윤 동기의 부족 등

46 다음 글의 견해와 부합되는 정부 정책의 방향을 〈보기〉에서 고른다면?

> 어떤 사람의 따뜻한 겨울을 위해 모직 코트의 생산에 필요한 수많은 정보를 수집하고 정책을 시행할 수 있는 중앙 경제 계획자가 있을까? 이들은 경제 상황을 적절히 조절할 수 있을 만큼 완전한 정보를 갖고 있지 못하다. 또한 정책의 성과가 나타나기까지 소요되는 시간을 고려하지 않은 통화량 조절 정책은 경제를 오히려 해치게 된다. 그러므로 통화량 증가율을 일정한 수준으로 유지하기 위해 중앙 경제 계획자를 정기적으로 가속페달을 밟는 로봇으로 대체하는 것이 사회에 유리하다.

● 보기 ●
ㄱ. 큰 정부 지향
ㄴ. 공기업의 민영화
ㄷ. 정부 규제의 완화
ㄹ. 대규모 공공사업의 시행

---

① ㄱ, ㄴ   ② ㄱ, ㄷ   ③ ㄱ, ㄹ
④ ㄴ, ㄷ   ⑤ ㄷ, ㄹ

 제시된 글은 작은 정부로 가야 한다는 내용으로서 공기업의 민영화, 정부 규제의 완화, 노동시장의 유연성 제고 등이 부합된다.

작은 정부
국민경제 가운데 차지하는 중앙·지방 정부의 활동비율이 낮은 것으로, 보통 국민총생산(GNP)에서 차지하는 재정지출의 비율이나 공무원의 수를 비교함으로써 판단한다. 미국의 경제학자 프리드먼은 케인스파 경제학을 비판하고 작은 정부론을 주장했다. 프리드먼의 견해에 따르면, 정부가 담당해야 할 가장 이상적인 기능은 사회질서와 안정의 유지, 사유재산 제도의 법적 보장, 법률 제정에 대한 비판의 자유, 계약의무의 이행, 경쟁촉진, 통화제도의 유지, 폐질자와 노약자의 보호 등 7가지를 들고 있다. 정부가 그 외의 일에 관여할 때 시장제도의 효율성은 오히려 저해되어 국민 경제의 성장 잠재력을 침해할 뿐 아니라 개인의 창의를 자유롭게 보장하는 자유 사회를 위협한다고 주장했다. 미국에서는 전통적으로 뉴딜정책, 케네디 대통령의 정책, L.B. 존슨 대통령의 정책 등 민주당은 큰 정부를 만들어 재정 지출을 증대시킴으로써 경기를 자극해야 한다고 주장하는 데 반해, 공화당은 재정 지출의 삭감에 의해서 인플레이션의 억제와 경제의 안정을 도모하는 축소 정책을 취해 왔다. 1981년 레이건 대통령의 취임 연설에서 강력한 미국과 함께 '작은 정부'를 2대 정책으로 내세웠는데, 이는 연방정부의 규모를 축소함으로써 재정 적자를 경감시키려는 것이었다.

정답 45 ⑤ * 46 ④

47 다음 글을 읽고 추론한 내용으로 옳지 않은 것은?

> 한국―싱가포르 간 FTA 협상이 타결되었다. 이번 FTA의 주요 내용은 관세 인하 및 특혜관세 적용, 지적 재산권 보호, 금융시장 개방, 전자상거래 확대 등이다. 이 중에서 특히 북한의 개성공단에서 한국 기업이 생산한 제품의 경우, 원산지를 한국산으로 인정하여 특혜관세를 적용하기로 함에 따라 이들 제품의 해외 판로를 확보한 점이 주목할 만하다.

① 한국 기업의 싱가포르 시장 진출 확대에 도움이 될 것이다.
② 한국―싱가포르 간 교역에 있어서 무역장벽이 낮아질 것이다.
③ 한국―싱가포르 간 문화 컨텐츠 교류는 법적 보호를 받을 것이다.
④ 한국―싱가포르 간 교역에 있어서 인터넷을 활용한 거래가 증가할 것이다.
⑤ 개성공단에서 생산된 한국 제품의 가격 경쟁력은 싱가포르에서 약화될 것이다.

 한국과 싱가포르 간에 체결된 FTA의 결과로 양국 기업의 시장 진출이 용이해질 것이고 개성공단에서 생산된 제품을 한국산으로 인정받기 때문에 가격 경쟁력이 높아질 것이다.

자유무역협정(FTA)

자유무역협정은 둘 이상의 국가가 무역장벽을 허물고 자유로운 상품 및 서비스의 교환, 조달시장 진출 등을 허용하는 사실상의 시장통합 협정이다. 이들 나라 사이에는 거의 모든 품목을 무관세로 수출하고 수입하지만, 협정을 체결하지 않은 나라에는 관세를 물린다. 세계무역기구(WTO) 협정은 모든 나라를 똑같이 대우해야 한다고 요구하고 있으나 FTA만은 예외로 인정하고 있다.

일반적으로 FTA를 맺으면 관세가 없으므로 경쟁력이 있는 산업에서는 수출량이 늘어나고 수입 제품의 가격이 싸져 소비자들은 더 많은 물건을 살 수 있다. 그러나 상대 국가가 발달한 산업을 가지고 있는 경우 자국의 약한 산업은 값싼 수입품에 밀려 타격을 받을 수 있다.

자유무역협정은 아시아―태평양, 북미 지역처럼 특정 나라끼리 맺을 수도 있고 가입국 이외의 국가에 대해서는 독자적인 관세 및 무역협정을 펴고 있다는 점에서 대외적으로 단일 관세 주체로 행동하는 관세동맹과는 다르다. 미국, 캐나다, 멕시코 등 북미 3개국이 92년에 맺은 북미 자유무역협정(NAFTA)이 대표적이다.

48 다음 내용에 해당하는 상거래 방식의 특징에 대한 옳은 설명을 〈보기〉에서 고른다면?

> 정보통신 기술을 이용한 상거래를 총칭하며, 상품 및 서비스 거래에 필요한 모든 정보를 컴퓨터 및 사이버 공간을 이용하여 교환하고 결제하는 방식이다.

• 보기 •

ㄱ. 유통채널이 가장 복잡하다.

ㄴ. 점포나 전시장 등 물리적 장소가 필요하다.

ㄷ. 시간과 공간의 제약 없이 상거래를 할 수 있다.

ㄹ. 생산자와 소비자 간의 양방향 커뮤니케이션이 가능하다.

① ㄱ, ㄴ   ② ㄱ, ㄷ   ③ ㄱ, ㄹ

④ ㄴ, ㄷ   ⑤ ㄷ, ㄹ

) 전자상거래는 시간과 공간의 제약 없이 거래할 수 있고, 생산자와 소비자 간에 커뮤니케이션이 가능하다. 또한 전자상거래는 네트워크를 통해 거래하기 때문에 유통채널이 단순하고 점포와 전시장과 같은 물리적 장소가 필요하지 않다.

전자상거래

컴퓨터를 이용하여 인터넷이나 PC통신에 접속해 물건을 사고파는 행위이다. 실제 공간이 아닌 가상 공간이지만 책, 음반 등 개인이 필요한 물품을 거래하는 소매업부터 국가 간 무역까지 모든 상행위가 가능하다. 상품 주문은 직접 매장에 가지 않고 집에서 컴퓨터를 통해서 하며 대금결제는 온라인 입금이나 신용카드 번호를 입력하는 방법을 사용한다. 전자상거래를 통한 국가 간 무역에는 관세를 붙이지 않는 무관세 움직임이 일고 있어 앞으로 그 규모가 대폭 늘어날 전망이다. 비자, 마스터 등 신용카드 업체들은 전자상거래의 규모를 늘리고 안전성을 보장하기 위해 보안규격(SET)을 확정, 발표했다. SET 규격은 상품 구매자가 인터넷에서 자신의 신용카드 번호를 입력할 때 타인이 함부로 도용하지 못하도록 방지하는 장치이다.

정답 47 ⑤ * 48 ⑤

49 다음 밑줄 친 (ㄱ), (ㄴ)과 같은 조사방법에 대한 설명으로 옳은 것은?

> 개별 주식의 가격 변화를 종합해 가격 동향을 나타내는 지표를 주가지수라고 한다. 주가지수를 산출하는 방법에는 (ㄱ) 대표적인 우량주식 몇 가지를 선정해 전체 주식시장의 가격 동향을 파악하는 다우존스 방식과 (ㄴ) 주식시장에 상장된 모든 주식에 대하여 주가에 주식 수를 곱하여 산출하는 시가총액 방식이 있다. 우리나라에서는 시가총액 방식으로 한국종합주가지수(KOSPI)를 작성하고 있다.

① (ㄱ)의 조사방법은 오차가 발생하지 않는다.
② (ㄱ)은 주택조사, 인구조사 등에 적절한 방법이다.
③ (ㄴ)은 자동차 충돌 시험에 활용하기 적절하다.
④ (ㄴ)은 조사 대상이 많은 경우에 주로 사용한다.
⑤ (ㄴ)에 비해 (ㄱ)은 조사과정에서 비용을 절약할 수 있다.

 경제자료를 작성하는 방법 중 (ㄱ)은 표본조사, (ㄴ)은 전수조사이다. 표본조사는 조사 대상이 많은 경우에 시간과 비용을 절약할 수 있으나 표본을 추출하는 과정에서 오차가 발생할 수 있는 단점이 있다. 전수조사는 인구조사, 주택조사 등 연구 대상 전체의 특징을 파악할 때 주로 사용하는 조사방법으로, 시간과 비용이 많이 든다는 단점이 있다.

TIP

전수조사

전수조사는 통계조사의 대상이 되는 집단내의 개개의 단위를 모두 알아보는 조사방법으로, 전부조사라고도 한다. 이 조사방법에 따르면, 우선 대상집단 그 자체의 규모를 알 수 있고, 조사단위가 지니는 속성에 대해 다각적인 정보를 얻을 수 있으며, 집단 자체의 구조와 특성을 밝혀낼 수 있는 이점이 있다. 그러나 조사비용이 많이 들며, 조사 결과의 집계·편집이 쉽지 않고 공표하기까지 시간이 많이 걸리는 결점도 있다. 따라서 이 조사방법은 비교적 한정된 대상집단이거나, 반대로 국민 전체 등 대규모 집단에 대해서 그 규모와 기본 구조를 5년이나 10년이라는 비교적 장기간의 시간 간격을 두고 조사하는 데 쓰인다. 이 중 후자의 예가 국세 조사로 대표되는 센서스이다.

표본조사

표본조사는 모집단으로부터 표본으로 추출된 자료에 관하여 조사하고 그 결과를 확률론에 의하여 전체를 추측하는 방법으로, 통계학적인 조사 또는 조사방법의 일종이며 샘플링 조사라고도 한다.

50 다음 표는 취업 정보지에 발표된 세 회사의 급여와 안정성에 관한 자료이다. 세 회사로부터 도시에 입사 제안을 받은 갑과 을은 이 자료에 기초해서 한 회사에 취직하려고 한다. 두 사람이 자신의 기준과 표를 바탕으로 합리적 선택을 할 경우 옳은 것은?

구분	급여	안정성
A회사	9	3
B회사	7	8
C회사	8	7

> **• 보기 •**
>
> 갑 : 나는 안정성보다 급여가 2배 중요하다.
>
> 을 : 나는 급여보다 안정성이 2배 중요하다.

① 갑의 선택 순서는 급여 순서와 같다.

② 갑의 선택에 대한 기회비용은 B회사의 입사이다.

③ 을의 선택은 C회사에 입사하는 것이다.

④ 갑이 선택한 회사의 급여 수준은 을의 2배이다.

⑤ 을이 선택한 회사의 안정성 수준은 갑의 2배이다.

갑의 경우	• 급여가 2배 중요하므로 급여 수치를 2배하여 합산하여야 한다. • A사 : 급여(9 × 2) + 안정성(3) = 21 • B사 : 급여(7 × 2) + 안정성(8) = 22 • C사 : 급여(8 × 2) + 안정성(7) = 23 따라서 갑은 C사를 선택하는 것이 합리적이다. 이때 포기되는 A사와 B사 중에서 B사가 점수가 크므로 기회비용은 B사에 입사하는 것이다.
을의 경우	• 안정성이 2배 중요하므로 안정성 수치에 2배하여 합산하여야 한다. • A사 : 급여(9) + 안정성(3 × 2) = 15 • B사 : 급여(7) + 안정성(8 × 2) = 23 • C사 : 급여(8) + 안정성(7 × 2) = 22 따라서 을의 경우 B사의 선택이 합리적이며 기회비용은 C사에 입사하는 것이다.

승리하면 천 명이 공치사를 하고, 패배하면 고아처럼 한 사람이 뒤집어쓴다.
　　　　　　　　　　　　　　　　　　　　　　　　　　　　- 존F. 케네디